一月千潭

第五届弘一大师研究国际学术会议论文集

杭州师范大学弘一大师·丰子恺研究中心　编

上海三联书店

前　言

由杭州师范大学弘一大师·丰子恺研究中心主办的第五届弘一大师研究国际学术会议于 2015 年 10 月 23 日至 25 日在杭州举行。来自中国（含台湾地区）、日本、韩国等国家的专家学者及嘉宾八十余人参加此次学术会议。与会专家学者从弘一大师的行持规范、思想精神、人格境界及艺术成就等多个方面进行了广泛而深入的研讨。本论文集即为本次会议的学术成果。

本集共收录 24 篇论文及一篇特邀发言稿，书名"一月千潭"取自弘一大师 1941 年手书"亭亭寒影照寒泉，一月千潭普现"。大师的高风亮节正如月印千潭，普现人心。

本论文集的英文摘要由浙江工商大学外国语学院孙礼中老师翻译、修订，在此表示谢意。

编　者

2016 年 3 月

目　录

Contents

弘一大师与卢世侯合作《地藏菩萨九华垂迹图赞》的缘起、特色与流传

李璧苑

一、前言

弘一大师(1880—1942)与居士合作书画的创作模式,已知者共有两种:第一种是 1929 年与丰子恺(1898—1975)[①]合作之《护生画集》(后来又续出五集)[②];第二种是 1933 年与卢世侯(？—1941)[③]合作之《地藏菩萨九华垂迹图赞》(以下简称《图赞》)。这两种画册现今在海内外仍有新版本的出现,可见其在佛教信仰圈的重要性。[④] 一般来说,知道《护生画集》的人较多,而《图赞》者相对较少,遂启发笔者对《图赞》的发展进行了解。

[①] 丰子恺(1898—1975),原名仁,字子恺,浙江桐乡人。为弘一大师任教杭州浙江省立第一师范学校时,于美术、音乐方面的高足。弘一大师出家后,曾从之皈依佛门,法名婴行。1928 年,为大师五十寿,绘生画五十幅,由大师每幅题字,曰《护生画集》。以上参自《弘一大师全集》(以下简称《全集》)第 8 册,福建人民出版社 2010 年版,第 366 页。以下凡引用非 2010 版《全集》者,则另标年份。

[②] 此画集总共出版六集,请详见陈星著《功德圆满——护生画集创作史话》,(台北)业强出版社 1994 年版。吴浩然:《护生画集版本考》,收于《如月清凉——第三届弘一大师研究国际学术会议论文集》,中国广播电视出版社 2010 版,第 269—281 页。

[③] 卢世侯的相关数据极少,此据弘一大师的记述以及平襟亚的《记浪漫画师卢世侯》(1942 年上海《万象》杂志第一年第 10 期)综合如下:卢世侯,生年不详,字虬儿,擅绘画,笃信地藏菩萨,事亲至孝。后随侍父亲,旅居厦门思明。1933 年与弘一大师合作《地藏菩萨九华垂迹图赞》。1935 年时,为平襟亚所负责的出版社绘制小说封面;之后又于上海新华影业公司担任古装服饰及场景设计;旅居香港后,获香港主教之惜才,嘱绘耶稣圣母像并寄往瑞士世界艺术院永久典藏而声名大噪。1940 年,太平洋风云突起,传言卢世侯已逝于峰火世乱中。

[④] 有关《护生画集》的版本,请见陈星著《功德圆满——护生画集创作史话》第一章第二节《护生画集版本概述》,第 25—28 页。1994 年之后,两岸亦有其他版本出现,足见此本画集的重要性。

本文主要分为七部分：一、前言；二、弘一大师对于地藏法门的实践；三、《地藏菩萨九华垂迹图赞》的缘起；四、《地藏菩萨九华垂迹图赞》的架构与内容；五、《地藏菩萨九华垂迹图赞》的艺术特色；六、《地藏菩萨九华垂迹图赞》的流传；七、结语。希望能对此杰作作一初步的探讨，文中所记之月份为农历。

二、弘一大师对于地藏法门的实践

弘一大师 1880 年九月二十日，出生于天津河东地藏庵前的陆家胡同老宅。① 无疑地，这是大师与地藏菩萨最早的因缘。地藏菩萨（梵文：Ksitigarbha），音译"乞叉底药婆"，而因 ksiti 有土地、住处；garbha 有母胎、孕育之意，故也意译为"地藏"。地藏信仰所依据的经典有：《地藏菩萨本愿经》②、《地藏十轮经》③以及《占察善恶业报经》④，合称为地藏三经。弘一大师在家时，即于房内供养地藏菩萨，出家后亦如是，并尝谓深受地藏恩泽最深，屡行写字、修忏、编撰、讲法，以报恩德。兹从文献摘录如下：

（一）写字

写字方面，包含写经、圣号与对联等，如：1918 年九月，夏丏尊（1886—1946）⑤丧父，为书《地藏菩萨本愿经》一节。⑥ 1921 年四月，为其母六十冥诞，书《赞礼地藏菩萨忏愿仪》一卷。⑦ 1922 年二月，为其母忌日，写地藏菩萨名号立轴并录《地藏菩萨本愿经》句，分赠道友。⑧ 1926 年，书《地藏经见闻利

---

① 林子青：《弘一大师新谱》（以下简称《新谱》），（台北）东大图书公司 1993 年版，第 9 页。
② 收于《大正藏》第十三册，编号 412 经。
③ 收于《大正藏》第十三册，编号 411 经。
④ 收于《大正藏》第十七册，编号 839 经。
⑤ 夏丏尊（1886—1946），浙江上虞松厦人，为中国近代教育家、散文家，也是弘一大师李叔同于浙江两级师范学校（后更名为浙江省立第一师范学校）任教时，最要好的同事之一。他收藏李叔同出家前后的墨宝甚多，是影响李叔同断食出家的重要人物，亦是大师出家后的重要护持者之一。
⑥ 《新谱》，第 155、159 页。
⑦ 《新谱》，第 184、189、190 页。
⑧ 《新谱》，第 192、195 页。

益品》。① 1929 年十月，撰联礼赞地藏菩萨并附记。② 1935 年，于惠安净峰寺书"誓作地藏真子，愿为南山孤臣"对联。③ 1941 年九月，书：《南无地藏菩萨摩诃萨》圣号等。④

（二）修忏

弘一大师所修之忏法，主要是遵从《占察善恶业报经》的方式。其在 1931 年八月《致胡宅梵（1902—1980）⑤》的信中即说："余自出家以来，常礼此忏。"⑥而 1929 年十月，撰联礼赞地藏菩萨并记的内容，似乎也透露修此忏法的一丝法味：

> 多劫荷慈恩，今居永宁，得侍十年香火；尽形修忏法，愿生极乐，早成无上菩提。辛酉三月，余来永宁，居庆福寺，亲得瞻仰礼敬，承事供养地藏菩萨摩诃萨，并修《占察忏仪》。明岁庚午，首涉十载。自幸余生，获逢圣教，岂无庆跃，碎深莫酬，揽笔成词，辄申赞愿。惟冀见闻随喜，同证菩提。己巳十月，时年五十，弘一。⑦

辛酉年，即 1921 年。辛酉三月，则约是弘一大师出家两年半后的时间，从上文可知，大师对于《占察忏仪》的深信与实践，而当年驻锡温州庆福寺时，盖是修此忏法深获信心的一个时期。大师于此法之心得颇丰，1937 年，还曾在梦参法师（1915—）⑧的请法之下，亲手制作占察木轮，以供修持。⑨

---

① 此件写经作品，《新谱》及 2010 版的《全集》第 9 册书法卷均未列。台北弘一大师纪念学会藏有此经版本一册。
② 《新谱》，第 267、268 页。
③ 《新谱》，第 346 页。
④ 墨迹图版请见《全集》第 9 册书法卷，第 242 页。
⑤ 胡宅梵（1902—1980），名维铨，又名惟谦，浙江慈溪人。亲近弘一大师多年，大师与其往来书信中，颇多谈到有关地藏经与地藏圣像之事。详见《全集》第 8 册书信卷《致胡宅梵》的部分。
⑥ 见 1992 年版《全集》第 8 册，第 214 页。
⑦ 《新谱》，第 267—268 页。
⑧ 梦参法师，1915 年生于黑龙江省开通县。1931 年于北京房山兜率寺出家。1936 年底，奉倓虚大师命，赴厦门万石岩礼请弘北上弘律。1937 年，担任弘一大师外护半年，深受启发。摘自梦参法师：《占察善恶业报经新讲》，（台北）方广文化事业有限公司 1999 版，第 1—2 页。
⑨ 梦参法师：《占察善恶业报经新讲》，（台北）方广文化事业有限公司 1999 年版，第 2 页。

(三) 编撰

1932 年，大师为助李圆净（1900—1950）[①]编《九华山志》，而于南闽万寿岩辑录了《地藏菩萨圣德大观》一册，如序所说：

> 后二十一年，岁次壬申九月，余居峙山，上海李圆净居士来书，谓将助编《九华山志》，属为供其资料。自惟鬈染以来，至心皈依地藏菩萨十有五载，受恩最厚。久欲辑录教迹，流传于世，赞扬圣德，而报深恩，今其时矣。后二月，云游南闽，住万寿岩，乃从事辑录，都为一卷，题曰《地藏菩萨圣德大观》。将付书局别以刊布，并贡诸圆净居士备采择焉。[②]

而李圆净编撰《九华山志》之事，在数月之后，似乎成了大师与卢世侯合作《图赞》的因缘之一。（于此后详）

(四) 讲述

弘一大师曾讲述过地藏信仰数次，如 1933 年四月于万寿严讲《地藏菩萨之灵感》时说："余于在家之时，房内即供养地藏菩萨圣像。香烛供奉，信心甚诚。出家之后，随所住处，皆供奉地藏菩萨。"并以自己的亲身事例，提振大众信心。[③] 1938 年闰七月，为瑞竹岩下本乡保长及听众讲《地藏经》。[④] 以及 1940 年七月的地藏菩萨圣诞日，于永春城区为大众讲《净宗道侣兼持诵地藏经要旨》。[⑤]

所有跟随弘一大师学习的居士中，胡宅梵应该是与大师讨论地藏信仰最多的一位。为了普被初机学人了解《地藏经》，大师曾请胡宅梵作《地藏菩萨本愿经白话解释》。[⑥] 此外，还在 1929 年及 1931 年《致胡宅梵》的信中，提

[①] 李圆净（1900—1950），一作圆晋，名荣祥，广东三水人。中年学佛，著有《佛法导论》等，深受弘一法师称许。又与丰子恺合编《护生画集》。以上援引自《全集》第 8 册，第 376 页。

[②]《新谱》，第 301 页。

[③]《全集》第 1 册，第 347 页。

[④]《新谱》，第 392、400 页。

[⑤]《新谱》，第 418、422 页。

[⑥]《新谱》，第 305、311 页。

到地藏菩萨像之事,如 1929 年除夕的信上说:

> 新年天气较暖。为仁者书写佛名及小联,附寄奉。又寄地藏菩萨像一轴,敬赠道静居士。①

1931 年正月十九日之信曰:

> 今年四月,为余之亡母七十冥诞。拟印地藏菩萨像赠送,并流通,以为纪念……拟以托奉仁者,即以前赠与道静居士之像为底本,将道静之上款删去。用纸覆之,以付石印。②

而从这两封信的内容推测,弘一大师可能画过地藏菩萨圣像。③ 以上仅大略整理弘一大师在地藏信仰中的一些实践行仪,然最令人动容的事迹,莫过于 1930 年十月十五日,于白湖金仙寺听静权法师(1881—1960)④讲《地藏经》与孝道的关系时,当众哽咽,涕泣如雨。⑤ 可知其至孝之心与对地藏精神信持的感悟之深。⑥

这种至诚恳切的修持,在大师 1934 年三月,为大醒法主撰《地藏菩萨本愿经说要序》的自述中,亦表露无遗,其曰:"余以暗愚,获闻大法,实由地藏本愿摄之,蕅益《宗论》导之。战战兢兢,垂二十载。常念恩慈,未尝一日忘也……"⑦故为演培法师(1917—1996)赞誉为近代大德最为推崇地藏大士的

---

① 《全集》第 8 册,第 390 页。
② 《全集》第 8 册,第 391 页。
③ 陈星的《关于弘一大师绘画作品的若干答疑》,也注意到此问题,见佛光山《普门学报》2007 年 5 月第 39 期,第 241 页。而陈净野的《对新近披露的有关李叔同画作、书信的解读》文中,则对于大师画地藏像一事予以肯定,收于《永恒的风景——第二届弘一大师研究国际学术会议论文集》,中国文化艺术出版社,2008,第 159 页。
④ 静权法师(1881—1960),浙江仙居县人,俗姓王,名寿安。1905 年于浙江天台国清寺出家,以教演天台、行归净土的德泽,教化门人,为天台宗的近代贤哲。
⑤ 《新谱》,第 277 页。《全集》第 10 册,第 193 页。
⑥ 有关弘一大师于地藏信仰的相关论文,请参考高明芳《弘一大师与地藏法门的修持和弘扬》,收于《如月清凉——第三届弘一大师研究国际学术会议论文集》,中国广播电视出版社 2010 年版,第 63—85 页。
⑦ 《新谱》,第 329 页。

第一人。①

三、《地藏菩萨九华垂迹图赞》的缘起

(一) 弘一大师与卢世侯之因缘

弘一大师与卢世侯相识于 1932 年冬的福建厦门。卢氏的生平记载很少,也不见于林子青的《新谱》考证中,一般描述仅说,他是画家、地藏菩萨的崇奉者。而其与大师的因缘记载,现今也只有弘一大师在《地藏菩萨圣德大观序》与《图赞》所交织出来的白描,如《地藏菩萨圣德大观序》言:

> 是稿成就前二日,卢世侯居士割指沥血,绘地藏菩萨圣像一尊,捧奉入山。胜缘巧值,诚不思议。谨以写影,冠于卷首。卢居士,一字虬儿。善绘画。随侍老父,旅居思明。天性醇厚,事两亲以孝闻,殆亦多生以来,常受地藏菩萨教化者耶。②

《图赞》附记又说:

> 壬申仲冬,余来禾岛,始识世侯居士,时方集录《地藏菩萨圣德大观》。居士割指沥血,为绘圣像,捧持入山,余感其诚曰:请续画《九华垂迹》。尔后世侯往青阳觐礼圣迹,复游钱塘、富春,逮于四月,藻绘已讫,余为忭喜,略缀赞词,并辑一帙,冀以光显往迹,式酬圣德焉耳。于时后二十二年,岁次癸酉闰五月,住温陵大开元寺尊胜院结夏安居。大华严寺沙门弘一演音。③

---

① 演培法师:《弘一律师对地藏菩萨的礼赞》,佛历二五一七年、夏历七月二十八日讲于佛教居士林。见 http://book.bfnn.org/books2/1211.htm。
②《全集》第 7 册,第 624 页。
③《新谱》,第 315 页。《全集》第 8 册,第 210—211 页。

禾岛是厦门的古称,思明即现今厦门市的一区。大师提到卢世侯是随侍父亲旅居思明,可见卢世侯并不是当地人,而从其卢姓看来,也有可能是自北方迁移南方的家族。再则从其美术专长的背景来说,卢世侯可能是留日学生,或是厦门美术专门学校的毕业生,该校在 1918 年至 1938 年期间,是中国南方重要的美术重镇,然限于篇幅,暂不探究。1937 年二月,大师曾讲《南闽十年之梦影》,林子青认为此文详述了大师与南闽的十年法缘,是研究大师晚年的重要史料,但文中也没有提到卢世侯,于此犹待日后研究。

（二）共创《地藏菩萨九华垂迹图赞》

弘一大师与卢世侯共创《图赞》的因缘,除了两人都是虔诚的地藏信仰者之外,《九华山志》与《护生画集》是形成《图赞》的主题与形式的重要助缘。有趣的是,大师在 1928 年旧历八月《致丰子恺》的信中,提到《护生画集》的偈颂时说:

> 朽人已十数年未尝作诗。……初作时,稍觉吃力,以后即妙思泉涌,信手挥写,即可成就。……但念生死事大,无常迅速,俟此册画集写毕,即不再作文作诗及书写等。唯偶写佛菩萨名号及书签,以结善缘耳。①

但是等到 1932 年冬,大师为《九华山志》而辑录的《地藏菩萨圣德大观》即将完稿的前两天,恰好见到卢世侯所画的地藏圣像后,竟当场萌生合作《图赞》的想法,因此,对于《图赞》的诞生,《九华山志》与《护生画集》是功不可没的。

弘一大师对于地藏法门之深信,已如前述。而当卢世侯出现在大师面前时,已经是他割指沥血完成画像了,说明了卢世侯对于地藏菩萨的虔诚与信心,亦有相当的分量;加上两人同样具有艺术的背景,遂使得后续的《图赞》得以进行。而以卢世侯割指沥血之心来说,推断他或许早闻大师曾发愿

---

① 《全集》第 8 册,第 367 页。

刺血写经①，因受感动，故而效之。

割指沥血书写、作画之事，似乎也以弘一大师的悲愿为中心，影响着其周围的同行善知识，如 1934 年二月，僧普润②割指沥血，大师为书《大方广佛华严经》经题多幅，与众结缘。③ 1935 年十一月，广洽法师（1901—1994）④割指沥血，请写《戒经》等。⑤ 而这样的情操，也融贯在他 1937 年自题室为"殉教堂"⑥；与 1941 年《红菊花偈》的"殉教应流血"⑦的诗句中，而令人感佩。

四、《地藏菩萨九华垂迹图赞》的架构与内容

1989 年，台北三慧讲堂首次在台湾出版《图赞》，本章节即引用此版本作为探讨。

（一）《图赞》的架构

《图赞》的架构依序是：1. 弘一大师的题字与附记；2. 弘一大师书地藏菩萨四句大愿；3. 卢世侯画地藏菩萨圣像一幅；4. 一赞一图，各十幅；5. 弘一大师自撰的回向文。

在《图赞》完成后，弘一大师赐题《地藏菩萨九华垂迹图赞》，所作附记的重点，如前文所述。之后，便是大师以圆笔大字写地藏菩萨"众生度尽，方证菩提；地狱未空，誓不成佛"⑧的四句大愿。

《图赞》的主体表现，仿《护生画集》一文一图的模式，将新罗僧人金地藏

---

① 《新谱》，第 200 页。有关弘一大师刺血写经之事，可详见于印光大师致弘一大师的书信，收于《全集》第 8 册，第 502—504 页。

② 僧普润，应该就是广洽法师。弘一大师驻锡南普陀寺时，曾随侍左右，普润是大师为其取的号。

③ 《新谱》，第 325、329 页。

④ 广洽法师（1901—1994），福建泉州南安人。1921 年于厦门南普陀寺出家，法名照润，字广洽。曾于闽南随侍弘一大师十年，后于新加坡龙福院道场展开弘法利生工作。

⑤ 《新谱》，第 341、349 页。

⑥ 《新谱》，第 372、386 页。

⑦ 原诗为："亭亭菊一枝，高标矗劲节。云何色殷红？殉教应流血！"见《新谱》，第 429、436 页。

⑧ 此四句十六字，并没有出现在地藏系列的经典中，可能是后人根据地藏菩萨过去的本生故事所发的愿文所编。

于九华山成道的故事,分为十个主题,一赞一图,各十幅:一、示生王家;二、航海入唐;三、振锡九华;四、闵公施地;五、山神涌泉;六、诸葛建寺;七、东僧云集;八、现入涅槃;九、造立浮图;十、信士朝山。而在信士朝山的偈颂之后,大师又续写回向文四行八句。

台湾版的书前还增录了住持禅慧法师①的《出版缘起》以及书后弘一大师赞文的释文,可供读者方便了解。

(二)《图赞》的内容

《地藏经》中描述地藏菩萨因地修行时,曾当过长者子、小国国王、婆罗门女、光目女等,因每世皆同发大愿而成就果位。而另一个闻名的事例则是新罗王子金乔觉于中国肉身成道的故事。唐玄宗开元年间,新罗王子金乔觉来到安徽九华山清浚苦行,弘化度众,开辟道场,之后坐化为肉身菩萨,享寿九十九,被尊为地藏菩萨的化身,又称金地藏。其事迹载于唐费冠卿(生卒年不详,约 813 年在世)②的《九华山化城寺记》以及《神僧传》卷八、《宋高僧传》卷二《释地藏传》中。千年来,已使九华山成为一个朝礼地藏菩萨的圣地,而与观音普陀、文殊五台、普贤峨嵋等,并列为中国佛教四大名山。

《图赞》所绘的即是金地藏的事迹,但弘一大师为何选择历史上的金乔觉,而不是经典中的地藏菩萨作为卢世侯绘画的依据呢?于此盖与李圆净编著《九华山志》有关。大师编著的《地藏菩萨圣德大观》着重经典中的地藏内容,而金地藏的苦行精神是真实的历史,易于贴近人心。

《图赞》的进行,二人必定事先研讨过,由大师先标出十个段落主题,卢世侯画出内容。而从附记得知,弘一大师是在卢世侯完成插图后,才开始进行偈颂创作的,所撰内容系以《神僧传》与《宋高僧传》的记述为底,在每一个主题之下,以仿效佛经先文后颂的方式,描述出金地藏一生的修持。也可说,大师是将《护生画集》的偈颂表现,再次沿用于《图赞》之中。内容

---

① 禅慧法师,研习教观,深参临济、曹洞之妙。早年留学日本,1988 年于台北成立三慧讲堂,弘转法轮,现为住持。讲堂成立次年,即恭印《地藏菩萨九华垂迹图赞》初版(1989 年 4 月)与二版(1989 年 7 月),现已出第三版(2014 年 7 月)。

② 费冠卿(生卒年不详,约 813 年在世),安徽青阳县人,唐代著名隐士。

如下：①

一、示生王家

佛灭度后千五百年，地藏菩萨降迹新罗王家，姓金，名乔觉。躯体雄伟，顶耸奇骨，尝自诲曰：六籍寰中，三清术内，唯第一义与方寸合耳。赞曰：

天心一月　　普印千江

菩萨度生　　徧现十方

此土垂迹　　盖惟唐代

示生新罗　　王家华裔

幼而颖悟　　力敌十夫

披弘誓铠　　戴智慧珠

钤印：胤（白文）、弘一（朱文）

二、航海入唐

唐高宗永徽四年，菩萨二十四岁（今列纪年，依神僧传，较宋高僧传先六十余年，良由传闻有异，纪载乃殊耳），落发，航海入大唐国。赞曰：

示现出家　　而得解脱

乃眷唐土　　涉海西发

一帆破浪　　万里乘风

大哉无畏　　为世之雄

钤印：胤（白文）、弘一（朱文）

三、振锡九华

菩萨至江南池州东青阳县九华山，而好乐之，径造其峰，觅得石洞，遂居焉。赞曰：

江南山青　　九华殊胜

乃陵绝顶　　披榛辟径

----

① 《全集》第8册，第211—212页。

有谷中地　　可以栖迟

在山之阳　　在水之湄

　　　　钤印：胤（白文）、弘一（朱文）

四、闵公施地

阁老闵让和，青阳人，九华山主也。菩萨向乞一袈裟地，公许之。衣张，徧覆九华，遂尽喜舍。公子求出家，名曰道明，今圣像左右侍者，道明及闵公也。赞曰：

大士神用　　不可思议

徧覆九华　　一袈裟地

檀那功德　　奕叶垂芳

常侍大士　　庄严道场

　　　　钤印：胤（白文）、弘一（朱文）

五、山神涌泉

菩萨尝为毒螫，俄有妇人作礼馈药，云小儿无知，愿出泉资用，以赎其过。妇，山神也。赞曰：

九华山中　　有泉甘冽

匪以人力　　而为浚渫

翳昔山灵　　点石神工

清泉潺潺　　萦带高峯

　　　　钤印：胤（白文）、弘一（朱文）

六、诸葛建寺

村父诸葛节，率群老自麓登高，见菩萨独居石室，有鼎折足，以白土和少米烹食之，相惊叹曰：和尚如斯苦行，我等山下列居咎耳。遂共建寺，不累载，成大伽蓝。赞曰：

空山无人　　云日绮靡

村老相寻　　探幽戾止

乃构禅宇　　龙楄宝梁

胜境巍巍　　普放大光

　　　　钤印：胤（白文）、弘一（朱文）

七、东僧云集

新罗僧众闻之，相率渡海请法，其徒且多，食有未足，菩萨乃发石得土，色青白，不磋如面，聊供众食。赞曰：

化协神州　　风衍东国

锱伍云集　　秉道毓德

有法资神　　无食资身

号枯槁众　　为世所尊

　　　　钤印：胤（白文）、弘一（朱文）

八、现入涅槃

玄宗开元二十六年（宋高僧传作德宗贞元十九年），七月三十夜，召众告别，跏趺示寂。时山鸣石陨，扣钟嘶嘎，群鸟哀啼，春秋九十九。赞曰：

法身常住　　言相悉绝

随众生心　　示现生灭

化事既息　　应尽源还

灵场终古　　永镇名山

　　　　钤印：胤（白文）、弘一（朱文）

九、造立浮图

肃宗至德二年，示寂后二十岁，建塔南台。塔成，发光如火，因名岭曰神光。赞曰：

树窣堵波　　供养舍利

法化常存　　真丹圣地

神光岭表　　青阳江头

灵辉仰瞻　　万祀千秋

　　　　钤印：胤（白文）、弘一（朱文）

十、信士朝山

菩萨垂迹九华，迄今千载。信心缟素，入山顶礼者，接踵而至，岁无虚日。赞曰：

慈风长春　　慧日永曜

此土缘深　　常被遗教

若川趣海　　若星拱辰

万流稽首　　四方归仁

我抒颢毫　　敷扬圣业

以报慈恩　　而昭来叶

一切功德　　回施含灵

同生赡养　　共利有情

钤印：胤（白文）、弘一（朱文）

五、《地藏菩萨九华垂迹图赞》的艺术特色

（一）弘一大师《图赞》的书风特色

弘一大师在《图赞》中的书作，共有标题并附记、地藏菩萨四句大愿、图赞偈颂等三部分，以下分别从结体、布白、用笔与钤印说明之。

1. 标题并附记

（1）结体

从标题并附记的用印大小看来，标题"地藏菩萨九华垂迹图赞"十字，每字大约方圆 1.5 公分左右；附记的字更为细小，约在 0.5 至 0.8 公分之间。标题十字，除了"地"与"九"二字之外，其余皆字形偏瘦长，属于行楷之美；附记的字，则体势较圆。

（2）布白

整体布白来说，标题"地藏菩萨九华垂迹图赞"十字，自右而左，分成三行而书，字距接近一字之长，行距则是超过一字之宽，整体视之，疏朗宽绰有

余。末行"图赞"二字之下，落款"演音敬书"，并钤印于"敬书"二字之间的左侧。

附记字多且小，共分十一行，行距颇宽。标题的单字布白，除了大竖笔与长的横划交错之外，基本上采点划相让的安排，使得每一字看来皆有"疏能走马"的空间感。

（3）用笔

从标题的用笔上，约略可以看出大师堪落峰颖的秃笔，中峰行笔，悠缓从容，不露锋芒。附记小字的用笔，基本上与标题相同。

（4）钤印

弘一大师在《图赞》的每一个主题偈颂之后，都是盖上："胤（白文）"、"弘一（朱文）"这两方印，故以下不再赘述。而这两方印，在大师的墨宝作品中，颇为常见。

2. 地藏菩萨四句大愿

（1）结体

此件颇有颜体楷书之美。单字表现，体势方正，颇有质感，而与标题不同。

（2）布白

整体布白来说，大师将地藏菩萨四句大愿"众生度尽，方证菩提；地狱未空，誓不成佛"十六字，分成四行书写，不论字距、行距，皆紧密靠拢，使成一方阵的构成，而从纸张的边缘空间看来，好像是特意不留左右天地的安排。此外，单字的布白，也是笔划紧密的表现。

（3）用笔

弘一大师特地以颜体楷书的圆笔特色，书写地藏菩萨的大愿，笔笔厚重、有力、确实，加上紧密的方阵布局，让人隐约感受到地藏菩萨悲愿的大力。

（4）钤印

无。

3. 图赞偈颂

（1）结体

《图赞》偈颂的字体与附记部分的小字大致一样，属于行楷一类，而体势较圆而可爱。

（2）布白

每一件《图赞》偈颂的书写布局均一致，采由右至左四段落的方式：1. 主题；2. 说明；3. 偈颂；4. 钤印。而从通篇的视觉效果看来，大师似乎是有意凸显偈颂排列的效果，以仿效佛教经典先文后颂的表现方式，分别地描述出金地藏的示现与精神。

（3）用笔

偈颂的字虽小，但在每一字间的用笔上，犹见大师缓缓用笔书写的气息，一点一划，温润晶滢，却无锋芒。

（4）钤印

同前。

以上是对于弘一大师《图赞》书风的简单分析。1964 年，丰子恺曾对大师初出家与晚期所写的字做出比较，认为早期之字笔力遒劲，而晚年之字则是轻描淡写，落墨不多。① 综观《图赞》的墨迹可以知道，弘一大师虽然渐渐发展出个人的风格，然像他题写地藏菩萨四句大愿的颜体书风看来，仍然保有其传统的厚实功底。

（二）卢世侯的《图赞》绘画特色

卢世侯在《图赞》中的画作分为：1. 地藏菩萨圣像；2. 金地藏画传十幅。以下简单说明这两部分的绘画特色。

1. 地藏菩萨圣像

一般菩萨相的共同庄严是，头戴宝冠，身披天衣、着裙，并有项链、缨络、飘带等装严，但因《地藏十轮经》记载了地藏菩萨的形相说："是以菩萨示声闻之形……"②故在所有的菩萨相中，地藏是唯一以比丘示现的菩萨。尽管如此，在历代造像的演变过程中，仍是有些变化，如从单尊的圆顶比丘相，逐步地加上如意宝珠、锡杖、宝瓶以及僧人的巾帽等，甚至还出现僧衣与菩萨缨络、项链的混搭装扮。而在金地藏肉身成道，九华香火鼎盛之后，地藏菩

---

① 《新谱》，第 183、186、187 页。

② 《大正藏》第十三册，编号 411 经，第 0777b02（10）页。

萨像也开始出现了顶戴毘卢冠,还有闵公与道明和尚两位胁侍以及坐骑"谛听"的组合了。

卢世侯所画的地藏菩萨像,不仅蓄发、头戴佛冠、衣裙长垂、飘带飞扬,甚至缨络、耳饰、项链遍布全身,完全是菩萨相的庄严特色,而唯一可见的辨识物,便是手上的锡杖与摩尼宝珠。可以说,这是卢世侯心中的地藏菩萨。

以构图来讲,作者以中间偏右的位置,采稳固的三角构图,让地藏菩萨以半侧面的立姿,挺立在一片背景幽暗、火海逼烤的岩石上,但却慈眉外延,眼目低垂,望向火海,以手中的锡杖与发光的宝珠,对应火的炙热。

从线条和色彩来说,作者似乎偏爱重复线条的细密勾描,加上填彩上色之后,既有明暗块面的表现又富于装饰性。卢世侯的地藏法像,不是纯粹的中国画或西洋画的表现方式,而比较像是受过西洋画法概念,加上中国菩萨面相画法所综合出来的一种插画类型,若与历代的地藏像比较的话,卢世侯擅长的是经典氛围的掌握。

2. 金地藏画传

卢世侯在 1932 年冬接受弘一大师续画《图赞》的建议之后,便至安徽九华青阳朝礼金地藏的足迹,再到浙江游钱塘、富春,而《图赞》的画作于来年四月完成,所以如果扣掉其作画的时间估计,其游访九华的时间,可能是在春节至三月之前。当时的卢世侯,或许会一边朝礼圣迹,一边取景写生、构思打稿,缅怀一千两百年前,这位二十四岁即只身渡海来华的异国青年,一生尽在九华展现朴实的修行。

从构图上来说,十幅画传的共同特色是,作者习惯以对角线分割画面的原理,将主题元素安排于画中,并以放射、外张、斜边的方式,作为动势的效果。以前两幅为例,如"一、示生王家",是以画面中的两条对角线交叉分割后,将魁伟有力的金乔觉画于左下方的大三角形内,而与右下方大三角形内的青铜武士像相呼应。金乔觉以跨右足的斜站姿势,高举右手,伸张五指,显示其王族之尊与非凡的器宇。"二、航海人唐"的构图,则是将旭日、金乔觉、船帆、飞鸟、小狗置于由左上方的大三角形内,并作出由左下而右上的航行方向;而右下的整个画面则是翻滚的海浪,映照旭日。

从线条来说,卢世侯偏爱在形体之中,以重复各种长短的线条做出简单的肌理和质感,如人物服饰的纹样即是;并以长条的曲线表现动势,如"二、航海入唐"的翻滚海浪,以及迎风吹拂的衣袖飘带等等。

从色彩表现来说,卢世侯擅长红绿对比的表现,以少面积、高彩度的红色系,点缀大面积的各种层次的蓝绿色系,如"二、航海入唐"、"三、振锡九华"、"四、闵公施地"、"十、信士朝山"等等。

从台湾版的《图赞》看来,因为画面都有类似虫蛀剥落的痕迹,加上着色像是水性颜料的效果,可知原件应该是纸本的;而设色方面,则是属于重彩的表现。总括以上的探讨,卢世侯的《图赞》画风,整体上来说,具有传记事件的氛围效果;满版的构图当中,既能表现动态的张力,亦能传达静谧的安然;而在线条与色彩的交错下,颇具日本浮世绘的装饰性美感。

六、《地藏菩萨九华垂迹图赞》的流传

最早出版的《图赞》现今已很罕见。而重印的资料是在 1940 年,佛学书局刊登九华垂迹图赞委员会代表广义法师(1914—1995)[1]致佛学书局,为了纪念大师六十寿诞幕印千部的启事。文中并谈到希望依照第一次出版的美感设计,维持衬托图文的蓝底,但不特意坚持。重刊之事,受到僧俗一致的回响,如圆瑛大师(1878—1953)[2]的《地藏菩萨九华垂迹图重印序》[3]以及陈祥耀(1922—)[4]的《弘一法师在闽南》[5]等文中,均见记载。而从圆瑛大师的序文说:"今岁弘一法师六十寿诞,闽南菲岛星洲缁素学者,集资重印斯图,分发海内外,以为弘师寿……"[6]即能明白千部《图赞》的流通之广。而笔者从网络的搜索得知,南普陀寺的藏经楼收有《图赞》一册;[7]加拿大的多伦多

---

① 广义法师(1914—1995),俗姓李,福建南安人。1930 年于瑞良和尚座下出家,1932 年至南普陀寺入佛教养正院就读,其后随侍会泉法师前后七年,并曾于厦门妙释寺听弘一大师讲《四分律含注戒本》,1949 年转赴东南亚一带弘法。

② 圆瑛法师(1878—1953),俗姓李,福建古田县人。18 岁中秀才,19 岁出家,后以《楞严经》而悟道,为中国近代的佛门领袖人物,临济宗第四十代传人。

③ 见明旸法师编:《圆瑛大师年谱》,上海圆明讲堂,1989 年,第 192—193 页。

④ 陈祥耀(1922—),福建泉州市人。年少时,于泉州梅仁书院就读时,结识弘一大师。精国学,擅书法,为福建师范大学文学院退休教授,亦为弘学学者。

⑤《全集》第 10 册附录卷,第 192 页。

⑥《圆瑛大师年谱》,第 193 页。

⑦ 此参见 http://xysr163.blog.163.com/blog/static/637810920092811646731/(2015/11/19)。

大学图书馆也馆藏了一部修图重印的《图赞》；^①2009 年北京歌得拍卖公司的秋季拍卖会中，也出现过一件重新精裱过的蓝底《图赞》（彩色影印纸本，折装，书样尺寸：29×32 cm）。此外，笔者也请新加坡法友代询广洽法师的蒨匐院道场，遗憾的是目前没有发现这本画册。

1989 年，台湾台北三慧讲堂首度出版《图赞》，并由住持禅慧法师撰《出版缘起》一文，记下因缘始末：

> 去年十月，吾应邀于东大景美佛学讲座演讲佛法，十二月，吾讲佛教实践法，偶提及弘一大师与会泉长老往事，课后，王俊杰居士与我谈起，彼幼年常随母亲至厦门南普陀，曾见过弘一大师，迄今印象深刻。临走时，他又说："家中现在保存弘一大师有关书画乙册。"乃请其下次听讲时顺便带过来。^②
>
> 一星期之后，王居士果然从他姐姐王素贤女史处，将书带了来，一看是《九华垂迹图赞》，字是弘一大师李叔同真迹，一点不假，图是卢世侯居士所绘，庄严无比。^③

因此，由禅慧法师的这段文字中，便将场景拉回到厦门南普陀寺。而为何《图赞》会传到王居士家中，据禅慧法师该文的描述如下：

> 根据王俊杰居士及其姊素贤女史之叙述，乃弘一大师当年交予厦门南普陀寺住持会泉长老，会泉长老再交予他的高足净慧法师，净慧时任南普陀监院。王居士令堂萧月里女士，早年笃信佛法，时王泽坤老先生经商甚为成功……夫人月里女士，乃厦门南普陀大护法，每每一掷千金，毫无恡色，监院净慧法师感其护法之诚，乃将此一佛教艺术之瑰宝，

---

① 此参见多伦多大学图书馆的网址：http://search.library.utoronto.ca/details? 4356112&uuid=e80514b8-3a0a-49a3-912f-61f786faff0e(201511/19)。
② 禅慧法师：《地藏菩萨九华垂迹图赞出版缘起》，《地藏菩萨九华垂迹图赞》，（台北）三慧讲堂 1989年版，第 1 页。
③ 禅慧法师：《地藏菩萨九华重迹图赞出版缘起》，见《地藏菩萨九华重迹图赞》，（台北）三慧讲堂 1989 年版，第 1 页。

转赠予萧月里女士作纪念。后以时局逆转,王老先生举家迁台,兵荒马乱中,本书始终未尝或离。①

透过上文,可以看出整个路径的发展,一开始即由弘一大师赠予会泉长老(1874—1943)②,长老再交给监院净慧法师,法师再赠予大护法萧月里女士,而为了躲避时局的变化便携至台湾。问题是,受到大师重视的这组《图赞》作品,以何因缘而致赠给会泉长老? 而如此重要的画作,又为何一路流传呢?

先从会泉法师谈起。会泉法师于1924年担任厦门南普陀寺住持,一直到1927年由太虚大师(1890—1947)③接任后,便驻锡至泉州南山寺。1928年九月,弘一大师首次至南普陀小住,会泉、性愿诸法师曾接待过大师。④1937年,会泉法师以64岁高龄,再应南普陀寺众推举,二度担任住持,时值抗日时期。1938年,厦门沦陷,遂避居鼓浪屿,之后转由香港、新加坡、南洋等地传法。

《全集》的书信卷中,并无大师《致会泉法师》的书信,但却可在大师致书其他几位法师的信中,得知他在1934年、1936年及1937年曾驻锡于厦门南普陀寺。⑤ 特别是《新谱》当中,也记载了大师1937年于南普陀寺的几项重要事迹,如1937年元旦,开始在南普陀寺讲《随机羯磨》⑥。二月十六日,在南普陀寺的佛教养正院讲《南闽十年之梦影》⑦。七月,日军轰炸南普陀寺,学院讲堂、宿舍被毁。九月,厦门时局紧张,大师自题室名"殉教堂",愿住厦门,护诸寺院,誓共存亡。⑧

---

① 禅慧法师:《地藏菩萨九华垂迹图赞出版缘起》,见《地藏菩萨九华垂迹图赞》,(台北)三慧讲堂1989年版,第2页。
② 会泉法师(1874—1943),俗姓张,福建同安人。19岁出家,之后云水行脚,闻法修持十余载,曾任厦门南普陀寺住持,为闽南佛学院创办人。1938年离开厦门,开始于海外弘法。
③ 太虚大师(1980—1947),浙江崇德县人。为中国近代著名佛教僧人、哲学家,其改革佛教的精神,为星云大师所崇敬并推广落实,并为印顺导师推崇为人间佛教的创始人。
④ 《新谱》,第255、260、261页。
⑤ 弘一大师由厦门南普陀寺所发信件,请见《全集》第8册书信卷中,如致性公老法师、广洽法师、瑞今法师、性常法师、果清法师的部分。
⑥ 《新谱》,第369、372页。
⑦ 《新谱》,第369、374、375页。
⑧ 《新谱》,第372、386页。

因此,若就萧月里女士护持南普陀寺,并曾携幼年的王素贤与王俊杰姊弟参访而得见弘一大师的话,保守估计应是 1937 年上半年厦门时局尚是安稳之时。而据南普陀寺大事记载,1938 年四月,厦门沦陷前,弘一大师与会泉法师在住众的请求下,希望他们移至鼓浪屿日光岩。[①] 如前述,会泉法师移往日光岩后,弘一大师则在沦陷前四天转往漳州弘法,之后两人即无再碰面。

虽然目前没有发现弘一大师与会泉法师的通信,但却有一件大师写于1928 年,赠予会泉法师的对联"会心当处即是,泉水在山乃清"[②]存世,而这件作品可能是当年大师初至南普陀小住所写。《图赞》于 1933 年完成后,也许一直保留在大师身边或寄于他处保管。而如王素贤与王俊杰姊弟所述,是大师赠予会泉法师的话,那么当在 1938 年四月,会泉法师离开厦门之前,将《图赞》交给了监院净慧法师。而因萧月里女士护持南普陀寺不遗余力,净慧法师感其诚心,遂将《图赞》再转赠与萧女士作纪念,而后于 1949 年举家迁转至台湾后,收藏至今。

七、结语

本文将弘一大师与卢世侯合作的《地藏菩萨九华垂迹图赞》略作探讨,所得要点如下:

(一)弘一大师在家时,即于房内供养地藏菩萨,出家后亦如是,并谓深受地藏恩泽最深,屡行写字、修忏、编撰、讲法,以报恩德。据 1929 年及 1931 年与胡宅梵的通信看来,可能画过地藏菩萨像。

(二)《九华山志》与《护生画集》,对于《图赞》在主题与形式的确立上,颇有助缘。

(三)《图赞》的进行,由大师先标出十个主题,待卢世侯完成插图后,才以仿佛经先文后颂的方式书写,也可说,这是《护生画集》偈颂形式的沿用。

---

① 请见 http://www.nanputuo.com/nptcz/html/201303/1815412573499.html(2015/11/19),南普陀寺大事记之民国二十七年的记载。
② 释文请见《全集》第 8 册,第 39 页;墨迹图版请见《全集》第 9 册,第 180 页。

（四）《图赞》的架构是：1.弘一大师的题字与附记；2.弘一大师书地藏菩萨四句大愿；3.卢世侯画地藏菩萨圣像一幅；4.一赞一图，各十幅；5.弘一大师自撰的回向文。《图赞》的内容依序是：一、示生王家；二、航海入唐；三、振锡九华；四、闵公施地；五、山神涌泉；六、诸葛建寺；七、东僧云集；八、现入涅槃；九、造立浮图；十、信士朝山（含回向文）。

（五）弘一大师的《图赞》书作，共有：标题并附记、地藏菩萨四句大愿、图赞偈颂等三部分。标题的字，属于行楷，字形瘦长；附记与偈颂的字，也属行楷，体势较圆。地藏菩萨四句大愿则是以颜体的书风作为表现，可知其在发展个人书风的同时，仍然保有传统的厚实功底。

（六）卢世侯的《图赞》属于纸本重彩的作品。画作分为两部分：1.地藏菩萨圣像；2.金地藏画传十幅。其所画的地藏圣像，与一般认知的比丘相不同，不仅顶戴头冠，还具有缨络、飘带，唯一不变的是，地藏的手持物——锡杖与摩尼宝珠。其特色：（1）从构图上来说，喜用对角线分割画面的原理，安置主题元素，并以放射、外张、斜边的手法，做出动势的效果。（2）从线条来说，喜以重复或长或短的线条，做出简单的肌理和质感，并以长线条表现节奏、动势。（3）从色彩来说，卢世侯擅长红绿对比的表现，如以少面积、高彩度的红色系，搭配大面积、多层次的蓝绿色系。总体上来说，满版的构图当中，既有动态的张力，亦有静谧的安然，呈现出传记事件的氛围效果；而在线条与色彩的交错下，颇有浮世绘装饰性的美感。

（七）最早出版的《图赞》现已罕见。1940年，僧俗各界为纪念大师六十寿诞，摹印千部，流通海内外。1989年，台北三慧讲堂首度在台湾出版《图赞》，序文《出版缘起》说明原稿流向，原由弘一大师赠予厦门南普陀寺会泉长老，长老再交给监院净慧法师，法师再赠予大护法萧月里女士，而因时局变化携至台湾，现由王素贤及王俊杰姊弟收藏。而后又有各单位依照1940年的流通版，改版、重修、重印、重画等，暂置不论。

以上仅就笔者现有的资料，针对《图赞》作一初步的探讨，犹望方家指正，以利修改，无任感荷。

【附图】

图一　弘一大师《图赞》题字并附记

图二　弘一大师书地藏菩萨四句大愿　卢世侯画地藏菩萨圣像

图三　一、示生王家

图四　二、航海入唐

图五　三、振锡九华

图六　四、闵公施地

五　山神涌泉

菩薩常以力毒蓉俄有婦人
作礼請棄三山兄無二願
出泉資用一縣其迫婦山神
也讚曰

九華山中　有泉甘洌
匪以人力　高為後澄
翠螺山雲　照石神工
　　　　　紫帶高峰

图七　五、山神涌泉

六　諸葛建寺

村父迨菩南辛聚务有集登
高見峯座鑰居石宇有泉析
足必知工和少未夷有之拘
款口和而如斯労作年山下
列宇答耳達失建寺云黑戟
戊大州黃讚曰

空山幽人　雲日徑廟
村老相尋　探出交业
乃梅神宇　龍擂寶梁
朕境魏之　善故大光

图八　六、诸葛建寺

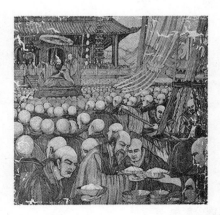

七　東僧雲集

新羅僧眾開之相率渡海請
法其徒立多食有未還善薩
乃於石浮土色青白不礙如
麵御供眾食讚曰

化揚神州　風衔東圓
錯伍雲集　稟道皕德
有法資神　虔食資身
虔松撬眾　芳世而守

图九　七、东僧云集

八、现入涅槃

玄宗开元二十六年宓高持住九十七月三十夜示疾加趺示疾此山鸣石顶扣键斯倾率鸟兽常卷秋九十九赞曰

法身常住　言相患绝
随累生心　示现生灭
化事既息　应尽源遗
雪塔终古　永镇名山

图十　八、现入涅槃

九、造立浮图

肃宗至德二年示寂役二十载建塔而臺塔式普光如大同名岭曰神光赞曰

树宁塔波　供养舍利
法化常在　真丹圣地
神光岭表　青镨江头
雪辉仰瞻　高记千秋

图十一　九、造立浮图

十、信士朝山

菩萨垂迹九华迄今千载信心信香入山顶礼络绎不绝而云蔼其盛赞曰

慈风长春　惠日永曜
此土缘深　常波远救
君星拱辰　四方蜂仁
万流楷首　教摺圣业
我拚顺竟　而照来业
川禄慈恩　迎莅含重
一切功德　共利有情
同生安养

图十二　十、信士朝山

【作者简介】

李璧苑,1964 年生,华梵大学美术与文创学系兼任助理教授。

The Origin, Characteristics and Spread of *The Gathas and Paintings of Ksitigarbha's Manifestation in Holy Mountain Jiuhua* Produced out of the Collaboration between Master Hongyi and Lu Shihou

Li Biyuan

Summary

There are two ways in which Master Hongyi collaborated with lay Buddhists to produce paintings. One kind is *Protection of Life Album of Paintings* produced in collaboration with Feng Zikai in 1929 (followed by five more albums) and the other kind is *The Gathas and Paintings of Ksitigarbha's Manifestation in Holy Mountain Jiuhua* produced in collaboration with Lu Shihou in 1933. Up till today new editions of these two albums keep coming out at home and abroad, a testimonial to their importance to Buddhist believers. However, while many people know about the former album, few know about the latter. To address this disparity, an exploration of the causes, structure, content, artistic characteristics and spread of *The Gathas and Paintings of Ksitigarbha's Manifestation in Holy Mountain Jiuhua* is immensely worthwhile.

李叔同研究中的探索与发现

王维军

弘一大师圆寂前,曾用偈语"华枝春满,天心月圆"来描绘他即将往生西方极乐世界的美妙境象。其实,这又何尝不是弘一大师一生辉煌成就的真实写照啊。近年来,随着李叔同研究的不断深入,许多以前未为人知的李叔同史料和文献,在今人的研究和发掘中渐被发现,得以重光天下,弘传宣扬,无数奇珍供世眼。今年是李叔同诞辰 135 周年,笔者将自己近年来资料挖掘过程中新发现的、未曾见诸近人学者发表之研究成果、且未被收入《弘一大师全集》中的一些新文献史料和新线索信息,加以研究梳理和考证,形成本文,公诸众好,广宣流布,以为对弘一大师之切实缅怀和纪念。

一、李叔同手书《朗圃吟草序》

1898 年秋,李叔同奉母携眷离开天津,南下沪上。徙居上海后,融贯旧学新知的李叔同,很快融入了上海文化圈。1899 年,李叔同与许幻园、袁希濂、蔡小香、张小楼,在城南草堂义结金兰,互为兄弟。1900 年旧历二月十二,五人又借去徐氏园小谦余兴未阑,合拍小照一像,仿王叝园海天五友图,美其名曰:天涯五友图。其时许、李、袁、蔡、张"天涯五友",彼此诗文唱和,在沪上文坛传为佳话。2014 年,经苏州友人李军绍介,笔者于沪上觅到清代稿本周炳城《朗圃吟草》四卷,得以一阅。其中就有李叔同、张小楼、袁希濂分别为周炳城《朗圃吟草》所作序文之手稿,及周与李叔同等唱和之诗作,甚是难得,今人大都未曾有缘识见,《弘一大师全集》及近人所编其他著述中亦皆未有收录。

周炳城(1864—?)号朗圃秋士,浙江乌程(湖州)人。早岁风流,中年落拓,业医济世。著有《朗圃吟草》四卷、《湖海诗萃》二十卷。在 2012 年 11 月国家图书馆出版社出版、由丁胜源、周汉芳所编的《回文集》第 47 卷中收录有周炳城的回文诗《咏菊》《初秋即事》。

笔者所见到的《朗圃吟草》(图一),共四卷,周自撰序云:"大块无心,而有我;我亦无心,而作诗。凡寓于目、闻于耳、触于心者,皆不期然而遇,则我之诗,亦不期然而作。不期然而作者,即大块之不期然而有我也,然则,我之诗,即我目中、耳中、心中之诗也。要必尊唐摹宋,以为每篇可入少陵之室,每首可登放翁之堂,则又非所志也,亦非所能也。夫唐宋之诗,唐宋人之诗也;元明之诗,元明人之诗也;国朝之诗,国朝人之诗也;我之诗,我之诗也,非他人之诗也,亦非唐宋元明人之诗也。然则,仍归诸不期然而然可也。时在光绪第一戊戌仲秋月既望日,乌程周炳城自识。"李叔同、张小楼、袁希濂、韩鸿藻、张兆熊、香梦词人等分别为诗集作序,海上忘机客张兆熊在序中赞曰"巨制短章,无体不备。有句皆新,为忘年友辈中之铮铮佼佼者";香梦词人攸庵则数言以志:"披读之余,觉长古诸篇,天风浪浪,海山苍苍。眩目尽金银台阁,奇丽无穷。置之唐人集中,几不能辨。近体诸作,古香拂纸,锐藻纷披,诚可远追李杜,近迈遗山。"张小楼作序《奉题朗圃吟丈诗草》:"诗到白描转是才,好从天籁脱天胎。鸥波亭上春风笔,尽把性灵写出来。"袁希濂初作序《题朗圃先生诗集》以"狂言泻入凌云笔,压倒中唐李长吉"夸之,后仍觉意犹未尽,继而续撰《再题朗圃先生诗集》颂之。李叔同也撰以序文言以钦佩。

李叔同《朗圃吟草序》手稿:

茗上朗圃词兄,早岁风流,中年落拓。春蚕吐恨,酒杯浇愁。鬓感蓬飞,词传侬懊。因言见志,即物兴怀。绮思纷披,丽藻奇郁。句可呈佛,心时杂仙。汇而成篇,共若干卷。琳琅耀采,珠玉交辉。谨志俚辞,用申钦佩。(图二)

落款"庚子夏五,当湖李成蹊识"(图三),钤白文朱印:尔来二十有一年矣。(图四)

从内容可知,此手稿落笔于 1900 年旧历五月。李叔同所撰之序,不仅文字和手稿为新见,而且所钤"尔来二十有一年矣"之印亦是以往刊行之李叔同各种印谱和资料中未曾收录之初现新见,甚是难得。

《朗圃吟草》四卷诗集中所收诗作,始于己卯(1879 年),终于己亥(1899年),跨度整整二十年;其中卷一收录的系 1879 年—1886 年创作之诗赋,卷二则是 1887 年—1888 年的作品,卷三作品为 1889 年—1894 年所作,卷四收录的是 1895 年—1899 年所作之诗。周炳城自序撰于 1898 年旧历八月,李叔同和张兆熊为诗集作序的时间都是 1900 年旧历五月,而其他诸序未落时间款,故依此推测,《朗圃吟草》的刊行时间应该是在 1900 年旧历六月以后。在诗集的第四卷中,有诗数篇与李叔同及其友人相关,值得我们关注。如写于丙申年(1896 年)的《丑月暨望喜晤幻园居士许建屏司马》《许建屏出示幻园自述诗嘱题因书其后》《海天三友图题词为张小楼布衣许幻园司马袁仲濂茂才作》《再题天涯三友图长歌》《有感时事忧愤难已即次袁仲濂见赠原韵》诸篇,细读诗文内容,我们从中可以获知一些以前未曾悉知的信息,早在1900 年二月十二日李叔同、许幻园、袁希濂、蔡小香、张小楼摄"天涯五友图"前的 1896 年,许幻园、张小楼、袁希濂就曾以岁寒三友自居,摄有"天涯三友图",一如周炳城为《海天三友图题词》和《再题天涯三友图长歌》中所云:"长啸昂头空古今,天涯摄影订同心。多情合咏温如玉,立意相期铸以金。习法英文殊志趣,论时务处见胸襟。春申浦上传佳话,哄动交游庆盍簪","三君同时客天涯,拔剑研地歌悠扬。忧时愤世将变局,分习邻邦语文章。偶然会合结同心,摄影传神纸一张。欲争岁寒三盟友,清操贞心百练霜",这是以往未知的。

而诗集的压轴,则是周炳城写于己亥年(1899 年)酬和李叔同《七夕》诗原韵的《和惜霜仙史七夕有感用原韵》和《意犹未尽再次二绝句》,我们不妨一赏。

《和惜霜仙史七夕有感用原韵》:

> 银河风景望中真,枨触当年忆旧因,私语并肩传故事,长生殿里渺无人。

> 漏重星稀月影迟,匆匆相见恨何其。尘寰怨旷知多少,不独天孙感别离。(图五)

《意犹未尽再次二绝句》：

　　难偿百万怨尤真，薄倚支机话夙因。天上若多尘世恨，牛郎恐也白头人。

　　净洗甲兵底事迟，冲天杀气倍凄其，自家分合犹难主，哪有闲怜世上难。（近北方拳匪猖獗，而沪上人家多有迁居远离者，故戏及之）

　　从诗作时间推知，李叔同与周炳城之交友时间应早于1899年旧历七月，而周炳城与许幻园、张小楼、袁希濂诸子相交时间则更早，至少应在1896年十二月前。

　　此诗集中还有一些线索，为我们提供了李叔同与友人的其他一些相关信息。

　　清光绪二十八年七月初二（1902年8月5日）沪上之《春江花月报》，在头版刊登了一则李叔同与友人补缘主人一同为香梦词人发布的启示"香梦词人书画助赈"，布告云："香梦词人，夏君笑庵，海上名士也。雅擅词章，尤工书画，今拟以助赈，专书画扇子。每件收洋一角，以千件为度，件交花月报馆，或交大东门外北施家弄钱业公所东首夏第亦可，两礼拜取件，潮扇不应。补缘主人，惜霜仙史同启"；同年九月初一（1902年10月2日），申江《笑林报》上也曾刊登李叔同的一则《照红词客介香梦词人属题采菊图，为赋二十八字》："田园十亩老烟霞，水绕篱边菊影斜。独有闲情旧词客，春花不惜惜秋花"，署名当湖惜霜。李叔同在启示和诗题中所提及的"香梦词人"为何许人也，不见有传。而该期《笑林报》在刊出李叔同的小诗时，同时还刊登了香梦词人《应照红词客以采菊图小景属题》的一首诗："老去秋光菊又残，松声云影两盘桓。时人欲识先生貌，骨格丰标画里看"，署名香梦词人夏鼎，古沪夏鼎筱盦。翻开周炳城《朗圃吟草》第一页，我们看到为此诗集题签的就是这位香梦词人，题签的落款是"筱盦"，钤白文朱印方章"香梦词人"；而为诗集作序者中也有这位"香梦词人"，其序文的落款是"古沪香梦词人拜题"，钤阳文方章"小盦"；且诗集所用的笺纸也是印有"香梦词人轶吻"的专用纸。在中国社会科学院文学研究所图书馆，藏有宣统元年（1909年）六月上海小说进步社铅印本八回小说《新儿女英雄》，小说的作者就是这位号为筱盦的香梦词人。我们不妨从小说的弁言中去获得更多对香梦词人的了解：

香梦词人，豪侠士也。余于某岁遇之沪上，一见倾心，订为知音。每于职务之暇，把酒言欢，共论世事，酒酣耳热，抵掌高谭，大有拔剑斫地，不可一世之概。其胸襟之阔大，行为之豪爽，恒于酒后流露，不自觉也。词人又喜读《儿女英雄传》，一有暇晷，即执卷浏览，常不去手。恒谓余曰："旧小说中，除《三国》、《水浒》而外，惟《儿女英雄传》尚差强人意。《红楼梦》仅描写儿女痴情，而无英雄气概，非吾所喜也。他日当另撰一册，以见吾志焉。今岁秋初，忽来吾寓，以一卷相示，则所编之《新儿女英雄》也。余受而览之，见其写金玉贞之阿娜刚健，则无殊于十三妹；安天长之一举一动，则俨然一安水心；安贞清之文静纯孝，则又与安龙媒丝毫无异。吾于此乃知词人不特为人豪爽，而其文笔，亦复矫矫不群，直可与文铁仙相颉颃焉。爰书数语于其端，以志钦佩云。志轩识。

可见李叔同的这位朋友香梦词人——夏鼎不仅工诗词，且善小说。

在李叔同的常用印中，有一方印他特别喜欢，使用频率甚高，就是以李叔同祖籍平湖旧称冠名的"当湖惜霜"，这是李叔同的好友戈朋云为其所刻并相赠的。此印2.1 cm见方，印文"当湖惜霜"为隶体，阴刻，边款刻阴文"戈朋云"，现藏于西泠印社印学博物馆。据笔者实证资料所考，李叔同最早使用此印的时间，应不晚于1899年，因为李叔同当年在沪上函致天津徐耀廷的信封上就已钤有此印，这也可以推断李叔同与戈朋云的相交至少可追溯至1899年，也就是说李叔同来沪上不久便与戈朋云相交识。至于戈朋云其人其事，则信息乏匮，更未见今人有叙。而在《朗圃吟草》卷四中，笔者发现周炳城1898年所写的一首诗，诗名为《赠戈朋云》，可知其时李、周、戈等彼此已属同一文友圈中人。而沪学会期间，李叔同主事沪学会附属义务小学堂，戈朋云则操办中英学社，皆为教育界同仁，相互多有交往。1905年沪学会召开五月份月会，召集沪上各学堂代表集会，筹划抗议美国苛禁华工问题及开展抵制美货运动，提出停止与美商交易的办法，李叔同和戈朋云分别作为各自学校的代表参与活动并发言，要求美国尽除"禁工苛例"，赞成抵制美货。1905年5月29日《中外日报》和6月5日的《时报》等当时的报纸皆有相关记载。

一本《朗圃吟草》，把李叔同及其好友许幻园、张小楼、袁希濂、周炳城、香梦词人、戈朋云等信息汇集到了一起，（图六、图七、图八）使我们不仅有幸得见李叔同早期留下的珍贵文字和手稿墨迹,而且也从中获知诸多李叔同友人的相关资料信息,填补了以往此类史料之不足。

二、李叔同格致书院课题策论《开诚布公论》

20 世纪初的李叔同在上海滩激扬文字,入城南文社,举书画公会,习南洋公学,兴沪学会,办义务小学,意气风发。其时,李叔同以李成蹊之名,曾屡屡参与格致书院课题应征,且屡屡获奖,名闻上海滩。

格致书院,由时任英国驻沪领事麦华陀于 1872 年倡议创办,1874 年筹建,1876 年 6 月正式开幕。是一所由中外士商捐资建成的,旨在传播西学,探索富国裕民,救亡图存治国之道的新型学校。格致书院的考试制度在王韬、傅兰雅的主持参与下,推行一种全新的以"季课""特课"和"月课"为特色的"考课制度",由主持者出考题,学生依题作文,考官阅卷采用只批不改的做法,以求存真;评定答题优劣则以有理、有据、有新意为标准,划分若干等第,然后张榜公布,奖励优秀者。"季课"始于 1886 年,每年四次;1889 年起,又在正课外添以春秋两考课,名为"特课"。1901 年 10 月起,又推出每月一次的考课,延至 1904 年上半年止。1904 年秋,书院因经费不足,停月考课,改为季考课。统请海关诸位道宪、南北洋大臣、两江总督及上海、宁波、天津道台等朝廷军政要员主持命题,考题内容多为西学传播和时事国是议论等,应征者不限上海一地,全国各地皆可参加。而考课题目和获奖名单则在《申报》《字林西报》上刊出,每次考课通告一经公布,全国各地反响热烈,应征者济济,动辄百数十人。笔者查阅了 1898 年末至 1905 年初上海的各期《申报》,从中整理出李叔同在沪期间格致书院公布的各期应征课题,以及李叔同获奖课案的相关资料信息,据统计,李叔同前后共有十二次获奖,分别是:己亥夏季课案一等第 22 名,壬寅十月课案第七名,壬寅十二月课案第 2 名,癸卯四月课案第 19 名,癸卯五月课案第 3 名,癸卯夏季课案一等第 42 名,癸卯苏松太道特课案超等第 15 名,癸卯秋季天津道课案超等第 1 名,癸卯十月课案第 18 名,癸卯十一月课案第 3 名,甲辰九月课案第 5 名,甲辰十月课案为第 3 名,或还有更多,留待日后发现补充,而有些数据与当下各种书籍资料中有关李叔同课案获奖情况介绍似有出入,为方便读者查阅,笔者制作了如下表格（课题统计中略去了算学课题，课案统计中仅收录李叔同获奖之信息数据，其他一并略去）并附上《申报》刊载相关消息的原始资料，供查阅参考。（图九）

序号	时间	课题及出处	课案及出处
1	己亥夏季课题	1899年11月2日（己亥年九月二十九）《申报》 问三十年来吾华人崇尚各种西艺，近今更甚于前，有先学习其语言文字以为阶梯者，有专赖译成华文之书籍以资考索者。或谓，日本仿效西法已尽得其奥突，如先学日文，以为学西艺者先路之导，则不啻事半而功倍也，其说然否？试比较其迅速、利弊、得失之所在，而详言之。 十月三十日截止，余照曩例。	1900年12月12日（庚子年年十月二十一日），己亥夏季课案：超等16名（略），特等20名（略），一等28名，其中李成蹊为一等第22名。
2	壬寅十月课题	1902年10月31日（壬寅年十月初一）《申报》 策论：1.中英商约业经妥定画押，闻尚有后言，至民教不和之案更难处置，其如何使之相安？试条议以对。2.拟黄黎洲、卢梭合传。 算学（略）	1902年12月14日（壬寅年十一月十五日）《申报》，壬寅十月课案：策论共20名，李成蹊为第七名。
3	壬寅十二月课题	1902年12月30日（壬寅年十二月初一）《申报》 策问：1.中国文字极繁，近时翻译西书知尚不敷用，问以何法添补，得弥其缺？2.拟陈子昂对利害三事。 算学（略）	1903年3月13日（癸卯年二月十五日）《申报》，壬寅十二月中西书院课案：策论共12名，李成蹊为第二名。
4	癸卯四月课题	1903年4月28日（癸卯年四月初一）《申报》 策论：1.中国汉三杰与近今所称意大利三杰，其勋业品行优劣若何论？2.拟中国殖民政策。 算学（略）	1903年6月10日（癸卯年五月十五日）《申报》，癸卯四月课案：策论共53名，李成蹊为第19名。
5	癸卯五月课题	1903年5月27日（癸卯年五月初一）《申报》 策论：1.西比利亚铁路告成与中国市政有何关系说；2.中西字学源流考。 算学（略）	1903年7月9日（癸卯年闰五月十五日）《申报》，癸卯五月课案：策论共66名，李成蹊为第3名。

（续表）

序号	时间	课题及出处	课案及出处
6	癸卯夏季课题	1903年6月28日（癸卯年闰五月初四日）《申报》 宁绍台道官夏季课题： 1. 元诏各道廉访使《作成人才以备选举》论； 2. 泰西与中国交涉，动云利益均沾；而中民之商于外国者，节节受制，宜如何申明约章，参证公法以卫远商而维政柄策。 卷缴上海虹口中西书院限月终截止。	1903年9月5日（癸卯年七月十四）《申报》，宁绍台道评定夏季课案：超等16名（略），特等24名（略），一等111名，李成蹊为第42名。
7	癸卯南洋大臣特课题	1903年9月21日（癸卯年八月初一日）《申报》 南洋大臣特课题 1. 张骞、苏武论；2. 广开蒙学以豫人材根本策。	1904年1月12日（癸卯年十一月二十五日）《申报》，苏松太道特课案：超等共20名，李成蹊为超等第15名；特等共30名（略）；一等共130名（略）。
8	癸卯秋季天津道课题	1903年10月7日（癸卯年八月十七日）《申报》 1. 开诚布公论；2. 中西学术异同得失，试膲陈之策。 应试各卷缴与呈虹口中西书院，自出题日起至九月二十日截止。	1904年1月17日（癸卯年十二月初一）《申报》，天津道课案，超等共10名，李成蹊为超等第1名；特等共20名（略）；一等共77名（略）。
9	癸卯十月课题	1903年11月19日（癸卯年十月初一日）《申报》 策论：1. 近有赛珍会，又名博览会，肇于何时？始于何国？其旨意何在？可析言之欤；2. 太史公《游侠列传》书后。 算学（略） 限本月二十日缴卷，下月十五日揭晓，卷仍缴虹口中西书院。	1904年1月2日（癸卯年十一月十五）《申报》，癸卯十月课案，共166名，李成蹊为第18名。
10	癸卯十一月课题	1903年12月19日（癸卯年十一月初一）《申报》 策论：1. 苗疆改土为流，中国早垂为定制，乃当时如赵文定张文敏诸人訾为非策，其说可足证欤？2. 论合群与自由之意义及其权限。 算学（略）	1904年1月22日（癸卯年十二月初六）《申报》，癸卯十一月课案，共54名，李成蹊为第3名。

（续表）

序号	时间	课题及出处	课案及出处
11	甲辰九月课题	1904 年 10 月 9 日（甲辰年九月初一）《申报》策论：1. 日俄战事胜负尚难逆覩，将来结局如何为上策，试推论之；2. 夷齐让国说。算学（略）	1904 年 11 月 21 日（甲辰年十月十五日）《申报》，甲辰九月课案共 72 名，李成蹊为第 5 名。
12	甲辰十月课题	1904 年 11 月 8 日（甲辰年十月初二）《申报》策论：1. 汉唐宋明党祸论；2. 上海格致书院添设藏书楼序。算学（略）	1904 年 12 月 24 日（甲辰年十一月十八日）《申报》，甲辰十月课案共 77 名，李成蹊为第 3 名。

　　虽然从诸种史料中收集到一些李叔同当时应征格致书院考课的情况，但都仅限于课题的题名和课案的奖次，而从未有李叔同所撰课题的具体文章内容发现，故以往人们在赞叹李叔同"二十文章惊海内"的同时，又为无法更多地领略其文章内容独到之见解、精辟之论述而深感婉惜。不过，胜缘的是，笔者为查找清末时期李叔同沪上诸信息而对清末相关报纸一一遍览搜寻时，于整理之清朝旧报《北洋官报》中，（图十）发现了一篇李叔同当时应征格致书院课题，获得超等第一名的《开诚布公论》课卷全文，填补了李叔同应征课题文章内容之空白，聊补以往有题无文之缺憾。

　　癸卯八月，天津海关道为上海格致书院秋季考课出了二道策论课题，一是《开诚布公论》，二是《中西学术异同得失，试胪陈之策》，刊登在 1903 年 10 月 7 日（旧历八月十七日）的《申报》第二版上，要求应试课卷自出题日起至九月二十日前缴至虹口中西书院。而为格致书院出题的是时任天津海关道的唐绍仪。唐绍仪（1862 年—1938 年），字少川，广东香山县人，是清末民初著名政治活动家、外交家；1874 年成为第三批留美幼童，赴美留学，后进入哥伦比亚大学学习，1881 年归国，1895 年任驻朝鲜总领事；1901 年，袁世凯擢升为直隶总督兼北洋大臣后，重用唐绍仪为天津海关道。唐绍仪在任期间，办理接收八国联军分占的天津城区、收回秦皇岛口岸管理权等事务，成就斐然；1904 年，清朝政府委任唐绍仪为全权议约大臣，赴印度与英国代表谈判有关西藏问题。唐绍仪坚持民族立场，运用灵活的外交手段，力主推翻英国与西藏地方政府签订的所谓《拉萨条约》，挫败了英国妄图将西藏从中国领土中分割出去的阴谋。辛亥革命后,唐加入孙中山的同盟会,出任中华民国第一任内阁总理。李叔同的这篇《开诚布公论》深得唐绍仪的好评,1904 年 1 月 17 日(癸卯十二月初一)《申报》上刊登了此次经唐绍仪批阅后评出的超等、特等和一等奖获得者名单,在 107 名获奖者中,李叔同拔得头魁,获超等第 1 名;我们从征题截止日期可知,李叔同应征答卷撰写之时间应在 1903 年秋末。李叔同此篇《开诚布公论》则刊登在 1903 年 12 月 18 日(即清光绪二十九年十月三十)第 175 册《北洋官报》第二页的"专件"栏目的首篇位置;而此次课案获超等第二名陆世澧的《中西学术异同得失策》也刊登在第 176 册的《北洋官报》上。李叔同的这篇文章,虽然不长,共五百来字,但短小精悍;通篇围绕论题,论据引用史例恰当,论证充分并有力。文章中李叔同以其开阔之视野和独到之见解阐述了"以法治国"、以及"执法者"在用法中应注意之诸种关系,并开宗明义道:"法也者,为治之大器也",认为一个国家的治理和规范,需要靠制度的力量和法律的规矩去约束和制约,如此,才能确保国家的长治久安。接着,他话锋一转,又就执法者在"势不得不以法权奉诸于一人"的情况下,如何去用好执法权,提出了"彼之所为不利吾群,法所宜刑也"、"彼之所为利于吾群,法所宜赏也"的用法理念,指出"法也者"是"万民之法",执法者是在为万民立法,所以执法者要言忠信,行笃敬;又道"诚心存乎人,公道存乎群",执法者欲使"法虽严厉而刑者不怨,赏者不惊",就必须在执法中要做到"开诚心,布公道";观其言论,即使在百年后的今天仍有深刻的现实意义和指导作用,从中我们也可以看到严复所译斯宾塞《群谊篇》对李叔同思想的影响和启发,为我们研究清末李叔同的思想动态流变提供参考和依据。

《北洋官报》是袁世凯倡办的、清政府第一张官报。1901 年 8 月,袁世凯在天津河北狮子林集贤书院旧址内创办了北洋官报局,出巨资从日本引进当时最先进的印刷设备,并聘请日本精铜版、石版、照相制版及印刷等技术人员出任报馆专业技师,报馆分编撰、翻译、绘画、印刷、文案、收支六股,共150 多人。1901 年 12 月 25 日《北洋官报》在天津正式创刊,是一份清末最有影响的地方政府官报。其内容包括反映宫廷动态信息的"宫门抄"、解释皇帝诏令的"圣谕广训"直解、上谕、督宪批示、督宪辕门抄、专件、论说、奏议录要、本省公牍、时政纪要、各省新闻、各国新闻、算学问答、广告等栏目,内容所涉政治、学务、兵事、时事、士家工学商方方面面,虽以政府公报为主,但却不一味地迎合政府,也比较系统地介绍外国社会的情况,介绍新思想、新知识,评论中国的不足之处,提出革新措施,起到了"开风气之先"的作用。《北洋官报》起初为隔日发行,1904 年 2 月 16 日起,改为每日出版。

现将刊登在《北洋官报》上的李叔同这篇策论全文摘录如下,以飨读者。

开诚布公论

津 海关道课格致书院超等第一名 李成蹊

法也者,为治之大器也。然而法奚自始邪? 人之生必有群,群之合必有法,法始于群约。其继也,由分而入专,由多而趋寡,势不得不以法权奉诸一人。夫以一人执法权,万民之疑忌因之而起,万民之群谊因之寝亡矣。是故善执法者,懼夫疑忌之起也,有以泯其疑忌焉。虑夫群谊之亡也,有以固其群谊焉。夫至于疑忌泯、群谊固,而法乃行诸上下之间而不悖。诸葛治蜀,史称其开诚心、布公道。吾以为此其所以能善用法歟。不然,诸葛夙治申韩法术,其治蜀也,以严厉称,万民宜啧有怨言矣。乃直颣如马谡而诛之,褊戾如杨仪、魏延而用之,不闻万民有异说,何也? 盖其所以诛者,非有所深怒,必欲置之死亡也。亦曰,彼之所为不利吾群,法所宜刑也。其所以用者,非有所姑息,必欲加诸贵显也。亦曰,彼之所为利于吾群,法所宜赏也。法也者,万民之法。执法者,即万民立法之义,为一己用法之义。斯诚心存乎人,公道存乎群。法虽严厉而刑者不怨,赏者不惊。其关系密切有如此矣。后世执法者,闇识兹义。易一己奉群之义,为万民奉己之私,于是有束缚而无感格,有隔阂而无通融。上有专制之名,下有作伪之谤。法之所在,遂重为世所诟病。然亦思立法之源流若何,用法之权限若何,鉴彼诸葛开诚布公之遗迹,其亦知所取法哉。(图十一)

三、李叔同创作歌曲《诚》

李叔同传世之歌曲作品,最早有上海中新书局国学会于 1905 年 5 月发行、李叔同自编的《国学唱歌集初编》，歌曲内容分"扬葩、翼骚、修诗、摘词、登昆、杂歌十章"共六大类21首；有李叔同同学黄炎培珍藏的李叔同在沪学会时创作《祖国歌》的手稿；有李叔同在日本东京独自编辑、1906年正月由上海大东门内北城脚义务小学堂内公益社发行的《音乐小杂志》中的《我的国》《春郊赛跑》《隋堤柳》3首；有1913年李叔同在其编辑的浙师校友会会刊《白阳》上刊发的三部合唱《春游》；有其在浙一师任音乐教职时创作的、在学生中传唱的《送别》《采莲》《早秋》《悲秋》《忆儿时》《浙江省立第一师范学校校歌》《南京高等师范学校校歌》等众多歌曲，这些歌曲后来被丰子恺、裘梦痕选入合编的《歌曲集——中文名歌五十曲》中，于1927年8月由上海开明书店发行；有1928年开明书店发行、钱君匋所编《中国民歌选》中收录的《月夜》《幽人》等；有1929年与太虚法师合作完成的、礼赞佛法僧的《三宝歌》；有1936年10月开明书店印行、弘一大师作歌的《清凉歌集》中的5首；有1937年5月为厦门第一届运动会创作的运动会会歌；还有1958年1月由丰子恺编、音乐出版社出版的《李叔同歌曲集》；1990年9月由钱仁康编考、上海音乐出版社出版的《李叔同—弘一法师歌曲全集》；1993年5月由钱仁康编著、东大图书公司出版的《弘一大师歌曲集》等；在李叔同创作的这些歌曲作品中，既有李叔同自己作词作曲的作品，亦有自己作词、配以他人谱曲或引用中国传统古曲曲调或欧美、日本等国曲谱的歌曲，还有自己谱曲、但配以他人作词或引用古诗词等的歌曲，也有选词配曲的一些作品。根据著名音乐家钱仁康先生的考证，确定李叔同创作的歌曲大约有七十余首。近年在李叔同音乐研究中，时有新识新见之不断提出和补充，理论研究亦时有突破，然在李叔同创作歌曲之新发现上，却鲜有收获。

这里要向大家介绍的是，笔者在收集整理李叔同音乐资料时，新发现的一首李叔同作词配曲的歌曲——《诚》。该歌曲刊登在1933年2月由商务印书馆印发、周玲荪编《新时代高中唱歌集》中。

周玲荪，浙江海盐人，1912年就学于浙江两级师范学校图画手工专科，与吴梦非、李鸿梁等同班，师从李叔同。吴梦非于1959年曾撰写《五四运动前后的美术教育回忆片断》，文中回忆诸同学道："我们这一班学生有二十多人，如周玲荪、金咨甫、朱酥典、李鸿梁、朱蔼孙等"。受李先生的影响，周玲荪对李叔同任教的音乐、图画两科尤感兴趣，专注有加。1915年毕业后任商务印书馆南京分馆编辑,后任南京高等师范艺术系主任,曾在多地学校任音乐、美术教职。1937 年十一月一日正驻锡厦门中山公园妙释寺的弘一大师致函刘光华,告知其父克定法师(俗名刘绍成)已于前日因病示寂之事时,信中就有提及周玲荪,言周玲荪系大师旧日学生,曾就教职于南京高等师范:"尊翁在家时,为余之再传弟子(尊翁入南京高师时,余已出家,由旧生周玲荪任课)。出家后,于去年一月到厦门,依余学习戒律";1919 年,周玲荪的同学吴梦非、刘质平等发起成立一个以提倡美育为主旨的新式音乐社团、中国第一个美育学术团体——中华美育会。1920 年 4 月 20 日,美育会在小西门外黄家阙路的上海艺术专科师范学校内创刊了中国第一本美育学术刊物《美育》,吴梦非出任总编辑,音乐编辑主任刘质平,手工编辑主任姜丹书,文艺编辑主任欧阳予倩,周玲荪则从第三期起出任图画编辑主任。在《美育》杂志上,周玲荪先后发表了《教授音乐应该怎样》(第一期)、《新文化运动与美育》(第三期),一生致力于音乐美术教育理论和实践的探索,编著有《中等学校唱歌集》、《新学制高级中学教科书——水彩风景画》、《金陵名胜写生集·第一集油画写生集》、《金陵名胜写生集·第二集水彩写生集》、《新编金陵名胜写生集·第一集油画》、《新编金陵名胜写生集·第二集水彩写生集》、《中等学校乐理唱歌合编》、《师范学校风琴练习曲集》、《新时代高中唱歌集》、《钢琴教本》等。

周玲荪编《新时代高中唱歌集》一书(图十二),封面由于右任书题,身任南京高等师范学校校长和东南大学校长的郭秉文为书作序:"周君玲荪,潜心音乐。曾任南高、东大、中大教授有年。课暇编辑中等学校唱歌集两大册,业有商务印书馆印行,风行全国。"周玲荪自己则在目录前的"编辑大意"中就歌集所选内容作一说明:"本书所有歌曲,除编者创作外,又选用李叔同、萧友梅、易韦斋、戴季陶、刘大白、胡寄尘、吴梦非、沈秉廉、白露汀诸先生之作品。其声调与词旨,俱极高雅。富有发扬蹈厉之精神,颇足以激励青年,涵养美感"。编入该歌集的歌曲共有 52 首,皆系周玲荪亲笔手抄,其中署名李叔同的歌曲共有 9 首,分别是《诚》《月》《忆儿时》《幽居》《西湖》《落花》《晚钟》《采莲》(未署名)《送别》。歌集第 6、7 页的第六首歌曲《诚》(图十三),署名李叔同,歌词内容:"大哉一诚,圣人之本。弥纶六合炳日星;唯诚可以参天地,唯诚可以通神明;大哉一诚,执厥中;大哉一诚,圣人之本,大哉,大哉,一诚!"周玲荪在该歌曲后面还加了尾注,对歌词内容作释文解读,并附撰李叔同先生小传:"李叔同先生高士也。岸,哀,息,婴,皆其名,籍平湖,迁居天津。家本世阀,而先生则厌之。清光绪间,游海上,结交知名士,旋留学日本东京美术学校,专究西洋画,暇则旁及音乐。卒业返国,历任浙江两级师范及南京高等师范图画音乐教授,实开吾国美育之先导!民国七年夏,薙度于西湖虎跑寺,是年冬,即于灵隐寺受戒焉,法名演音,号弘一。生平杰作以油画为最,出家时除布施外,均由北平国立艺术专科学校保管。先生尤长书法,兼工诗词,所作歌曲亦甚多"。此歌首次发现后,笔者遂请教著名音乐史研究专家、弘一大师研究学者孙继南先生,孙老闻讯后甚喜,有意对此展开深入研究。不久,孙老又来函相告,在周玲荪所编、商务印书馆 1924 年发行的《中等学校唱歌集第二编——歌曲集》(图十四)中亦发现编有此歌,并函来了此歌曲集的复印件。《歌曲集》内容分为"曲谱"和"歌词注释"两部分。"曲谱"共选编歌曲 25 首,对词作者一律不作标注,若曲谱系选用外国作曲家的作品,则大都署明原曲作者(亦有不少曲谱未署曲作者,或未知佚名)。《诚》编入在《歌曲集》的第二首,曲谱作者署名:美人 Smith. W. G 作曲(图十五)。李叔同创作的其他歌曲作品《丰年》《归燕》《忆儿时》《人与自然界》《月》《幽居》《废墟》《西湖》《落花》《晚钟》《采莲》《送别》等,亦编入在集中,皆未署名。结合周玲荪所编之《新时代高中唱歌集》《中等学校唱歌集第二编——歌曲集》两本歌集中对《诚》作者之署名,我们可知,《诚》应该是李叔同选美国人 Smith. W. G 的曲子,配上自己撰写的歌词而创作的歌曲作品。当然,这仅是笔者之抛砖拙见,许多专业上的辅助论据和详尽论证还待孙继南前辈学者及其他学人作深入严谨之学术解读,来为本发现作更多的学术支撑和补充。

仔细阅览《歌曲集》,还有一个发现,值得我们关注。以往无论是 1927 年丰子恺、裘梦痕合编之《中文名歌五十曲》,还是 1958 年丰子恺编《李叔同歌曲集》,或者钱仁康先生 1990 年所编《李叔同—弘一法师歌曲全集》、1993 年《弘一大师歌曲集》,以及 1992 年《弘一大师全集·文艺卷》中,编在李叔同名下的两首歌《月》和《废墟》的曲作者始终未能明确。《中文名歌五十曲》中,《月》署李叔同作歌、《废越》署吴梦非作歌,两首歌的曲作者皆未署;《李叔同歌曲集》中,《月》署李叔同作词,曲作者未署,《废墟》署吴梦非配词,李叔同选曲，未注明曲作者；《李叔同—弘一法师歌曲全集》中，《月》依旧未署曲作者，只署作词李叔同，《废墟》一歌则署：李叔同选曲，吴梦非作词，至于到底是选谁的曲，同样还是未知；《弘一大师歌曲集》中，《月》的词作者署李叔同，曲作者署：佚名。《废墟》则署李叔同选曲，吴梦非作词；《弘一大师全集·文艺卷》中的《月》《废墟》复制了丰子恺《李叔同歌曲集》的资料，《月》只署李叔同作词，未署曲作者。《废墟》署：李叔同选曲，吴梦非作词。以上种种，被沿用至今，而《月》《废墟》之曲作者为何许人也，一直未曾明确。而在周玲荪之《中等学校唱歌集第二编——歌曲集》中，编者对这两首歌的曲作者却有了明确署明。《月》的作曲者署：法人 Lindllod 作曲（图十六）；《废墟》的作曲者署为：日人近籐逸五郎作曲。那么《废墟》的曲作者是否真如周玲荪所说的那样是近籐逸五郎呢？笔者在《杭州师范大学艺术教育史文献汇编：艺术教育图志（1908－2012）》第 255 页上得见《废墟》手稿影印件，署：高村藤花作曲，吴梦非作歌（图十七），但未注明此影印件之出处。又查阅吴嘉平所编《圆梦集》，在目录之"吴梦非 王元振的歌曲作品"中，也发现《废墟》一歌所署：吴梦非作歌，李叔同选曲（高村藤花曲）。这与周玲荪所署近藤逸五郎作曲都有不同。笔者就此疑问再次请教了孙继南先生，孙老复函："近藤逸五郎，日本译诗家，曾译过《废墟》歌词，但并非曲作者。高村藤花作曲，出自吴嘉平《贺梦集》目录。我问吴嘉平出处，回答'来自我父亲的手稿'"，由此可见，《废墟》真正的曲作者应该是日本人高村藤花。至此，这两首歌的曲作者终于明确。故这两首歌的词曲作者应该分别是：《月》，李叔同作词，法国人 Lindllod 作曲；《废墟》，吴梦非作词，日本人高村藤花作曲，李叔同选曲。

为阅者方便，笔者将《月》《废墟》在各种版本中的词曲作者署名制表如下，以示说明：

《月》	词作者	曲作者
1927 年丰子恺、裘梦痕合编《中文名歌五十曲》	李叔同作歌	未署名
1958 年丰子恺编《李叔同歌曲集》	李叔同作词	未署名
1990 年钱仁康《李叔同—弘一法师歌曲全集》	李叔同作词	未署名
1992 年福建版《弘一大师全集·文艺卷》	李叔同作词	未署名

（续表）

《月》	词作者	曲作者
1993 年钱仁康《弘一大师歌曲集》	李叔同作词	佚　名
1924 年周玲荪编《中等学校唱歌集第二编——歌曲集》		法人 Lindllod 作曲

《废墟》	词作者	曲作者
1927 年丰子恺、裘梦痕合编《中文名歌五十曲》	吴梦非作歌	未署名
1958 年丰子恺编《李叔同歌曲集》	吴梦非配词	李叔同选曲（曲作者未署）
1990 年钱仁康编《李叔同—弘一法师歌曲全集》	吴梦非作词	李叔同选曲（曲作者未署）
1992 年福建版《弘一大师全集·文艺卷》	吴梦非作词	李叔同选曲（曲作者未署）
1993 年钱仁康编《弘一大师歌曲集》	吴梦非作词	李叔同选曲（曲作者未署）
1924 年周玲荪编《中等学校唱歌集第二编——歌曲集》		日人近藤逸五郎作曲
2008 年吴嘉平编《圆梦集》	吴梦非作歌	李叔同选曲（高村藤花曲）

此外，周玲荪所编《新时代高中唱歌集》中还有一条重要信息。在歌集第 8 页周玲荪作词配曲的《秋夜》（正日落秋山，一片罗云隐去……）一歌后面，周玲荪为此歌加了个尾注说明："钱君匋先生编中国民歌选，用拙著此歌，误注为李叔同先生所作"（图十八），可见钱君匋在 1928 年编《中国民歌选》时，误将周玲荪作词的《秋夜》编入了李叔同名下，而钱仁康先生引用了此信息，故在其所编的《李叔同—弘一法师歌曲全集》《弘一大师歌曲集》中收录了周玲荪作词的《秋夜》，并署李叔同作词。而在丰子恺所编的《中文名歌五十曲》《李叔同歌曲集》中皆未收录此歌，而是收录了李叔同作词的另一同名歌曲《秋夜》（眉月一弯夜三更，画屏深处、宝鸭篆烟青。唧唧唧唧，唧唧唧唧，秋虫绕砌鸣，小簟凉多睡味清）。所以在当下许多李叔同歌曲资料，包括《弘一大师全集》中往往都会出现两首不同词曲的《秋夜》，其中以爱尔兰民歌曲调、"正日落秋山一片罗云隐去"歌词的《秋夜》，系周玲荪所作，并非李叔同作品；而歌词为"眉月一弯夜三更"的这首歌曲，才是李叔同作词选曲

的作品，在此予以说明纠正，去伪存真，避免以讹传讹。

四、李叔同书《胡氏家乘》凡例

说到安徽绩溪出来的胡氏名人，我们会想到红顶商人胡雪岩、近代著名学者胡适以及中共前总书记胡锦涛等等，但在民国初期，移居沪上的绩溪胡氏胡祖德与李叔同的一段笔墨因缘，却一直鲜有人知。

胡祖德(1860—1939)，字云翘，号筠桥，生于上海陈行，祖籍安徽绩溪，祖上自清初迁至陈行，系陈行名儒秦荣光之弟子。胡祖德喜读书著述，能诗画，致力于地方掌故、民俗文化之收集、挖掘和研究，编著《沪谚》、《沪谚外编》，收录沪谚近2000则，又有里巷歌谣、俚曲、俗话、新词、隐语、行话等，富有地方情趣。方言部分列举字形、读法，保存上海地区语言特色，反映风俗民情，是第一部结集的记录上海方言的著作，开近代俗文学研究先声，是研究上海方言、俚语、风土人情的重要史料，至今仍被广为引用。胡氏家境富厚，乐施好善，曾先后出资捐建陈行镇上“度民”“裕民”“苏民”“粒民”“齐民”“寿民”六桥，自称“六桥老人”，为乡人称颂。其中的度民桥遗存至今，依旧连接着周浦塘两岸，是浦东现存最长的石梁桥。民国初期，胡祖德有感于沪上胡氏自三百年前由徽州绩溪迁至上海陈行后，仅见“某公配某氏传某支”之简述，而未有胡氏族谱之系统记载述考之状况，为避免“闻见湮没弗彰”“后之视今，犹今之视昔，悔可追欤”，于是收集整理胡氏本支各种旧稿，编纂《胡氏家乘》，请国史馆纂修倪锡湛为之撰序、伊秉绶之孙伊立勋为之书；胡祖德自序记录编纂因缘，由内阁中书吕景端为之书。此谱由吴昌硕为之题签(图十九)，张祖翼隶书题扉，朱声树题“胡氏宗祠图”，何维朴、耿道冲、清道人李瑞清、天台山农刘文玠、汪克埙、周承忠、左孝同、郑孝胥等为之作书，1918年刊印。在《胡氏家乘》中，胡祖德就族谱纂修原则和编纂内容、体例、结构以及编修中一些基本问题的规定和说明等另列“凡例”一章，加以阐明。而胡祖德为此“凡例”所邀抄录的书家就是名闻沪上的李叔同。

李叔同为《胡氏家乘》所书“凡例”一章，前有倪锡湛撰序和胡祖德自序，后有胡氏宗祠图、祠堂联、祭文、祭祠规则、建宗祠记、节妇传等。“凡例”共有14页，每页竖排六行，落款为“裔孙胡祖德谨撰　丁巳李婴谨书”。据李叔同《断食日志》所记,1916 年 12 月 25 日—1917 年 1 月 11 日,李叔同在杭州虎跑寺断食 18 天。断食后,他自我感觉甚好,似脱胎换骨,焕然一新,便用老子"能婴儿乎"之意,更名为李婴。故此"凡例"之手稿,系李叔同 1917 年断食后所书。而此手迹作为《胡氏家乘》中"凡例"一章,与其他人的手迹一起集录于书中,且署李叔同新取之名李婴,不甚醒目,故一直未被大家发现和关注。笔者是在觅得民国版"凡例"(图二十一、图二十二、图二十三)李婴手稿单行本后,通过手稿末"裔孙胡祖德谨撰 丁巳李婴谨书"之落款,顺藤摸瓜、追根溯源,经过一年多的努力,终于在胡祖德编纂之《胡氏家乘》中找到了此"凡例"手稿单行本内容之原始出处,拨开迷雾,终见天日。

五、弘一法师随笔二则

在弘一大师好友群中,江谦可以说是与弘一大师相交甚深的一位挚友。在俗时,因为文艺,他们相交甚厚;在僧时,又因佛法,彼此交流精进,可谓志同道合。1915 年 1 月,江谦到任南京高等师范学校校长一职后,遂邀聘李叔同担承南高师音乐美术教座,辅佐江谦为南高师的艺术教育生光添彩。其间,还彼此合作,由江谦作词,李叔同谱曲,创作了南高师的第一首校歌,并沿用至今,现在是南京大学的校歌。1918 年 8 月李叔同弃俗为僧后,江谦也于 1919 年因疾辞去了校长一职,此后,便一心向佛,先后皈依谛闲、印光两位佛学大师,潜心研究佛教,倡净土宗,宣扬儒佛合一,解行双修。江谦在回家乡婺源养病期间,又发起成立了佛光社,创刊《佛光社社刊》,该刊以昌明佛教,自度度他为宗旨,不定期发行,江谦亲自担纲编辑主任一职,广约印光、弘一等佛门高僧撰稿开示众生,弘法宣教。正如 1925 年 6 月 1 日江谦在佛光社第一次社友大会上演讲时所说的那样:"本社因为地处山僻,与当世传通佛法的善知识,不能近亲听受讲论,故今大法师、大居士,如印光法师、弘一法师、唐大圆、尤雪行等,均由本社函请担任社长、社董职务,已得复信许可,自后社中如有佛法疑难问题的讨论,可通函请求他们的教益",所以自 1926 年第一期发行始,至 1927 年 2 月的第二期、1928 年 6 月第三期和 1932 年 10 月之第四期,在每一期的《佛光社社刊》上都有印光法师、弘一法师、范古家居士、唐大圆居士、尤惜阴居士等专稿刊发,机理双契,为他刊所不及。

但该刊地处山僻,交通印刷甚多不便,七年间仅发行四期,在当时传播度、辐射面和影响力相对有限,今之传藏者更是稀少,几成孤本,故阅知者不多。笔者在《佛光社社刊》第一期"杂俎"栏目上觅得《蚕桑新法》、第三期"杂俎"栏目中又得见《毗奈耶室随笔》,此两则弘一大师旧时文稿,一则是 1926 年前所写,就温州蚕校校长之问,而介绍养蚕防杀生之新法。温州蚕桑办学系国之史上第一,1897 年,时年五十岁的清代著名教育家孙诒让在温州创办了中国历史上第一所蚕桑职业教育学校——永嘉蚕学馆,1901 年改名为温州蚕桑学堂,1905 年更名温州初等农桑实业学堂,1912 年复名温州蚕桑学堂,1915 年又改名为温属乙种蚕业学校,1923 年升为甲种蚕业学校,1927 年又改由永嘉、乐清、瑞安、平阳、泰顺五县联办,更名为温属联合县立蚕桑职业学校。弘一大师的《蚕桑新法》就是针对时任蚕校校长周仲祥就该校教学中"蚕桑之业,杀生甚多"之问,答疑解惑。周仲祥(1877—1944),名宏毅,温州平阳人,少时师从温州名儒刘绍宽,二十多岁考入杭州武备学堂,后因体力不支,改入杭州蚕学馆;1904 年毕业后,即应聘至温州蚕桑学堂任教;1918 年浙江省教育厅委任其出任温州蚕校校长一职,在职 10 年,对温州地区蚕桑事业之发展颇多贡献。另一则是 1928 年 6 月前所写的《毗奈耶室随笔》,毗奈耶系梵语 Vinaya 之音译,佛教术语,一作鼻那夜,毗那耶,又作毗尼,鞞尼迦等,是经、律、论三藏之一,意指佛所说之戒律。弘一大师在随笔中所记内容,以举生活中诸种事务之实例,加以分析解说,对守持戒律之约束检点作种种开示教导,劝告修习者在践行中避免犯戒。两文皆未见今人编辑之弘公文集中,现记录如下,重光分享。

蚕 桑 新 法

弘 一

曩永嘉蚕桑校长来问,蚕桑之业,杀生甚多,有何法能挽救否。余因告以于阗国蚕蛾飞尽,乃得治丝之法。或有以蛾出丝断为虑者,校长谓无妨,外国近有一种药水,用之蛾可飞出,而丝仍完整无所损伤云云。案此法颇可广传同人,依此行之,可救众多之生命。至彼所说外国药水,凡研究蚕桑学者当可知之,若有未了者,乞托周孟由居士转询校长,当可知其药名、出售之公司名及其用法也。

于阗国之遗事，载《西域记》卷第十二，彼文云：王城东南五六里，有麻射僧伽蓝，此国先王妃所立也。昔者，此国未知桑蚕，闻东国有之，惟密而不赐，乃卑辞下礼，求婚东国，彼国王女，密藏其种，入于阗国（《西域记》译作瞿萨旦那国，旧译作于阗，今仍用之），止麻射伽蓝故地，方备礼仪，奉迎入宫，以桑蚕种留於此地，乃试植养。于阗桑蚕之业，自是日盛，王妃乃刻石为制，不令伤杀，蚕蛾飞尽，乃得治茧，敢有违犯，昭神不祐，遂为先蚕建此伽蓝，故今此国有蚕不杀，窃有取丝者，来年辄不宜蚕。（以上《西域记》文）

至莲池大师《竹窗二笔》蚕丝第二则云，或曰，东坡云，待茧出蛾，而后取以为丝，则无杀蛹之业，不知出蛾之茧，缕缕断续，而不可以为丝也；未必坡之有是言也。（以上《竹窗二笔》文）

此说不可泥执。今有此新法，必无缕缕断续不可为丝之虞也。

（弘一法师笔记一则，普愿护生仁者及养蚕家广传之。周孟由居士住温州谢池里二峰居。婺源江谦谨识）（图二十四）

毗奈耶室随笔

弘 一

根本四重戒中，盗戒最易犯，如邮寄印刷品时以信笺附入，或寄信时，以钞票附入，皆犯偷税之盗罪。又如，有甲、乙二友人共乘火车，甲有行李一件，乙有行李五件，若二人合写行李票一纸，总计分量可以不另加费，但如此行者，即犯偷税盗罪（凡偷税之数目若满五钱，即破根本重戒，而旧以16小铜钱为一钱）。欲免其罪，应将二人行李票，分写两纸，不相混合。甲有行李一件，分量甚轻，例不加费；乙有行李五件，须另过磅，於定例超出若干斤者，照章纳费，乃为如法也。盖此盗罪，不专指寻常偷盗而言，凡有取巧隐瞒省钱者，皆名为盗。故根本四重戒中，盗戒最易犯。

问：已受五戒之人，若盗满五钱，破根本重戒者，许忏悔否？又许再受戒否？答：律中有二说。一者，依萨婆多部论，若破五戒、八戒中重戒者(即杀、盗、淫、妄四根本重戒),更无胜进,优婆塞五戒相经亦属此部,名为不可悔罪,与论义同,准此。若盗满五钱,破根本重戒,即不可忏悔,今生亦不能再受五戒、八戒、沙弥戒、比丘戒等。二者,《善见律》云,沙弥有十恶,应灭摈,杀、盗、淫、妄、饮酒、毁佛、毁法、毁僧、邪见、汙尼。前九改过不更作,犹可受具(即受比丘戒),后一,决不可,(以上律文)准此例之。若盗满五钱,破根本重戒者,亦可容许忏悔,(即向僧众发露忏悔,是为作法忏)并许增受八戒、沙弥戒、比丘戒等。此律之意,重在改过,不更作也。今有破重戒者,须自详审,果能具大惭愧、生大厌离,绝不覆藏,笃切悔过者,即可准善见律容许忏悔,并许增受八戒、沙弥戒、比丘戒等。若不尔者,决不能滥引此例。故萨婆多论,为通途之轨则。若善见律之说,惟遇真诚悔过者,乃可举以告之,未宜滥以示人,恐有未破戒者,恃此开文,任意破戒,而无所忌惮也。

杀畜生命,虽犯杀戒中轻罪,然亦不宜故犯。臭虫一物,人最厌恶,其防御之法,应于蚊帐顶缝各盖,每日用意寻捉,捉得时,放舍于空僻之地,任其自活可也。又须将床板木架等于平地上,用力数数抛弃震动,则臭虫隐在板缝中者,即可落下。又于床上,遍铺新油纸或油布,臭虫闻桐油气,即不出现。至市间所售立毙臭虫粉,其性甚烈,能伤臭虫之命,断断不可试用。(图二十五)

六、弘一大师撰定《整理流通鼓山古经板事之办法》

1929年四月,弘一大师由苏慧纯居士陪同,离开厦门,返浙赴温州,途经福州,游鼓山,驻锡涌泉寺。弘一大师在涌泉寺藏经楼的二十多天里遍阅经藏,发现其藏"所雕《法华》《楞严》《永嘉集》等楷字方册,精妙绝伦。以书法言,亦足媲美唐宋,而雕工之巧,可称神技"。其时,弘一大师慧眼识珠,还发现了久无人知的清初雕版《华严经》《华严疏论纂要》《憨山梦游集》等,尤清初鼓山住持道霈禅师(1614—1702)所著120卷、48册《华严疏论纂要》,更为稀见康熙之孤本,日本的大正大藏经中也未见有收。弘一大师认为此经版或为国内现存最古老之经版,于是倡缘流布,请苏慧纯居士助印二十五部,并委托内山完造将其中的十二部分赠日本的京都东福寺、黄檗山万福寺、比睿山延历寺、大和法隆寺、上野宽永寺、京都妙心寺、东京帝国大学、大正大学、东洋大学、大谷大学、和龙谷大学。涌泉寺藏经，由此名扬海外，布播遐迩。1931 年 8 月 16 日出版的第 21 期《佛学半月刊》上刊出重印孤本《华严疏论纂要》："去年弘一法师游鼓山涌泉寺发现此书，刊版完全无缺，大喜集资，印二十五部，每部四十八册，以十二部赠日本佛学界，此书未经编入日本续藏，尤可珍异，故一经出世，向本局定购者纷纷，现由本局向鼓山重印五十部，以应佛学同人并藏书家所需，书印无多，请早定购"，可见求之者踊跃。为使鼓山庋藏佛典古版能弘传天下，弘一大师极力鼓吹，并力促鼓山古经版整理流通诸事，同时拟定《整理流通鼓山古经板事之办法》，详述整理之步骤和方法。1932 年，经弘一大师倡缘，李圆净居士劝请观本法师往鼓山，整理经版，历时两载，辑成目录，根据弘一大师的建议，虚云法师、观本法师分别为目录作序。1934 年旧历十二月，应李圆净居士之请，弘一大师亦为整理辑成之目录撰《福州鼓山庋藏经版目录序》，福建修订版《弘一大师全集》第七册序跋卷中收录有该序。但弘一大师当初拟定之《整理流通鼓山古经板事之办法》一文，却湮没无闻，一直未为今人知，《弘一大师全集》及近人所辑各种弘一大师著述资料中皆未见记录。笔者在发掘收集弘一大师资料时，曾粗览《世界佛教居士林林刊》。该刊于 1923 年 1 月在上海创刊，初为季刊，曾改为不定期刊，后又恢复为季刊。先后由太虚法师、范古农、余了翁任主编，显荫、丁福保任编辑主任。内容有论说、特载、图像、讲演、宗乘、专件、传记、志林、通讯、林务等。该刊鉴于各地佛教刊物不断创刊，自 1937 年第 37 期起，重订林刊体例，以专载林务为主。1937 年 4 月停刊，共出 43 期，是当时国内甚具影响力的佛教刊物。笔者于 1931 年 9 月出版的《世界佛教居士林林刊》第三十期"经典"栏目上，发现了刊载在该期上的弘一大师拟定的《整理流通鼓山古经板事之办法》全文，现抄录如下，众享享之。

整理流通鼓山古经板事之办法
弘一法师

【第一步】先须发大菩提心，以坚忍不拔之力，历长久之日月，将前有之经板，皆一一细心检察，依下记表式填入，编成《鼓山藏古经板目录一卷》。案藏经板楼共数大间,其经板数目不知其详。今据附刻于禅门日诵之后者,可知其概多为康熙年刻,为南方所绝无之古经板。北方现存者,以雍正刻之龙藏为最古,则康熙板唯鼓山独有矣,将来印刷流布世间,不仅学佛者乐于请购,即中外人士喜蒐求古板书籍者,亦必十分踊跃(日本现已十分喜跃宣传此事)。

今拟写三行如下面以为程式

书 名 (须写完全)	形式	卷数	册数	译撰人名	刊板 时代	现在 流通	每部 实价
地藏菩萨本愿经	梵册	三卷	三册	唐实叉难陀译	某某年	无(待印)	
圆觉经略疏	方册	二卷	一册	唐宗密撰	某某年	有	三角
某经	方册	一卷	一册	某译	某某年	缺、无 (板多损)	

倘有某种经板,多损缺而不能修补者,应于目录中注明。如上式。倘损缺无多,尚能修补者,即应从速修补完整,仍可流通。此表编面之后,前列序文。请编者及虚云老和尚等作之,或余作一首亦可。后列订印经书办法数条。

例如寺中由何人能完全负担接洽一切事务,以昭信实。汇款如何寄法?如定印某经书应以几部起码,乃可开印。印成后如何运送,及另加费用等,皆须一一说明。余意以为最好须于各大埠设立"代接洽处",托佛学书局佛经流通处等代理。因鼓山太偏僻,寄信不便,汇款更不易,倘中间发生事故,则有碍名誉(如交款后不交书等)。故应由"代接洽处"完全负责,如收款、寄信、交经等事,一手经理,以昭信用。

名曰《福州鼓山藏古经板目录》,此目录编成之后,即可付刊,印数千册,分送国内国外,其效力甚大。此第一步已竟。

(附):检察经板时,凡见有伪经伪忏道教经等,皆宜将此板移往他处,此次所编之目录中亦不可编入,因今所编之目录以纯正佛书为限也,至要至要。

【第二步】如上海佛学书局、京津佛经流通处等资本充足之处,可劝其于目录内多印若干种,每种多印若干部,为之广布流通。并以种种之方法,登入广告等,宣传之。

　　【结论】总之,以第一步为最要紧,而鼓山须有永久完全负责之人,以昭信用,尤为要中之要。因丛林之规例,凡任住持、监院、副寺者,皆屡屡更换,或交款于前人,以后他人继续任职,则恐前后不能接洽,致款已久交,而所印之经不能领到,将失信用矣,此最宜注意者也。(图二十六)

七、弘一大师制《唐贤首国师入道方便义章表》

　　中国近代历时最久、影响最大、学术价值最高的佛教期刊,当属弘一大师僧侣好友太虚法师创刊并主编的《海潮音》。《海潮音》创刊于 1920 年元月,每年一卷,每卷 12 期。1932 年 11 月 15 日出版的 13 卷 11 号《海潮音》之《藏海之音》栏目,刊发了弘一法师制作的《唐贤首国师入道方便义章表》,(图二十七)今人编辑诸书中皆未见有录。

　　贤首国师,即初唐僧人法藏(643—712)法师。武则天曾命十大高僧为其授具足戒,并以华严经中贤首菩萨之名相赐,故称"贤首国师"。华严宗是唐初继法相宗之后成立的又一佛教宗派,以《华严经》为宗经,以杜顺法师为初祖,智严法师为二祖,法藏法师为三祖,法藏法师对华严宗思想的核心"十玄""六相"有系统论述,著有华严方面的著作三十余部,建立了系统的华严思想理论体系,是华严宗的实际创立者,故华严宗又称贤首宗。贤首传世之手迹有民国十一年上海有正书局影印本《贤首国师墨迹》,系贤首法藏法师致新罗国大华严法师的一封书信,行书手迹,原藏朝鲜,清中期流入中国。弘一大师亦藏有此印本,曾寄存于好友蔡丏因处,1932 年正月十一日,大师自驻锡之镇海伏龙寺致函蔡丏因,取回供养:"前存仁处《贤首国师墨迹》一册,近欲请回供养,乞附邮寄下为感"。

　　贤首国师所述《华严玄义章》十五门,第十"明入道方便门",有三:一简心,二简境,三造修胜行。

　　一、简心之中,有药、有病;病有粗、细。粗谓二种巧伪修行:一、内实破戒,外现威仪;二、内虽持戒,为他知故,求名利故。细谓二种情计不破:一、虽直心,而计我修行;二、虽不执我,而计有法。药中,有别、有通。别谓随前病粗细对治;通谓但观诸法平等,诸病自尽。

二、简境之中，有倒、有真。倒谓情计之境，对前心病，故境颠倒；真谓三乘空有不二境，及一乘无尽境，对前药治，故见真境。

三、造修胜行者，于中有始、有终。一、始中有三种：（一）舍缘门，有六：1. 舍作恶业；2. 舍亲属；3. 舍名闻利养；4. 舍身命；5. 舍心念；6. 舍能所。（二）随缘门，有四种：1. 还于前六事中守心不染；2. 凡于顺情境，下至微细，皆应觉知不受；3. 于违情境，乃至断命等怨，皆应守心，欢喜忍受；4. 凡所有作，远离巧伪虚诈，乃至一念亦不令有。（三）成行门，谓得前二门，成万行也。二、终者亦三种：（一）舍缘门，即止也。唯观诸法平等一相，诸缘皆绝。（二）随缘门，即观也，还就事中起悲愿行。（三）成行门，即止观双运。

弘一大师为了让学习者方便理解贤首国师所述各点之要领，并能一目了然，遂沿袭 1924 年完成《四分律比丘戒相表记》之著述手法，将文字要义皆转换制作成表记的形式，使观者读来既清晰又明了。我们不妨将上段文字与下面插图中的表格作一比较，弘一大师表记的概括性、可读性和可理解度明显胜于前者。

八、弘一大师手书《僧伽和尚欲入涅槃说六度经》

福建版《弘一大师全集》第七册之《佛学卷　传记卷　序跋卷》中收录了弘一大师《手书僧伽六度经跋》："此经为敦煌写本，今存英伦博物馆。范成法师获得摄影，将刊石置於南通狼山僧伽大圣道场所，属为书写。余以暗短，未由辨其文字，后之贤者，幸审订焉。丙子胜音书并志"，从跋文中可知，弘一大师曾于 1936 年手书《僧伽六度经》，然此抄经手稿墨迹却一直未曾有见，《弘一大师全集》及当下诸种选集文献中亦都未有收录。经笔者多方挖掘查询，虽经周折，但终究柳暗花明，得见民国版弘一大师手书经本《僧伽六度经》。

《僧伽和尚欲入涅槃说六度经》藏于伦敦的大英博物馆。英国考古探险家斯坦因（Marc Aurel Stein，1862—1943）于 1907 年、1914 年两度考察敦煌，以种种手段伎俩廉价巧取，掠得各种经卷写本、书画等数以万计的文物数十箱，英国国家图书馆和大英博物馆现藏四万多件此类文献文物大都是斯坦因当时所得,其中就有敦煌本《僧伽和尚欲入涅槃说六度经》,日本《大正大藏经》第 85 册收录此经。

1935 年,叶恭绰侄子叶公超从英国伦敦的大英博物馆拍摄到敦煌写本《僧伽和尚欲入涅槃说六度经》后带回国内。僧伽,自言系唐代西域何国人(现今吉尔吉斯斯坦的阿尔别希姆),唐高宗龙朔二年(公元 662 年),僧伽携弟子来中国弘法游方,后行化江南,曾栖止嘉兴灵光寺,又布道江苏泗州,相传是观世音菩萨的化身。江苏南通狼山是佛教"八小名山"之首,而狼山广教寺的开山师祖就是僧伽和尚,是国内鲜有的大势至菩萨道场。笔者 2013 年去狼山祭扫辛亥革命白雅雨烈士墓时,曾登狼山最高峰支云塔,见塔前的圆通宝殿,供的是大势至菩萨;塔后的大圣殿,供奉的是大圣菩萨,也就是僧伽和尚,这里也是全国唯一的大圣菩萨僧伽道场。曾创办皋东私立僧伽图书馆,广集佛藏的如皋西方寺住持范成法师得知有此《僧伽六度经》写本摄影后,拟将此经勒石于有着一千三百多年历史的狼山广教寺,时任上海博物馆董事长的叶恭绰遂请好友弘一大师抄此《僧伽六度经》(图二十八、图二十九、图三十)。1936 年,弘一大师在厦门书经寄奉,并撰跋语,交代因缘。叶恭绰又为此抄经本题签"僧伽六度经",题记"民国乙亥春从子公超自英伦博物馆摄影,弘一律学大师依以写布"。该抄经刊印本,宽 32CM,高 44CM,扉页是叶公绰的书题,经文 10 页,每页系 7 竖行、横 10 行之方格,字体是弘一大师自成一派的弘体法书,方正中略显见长,带有弘一大师中晚期书风转换阶段特有的风格。经题 12 字:僧伽和尚欲入涅槃说六度经;经文 664 字;经文第 6 页第二行"璃琉"两字,弘一大师在第 10 页经文结束后,加注小字予以校正说明"璃琉应作琉璃";最后的第 11 页是弘一大师所书之跋,跋文内容与《弘一大师全集》中收录的一致无异。

此外,笔者曾在线装书局 2005 年版《中华佛教人物传记文献全书》第 55 册中觅得 1936 年一月南通狼山广教寺刊印、弘一大师辑《僧伽应化录》一书,前有序言云:"本山于唐总章时供奉僧伽大圣。民国十八年,承弘一律师为集应化录印布一千部,旋罄。兹见元刻释氏源流第九十二《泗州僧伽》一则,又乞叶公超博士,自伦敦大英博物馆摄得所藏敦煌石室发见之《僧伽六度经》一卷,遂复为彙印行世。庶远近来山瞻礼者知我大圣威神之力,之所自益坚进,其信行也乎。民国廿五年一月南通狼山广教寺谨识。"从此序文中可知,1929 年时,弘一大师就曾为南通广化寺辑集《僧伽应化录》(图三十一)印布千册弘传,而 1936 年重印时又增加了元刻本《泗州僧伽》和大英博物馆藏敦煌本《僧伽六度经》,汇集成册,刊印流布。而书题则依旧采用的是 1929 年弘一大师所辑初版时山阴杜就田的题签,故 1936 年刊印的这本《僧伽应化录》,我们看到题签的落款时间还是"己巳八月"。

　　弘一大师与南通的因缘关系其实还不止于此,可以追溯得更早。张謇(1853—1926),字季直,号啬庵,江苏通州人,清末状元,中国近代著名的实业家。张謇事业腾达,然苦无子嗣,虽妻妾成群,年过四十求子不得,后携夫人每岁至狼山观音院祈拜赐子,并诸若得子,必写经造像,1898 年果得子孝若,更虔信观音,遂将台州人张摩珂寄藏的一百多轴观音画像"易故殿宇,建阁三层,列次供养"。1914 年出资重修观音院,1919 年在观音院新建的赵绘沈绣楼又告落成,古树依依,林溪环绕,山房拱桥,景致怡人。如此幽胜,张謇便拟礼请一雅僧来此观音院主持法务,首先想到的就是弘一大师,于是便致函弘一大师的好友、南京高等师范学校校长江谦:"狼山观音院可臻精洁胜处,而和尚太恶俗,欲求勤朴诚净之僧或居士主之。……若弘一、太虚能为之,亦是大好也。试与弘一、太虚言之",不久,再函江谦:"李叔同须早与言,能阴历八月来尤善,彼时院工将完全告成矣。贤为计之,最好李先来一看。此事亦拟托欧阳予倩也。……李一人尚未可拟,李来则属其自引一人俱,摒当庶务";随即又致函弘一大师的另一好友、时任南通伶工学社副校长的欧阳予倩,嘱代为延请弘一大师来狼山主持观音禅院,未及回复,又去函问询:"前函请为延演音大师来主观音院,未识演公已承诺否?院中新筑,依岩傍树,尤饶幽胜,加以层阁庄严,大都完好,付诸俗僧,良所不忍。是以盼得出家之雄,来为斯地之主。若果允许,当更具书礼请。演公如耽静修,不乐世事,可并约一精细勤力之道侣,相与俱来,以为之助。该院每年香金,供给有余,足备修葺。"求贤心切,字里行间,一览无遗,以上诸信函收录于李明勋、尤世玮主编的《张謇全集》全八册中的第二册中。其时弘一大师出家方才一年,正广求经藏宝典、潜心学佛修道、勇猛精进,无主持一院之念想,故他在给好友杨白民的信中言:"南通事,前有友人代询详细情形,未有复音。鄙意拟俟前途再有肫诚之敦请,再酌去就,现在无须提及也",张謇此次狼山观音院礼请弘一大师最终虽未能圆满,但弘一大师与南通却植下了因种,于是就有了后来的诸种果报。如1929年和1936年分别为狼山广教寺辑集《僧伽应化录》、手书《僧伽和尚欲入涅槃说六度经六度经》;1936年在泉州开元寺为南通费范九早逝之弟费师恒手书《南通费生传》(钱基博撰文)和《佛说五大施经》,祈愿师恒往生安养,早证菩提;又于1938年重阳日在泉州承天寺为费范九倡印张謇所藏历朝名画观音宝相集册手书《历朝名画观音宝相精印流通序》(印光法师撰文),并调广洽法师之刺血为此《历朝名画观音宝相》作血书题签"南无观世音菩萨"等等(图三十二、图三十三),缘分种种。

九、弘一大师与药师如来法门

(一) 别名"胜思"

弘一大师虽宗弥陀净土法门,却以种种法门宣示佛道,依机施教,善巧方便,佛佛相赞,故亦屡就《药师经》作释解讲述,开示信众。现存弘一大师所述药师法门之相关文献资料有:1.1938年七月在泉州清尘堂的讲稿《药师如来法门略录》,经弘一大师亲自校正后,由泉州大药师寺觉圆法师捐资印行流通;2.1939年二月在泉州光明寺开讲的《药师法门修持课仪略录》;3.1939年四月在永春普济寺讲,王世英居士所记录的《药师如来法门一斑》,概括药师法门"维持世法、辅助戒律、决定生西、速得成佛"四大利益;以及刘绵松居士于1940年汇集以上三种弘公讲述编辑而成的《药师如来法门讲述录》;4.1941年十月在泉州福林寺缮录的《药师经析疑》,此弘一大师遗稿,后经弘一大师的学僧圆拙法师整理完成,圆拙法师又嘱曾是弘一大师侍者、时在菲律宾三宝颜福泉寺任住持的传贯法师刊印,上世纪70年代,传贯法师请台湾陈慧剑居士助缘付梓,刊行流布;5.福建修订版《弘一大师全集》第八册书信卷中收录的弘一大师《致上海佛学书局》一封信。信之内容,系上海佛学书局拟在药师如来圣诞时刊行专号,礼请弘一大师撰文倡导药师法门,弘一大师函复回应,提出药师法门的三大殊胜"一、若犯戒者,闻药师名已,还得清净。二、若求生西方极乐世界而未定者,得闻药师名号,临命终时,有八大菩萨示其道路,即生极乐众宝华中。三、现生种种厄难,悉得消除……",所注时间是"1940年旧七月",地点是"永春普济寺",署名演音。笔者根据弘一大师在信中言及"药师如来圣诞,拟别刊行专号"之信息,特别查找了上海佛学书局当时所刊行的诸种佛教期刊,最后在《佛学半月刊》上找到了弘一大师在信中所说的《药师如来专号》,该专号系1934年11月1日出版的第90期《佛学半月刊》(图三十四)。在此刊第45页的"书札"栏目,刊登着题为《答佛学书局书》(图三十五)这通与《弘一大师全集》中所录内容完全一致的信札,唯一不同的是,专刊上署名的是"释胜思",并未如《弘一大师全集》上那样署名"演音"。那么"胜思"是否就是"演音"呢?随后,笔者又找到该刊前面的目录,在目录一栏中看到的是完整的、刊有署名的题名《弘一上人答佛学书局书》,可见,"胜思"即是弘一大师,确定无疑。而据以往所考,弘一大师与"胜"或"思"相关的常用别名有"胜立""胜力""胜目""胜因""胜音""胜髻""胜臂""胜行""胜颐""胜心""为胜""殊胜""善思""难思""大思"等,此处"胜思"之署名是以前所未曾有见的,故此发现可为弘一大师别号又添一名,也为以后的史实挖掘和研究再添线索。而依1934年9月16日发行的第八十九期《佛学半月刊》上刊发拟组稿编辑《药师如来专号》的信息,至1934年11月1日《佛学半月刊》第九十期推出《药师如来专号》,其时间相隔月余,如此推断,弘一大师致佛学书局一信的时间应在9月中旬至10月中旬间较为合理。所以《弘一大师全集》中就此信札所注的时间和地点皆有误错,在此一并予以纠正。弘一大师写此《致上海佛学书局》信函的时间应该是"1934年9月至10月间",而非"1940年旧七月";地点亦应是在"厦门",而非"永春普济寺"。

(二)《药师琉璃光如来功德经讲录》

除以上诸种讲录,弘一大师就药师如来法门的其他讲稿未见有传,《弘一大师全集》及近人所编种种弘一大师资料文献集成中皆不曾有新史料录记。那么弘一大师是否还有药师法门的其他论述传世呢?答案是肯定的,笔者在民国佛教刊物上就发现有弘一大师关于药师法门的一篇讲稿。而说到此讲稿的发现,就不得不说说巨赞法师和他的《狮子吼月刊》。

九·一八事变后,在日寇的炮火摧残和铁蹄蹂躏之下,国破家亡,三宝蒙劫,在闽南弘法的弘一大师提出了"念佛不忘救国"的口号,众多爱国僧众纷纷响应,护法救世,不惧炮火,投身于抗日救亡的洪流中。1939年春,身在衡山上封寺的巨赞法师向时任国民政府军委会政治部副主任周恩来上呈向全国佛教界发出的救亡倡议书,号召全国数十万佛教徒团结起来抗日救亡,周恩来为此题字"上马杀贼,下马学佛"。随后巨赞法师又发起成立了"南岳佛道救难协会",主持救亡运动。1940 年正月,广西佛教会成立后,移住桂林的巨赞法师出任秘书长,与会长道安法师一起创办集佛学、政治、文学于一体的综合性刊物《狮子吼月刊》,并出任主编,以狮子吼,呐喊醒世,团结僧众,宣传抗日救国。太虚法师、郭沫若、田汉、周扬、夏衍、欧阳予倩等都为该刊投过稿。1940 年 12 月 15 日广西佛教会主编的《狮子吼月刊》第一卷第一期在桂林出版,欧阳竟无为刊物题写刊名。1941 年 3 月 15 日《狮子吼月刊》第一卷第三、四期合刊发行(图三十六),巨赞法师在该刊中登载了弘一大师的一篇讲稿《药师琉璃光如来功德经讲录》。四十年后的 1981 年,巨赞法师还曾撰文《我对于弘一大师的怀念》,回忆与弘一大师的往日因缘:"有一天忽然接到一位厦门朋友转来弘一大师写送我的一副对联,一看那联语两边的题记,才知道是大师看了我在厦门《佛教公论》上的两篇文章而写送我的,当时真是喜出望外。对联是集华严经句的。句云:'开示众生见正道,犹如净眼观明珠'。对联的左右用小字写得长长的题记云,'去岁万均法师(当时我的笔名常用万均)著《先自度论》,友人坚执谓是余作,余心异之,而未及览其文也。今岁法师复著《为僧教育进一言》,乃获披见,叹为希有,不胜忭跃。求诸当代,未有匹者。岂余暗识所可及耶?因呈拙书,以上志景仰。丁丑三月,集华严经句,沙门演音日。'"文中所言,即 1937 年旧历三月弘一大师书赠巨赞法师联句之前尘旧事,而那年夏天巨赞法师应闽南佛学院邀请去厦门南普陀寺,弘一大师恰应青岛湛山寺之请离开厦门北上讲律,可惜彼此错失交臂。四年后的 1941 年巨赞法师在其主编的《狮子吼月刊》上刊发了弘一大师的此篇药师经讲稿,也算是以大师的文字般若续了一段往事因缘。现将弘一大师的这篇讲稿摘录如下,与众分享。

药师琉璃光如来功德经讲录

弘一法师讲

今日,在这里讲解药师光如来本愿功德经。先将经文的意义略为解释。药师琉璃光如来的名号，就是我们各寺院，每日功课通常所念诵的，消灾延寿药师佛名号。又我们学佛的通常僧侣居士，修持净土，专念阿弥陀佛，求生西方。琉璃光土，虽在东方，持念药师琉璃光如来名号，亦可以补助往生西方资料。以下解释经题。"药师"二字是一个名词，称颂他有道德，又高尚，能救拔世人苦恼的意义。"琉璃光"是指彼佛所居之地，有如琉璃一般。光明似的，可以遍照乎大千世界，无有众苦，但有众乐的意义。"如来"是尊称彼佛威神广大，遍满三千大千的意义。"本愿"二字，是彼佛的愿力，欲救度一切一切的众生苦恼，无有穷期的意义。"功德"二字，是彼佛的功高德迈，超越乎一切，其特殊优点，未曾有的意义。"经"是指平常的经文经偈。所以收束上列各种称赞，而为题的意义。以下解释经文，"如是我闻"为经文开章明义的发端，词旨虽广泛的，欲说下文，作引导的口词，亦佛典中通常应有的词句。"一时"，是有个时期。"薄伽梵"释迦佛的别名。游历教化诸国，是周游的许多的国份。释迦佛曾行抵一城，名广严城。在一树下，名乐音树。与八千个苾刍僧，以其均有有僧行故称为大，"苾刍"即是比丘。"众"即是僧，"俱"是同在一处地方的意义。又有三万六千菩萨。"摩诃萨"三字是高等地位的意义，"国王"是诸国之首领。"大臣"是诸国办事的官僚，"婆罗门"，是印度南部，崇奉四梵天王的教门，为人极尚清净。"居士"是称谓的名词，凡在家僧众，均可称为居士。"天"，是天界，"龙"，是龙界，"人"是人道的人，"非人"是一切鬼魔、夜叉、阿修罗，以至昆虫、飞禽等类，别乎人类者。"等"是大家众等极其多数，很恭敬诚谨，环围释迦佛，为他们说法。当其时，有一位曼殊室利，就是文殊师利，"法王子"，是称谓他这释迦佛法王的弟子，恭承释迦的威力，从其所座的地方而起立解下左袒的衣，右足跪在地下。向释迦将身弯曲，然后合其双掌，启口称释迦佛曰，"世尊"是赞养仰世间的至尊之人。惟愿演说同样各佛名号，及其所有愿力殊胜功勋道德，使一切闻法之人，宿业得以消除，此是文殊师利请求的意义，当此时期，释迦佛为利益一切有情的人的缘故。称赞文殊师利，故呼童子。非小孩子的童子。善哉善哉，是欢喜说好的意思。"汝"指文殊师利，以大慈大悲的心，劝我请我，演说诸佛名号，及其愿力功行道德，以为与佛有缘之人，拔除一切业障烦恼所缚束，使之利益安乐。汝今当谛思静听更须勤慎,当为汝说此名号及本愿功德。文殊师利,欢喜说,"我等乐闻",是代表全体答复的意思。释迦佛当告曼殊室利云,东方距离此地,逾过恒河沙的佛土,有一个世界。名叫净琉璃,中间有一佛,名叫药师琉璃光如来,功行是很圆满的,在因地中曾发十二个大愿,欲令一切众生,凡所要求,均能具足。(一)愿以后得成无上正等正觉时,自己身上发生光明,光亮照彻无量无数无边的世界,成就三十二丈夫相好,及八十庄严身份,欲使一切众生,均得与自己相同,证得无上佛道。(二)愿以后得成佛道,自己的身,如琉璃一般,内外光明,无丝毫尘秽,功高德迈,安住自在,其光焰胜过天上日月,处在黑暗地带的众生,能得其照耀,随其意志所趋向,去作一切的工作。(三)愿以后得成佛道时,以无限量的智慧方便,使一切众生,对予日常受用物件毫不乏少。(四)愿以后得成佛道时,若一切众生,错误信仰邪教,如能专心修持,当令安住佛道。(五)愿以后得成佛道时,若有无量的众生,信仰修持梵行,当令对于戒法,无有缺失。设有破戒过犯,如再专心修持,又当令其恢复清净法体,不致堕入恶道,仍可证得无上佛道。(六)愿以后成佛道时,一切众生,其身体不完整、丑陋、顽蠢、目盲、耳聋、口哑无声、手足挛缺、发癫疯狂,如能专念修持,一切的病,皆可除愈,身心不具,亦可变为端正黠慧,成为完整的人,无有种种疾苦,证得无上菩提。(七)愿以后得成佛道时,一切众生,因为病苦交迫,无人救援,无有医药,亦无亲眷,成为孤苦无靠的人,如闻上名号,一切病痛,悉可消除,身心安乐,日常应用物品,又皆丰足,无有欠缺,证得无上佛道。(八)愿以后成佛道时,若有女人厌恶女身,种种恶业,如能专念修持,来世决得转女为男,具足丈夫相好,乃至证得无上佛道。(九)愿以后得成佛道时,一切众生,被外道邪魔所缚束,或为一切恶业稠林所压迫,当引其归于正见,更令修习无上佛道。(十)愿以后得佛道时,一切众生,为王法所缚束,或受鞭挞或禁闭牢狱受了刑罚,及无量的灾难,悲愁煎迫,身心痛苦,无可自由,若能专心修持,当以无畏佛力,令其解脱一切痛苦,更令证得无上佛道。(十一)愿以后得佛道时,一切众生,为饥渴故,无处求食,得专念受持,当以上好饮食,使其饱足,更教以佛法,使其建立安乐境界。(十二)愿以后得佛道时,一切众生,因贫缺少衣服,昼夜为蚊虫迫恼，能专念受持，当就其所爱，与以上好的衣服，及一切室庄严具，并好花涂香，使其簪髻及涂身，又有音乐等随其所爱，满足无缺，又告于曼殊室利云，上十二愿乃是彼药师琉璃光如来，在因地中的时候，所发的微妙大愿。彼药师琉璃光的国土是常的庄严，且彼佛的功德，若说一劫，都说不尽，国土中并无女人及恶趣乃至痛苦的声音，琉璃为地，金绳为道，城阙宫殿轩窗罗网皆用七宝造的，与西方阿弥陀佛的极乐世界是一样无异，且有二位大菩萨，一为日光遍照，一为月光遍照，为无量数的菩萨首座，次补琉璃光如来为正法宝藏，一切众生善信应当立愿生彼佛世界。释迦佛复告文殊师利云，一切众生不能分别善恶时，常存点贪心，不晓得布施及果报的道理，信根愚蠢毫无智慧，积聚许多钱财，见有乞丐便不欢喜，假使万不得已须要施与，亦如刀割身上的肉，痛惜不已，更有无数量的悭吝众生，多积资财自己还不肯受用，何况家中父母妻子奴婢及来乞者，此等众生命终后决定生饿鬼傍生，倘在前世作人时闻药师琉璃光如来名号，今虽在饿鬼傍生趣中，畏惧恶趣使乐惠施与赞叹施者，纵施与头目手足血肉身分亦无吝惜（一段）一切众生虽能信仰佛道而易破尸罗大戒，有不破坏然将佛法正见毁弃，有虽不毁正见而弃多闻，于佛法正义致不能了解设有不弃多闻，能旁参博览而自以为通达，贡高我慢，由我慢觉故自是非他，甚且毁谤佛法，邪魔为伴，如此愚人自行邪法亦令无量数众生随他堕入险坑内去在地狱生傍鬼趣中轮转无有了期，若得闻药师琉璃光如来名使离去恶趣，设有能离恶趣，以彼如来威力从恶趣中没生在人中，专心受持得正见精进，使能离家趋于非家，如来法中受持佛法无有毁犯大小戒，不毁正见多闻离增上慢，不谤佛法，不为邪伴，能证得无上佛道（二段）一切众生悭贪嫉妒，称赞自己，毁谤他人，当堕恶趣，受苦无量，从彼命终，来欲界中，或为牛马，或为驼驴，常被鞭挞，饥渴痛苦负重而行，若得人身亦多无智，若在前世众生曾闻药师琉璃光如来名，有此苦因今忽忆及至心依皈，仗彼佛力众苦解脱，六根聪利，智慧，多闻，常遇善友，求离魔障，破无明壳，竭烦恼河。解脱生老病死一切苦恼（三段）一切众生好说离间的话，又好争斗涉讼告成自他是非，以身语意造作种种恶业，时常不利益的事互相谋害，杀伤生命，将血肉祭祀牛鬼蛇神等，写仇人的名作仇人形象用恶咒诅之，断丧仇人生命，损坏仇人身体，一切若能虔谓药师如来名，彼诸恶事，均不能害，并使作恶的人起慈悲心，消去损坏之意，彼此欢悦不相侵凌。（四段）（图三十七）

十、弘一大师《拟编南山律在家备览致佛学书局书》

弘一大师致上海佛学书局的信，在《弘一大师全集》中仅收录一通，即本文第九章所提及的，弘一大师于 1934 年秋就《佛学半月刊》辟《药师如来专号》纪念药师如来圣诞之约稿，撰述宣讲药师法门之最注意之三事，复函范古农之佛学书局作为回应。范古农居士作为弘一大师佛学同道的挚友旧交，彼此联络交流不少，在范古农任职佛学书局和《佛学半月刊》总编辑一职时，弘一大师与佛学书局的互动应不止就此一函，笔者在 1939 年 8 月 1 日出版的第 186 期《佛学半月刊》上的发现，印证了这样的想法。

第 186 期首页的"本期要目"之"书札"一栏的首条是《拟编南山律在家备览致佛学书局书》，虽未署作者名（图三十八），但一看题名便知应是弘一大师的文字。翻至正文，在标题下确见署名弘一。此信刊出时删去了头尾的称谓内容，信中披露了弘一大师拟编辑两部适合在家居士学习南山律精义之佛学书籍，为在家居士提供学律方便法门的想法，一部为《南山授归戒仪附略释》，另一部为《南山律在家备览》，就如何编辑，弘一大师在信中谈了自己的观点。现将此信引录如下：

拟编南山律在家备览致佛学书局书
弘 一

（上略）五年前，曾发心编辑南山律在家备览，屡次思维著手编辑之法，迄未妥善，荏苒至今，未尝忘怀。近居永春山中，稍有闲暇，已略酌定编辑之法如下。

拟分为二部。一名南山授归戒仪附略释，仅一册；一名南山律在家备览，共数册。

南山钞疏及灵山记等近百卷，在家居士，皆谓是为比丘所学，不敢辄阅。宁知其中有数卷述三归五戒八戒,及敬佛、造像、建塔寺并俗人士女入寺法、瞻病送终法等,皆为在家人所应学。又南山律中最有精义极为重要者,是所述戒体及持犯方轨诸章,多至十数卷,而大半与五戒八戒有关系,为在家居士所应学。至随戒释相中所述四根本戒,小妄语、饮酒、非时食、杀畜生、高广大床等诸戒相,为诸居士所应学,则更无待言矣。今编辑南山律在家备览,即是荟集以上诸文纂为一编,以备在家居士学习。

内容拟分为三类:一、纲要;二、证文;三、附录。

南山钞疏及灵芝记等原文,皆列入证文之中。但其中文义多幽奥难解,拟由余撰述表记附入而释通之。常人皆谓研习法相宗教义,甚为不易,岂知南山律中所述戒体及持犯方轨等诸章,研习更为困难耶。

一、纲要者,即是于二证文中撮其纲要,以简明之文述之。因学者若先阅证文,必望洋兴叹,茫无头绪。故须令其先阅纲要,以后再以纲要与证文对阅之,则可易于入门。

二、证文中文最繁,约占全书三十分中之二十九也。

三、附录者,如周尺考等。

此书依以上所记编辑之法,为在家学律专门之书。必须先研习佛法多年已有根底者,乃可阅之,未能适于初机。故另编辑南山授归戒仪附略一卷,以备初学研习也。

以上仅略拟定编辑之法。现借用友人之律书,预备一切。须俟时事安靖,余往厦门,乃能着手编辑。因所藏诸律书并杂稿等,皆存厦门及鼓浪屿寺中也。(下略)

附佛学书局复弘一法师书:

弘一法师座下:正尔倾思,忽披法谕,良由顶礼岁积,故获圣道遥道闻。承示拟编南山律在家备览一书,并详列编辑之法,具仰慈悲宏愿,嘉惠白衣。释编法之条然,自契机而各当。所冀人天厌乱,早获清凉。得假端居,圆成宝典。斯南山一脉,延续无穷。异日成书,铅椠之役,所不敢辞,愿力所持,不患无流布之缘也。谨复,敬请道安。(图三十九)

我们从弘一大师致佛学书局的信中可以知道,弘一大师于 1934 年就曾

发心编辑南山律在家备览。而南山律尺量中皆用周尺，故弘一大师于1935年二月还就周尺检考致函蔡丏因求证，后终因法务繁忙，著书之事只能搁置，未能妥善。1939年4月17日弘一大师驻锡永春普济寺，闭关研律前后达572天，因普济静僻，干扰甚少，此阶段弘一大师先后完成了《盗戒释相概略问答》《药师如来法门一斑》《华严疏科分》《修净业宜诵地藏经为助行》等著述，《南山律在家备览略编》亦系其时所作。而弘一大师致函佛学书局欲为在家居士学律方便修书《南山律在家备览》和《南山授归戒仪附略释》之计划，后来一因旧疾衰病相寻、再因乏书参考，唯拟就《南山律在家备览略编》草稿一部，"重治校订，愿俟当来"。我们在弘一大师致其沪上道友李圆净居士信札中可以得见其修书之详细境况，1940年农历二月十三日弘一大师于永春普济寺致李圆净："《南山律在家备览》，一时未易着手编辑。兹拟先辑《南山律在家备览略编》一部，共三册，拟分三次出版。第一册《宗体篇》，第二册《持犯篇》，第三册《忏悔篇》、《杂行篇》及附录。第一及第二册皆可单行，现已著手先编第一册《宗体篇》，约于农历四月五月间可以编就奉上。此略编虽不及广本完备，然已规模粗具，足供学者之研习矣。……朽人近年来，精神大不如前，且时有小疾，《在家备览》广本，恐难成就，故先辑此略编，又恐不能完成，故令前二册皆可单独流通，即使仅辑成第一册，或仅辑成第二册，而命终生西，亦无妨也。"1940年旧历三月十八日又函李圆净"《南山律在家备览略编》第一册《宗体篇》，至今晨已将第二次正稿写竟。尚须整理增删，然后再写第三次正稿。以前预计，四五月间可以将第一册稿本寄奉，近以目力不佳，精神恍惚，恐须延期至五月以后乃成就也"。1940年旧历五月十二日再函"近来目疾增剧，抄录《备览》仅及一半，约五十余页。……此次书写《备览》稿，颇为用心，每写一页，须一小时以上乃至两小时"，字里行间充满了大师修书数易其稿之认真和抱疾不怠之艰苦。而《南山授归戒仪附略释》则仅有计划，未见文本。

十一、弘一大师撰《兴办各项佛书编译草案》

1936年夏，厦门南普陀寺之闽南佛学院创办《佛教公论》月刊，南普陀寺住持会泉法师任社长，弘一法师为刊物题写了刊名。发刊年余，因抗战事发,厦岛沦陷,刊物中途停顿。抗战胜利后的 1946 年 4 月《佛教公论》复刊,由在菲律宾弘法的性愿法师出任社长,弘一大师的学律弟子瑞今法师和广义法师分别为代理社长和主编,负责社务,仍以宣扬佛理和光大中国文化学术为主旨,前后共发行四十多期,其中刊发了大量与弘一大师相关的报道及以弘一、演音、一音等署名的弘一大师多种著述和信札等,如《宝华山见月律师年谱摭要》《重修草庵碑》《记陈敬贤居士轶事》《南闽十年之梦影》《奇僧法空禅师传》《法空禅师真影》等,这些都已被收录在《弘一大师全集》中。然而,在 1946 年 6 月 1 日出版的《佛教公论》复刊第二、三期合刊的最后一页上有一篇弘一大师以别号"一音"署名,篇名为《兴办各项佛书编译草案》的文章却一直没有引起人们的注意而未被发现,以致错过。因旧刊历经久远年代原文中许多字迹模糊不清,笔者识别亦或有错,有无法识辨者,笔者暂以"□"代之,现将原稿识刊于下,以供流通传播。

兴办各项佛书编译草案
一　音

　　人类宰杀异类动物之不已,而竟至于人类互相残杀。天下可痛可诧之事,孰有逾此。而相残之程度,随科学之发达,日新月异。十载以还,全世界楚毒惨慄之景况,岂前此之人所能梦见。今日我人身受而目击者,既已如是,将来惨烈之情形,恐更非今日所能想象。言念及此,肤粟股栗,肉颤心悲。苟非神经失其常度,当无不竭忠尽智,思为挽救者。顾挽救之方,实为万难。人心陷溺,已入于不可遏止之境。方且饮狂泉以为乐,服鸩毒以为甘,告之而不闻,戒之而转怒。虽有良药,彼且覆杯践踏以为快。虽有琼宝,彼且毁弃抛置以为能。忠臣碎首,莫回暴君之心。慈母掩泣,难醒荡子之梦。嗟乎,嗟乎,万方多难,滔滔如斯。此屈大夫所以自沉,唐衢所以痛哭也。思之,又重思之,于无可挽救之中,作万有一得之想,其惟流通佛典,振兴大法,为救时之至计欤。推求今日受病之由,心物之对立,实为其本,由妄认心物对立,而违心逐物,炽然贪求,此一误也。始而迷心逐物,继而认物遗心,遂致思想行动,茫无岸畔,猖狂恣肆,迷谬万端。一切道德规律,尽行翻推。一切温厚情感,尽行消失。所心营目注者，惟是口腹之欲，耳目之娱，名利之贪求。社会失维系之具，行动无轨道可循。人争自营，而以相欺相杀为事。生人苦趣至是为极，知我如此，不如无生矣。呜呼，谁为为之，而至于此。若非仗如来宏誓愿力，彻底悲心，何以起兹沉疴，而使生民有来苏之望乎。

原夫释尊垂教，本为救苦醒迷。今日火热水深，悲悯之情，更难已矣。我辈身为佛徒，自当仰体慈怀，力宏至教。且众生沦于苦海，□□□器，回头是岸，对于无上觉道，似亦有接受之可能。孟子曰："虽有镃基，不如待时"。今之时势，固千钧一发之时也。凡我佛教中人，其亦急起直追，及时奋发，共肩宏法重任，以报佛恩而救斯人乎，随拟办法数条，以供同人采择。

一、编辑事项：甲，佛经浅注。选择适于初机之经论，如《遗教三经》，《净土五经》，《童蒙止观》，《八识规矩颂》，《华严原人论》之类，以白话浅注，使人易晓。乙，佛学文选。选择古今有关佛法之文字，如柳子厚《东海若解》，苏老泉《四菩萨阁记》，梁任公《佛教与群治之关系》诸稿，加以标点注释，使人易读。丙，佛学常识类编。辨佛教教理，各宗教义，及教中名相，如三十七道品，六度，五蕴，十八界，百法等，以浅近文字解释，使人易晓。丁，佛史，及高僧传记，择要编述，使人知历代佛教盛衰之迹，古德修行之严密，及与社会文化之关系。戊，佛学教科书。从浅及深，循序渐进，备僧众及在家二众学习之用。己，外籍编译。近来东西各国，佛学研究渐盛，择其著述佳者选译，以为借镜沟通之资。

二、宏扬事项，如讲演、广播、戏剧、小说、电影等，皆可用为宏扬之具。

三、社会事业，各项慈善公益文化事业，量力举办。

编辑事，可按性质，分为若干单位，组织委员会，负责办理。

经费，可由出资人自由担任，或一人独任一事，或众人合力负担。

编辑人员，可分为有酬无酬二项，视人之经济力，及志愿而定。（图四十）

结语

综合以上：李叔同书《朗圃吟草序》、李叔同格致书院课题策论《开诚布公论》、李叔同创作歌曲《诚》、李叔同书《胡氏家乘》凡例、弘一法师随笔《蚕桑新法》《毗奈耶室随笔》二则、弘一大师撰《整理流通鼓山古经板事之办法》、弘一大师制《唐贤首国师入道方便义章表》、弘一大师书《僧伽和尚欲入涅槃说六度经》、弘一大师与药师如来法门之《药师琉璃光如来功德经讲录》和别名"胜思"、弘一大师《拟编南山律在家备览致佛学书局书》、弘一大师撰《兴办各项佛书编译草案》等共 11 章 13 项内容，皆笔者近年来在李叔同研究中的一些探索和发现，现整理成文，以作交流，寄托思念，宣大师之华枝春满，扬弘公之般若正见。

谨以此文纪念李叔同（弘一大师）诞辰 135 周年！

【附图】

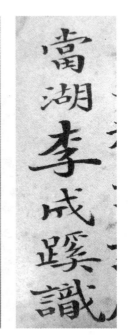

图一　　　　　　　　　　图二　　　　　　　　　　图三

图四　　　　　　　　图五　　　　　　　　图六

图七　　　　　　　　　　　图八

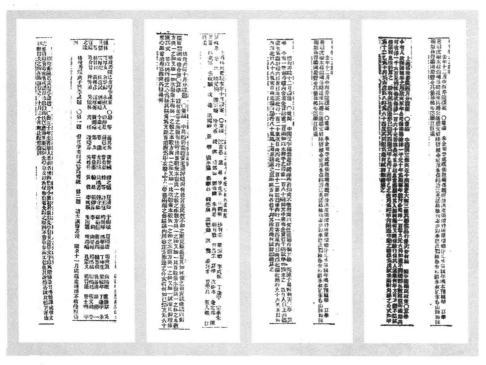

图九之一

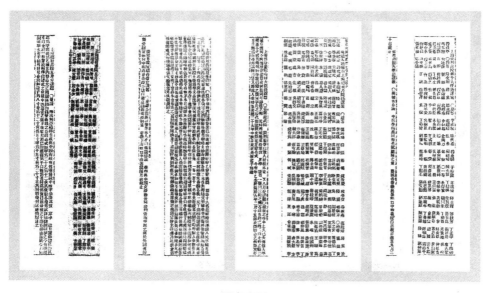

图九之二

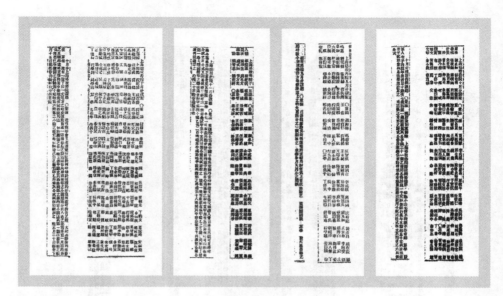

图九之三

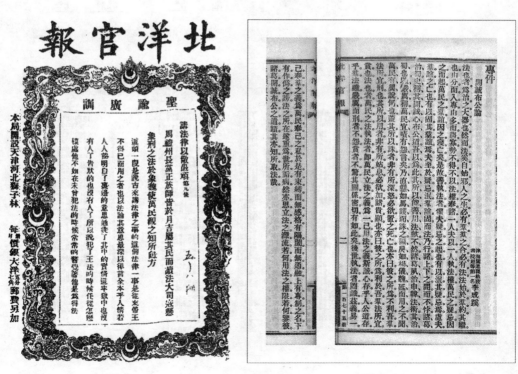

图十

图十一

图十二

图十三

图十四

图十五

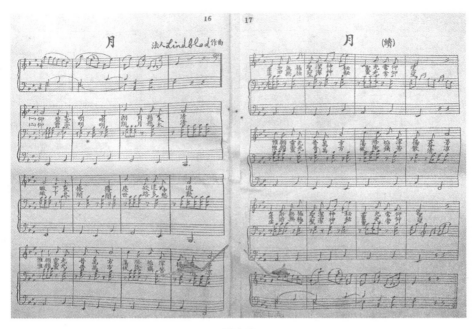

图十六

图十七　　　　　　　　图十八　　　　　　　　图十九

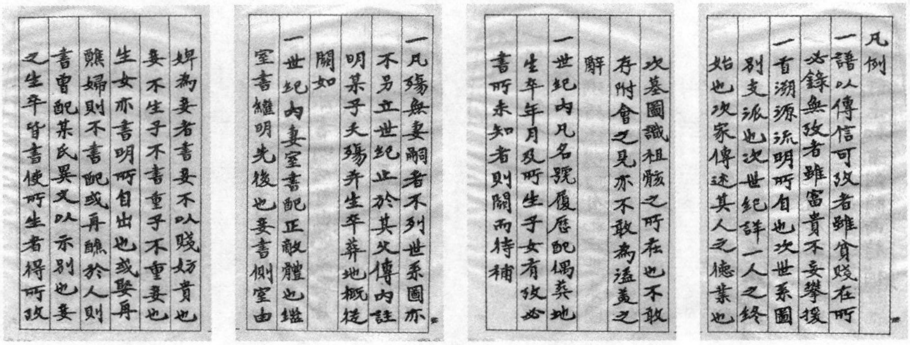

凡例
一譜以傳信可攷者雖貧賤在所
必錄無攷者雖富貴不妄攀援
一首溯源流明所自也次世系圖
別支派也次世紀詳一人之終
始也次家傳述其人之德業也

次墓圖識祖骸之所在也不敢
存附會之見亦不敢為溢美之
辭
一世紀內凡名號履歷配偶葬地
生卒年月及所生子女有攷必
書所未知者則闕而待補

一凡殤無妻嗣者不列世系圖亦
不另立世紀止於其父傳內註
明某子夭殤并生卒葬地概從
闕如
一世紀內妻室書配正敵體也繼
室書繼明先後也妾書側室由

婢為妾者書妾不以賤妨貴也
妾不生子不書重子不重妾也
生女亦書明所自出也或娶再
醮婦則不書配或再醮於人則
書曾配某氏異文以示別也妾
之生卒皆書使所生者得所攷

图二十

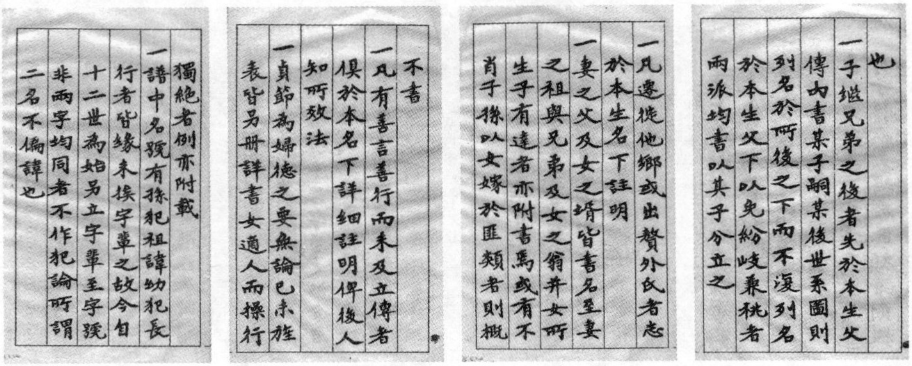

也
一子繼兄弟之後者先於本生父
傳內書某子嗣某後世系圖則
列名於所後之下而不復列名
於本生父下以免紛歧兼祧者
兩派均書以其子分立之

一凡遷徙他鄉或出贅外氏者志
於本生名下註明
一妻之父及女之壻皆書名至妻
之祖與兄弟及女之翁并女所
生子有達者亦附書焉或有不
肖子孫以女嫁於匪類者則概

不書
一凡有善言善行而未及立傳者
俱於本名下詳細註明俾後人
知所效法
一貞節為婦德之要無論已未旌
表皆另册詳書女適人而操行

獨絕者例亦附載
一譜中名號有孫犯祖諱幼犯長
行者皆緣未按字輩之故今自
十二世為始另立字輩至字號
非兩字均同者不作犯論所謂
二名不偏諱也

图二十一

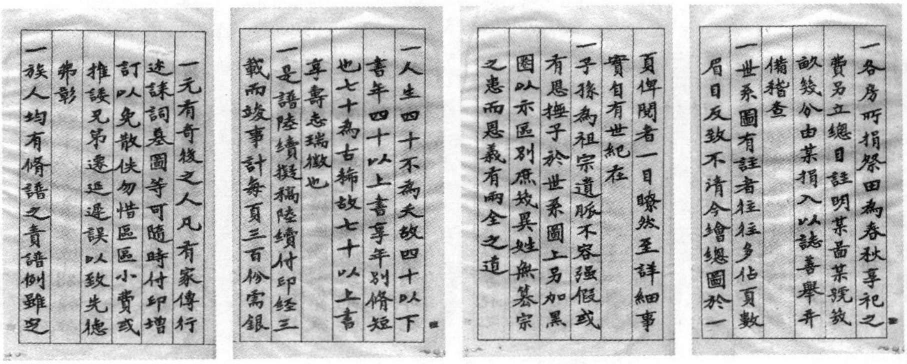

一各房所捐祭田為春秋享祀之
費另立總目註明某畝某號致
畝數分由某捐入以誌善舉并
備稽查
一世系圖有註者往往多佔頁數
眉目反致不清今增總圖於一

頁俾閱者一目瞭然至詳細事
實自有世紀在
一子孫為祖宗遺脈不容強假或
有恩撫子於世系圖上另加黑
圈以示區別庶致異姓無篡宗
之患而恩義有兩全之道

一人生四十不為夭故四十以下
書年四十以上書享年別脩短
也七十為古稀故七十以上書
享壽志瑞徵也
一是譜陸續擬稿陸續付印經三
載而竣事計每頁三百份需銀

一凡有奇技之人凡有家傳行
述誄詞墓圖等可隨時付印增
訂以免散佚勿惜區區小費或
推諉兄弟遷延遲誤以致先德
弗彰
一族人均有脩譜之責譜例雖定

图二十二

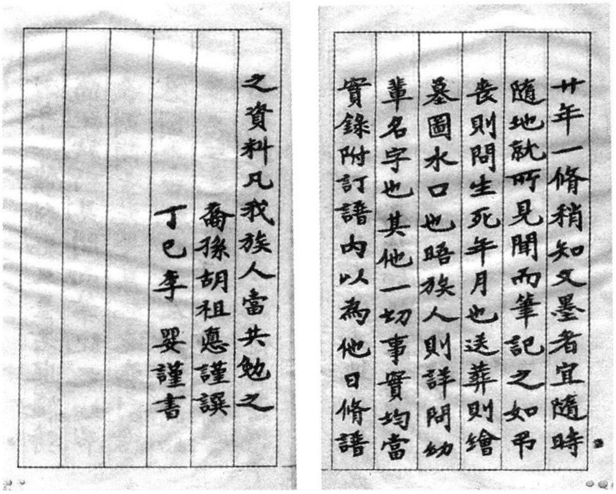

廿年一脩稍知文墨者宜隨時
隨地就所見聞而筆記之如弔
喪則問生死年月也送葬則繪
墓圖水口也晤族人則詳問幼
華名字也其他一切事實均當
實錄附訂譜內以為他日脩譜
之資料凡我族人當共勉之
裔孫胡祖愿謹譔
丁巳李嬰謹書

图二十三

雜俎 蠶桑新法 學佛四料簡

雜俎

蠶桑新法

弘一

蠶永嘉蠶桑發長來，間蠶病之禍，發生甚多，有何法能挽救否。余因告以于闐國蠶繭飛蛾乃得治絲之法。歲有以繭出絲斷爲患者。彼長齋無妨。外國近有一種藥水用之繭可飛出，而絲仍完整無所損傷云云。蠶此法頗可廣傳同人，依此行之，可救衆多之生命。至彼所說外國藥水，凡研究蠶桑學者當可知之。若有未了者，乞託周孟由居士轉詢彼長，當可知其藥名，出售之公司名，及其用法也。

于闐國之瞿薩旦那國，西域記卷第十二。彼文云。王城東南五六里，有麻射僧伽藍，此國先王妃所立也。昔者此國未知桑蠶。聞東國有之。惟密而不賜。乃卑辭下禮，求婚東國。彼國王女，密藏其種，入於闐國。（西域記譯作瞿薩旦那，且多國名譯作于闐，今仍用之）止麻射伽藍故地。方備儀衛，奉迎入宮。以桑蠶種留於此地。乃試植桑，于闐桑蠶之業，自是日盛。王妃乃刻石爲制，不令傷殺。蠶蛾飛盡，乃得治繭。敢有違犯，明神不祐。遂爲先蠶建此伽藍，故今此國有蠶不殺。竊有取絲者，來年輒不宜蠶。（已上西域記文）

至蓮池大師竹窗二筆蠶絲第二則云，歲曰東坡云，待蠶出繭，而後取以爲絲，則無殺蛹之業。不知出繭之蠶，繰絲斷續，而不可以爲絲也。未必坡之有是言也。（已上竹窗二筆文）——

此說不可泥執。今有此新法，必无續續斷續不可爲絲之虞也。

弘一法師筆記一則，普願護生仁者及養蠶家廣傳之。周孟由居士住溫州謝池里二號居 張霖

江謙護識

學佛四料簡

江謙

儒釋。且閑。——不通。儒。則不。通。佛。雖爲。力，使，不通。釋。則不。開。圓。解。不。起。圓。行。

禪淨。衆。修。——不修。禪。則。但。務。淨。沙。不明。本。體。不修。淨。

五〇

图二十四

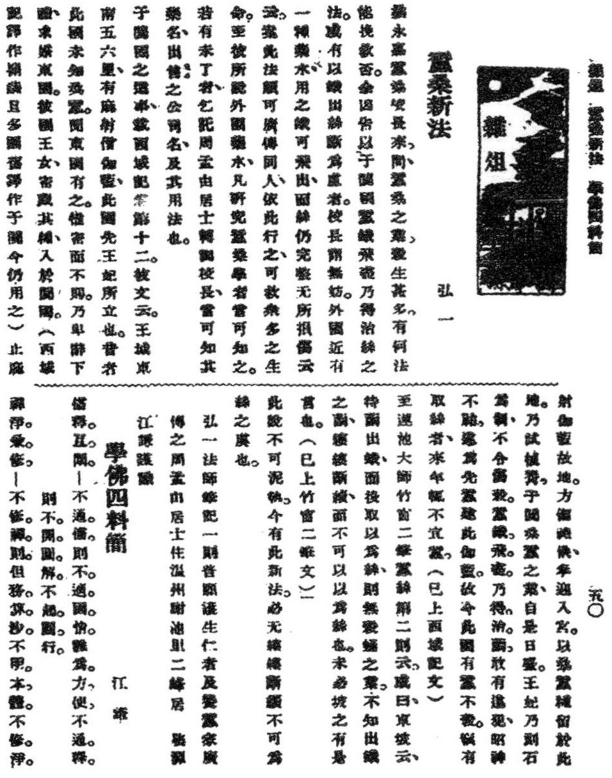

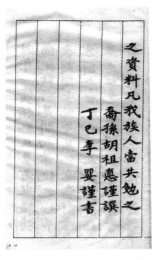

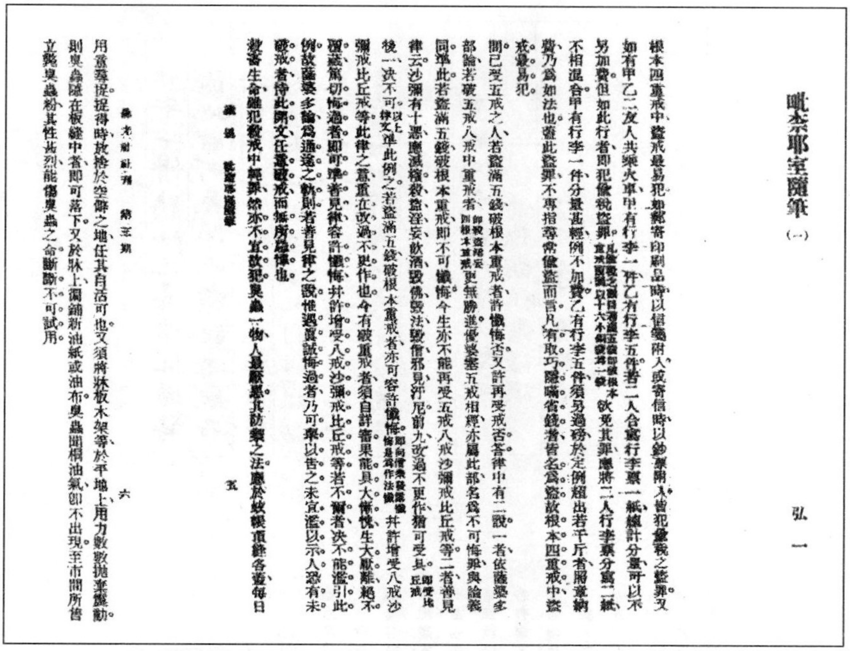

毗奈耶室隨筆（一）　弘一

根本四重戒中，盜戒最易犯。如郵寄印刷品時以信函附入，或寄信時以鈔票附入，皆犯偷稅之盜罪。又如有甲乙二友人共乘火車，甲有行李一件，乙有行李五件，若二人合寫行李票一紙，總計分量可以不另加費。但如此行者，即犯偷稅盜罪。（凡偷稅之數目滿五錢即犯根本重戒，民國以十六个銅錢為一錢）欲免其罪，應將二人行李票分寫二紙，不相混合。甲有行李一件分量甚輕，例不加費。乙有行李五件，須另過磅，於定例超出若干斤者，照章納費，乃為如法也。蓋此盜罪不專指尋常偷盜而言，凡有取巧隱瞞省錢者，皆名為盜。故根本四重戒中盜戒最易犯。

問：已受五戒之人，若盜滿五錢，破根本重戒者，許懺悔否？又許再受戒否？答：律中有二說。一者依薩婆多部論，若破五戒八戒中重戒者，（即殺盜婬妄四根本重戒）更無勝進。優婆塞五戒相經，亦屬此部，名為不可悔罪。與論義同。準此，若盜滿五錢破根本重戒，即不可懺悔。今生亦不能再受五戒、八戒、沙彌戒、比丘戒等。二者善見律云：沙彌有十惡應滅擯：殺、盜、婬、妄、飲酒、毀佛、毀法、毀僧、邪見、汙尼。前九改過不更作，猶可受具。（即受比丘戒）後一，決不可。（以上律文）準此例之，若盜滿五錢破根本重戒者，亦可容許懺悔。（即向僧衆發露懺悔是為作法懺）并許增受八戒、沙彌戒、比丘戒等。此律之意，重在改過不更作也。今有破重戒者，須自詳審，果能具大慚愧，生大厭離，絕不覆藏，篤切悔過者，即可準善見律，容許懺悔，并許增受八戒、沙彌戒、比丘戒等。若不爾者，決不能濫引此例。故薩婆多論為通途之制，則若善見律之說，惟遇真誠悔過者，乃可舉以告之，未宜濫以示人，恐有未破戒者，恃此開文，任意破戒而無所忌憚也。

殺畜生命雖犯殺戒中輕罪，然亦不宜故犯。臭蟲一物，人最厭惡，其防禦之法，應於蚊帳頂縫各處，每日用蠅拂捉。捉得時，放棄於空僻之地，任其自活可也。又須將床板木架等，於平地上用力數數拋棄震動，則臭蟲隱在板縫中者，即可落下。又於床上，獨鋪新油紙或油布，臭蟲聞桐油氣，即不出現。至市間所售立斃臭蟲粉，其性甚烈，能傷臭蟲之命，斷斷不可試用。

毗奈耶室隨筆　五

第三十期　六

图二十五

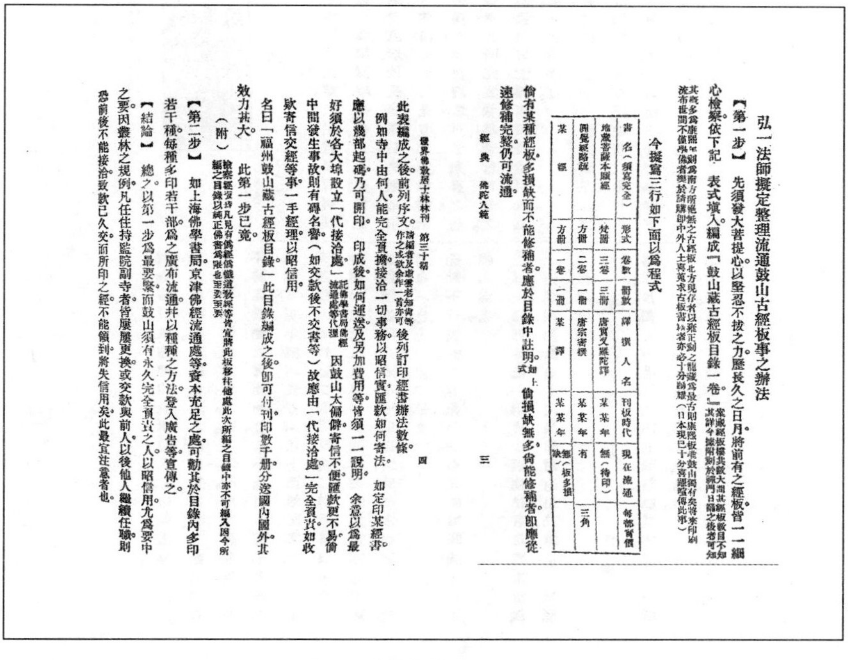

弘一法師擬定整理流通鼓山古經板事之辦法

【第一步】　先須發大菩提心，以堅忍不拔之力，歷長久之日月，將前有之經板，皆一一細心檢察，依下記表式填入，編成『鼓山藏古經板目錄一卷』。（案藏經板標其數，大都其經板數目不知其詳，今擬附刻於禪門日誦之後，者可知其齊多為康熙年刻，為南方所絕無之古經板，北方現存者以雍正刻之龍藏為最古，則康熙板惟鼓山獨有，矣將來印刷流布世間，不僅學佛者樂於請購，即中外人士專蒐求古板書籍者，亦必十分踴躍。（日本現已十分喜歡宣傳此事）

今擬寫三行如下面，以為程式

書名（須寫完全）	形式	卷數	冊數	譯撰人名	刊板時代	現在流通	每部實價
地藏菩薩本願經	梵冊	三卷	三冊	唐實叉難陀譯	某某年	無（待印）	
圓覺經略疏	方冊	二卷	一冊	唐宗密撰	某某年	有	三角
某經	方冊	一卷	一冊	某譯	某某年	無（板多損缺）	

倘有某種經板，多損缺而不能修補者，應於目錄中註明。（如上式）倘損缺無多，尚能修補者，即應從速修補完整，仍可流通。

經典　佛陀入範　三

世界佛教居士林林刊　第三十期　四

此表編成之後，前列序文。（請編者及虛雲老和尚等作之，或欲余作一首亦可）後列訂印經書辦法數條。例如寺中由何人能完全負擔接洽一切事務，以昭信實；匯款如何寄法；如定印某經書，應以幾部起碼乃可開印；印成後如何運送，及另加費用等，皆須一一說明。余意以為最好須於各大埠設立「代接洽處」（託佛學書局佛經流通處等代理）。因鼓山太偏僻，寄信不便，匯款更不易，倘中間發生事故，則有礙名譽。（如交款後不交書等）故應由「代接洽處」完全負責，如收款寄信交經等事，一手經理，以昭信用。

名曰「福州鼓山藏古經板目錄」。此目錄編成之後，即可付刊，印數千冊，分送國內國外，其效力甚大。

此第一步已竟。

（附）檢案經並持凡見有偽經偽懺道教經等，皆宜將此板移往他處，此次所編之目錄中亦不可編入，因今所編之目錄以純正佛書為限也，至要至要。

【第二步】　如上海佛學書局、京津佛經流通處等，資本充足之處，可勸其於目錄內，多印若干種，每種多印若干部，為之廣布流通，并以種種之方法，登入廣告等，宣傳之。

【結論】　總之以第一步為最要緊，而鼓山須有永久完全負責之人，以昭信用，尤為要中之要。因叢林之規例，凡任住持監院副寺者，皆屢屢更換，或交款與前人，以後他人繼續任職，則恐前後不能接洽，致款已久交，而所印之經不能領到，將失信用矣。此最宜注意者也。

图二十六

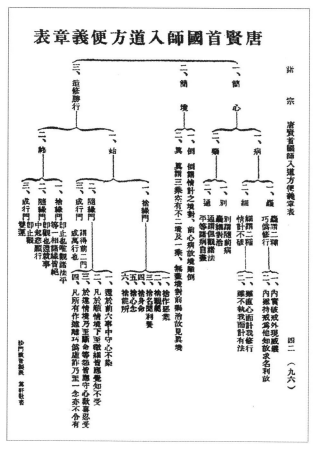

图二十七

图二十八

中心修造化城金銀為壁
徧琉為地七寶為殿吾後
至閻浮興流佛法惟傳此
我化城免在閻浮受其苦
經敕化善緣六度弟子歸
難惡得安穩衣食自照長
受極樂天魔外道弱水隔

之不未為害吾當度六種
之人第一度者本順父母
敕重第二度者不殺
眾生第三度者不飲酒食
肉第四度者平等好心不
為偷盜第五度者頭陀苦
行好修橋梁并諸功德第

敕吾形像長齊茶食念吾
名字如是之人散在閻浮
吾愍見是之人刀兵競起一
後興弥勒佛下生本國
足踏海水枯竭遍諸天
龍神八部聖眾在於東海

吾身已後卻從西方胡國
中未生於閻浮救度善緣
佛性種子吾見閻浮眾生
徧境山惡自相食不可
閻化吾今還入涅槃
本骨頭住泗州已後舍利
善男子善女人慈心孝順

图二十九

道功水功大黑風天暗吾
救無量光明照汝回緣俱
未佛國同歸化城得解
脫而無偈伽南無僧菜
怛莎訶道多妙他耶唵硃
勒搓娑訶
文字後之賢者幸書訂為永
遠之供養

世罪根身受憂報戈溫
賊兵摩而元戈被水大焚
獄不善眾生皆受病遣宦
怕死入地紙無出期為
功不復人道善男子善女
人書寫此經志志受持

六度者佛寶念病布施衣
食極濟窮無如此善道六
度之人吾先使百童子領
工寶船載遍過弱水元使沈
溺得入化城若不是吾六
度之人見此經心不信
受毀謗正法當知此人宿

图三十

图三十一

图三十二

图三十三

图三十四　　　　　　图三十五　　　　　　图三十六

图三十七

图三十八

图三十九

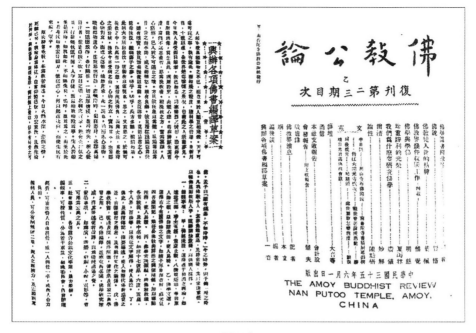

图四十

【作者简介】

王维军，1962 年生，浙江平湖人，平湖市李叔同纪念馆副馆长。

Li Shutong's Newly-discovered Early Literary Works

Wang Weijun

Summary

As research on Li Shutong advances and deepens，historical documents which were unknown before are coming to light. Yet，few breakthroughs have been made in bringing to light his early literary works such as literary criticism and songs. To our delight，recent exploration has turned up some early literary works of his，including prefaces，political pamphlets，songs， manuscripts and so on that were written in the late Qing Dynasty and the early Republican period. None of these newly discovered historical documents have ever appeared in the writings of present authors or been included in the *Complete Works of Master Hongyi*.

关于弘一大师开示《人生之最后》有关版本探源

——由章名"结语"、'结诰"一字之差谈起

萧锦能

一、前言：正确史料方免以讹传讹

新近拜读孙继南教授宏文《音乐史料研究之疑、考、信——以弘一法师〈厦门市运动大会会歌〉版本考为例》。其举对《会歌》两个版本(丰子恺录的"手写"版本,洪卜仁提供的"剪报"版本)的收集、辨析和追本溯源之例,进于提出："史料"不等同于"资料"。亦即"数据"在未经考证前,一般不能作为严格意义的"史料",它需要有一个先"疑"、后"考"、再"信"的过程。考证之初,多出于怀疑;考证翔实,方具可证性,用之于史学研究,才会有"信史"产生。①

研究"弘学"者,须以弘一大师本文的"原作"(作者手稿)及"原著"(最早出版物)入手,佐以来源可信的第二手数据,方免"错误数据之因,误导结论之果"。但大批伪品混充致真伪莫辨？故史料建立,需要长期的搜集及整理数据,更要不断的进行严谨且缜密的考证,方能持续填补年谱之空白处或勘误不实,而累积成"信史",以俾后进参考。

如,陈星主任 2001 年于《弘一大师与堵申甫之友谊和道谊》专论中,先对堵申甫信息通过挖掘、访谈和论证,而归纳出详细生平,填补《弘一大师全集》中仅有的点滴记载。其次,就"弘一大师致堵申甫信"依各辑录版本逐一查考其写信地点及年代,核实出正确的十三通而"存疑待考"两通。从而据此"生平"及"信札"而勾勒出堵申甫与弘一大师之交

---

① 孙继南：《音乐史料研究之疑、考、信——以弘一法师〈厦门市运动大会会歌〉版本考为例》,载《莲馆弘谭》第 9 期,平湖市李叔同纪念馆 2013 年 9 月,第 45—53 页。

谊。① 当时对研习法律的笔者,此篇考证之精、勤、广及讲究证据而勇于推翻所谓"权威者"著作,留下深刻印象。虽憾留两通手札"待考",事隔9年,精于考证学的王维军副馆长拽出"浙一馆"等信息,②进而完成"存而有疑"的两通信札考释,让"弘一大师与堵申甫交谊的专题史料"更勘完美。陈主任与王副馆长的前后努力,传为"弘学"界美谈!

孙教授云:先"疑",后"考",再"信"的过程,一如胡适名言:"做学问要在不疑处有疑"、"大胆假设,小心求证"、"有几分证据,说几分话"。其文自谦系对音乐史料研究者而言,但于考证过程的逻辑推理、采证方式及结果判断等,系放诸四海皆准。笔者援引作为2012年台北重光的《人生之最后》手稿考证。③初见手稿第七章章名"结诰"与流通本"结语"有一字之差,而疑其真实性,从而就其落款时间"壬申十二月讲稿甲戌十月重治",探源出"两个版本之(三篇手稿)及(最早出版物)"。试梳理过程,聊记本文,并祈方家指正为祷!

二、探源过程:"疑、考、信"篇

孙教授指出:史料性质,有"第一手资料"和"第二手资料"之别。前者乃原始数据(作者手稿或最早出版物),是直接证据,具有确凿无疑之可证性;后者为旁人或后人所提供,为间接性证据,是否完全符合原貌,还难以定论。④

笔者依此"证据性质"原则并就"疑、考、信"步骤,分篇如下:

一、"疑"篇:"来源辗转"之疑,"内容有异"之谜

(一)来源辗转:藏家"说明"⑤

"此弘一大师《人生之最后》手书原稿,系由上广下洽老法师(早年亲近

---

① 陈星:《弘一大师人格与思想论文集》,台北弘一大师纪念学会2008年,第423—448页。
② 王维军:《弘一大师致堵申甫信札存疑之考释》,见《天心月圆:纪念李叔同—弘一大师诞辰130周年学术研讨会论文集》,2010年11月25日,第180—189页。
③ 弘一大师:《人生之最后》,(台北)佛陀教育基金会2012年9月。
④ 《音乐史料研究之疑、考、信——以弘一法师〈厦门市运动大会会歌〉版本考为例》,载《莲馆弘谭》第9期,平湖市李叔同纪念馆2013年9月,第45—53页。
⑤ 弘一大师:《人生之最后》,(台北)佛陀教育基金会,2012年9月。

弘一大师学律的道友)，由新加坡龙山寺寄给香港法界法苑上妙下因律师，后来辗转由上界下中法师收藏，带至台湾，2012 年委由佛陀教育基金会付梓出版"。

史料出土首重从何而来，方能追本溯源。依"来源说明"，手稿由广洽法师寄交妙因律师，若由妙因律师出示，当无所疑而能循线查考。但界中法师表示"辗转"所得，即"非直接"由妙因律师传承，既为旁人(第三人甚至第四者)提供，应定位为间接性"第二手资料"。

(二) 内容有异：比对《弘一大师全集》及《讲演集》辑录本

1. 《弘一大师全集》所录内容：五点差异。

福建人民出版社 2010 年版《弘一大师全集》(下称《全集》)，有关《人生之最后》中《了识律师传》、《弁言》刊于第七册《佛学卷　传记卷　序跋卷》第587 及 625 页，另《本文—含(弁言)》刊于第八册《文艺卷　杂著卷　书信卷》第 188—189 页。

◎ 查有五点差异，表解依序如下：

版本差异	弘一大师手书原稿	页码	《全集》刊印内容	页码
《弁言》题首	晋水大开元寺尊胜院沙门弘一演音讲述	1	弘一演音记	七册 625
《本文》第七章章名	结诰	9	结语	八册 189
《本文》落款时间	壬申十二月讲稿甲戌十月重治	10	无	八册 189
《了识律师传》题首	泉州大开元寺了识律师传(是书刊布为师因缘乃以师传附于卷后)演音撰	10	无	七册 587
末页：附印者	附印者瑞等法师洋五元了智法师五元陈宗泮居士十二元厦门请宋藏经会十元吴德畅居士六元同人十二元	12	无	七册 587

2.《讲演集》辑录本:《人生之最后》无《了识律师传》。

举市面流通代表版本:1943年夏丏尊居士辑《晚晴老人讲演录》①1980年陈慧剑居士辑《弘一大师演讲全集》②2003年上海佛学书局重刊《临终三大要、人生之最后-合刊》③相较:差异一如上表,但无《了识律师传》全文。

综述疑点,本件手稿仅能以"待考资料"视之。既有所疑,理当后考。笔者应用"弘学"前辈于考证专论中,所述之经验及技巧,逐一推敲上述疑点。并就过程,详于"考"篇。

二、"考"篇: 由三通信函探源出"两个版本之(三篇手稿)及(最早出版物)"

"有出版物必有手稿,有手稿未必有出版物"。就弘一大师讲演文"除亲撰讲稿外,亦有经弟子记录后再由大师改正"。如《佛教的源流及宗派》陈祥耀记录,《佛教之简易修持法》李芳远记,《最后之□□》瑞今法师记,等篇。④ 故"作者手稿"及"最早出版物"此二者直接证据若能兼俱,佐以第二手资料,相互参照核实,更能达毋庸置疑的"信史"地位。

笔者先"假设此手稿为真迹"而就落款时间"壬申十二月讲稿甲戌十月重治"来披寻《全集》中:于壬申十二月之前即1931年,至甲戌十月之后即1935年,述及《人生之最后》的相关信函、书赠及回忆文等史料。分析其时、地及内容,推测此(两个版本)之"手稿"及"最早出版物"确存否?经梳理出三通信函,按时间次序逐条摘录,略作缕述及条析,并勘误发函年代以供探源之引证。

(一) 壬申十二月讲稿: 下称"壬申稿"

1. 由《弁言》及信函之用词,推测有"原作"及"原著"。

摘录《弁言》首句"壬申十二月,厦门妙释寺念佛会请余讲演,录写此稿"。就"录写此稿"之文意,显见弘一大师亲撰"壬申稿"。

① 夏丏尊辑:《晚晴老人演讲录》,上海佛学书局1943年版。
② 陈慧剑辑:《弘一大师演讲全集》,(台北)天华出版事业股份有限公司1980年版。
③ 弘一大师、印光大师:《临终三大要、人生之最后-合刊》,上海佛学书局,上海市新闻出版局准印证(2003)第(027)号。
④ 《弘一大师全集》第7册,福建人民出版社2010年版,第566、575、576页。

第一通：1932 年旧历 12 月，从厦门妙释寺致胡宅梵函：①

　　惠书，诵悉。手卷写竟。余近来写字，绝不注意，信手挥写耳。不久拟云游他方。乞暂勿通讯。附寄近撰《人生之最后》一包，乞收入。

胡宅梵生平及与弘公之法缘，王维军副馆长于"宝书重光——弘一大师佚文《佛说阿弥陀经义疏撷录》发现记"中有深入浅出的考述；②秦启明老师亦有专论《弘一大师与胡宅梵》，③故不予赘述。

末句"附寄近撰《人生之最后》一包，乞收入"：从文字上"一包"来看，书此信时已出版，并寄赠胡宅梵流布。且时（1932 年旧 12 月）、地（厦门妙释寺）与《弁言》首句吻合。可知"弘一大师 1932 年旧 12 月于厦门妙释寺讲演《人生之最后》，有录写讲稿于同月内付梓出版，并寄赠胡宅梵流通"。

2. 探源：由"西莲净苑"藏书，得知"壬申稿"展藏于新加坡"广洽纪念馆"。旧版孜孜以求仍无所得，但手稿藏处的发现，甚幸运！1 月 18 日于"西莲净苑"拜访慧观法师，在其书柜看见"广洽纪念馆"2007 年 3 月出版之纪念册。该书系住持惠敏和尚（法鼓大学校长、日本东京大学文学博士）参加新加坡佛教活动所携回并转借慧观法师。当下借阅，见第 39 页即是《人生之最后》讲稿墨宝④，惜字小如蚁且乏释文，实无法判读，甚憾！但欣喜若狂的是，确有此讲稿并展藏于新加坡"广洽纪念馆"，更核实上述《弁言》首句的推论。

然，手稿何以在"广洽纪念馆"？其来源，其传承，其内容等一连串疑问，这些该查证的事项，笔者就从广洽法师生平及纪念馆的成立谈起：

广洽法师（1901—1995），俗姓黄，名照润。弘一法师为改名普润，福建南安人。弱冠于厦门南普陀寺出家，受戒后参学江浙，后回南普陀任副寺。

① 《弘一大师全集》第 8 册，福建人民出版社 2010 年版，第 398 页。
② 王维军：《莲馆弘谭》第 10 期，平湖市李叔同纪念馆 2013 年 9 月，第 15 页。《弘一大师全集》第 10 册，福建人民出版社 2010 年版，第 178 页。
③ 见《弘一大师有关人物论文集》，台北弘一大师纪念学会 2011 年 5 月再版，第 215—240 页。
④ 广洽纪念馆编辑委员会：《广洽纪念馆纪念册》，2007 年 3 月，第 39 页。

1928 年弘一法师入闽,亲侍请教,特受器重。后任佛教养正院监学三年。抗战时南渡新加坡,办学弘法。任新加坡龙山禅寺方丈、弥陀学校校长、新加坡佛教总会会长等职。①

"广洽纪念馆"系其生前的修养精舍"薝卜院",由新加坡佛教"居士林"整修后,2007 年 3 月 4 日辟为东南亚汉传佛教第一间以个人收藏为题的艺术馆。虽以广洽法师为名,却非以他个人遗物为展品,而是以这位高僧生前与同时代顶尖哲学家、文学家、艺术家、得道高僧等,以师友身份交往时所得到的精彩创造,

作为展出内容。各作品皆以广洽法师为上款人,是此馆最大特色。②

该馆被誉为广洽法师为新加坡留下来的一棵文化舍利。每周六、日开放参观并准予拍照。笔者致函居士林李林长木源大德及馆长永光法师,表达参访之意。4 月 14 日即接获馆长寄赠两本纪念册,笔者法喜之余又蒙慧观法师亲撰介绍函,24 日即首途狮城,拟亲谢馆长赐书外并欲亲睹弘公手书墨宝。

手稿已装裱镜心并展藏于三楼落地玻璃之后墙面,裱心约 140×20 公分。文分七章,每章内容采条例式细目叙述。题识:"此稿敬赠广洽法师收存,以为记念"。落款:(演音述)并用印(弘一)。讲题下方:"壬申十二月十三日,在妙释寺讲"。第一章绪言"十二月初八,上午天晴,十一点钟吃饭时,忽见下雨,为之惊骇。因此念及人命无常,为讲人生最后一切应注应之事"。可知"壬申十二月十三日(1933 年 1 月 8 日)弘一大师应厦门念佛会邀讲,以《人生之最后》为讲题之动因,并将此稿赠存广洽法师"。又,笔者逐字展读全文,见目次(七)及第七章章名两处皆录"结诰"时,欣喜若狂!至此,对"甲戌十月重治版",燃起应为真迹的信心。(见图一)

本讲稿令卧病不起、日夜愁苦的了识律师见后,而悲欣交集放下身心,屏弃医药,努力念佛,其内容实为殊胜!且流通本依"甲戌十月重治版"刊印,而未见此讲稿,故笔者在现场拍照、摄影并逐字抄录,返台后将释文以电子邮件传给永光法师鉴定,拟配合本文一并重光。

---

① 参见《弘一大师全集》第 8 册,福建人民出版社 2010 年版,第 462 页。
② 摘录"新加坡佛教居士林"官网中"广洽纪念馆"介绍。

◎ 目次（七）及第七章章名：结诰　◎ 首行：此稿敬赠广洽法师收存、以为记念

图一

4月30日接获永光法师覆函"稍后对照原文,助大德成就大作"、5月4日又覆函"释文发表、公开,绝无半点不行,望广行之"及5月7日再覆函"将大师原文与您抄录中不吻合处列于下面。凡修改处皆置于括号内。从头至尾,请逐字逐句,按顺序对照"。来函中,共列举23条抄录有误处。笔者喜极而泣,泪流满面中逐一更正。感恩永光法师的提携之情及慈悲喜舍!

其次,就广洽法师与弘一大师之法缘及纪念馆成立的访谈报导为左证:

（1）协助弘法,时地吻合:他人回忆、以为左证。

瑞今法师于1994年作《广洽法师传略序》,指出"1932年弘一大师莅厦后住南普陀寺由广洽法师随侍左右,后弘一大师移居山边岩。瑞今法师与广洽法师则同移居太平岩,二人经常偕往探望弘一大师,请法习律。后瑞今法师主持妙释寺并成立厦门市佛教会,而妙释寺创立星期日念佛会并礼请弘一大师莅寺讲演时,均由广洽法师相陪随侍,瑞今法师则为口译者,一个新的弘法阵容就这样建立了起来"。[①] 可知弘一大师于妙释寺同期讲演《净土法门大意》（壬申十月）、《人生之最后》（壬申十二月）及《改过实验谈》（癸

---

① 释传发编撰、丰一吟整理:《广洽法师传略及其演讲文集》,1994年。

西正月初一），皆由广洽法师与瑞今法师协助弘法。

（2）付赠墨宝，翻裱重光：来源明白，传承有绪。

广洽法师于《纪念与回忆弘一大师》述及"大师无恙之日，有什么感触，他都随时写字赐我。1933 年正月，他在厦门妙释寺梦中，闻有人朗诵《华严经》偈句，醒后即写那段偈句送我纪念。由于师资道合，有如针芥相投，所以大师赐给我的手札、训语、遗嘱等，约六十多件，现已裱褙成册，时时展诵，如临师保"。①

国际知名多元艺术家陈瑞献接受"蒼卜院信托委员会"的邀请，及"居士林"林长李木源的支持下，担任策划、监督、推动纪念馆的成立。于 2006 年 10 月 8 日接受新加坡《联合早报》主编潘正镭的访谈，以《一颗文化的舍利》为题，报道中指出：李木源为首的筹建委员会，由陈瑞献委请工程师钱爱贞为总策划，裱画师刘声鸿翻裱这批文物，苏今澜负责装框，刻字家为谢翰林、杨泰昌，经罗敏娜公司的卓顺发承包这项工程，于 5 月开工。②

综述"此手稿来源直接，弘一大师 1933 年 1 月 13 日于厦门妙释寺讲演后，赠存广洽法师。并传承有序。由"蒼卜院信托委员会"2006 年成立李木源为首的筹建委员会，由陈瑞献担任策划、监督、推动纪念馆的成立，委请裱画师刘声鸿翻裱。2007 年 3 月 4 日"广洽纪念馆"开幕后，届今仍展藏于三楼"。

（二）甲戌十月重治：下称"甲戌版"

1. 首先，解读第二、三通信函：探讨有无"原作"及"原著"。

（1）第二通：1935 年旧 8 月 10 日从泉州承天寺，致了智法师函③：

> 今日诵座下惠书，悉了识师已归西。音拟自明日始，在此讲《华严行愿品大意》。更拟于十一月十九日，为生西百日记念，在妙释寺讲《梵网经大意》（大约七八日讲完）。皆以回向了识师，增高品味，早证佛果。

---

① 广洽法师：《纪念与回忆弘一大师》，见《弘一大师全集》第 10 册，福建人民出版社 2010 年版，第 293—294 页。
② 广洽纪念馆编辑委员会：《广洽纪念馆纪念册》，2007 年 3 月，第 300 页。
③ 《弘一大师全集》第 8 册，福建人民出版社 2010 年版，第 483 页。

并于年底拟编《人生之最后》一卷,附述了识师发心念佛生西之事,由佛学书局出版以为记念。音与了识师友谊甚厚,以上所述种种,略以表示微忱耳。谨复。

了智法师(1989—1958),福建南安人,早岁出家,历参名宿。常往来泉、厦诸寺任职。在厦门万寿岩时,弘一大师曾与同住,为刻"看松月到衣"一印赠之。① 其与了识法师、广洽法师皆为癸酉五月初三日弘一大师于厦门万寿岩成立"南山律苑"之学律弟子。②

弘一大师为纪念与了识师友谊,为其往生"讲经回向"并"编书记念"。兹为勘定本函发信年代,先就述及"拟编《人生之最后》一卷"解读起:

摘录"第二通"后段:"——年底拟编《人生之最后》一卷,附述了识师发心念佛生西之事,由佛学书局出版——"。可谓:明确了"甲戌版"及后附《了识律师传》之成文动因,及由佛学书局刊印的线索。

但查阅《了识律师传》全文后,发现《全集》编委会将本函勘定为1935年,似为1933年之误。

撷录《了识律师传》述及时间之内文:"翌年癸酉,余讲律于妙释万寿开元诸刹。师力疾往听,并别习根本说一切有部诸律典。自是严持戒检,逾午不食。日诵义净三藏所传食罢发愿文、华严十回向品初章等,以为恒课。六月疾剧,于开元戒坛自誓受梵网菩萨戒。八月就医禾屿,遂迁逝焉,春秋二十有七。"

可见,了识律师往生于癸酉八月(1933年旧8月)。

又,参照"第二通"前段:"今日诵座下惠书,悉了识师已归西。音拟自明日始,在此讲《华严行愿品大意》。更拟于十一月十九日,为生西百日记念,在妙释寺讲《梵网经大意》"。

依"今日诵座下惠书"、"音拟自明日始"及"拟于十一月十九日,为生西百日记念"等语,知"第二通"书于1933年旧8月10日,实属无疑。

---

① 参见《弘一大师全集》第8册,福建人民出版社2010年版,第483页。
② 秦启明:《弘一大师与十法师》,江苏人民出版社2011年版,第175、199页注释。

（2）第三通：1935 年旧 4 月从泉州温陵养老院，致胡宅梵函。[1]

> 拙辑《弥陀义疏撷要》，及《人生之最后》，共一包，附寄奉，乞收入。
> 不久即往惠安县山中习静，并编辑律书，暂未能通信也。不宜。

此处亦如"1932 年旧 12 月，致胡宅梵函"之用语，为"一包"。可推断已有出版物，并确有手稿交付佛学书局刊印流通的讯息。

显见"弘一大师拟重治《人生之最后》并附述了识师发心念佛生西之事，由佛学书局出版以为记念。又，1935 年旧 4 月大师将已出版的《人生之最后》，由泉州温陵养老院，寄赠胡宅梵"。至于首版文本何时刊印发行？是否仍存？2012 年台北重光的墨宝，是否交付佛学书局刊印之原稿？成为下轮考证方向。

2. 勘验"存而有疑"之两篇手稿："删订稿"及"甲戌版"。

（1）删订稿：见慧观法师大作《弘一大师持戒念佛典范》第 434、435 页[2]

函询慧观法师，回复如下："此系五年前辑书所得，当时如获至宝，经扫描后存盘，但遍寻不着。"再向印刷厂查询，仅有首尾两开扫描文件。

按，史料考证过程中，注重求真最好的办法是作者的删订手稿，因从作者改正自己的错误，于手稿上增、删的原样，可看出工作的历程、思索的路线。并透过首刊文本作比较，而据以内容来论断真伪。但仅见两页复印件且不知来源为何，实无从考起？

（2）甲戌版：2012 年佛陀教育基金会刊印，由界中法师提供旧藏。信封部份：约 1962 年，广洽法师将手稿寄交妙因律师校对。

① 查考"寄、收件人栏"："人、地、时"皆无误。

◎ 寄件人：龙山寺广洽法师缄地址：新加坡（八）黎士哥士律 371 号。

龙山寺系 1917 年转武和尚在新加坡黎士哥士律购地所兴建，1926 年瑞等法师发愿重建，1945 年由广洽法师接任住持[3]。经走访龙山寺并实地拍照

[1]《弘一大师全集》第 8 册，福建人民出版社 2010 年版，第 400 页。

[2] 慧观法师：《弘一大师持戒念佛典范》，台北弘一大师纪念学会 2012 年版，第 434、435 页。

[3] 释传发编撰、丰一吟整理：《广洽法师传略及其演讲文集》，1994 年，《年表》，第 20 页。

信箱为证。并取得寺务用签，其刊印的中英对照地址，核实无误。

◎ 收件人：法界学苑妙因律师地址：香港荃湾新村街十二号。

妙因律师字二埋，曾两度参谒弘公之故居抄录遗稿，使大师标圈南山三大部之名山伟业，流传弘远。曾于 1959—1966 年至香港弘法。[1]

但香港原址，已非当年之"法界学苑"！荃湾新村街现已无 12 号，路标仅有 33—39 号，另边改建成"荃湾新天地商城"。再走访承印者"大新印刷厂"，原址：电器道 260 号尚存，现在是家餐厅，因为门号被海报挡住，只能拍下旁边大厦的号码左证。

而如何查证当年"法界学苑"所在地址？笔者是采证于 1962 年 10 月再版本，由香港"大新印刷厂"承印《弘一大师讲演续录》的版权页记载。

《弘一大师讲演续录》：1962 年 10 月再版本，香港大新印刷厂承印。

是书，13×18.5 cm，共 50 页，扉页有旧藏者——达慧法师签名。前三页分别刊印"弘一大师示寂二十周年纪念、法师德相及墨宝"。内文共 15 篇及附录二篇。

"后记"，摘录如下：

晚晴老人示寂之翌年，上海纪念会辑讲稿十二篇，题为晚晴老人讲演录，先后刊印数千册，风行海内外，但多遗佚。兹搜录遗稿，复得十有五篇，且多未发表者，作为续辑。

1962 年岁次壬寅九月四日老人迁化二十周年纪念会谨识

"版权页"：

◎ 印刷日期：佛纪 2506 年壬寅九月、公历 1962 年 10 月再版贰仟册

◎ 辑录者：弘一大师纪念会

◎ 校对者：释妙因、石见深[2]

◎ 倡印者：释广洽、释妙灯[3]

◎ 代赠处：香港法界学苑香港荃湾新村街十二号　G 座六楼

---

[1] 欢喜光精舍：《妙因律师学集》，（台南）和裕出版社 2006 年版，第 9、10 页。

[2] 石见深：妙因律师于香港法界学苑弘法时，石居士发心协助校刊多部弘一大师律学著作。

[3] 释妙灯：1958 年应广洽法师之请到新加坡龙山寺任监院，后任普济寺监院。1996 年任新加坡佛教总会会长，为星洲以至世界各地佛教团体所共尊仰的长老之一。见厦门市佛教协会编《厦门佛教志》卷之三第十二章，厦门大学出版社 2006 年版，第 225—226 页。

◎ 承印者：大新印刷厂　香港电气道 260 号

由代赠处及印刷日期，可以推断香港"法界学苑"1962 年确位于信封收件人地址处。因信封抬头明确指出"法界学苑"，故地址虽未详述"G 座六楼"，并未影响邮差送达的认知。较遗憾系邮戳日期模糊难辨？笔者 4 月 24 日亲至新加坡邮政中心，将信封扫描文件及影印本交付 Customer Service-Joseph soong 申请判读，截稿前仍未见覆函？

② 推测如下：

据此香港再版《弘一大师讲演续录》之后记、印刷时间及版权页记载内容，并勾稽妙因律师于香港弘法时期及收发地址，似浮现出"约于 1962 年，广洽法师为倡印纪念大师示寂二十周年所辑遗稿，出书前将手稿寄交妙因律师校对"。如此交待寄、收件人之因果关虽属合理臆测，但仍无法达到认定手稿即为真迹之要件。

（三）推测手稿之性质：交付佛学书局刊印之"誊写稿"

26.6×32.7 公分，计六开，手稿中朱笔圈记：从右至左、由上而下，编序号如下：

◎ 第一开（见图二）

① 每页十行。每行二十七字。

② 头号铅字。空半个字。此五字。占两行地位。

③ 凡书中用点处。宜用、。不可用。

④ 全书皆用三号铅字、照写稿之格式排。不可更动。

⑤ 中缝皆用五号铅字。

⑥ 圈有大小两种、乞注意。

◎ 第六开（见图二）

① 此二行亦乞排入。

② 文后未落印文。

◎ 全篇

① 每行起首及字距，大师以＜符号表示（每一＜号，代表空半个字）。

② 每开右上角铅笔字写阿拉伯数字分别是 1、2、3、4、5、6。

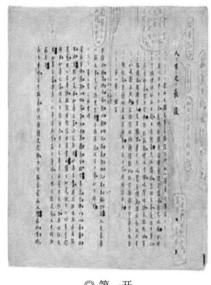 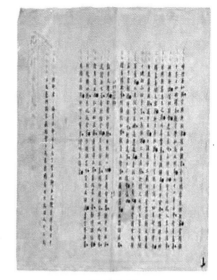

◎ 第一开　　　　　　　　　　　◎ 第六开

图二

③ 每开右下角毛笔字写苏州码丨、川、川、乂、丨、一。①

由朱笔圈记内容及文后未落印判断：此为交付佛学书局刊印之"誊写稿"。故找出（最早出版物）据以比对编排方式，即能论断真伪。

3．探寻过程：追踪（最早出版物）。

（1）苏州访谈秦启明老师：未见旧本。

其《高树律幢以戒为师——弘一大师与广洽法师的因缘》提及："弘一大师将讲稿《人生之最后》补作题记，交付上海佛学书局于 1935 年 2 月付刊流布"。②

故推测秦老师应有此首版讯息？甚憾，老师回复系见于一份报纸广告稿并未见此旧本。至于何报，好像是南洋日报，也不确定。

（2）上海玉佛寺"弘一图书馆"：喜见《佛学半月刊》广告文、但仍存疑。

---

① 网络微基百科：是一种传统在中国民间流行的数字，产生于中国的苏州，起源自算筹，因其书写便捷，曾经广泛使用于商业中，在账簿和发票等均有使用。现在这种数字在中国大陆及台湾几近绝迹，但在港澳地区的街市、旧式茶餐厅及中药房仍然可见。

② 秦启明：《弘一大师与十法师》，江苏人民出版社 2011 年版，第 172 页。

　　摘录该馆碑志：弘一图书馆，前身为"弘一大师纪念会图书馆"，1943年由丰子恺，夏丏尊，叶圣陶等人发起成立。"文革"中因故停办。2000年6月，在现任方丈觉醒大和尚的倡导下得以恢复，更名为"弘一图书馆"。

　　丰、夏及叶等大德与弘公交谊甚早，且见1943年3月夏居士辑《晚晴老人讲录录》于题记中，云"并加入《人生之最后》等九篇，题为《晚晴老人讲录录》"，[1]从而臆测，上述三大德可能有此旧版并捐赠该馆收藏？

　　到寺后，该馆已不对外开放，蒙常进法师通融并协寻，虽未见旧版。但从《民国佛教期刊文献集成》第50卷找到范古农主编之《佛学半月刊》，分别于第97期（民国二十四年2月16日出版）第335页、第98期（民国二十四年3月1日出版）、第99期（民国二十四年3月16日出版）第413页中，皆有刊印广告文如下。（见图三）

◎ 第50卷　　第97期（1935.2.16出版）　　◎ 广告文

图三

　　"本局最新出版弘一法师辑《人生之最后》一册三分内文摘录：——最近弘一法师复辑《人生之最后》一书。内分数节。一绪言。二病重时。三临终

---

① 夏丏尊辑：《晚晴老人讲演录》，上海佛学书局，1943年版，"题记"。

时。四命终最后。五荐亡等事。六劝请发起临终助念会。七结语。末附了识律师传"。范古农于 1927 年任上海佛学书局总编辑而发行《佛学半月刊》，与弘一大师法缘甚深。广告稿以"复辑"二字，似可臆测"壬申稿"亦由该局出版。但笔者见内文介绍章节中，连着三期皆是"七结语"，而非手稿之"结诰"时，心中顿时凉了半截，乃疑手稿的真实性。

（3）上海佛学书局：告知线索。

陈小琴居士表示无存此旧版，但告知上海图书馆应有存本，除写下地址指引如何到馆外，并热心教导与馆方借阅之交涉用语等。

（4）上海图书馆：寻得旧版、比对无误。

在台北已依王维军副馆长之寻书方式，上江、浙等各大图书馆书库查询，[1]但皆无所获。故赴上海图书馆途中，实无有信心能见此书。到馆后经历史文献中心江良德老师热心寻得，因属馆藏文献需备介绍函始准借阅，若该书有破损亦不得借阅，仅供看微缩图档。笔者告知往返台北取得介绍函之难处，江老师指导以传真方式。次日，蒙樊领导对传真介绍函批准同意。（见图六）而办理借书证因不谙简体字输入法，亦赖友善的女学生协办。等待取书过程中，实忐忑难安！弘公佑我，旧本保存甚佳，可借阅！

（一）比对旧版：水落石出、铁证如山（见图四）

是书，18.4×12.8 公分，民国二十四年 1 月印行（1935.1），含封面、底共 20 页，前三页是（辞典广告、阿弥陀佛接引西方图及西方三圣图），本文共 12 页，后三页为（版权页、寒笳集及海潮音文库广告），封面有钢戳（上海图书馆藏书）封底之左下角打印（中国科学生化研究所移交）。本文第三页下方有编号：389862。

经逐一比对大师朱笔圈记，要求佛学书局印刷之编排、行距、字数、字体大小、标点符号等方式及附印者名单，全部吻合无误。第七章章名为"结诰"，而"疑"篇中所述及之（无落款时间、题首及附印者）等疑点，皆一一浮现出解答。

且，大师于甲戌十月重治（1934.11.7—12.6），佛学书局 1935 年 1 月印

---

① 王维军：《莲馆弘谭》第 10 期，平湖市李叔同纪念馆 2013 年 9 月，第 18 页。

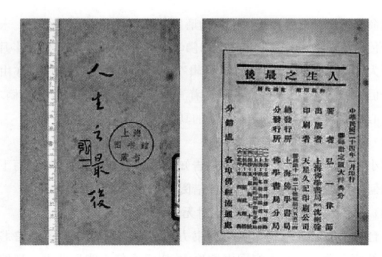

1935 年 1 月印行

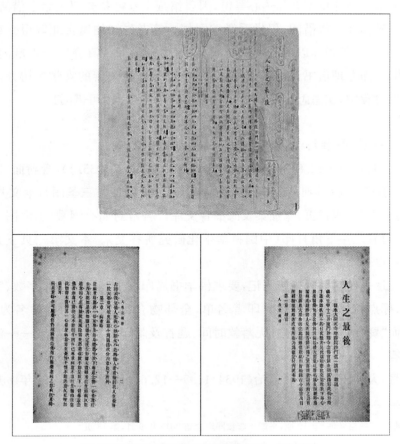

◎ 朱笔圈记内容与佛学书局编排方式：全部吻合

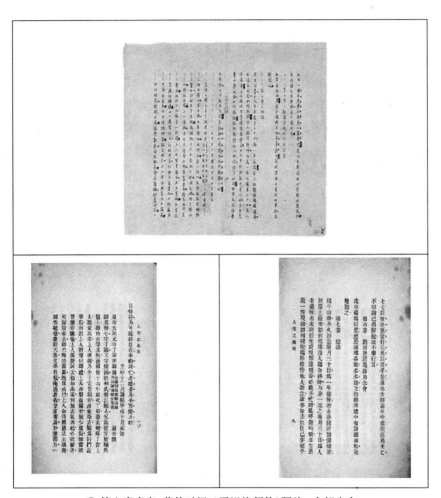

◎ 第七章章名、落款时间、《了识律师传》题首：全部吻合

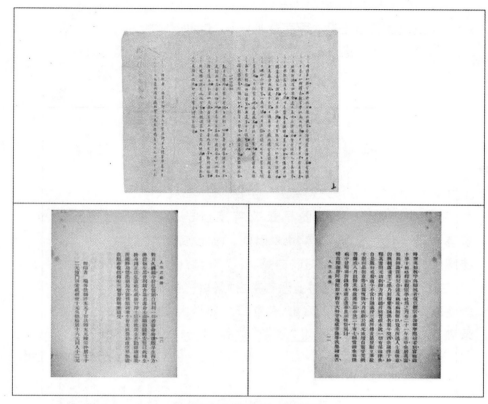

◎ 附印者名单、行距：全部吻合

图四

行，《佛学半月刊》1935 年 2 月 16 日刊印广告；由时间点衔接，足证此馆藏本确为首刊文本无误！

（二）勾稽左证：甲戌十月、同期书赠（见图五）

于广洽纪念馆三楼，见弘一大师集佛经意而制成联语"我是菩萨，代受毁辱"，落款（甲戌十月书写　普润法师　供养　释弘一书）。此书赠普润法师（即广洽）之时间与"甲戌版"同月，并就信封由广洽法师为寄件人，两相推测，"甲戌版"与"壬申稿"皆为广洽法师旧藏无疑。

4.《演讲全集》辑录本，何以仅见《本文-含（弁言）》：探述如下：

（1）《晚晴老人讲演录》：1943 年 4 月，弘一大师纪念会发行，夏丏尊辑。线装本，12.8×20.1 公分，共 40 页，题记、目次各一页，本文 38 页，首页

◎ 甲戌十月书写　普润法师　供养　释弘一书

图五

钤有(袁殊学易藏书之印)及(国家图书馆珍藏),馆藏编号 3283383,共 12 篇讲演文、《人生之最后》列为第一篇。(见图九)

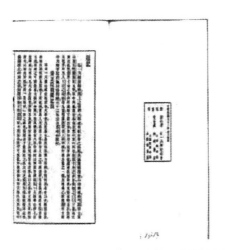

◎ 1943 年 4 月发行,夏丏尊"题记"

图六

摘录夏丏尊所撰"题记"：弘涅槃后，沪上有景仰大师者，有记念会之组织。共议搜辑遗著，以垂将来。——以蔡丏因所书叙之《养正院亲闻记》（内含《青年佛徒应注意的四项》《南闽十年之梦影》《最后之□□三篇》并加入《人生之最后》等九篇，题为《晚晴老人讲演录》作为全集之一种，先流通之。

可知市面有关大师演讲全集录有《人生之最后》者，实滥觞于此版。

详审 1943 年版，夏居士将《人生之最后》列为第一篇，仅录《本文—含〈弁言〉》，而删除〈落款时间〉及《了识律师传》，第七章章名误刊为"结语"。（见图七）

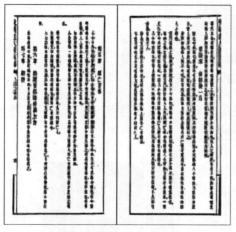 

◎ 第七章章名：误刊"结语"　　　◎ 前含〈弁言〉：列为首篇

图七

（2）《弘一大师讲演续录》：1963 年 10 月，弘一大师纪念会辑录。

弘公示寂二十周年，纪念会又搜录遗稿，复得十有五篇且多未发表者，作为续辑，以《弘一大师讲演续录》为名出版纪念。

尔后流通本，凡有冠上弘公为名之演讲全集者，即"1943 年《晚晴老人讲演录》合并 1963 年《弘一大师讲演续录》，因袭翻印"，此可参见 1980 年 1 月 15 日陈慧剑居士辑《弘一大师演讲全集》之前记（见图八）。故《人生之最后》第七章章名误为"结语"及无〈落款时间〉及《了识律师传》之疑点，谜底即在此。

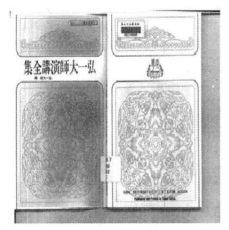

◎ 前记：收弘公在闽南的"演讲集"及"续集"，重加编排，整为一册

图八

（3）《弘一大师全集》：1991 年初版。

相较于流通本，却有《了识律师传》。显见编委有 1935 年 1 月首刊本参考，或由担任编委之妙因律师提供本份手稿。至于分为《弁言》《本文》及《了识律师传》三篇，应系配合序跋、演讲及传记卷之编排体例。故臆测编委为求独立为文，将《本文》中删除题首及落款时间，《了识律师传》剔除题记，而第七章章名"结语"应系校勘之误。

（4）《弘一大师全集》：2010 年修订版　　第八册说明二：旧版弘一大师讲演录中的《南闽十年之梦影》一文，实为叙事文，《人生之最后》一文，实是论说文，均收入于杂著卷。①

故将《人生之最后》改列《第八册》（杂着卷）（第一部类：论说），第 188—189 页。其余遭删除及校勘之误处，一如 1991 年初版。

5. 附加推论：由已知直接证据，试推论"删订稿"之真伪？

走笔至此，"考"篇应尽尾声。然笔者仍想对无从考起之"删订稿"，赘言一二。试由已知"壬申稿"及"甲戌版"两篇手稿，皆属无疑的直接证据性质下，有迹可寻的作"附加推论"如下：

————————————

① 《弘一大师全集》第 8 册，福建人民出版社 2010 年版，首页编辑说明。

按"删订稿"定先以"壬申稿"为底本抄录,再依己意增、删之,成为"甲戌版"。故将其内容放大检视并逐字核验,其未删订词句与"壬申稿"相同;而增、删字句重组后,再与"甲戌版"核对,又无误。(见图九)试举下述比较表,供参酌。

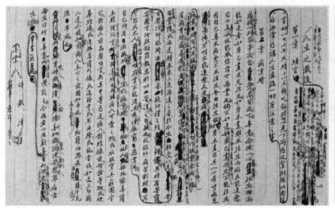

图九

壬申十二月讲稿	删订稿	甲戌十月重治版
◎ 第一章　绪言十二月初八日、上午天晴。十一点钟吃饭时、忽见下雨、为之惊骇。因此念及人命无常。为讲人生最后一切应注意之事。 ◎ 第七章　结诰 ○○○○○○○○ 末段:古诗云 我见他人死、我心热如火 不是热他人、看看轮到我	◎ 第一章　绪言 原文:与"壬申稿"相同 删除:整段圈起 ◎ 第七章　结诰 原文:与"壬申稿"相同 删增:末段:古诗云 我见他人死、我心热如火 不是热他人、看看轮到我 "上述圈起"并于"左下方加注":人生最后一段大事、岂可须臾忘耶。今为讲述、次分六章。如下所列。	◎ 第一章绪言 古诗云 我见他人死、我心热如火 不是热他人、看看轮到我 人生最后一段大事、岂可须臾忘耶。今为讲述、次分六章。如下所列。 ◎ 核验: 将删订稿中,以"第一章删除"组合"第七章删增"后,完全相同。
无	◎ 第七章 文后增列落款时间: 壬申十二月讲稿甲戌十月重治	◎ 第七章 文后落款时间: 壬申十二月讲稿甲戌十月重治 ◎ 核验:完全相同

（续表）

壬申十二月讲稿	删订稿	甲戌十月重治版
无	◎ 文末增列 ○○○○○○《○○○○ 是书刊布为了识律师因缘 因以附录律师传于卷后 ○○○○○○○○○	◎《了识律师传》 泉州大开元寺了识律师传 "是书刊布为师因缘　乃 以师传附于卷后" 演音撰◎核验：文字修辞 稍有出入

备注：其余增删处，不逐一列举；经核验皆无异，或仅数字修辞有出入。

◎ 删订稿

第（一）开：第一章整段圈起删除。

第（四）开：

① 第七章：末段"古诗云"圈起、左下加注"人生最后一段大事、岂可须臾忘耶。今为讲述、次分六章。如下所列。"

② 次行：壬申十二月讲稿甲戌十月重治。

③ 末行：是书刊布为了识律师因缘，因以附录律师传于卷后。

◎ 左页："壬申十二月讲稿"第一、七章内容与"删订稿"相同
◎ 右页："甲戌十月重治版"第一章内容与"删订稿"重组后相同

图十

笔者表解特举①落款时间及②《了识律师传》题记为例，系因市面流通本自 1943 年夏丐尊辑《晚晴老人讲演录》即未见此①②，而《全集》亦删除。

若有心作伪者,仅凭《全集》是绝无可能增列此①②。仿者需有两个版本之原稿或原著,再精心布置增、删之用语痕迹,其可能性为何呢? 实甚微之!

其次,详阅第四开右小角有印制(厦门洪昆德?),厦门博物馆曾见此信笺史料,系流通于当年闽厦间之民间用笺。虽说老纸可觅,但"删订稿"价位远不及正式作品,作伪用意系为谋财,如此大费周章,所得几希耶? 就人性角度上如此推敲,亦非不可也!

但仅见二开且为复印件,而出处亦不详? 为求真求实,仍需见此稿原貌。盼有知情者,见此文后能提供线索,以俾深入考证。

三、"信"篇: 有七分证据、不说八分话

本案例因章名一字之差而疑,并"大胆假设""甲戌版"为真迹,而"小心求证"于落款时间之(两个版本)。先就已知"第一手资料"(信函)探勘有无(原稿)及(原著),而依序寻觅《佛学半月刊》连着刊登三期的广告文及(最早出版物),据此(首版文本)逐一厘清待证手稿(信封及内文)之疑点。续探讨广洽法师与弘一大师于成稿时期之交谊,并举同期书赠作品及第三者之回忆文为左证,而勾勒其活动时限而逐一核实无误。

(一) 本文采证之性质,图表如下:

直接证据	◎ 手稿: 来源清楚 ① 弘一大师题赠由广洽法师收存 ② 广洽法师《纪念与回忆弘一大师》 ③ 陈瑞献策划及刘声鸿翻裱: 　2006年10月8日新加坡联合早报《一颗文化的舍利》:访谈陈瑞献 ④ 筹建委员会主席:李木源2006年8月8日接受向西专访,见纪念册第308—313页 ⑤ 广洽记念馆展藏: 　2007年3月开馆,陈列于三楼迄今	◎ 手稿: 传承有序 ① 广洽法师②妙因律师 ③ "辗转"至界中法师 ◎ 最早出版物: 《人生之最后》单行本 ① 1935年1月上海佛学书局出版 ② 上海图书馆——历史文献部 　(馆藏编号:389862) 　(中国科学院生化研究所移交) ③ 1935年2月16日、3月1日、3月16日: 《佛学半月刊》第97、98、99期广告文

(续表)

间接 证据	① 1932 年旧十二月：致胡宅梵函 ② 今法师《广洽法师传略序》	① 1933 年旧八月十日：致了智法师函 ② 同期书赠：甲戌十月 　"我是菩萨，代受毁辱" 　（原件展藏于广洽纪念馆三楼） ② 1935 年旧四月：致胡宅梵函 ④ 1943 年 4 月初版： 　《晚晴老人讲演录》 ⑤ 1962 年 10 月香港再版： 　《晚晴老人讲演续录》
待考	① 最早出版物：待觅 　推测 1933 年 1 月由佛学书局 　出版 ② 书家从"弘体"角度探讨：尚无	① 信封邮戳日期：待考 ② 删订手稿：待寻 ③ 书家从"弘体"角度探讨：尚无

（二）直接证据仍需相关数据佐证

（最早出版物）虽定位为"第一手数据"，属直接证据。但就本案例发现，可能因排版错误而造成误判：如《佛学半月刊》，连着第 97、98、99 期所刊印之广告文，皆排版误刊为"结语"。且 1943 年夏丏尊辑《晚晴老人讲演录》及 1991、2010 年《全集》，皆刊印为"结语"。如未见由上海图书馆鉴藏之 1935 年 1 月（最早出版物），由其章名为"结诰"来比对。本真迹手稿将永远被定位为"待考资料"而非"无疑信史"。故"小心求证"过程中，即便"第一手资料"仍需与多种直、间接证据相互参照，即每事问之吹毛求疵。

试想：若来日"壬申稿"之（最早出版物）重光时，而据此与广洽纪念馆所藏手稿比对而内容有异时？要说出版物校勘有误？或云所藏手稿有疑？故间接证据的重要性，此时就发挥出穿针引线的功能。故史料考证中，无论是第一、二手资料，是多多益善。一如孙教授所言：即便间接性材料亦不可轻易放过。

就本文，虽自认已实事求是地依证据资料而阐述。但待考部份仍为所憾者！且行文前，理事长一净法师的告诫：您今日的认真努力，所呈现出来的成果，是为后来的研究者提供更明确的方向与详实的根据，但是日后会不会又有新的出土资料，与今日我们的研究提出不同的看法，这是谁也无法预见的事。

言犹在耳！惶恐试考，忐忑浅解，不知方家以为然否？更盼待考栏所列诸点，能有"弘学"专家指出迷津；并期专研"弘体"的书家，从书法角度探讨此三篇手稿；进而就多面向来考证，以达毋庸置疑的"信史"要求；从而能丰沛本专题之宏观面史料，这就是笔者心系处。

(三) 祈《全集》编委会，于来日《补遗卷》参考下述建议

1. （题首）及（落款时间）按旧版刊印于《本文》前、后。

理由有二：举前述"致了智法师函"系 1933 年作，而误勘为 1935 年为例。该函内容所述系"拟辑"、乃"甲戌版"重治之前因，故年代明显早于甲戌（1934 年）。若仍存（落款时间），依文意定然不至误勘为 1935 年；此其一。再次，对有志"弘学"之后进者，亦可从（落款时间）及（题首）之"正确时、地"来对照年谱足迹，以作深入查核；进而有新史料挖掘之可能，而填补年谱记事未载者。

2. 《本文》第七章章名，校勘为大师原著"结诰"。

"结"乃收束，完了之意；而"结语"系指文章最后带总结性的一段话。"诰"系告诫，勉励之意；故"结诰"意指"结语诰诫"乃最后总结并告诫勉励。且检视癸酉五月弘一大师于万寿岩讲演《授三归依大意》：第四章章名亦是"结诰"。弘公用语，言简意赅、语简情深，理当不可有违原意。

3. 《了识律师传》题首（是书刊布为师因缘，乃以师传附于卷后），建请以按语形式，附注于传后。以俾读者知其所以然，进而参见《本文》，方能窥其全貌。

4. "1935 年旧 8 月 10 日：致了智法师函"：发函年代为 1933 年，系笔者个人愚见，尚祈指正。

《全集》于 1991 年问世，因前所未有及史料翔实，在学术界引起重大影响。2010 年修订版，更遵循"求全存真"原则，其编修工程浩大，实属文献巨作，更能世代相传，永载史册①。因本文所述史料乃 2012 年重光，今始由笔者因疑而试考之。倘编辑委员会能认同本文观点，恳请参酌上述四点建议为祷！

---

① 参考孙继南《严谨催详　编纂楷模——〈弘一大师全集〉（修订版）读后》，载 2013 年 9 月《莲馆弘潭》第 10 期，平湖市李叔同纪念馆，第 150 页。

三、后记：感恩众人协助、方能成就本文

慧观法师勉笔者以《人生之最后》为论文习作题目。经披寻资料，若以内容介绍论述，慧观法师大作"弘一大师《人生之最后》之深切开示"，已有鞭辟入里之阐述。而对佛教徒临终影响而言，南华大学生死学研究所慧开法师就丧礼仪式有如法的编修数据；更有多篇研究生专论关于临终助念之课题。

因受孙教授宏文的影响，且为解章名"结语"与"结诰"之惑，就以"探源"为名、"疑、考、信"为轴，试为习作。经走访上、苏、杭、港及新加坡等地，因搜集资料殊不易而欲放弃，但理事长一净法师一句"不妄语"的鞭策下，笔者诚惶诚恐并全力以赴地完成此篇。

论遣词用句，远不及孙教授于"音乐史料研究之疑、考、信——以弘一法师《厦门第一届运动大会歌》版本考"之优美。而考证过程，亦不如王副馆长于"宝书重光——弘一大师佚文《佛说阿弥陀经义疏撷录》发现记"之艰辛。且深广度，更无法与陈主任早年宏文《弘一大师与堵申甫之友谊及道谊》相较。因囿于所学及匆促所成，实属野人献曝。虽觅出首版文本并佐以多种一、二手资料来整理、核实，以达"信史"之要求。这本是史料探讨该有的严谨，实谈不上对"弘学"研究者，具有何种学术价值？

孙教授于结语指出："将考证经过和结果加以梳理、发表，是寄寓对年轻学者能有所引导和启示的期望和心愿，若能起到抛砖引玉、引发音乐史学界更多关注的作用，幸莫大焉。"其言谆、情殷、意切，实感人！本文实得益其大作之启发，然才疏学浅，初试习作实漫无章法。教授宏文系美玉、笔者拙作乃劣砖，反倒成了"抛玉引砖"，盼教授勿怪笔者驽钝。

最后，谢谢玉佛寺常进法师的通融而入馆协寻、佛学书局陈小琴居士告知线索及香港梅霖女史协助搜集善本。另，深深感恩宽宏大量的"广洽纪念馆"馆长永光法师协助鉴定释文，并准予重光；及馆内志工邹桂娣老菩萨戴着老花眼镜从旁协助逐字抄录。并对上海图书馆历史文献部的樊领导、章老师及江良德老师等大力协助，找出关键性的第一手数据，方能勾稽出后续的探述。这一切一切、笔者实无限感恩！江老师乃"弘学"爱好者，更是国学

根底札实的诗人,其于 2013 年参访"平湖李叔同记念馆"时,曾有题名有感之诗作,并抄赠笔者,经征得其同意录于文后,以志因缘:

弘愿光诚赤丹心,一生奉献育才贤。法道律闻扬九州,师嘱名言传世人。①

【作者简介】

萧锦能,台北弘一大师纪念学会理事。

A Study of the Versions of the Book *"The Last of Life"* by Master Hongyi — Starting with the Difference between "Conclusions" and "Concluding Teachings" in a Chapter Title

Xiao Jinneng

Summary

The present author noticed that in the manuscripts of *The Last of Life* the title of chapter seven is Concluding Teachings while in one circulating version it is Conclusions. Doubting the authenticity of the latter, he set about collecting evidence. As a result, "two versions" "three manuscripts" and "earliest publication" turned up from which he tried to arrive at the truth.

---

① 此系以"弘一法师"为名之藏头诗,前二句描述大师剃度前作育英才,后二句说明出家后弘律之影响。

以《弘一大师格言别录》教化净化世间

释一净

一、绪言

在这个浊恶的世间,佛法永远是指引人生,走向光明解脱的一盏明灯。历朝历代的祖师大德,以他们的超世智慧,咀嚼消化佛法经论中的高深义理,化为应机应时的甘露法语。所说虽未必全然抄录自经典,但其精神义理,总不外乎佛陀的教示。

弘一大师以其高深的佛学素养,笃实的戒律行持,慈悲体察众生的种种弊病、苦恼,剖析追查出根源所在,而以简单的格言形式,寥寥数语,便道尽了烦恼之所由生,及其化解之道,让人在迷蒙茫然之中,豁然开朗,进而心开意解。

有关《弘一大师格言别录》的收录缘起,当今研究"弘学"第一把交椅的慧观法师,2008年在为拙著《天心月圆》所写序文《律己宜带秋气 处世须带春风》之中,已做了详尽的考证与解说。① 1939年,弘一大师题《格言联璧》,"余童年恒览是书,三十以后,稍知修养,亦奉是为圭臬。今离俗已二十一载,偶披此卷,如饮甘露,深沁心脾,百读不厌也。或疑'齐家'、'从政'二门,与出家人不相涉;然整顿常住、训导法眷、任职丛林、方便接引,若取资于此二门,善为变通应用,其所获之利益,正无限也。"②深入探索《弘一大师格言

---

① 慧观法师:《律己宜带秋气 处世须带春风》,见拙著《天心月圆》,台北弘一大师纪念学会2008年版,第1页。

② 慧观法师:《律己宜带秋气 处世须带春风》,见拙著《天心月圆》,台北弘一大师纪念学会2008年版,第2页。

别录》,让人感到,《弘一大师格言别录》虽非弘一大师亲自撰写的语句,但却是大师透过古今贤德之人,对生命的体验,人心的探测,所留下的智慧之语,严格筛选,汇集而成的。看来虽属世间法之中的种种对治之道,但其中实包含了佛法最基本的三学:戒、定、慧。

粗略分之,谈"戒"的部分有:

1. 第一法

谦退是保身第一法　安祥是处事第一法

涵容是待人第一法　恬淡是养心第一法

2. 四宜

宜静默　宜从容　宜谨严　宜俭约

6. 前行与后看

尽前行者地步窄　向后看者眼界宽

9. 六然

自处超然　处人蔼然　无事澄然

有事斩然　得意淡然　失意泰然

10. 掩藏

自家有好处,要掩藏几分,这是涵育以养深。

别人不好处,要掩藏几分,这是浑厚以养大。

12. 最不幸处

人生最不幸处是偶一失言而祸不及,偶一失谋而事幸行,

偶一恣行而获小利,后乃视为故常,而恬不为意,则莫大之患由此生矣!

19. 占便宜

凡事最不可想占便宜。便宜便宜者,天下人之所共争也,我一人据之,则怨萃于我矣,我失便宜则众怨消矣,故终身失便宜,乃终身得便宜。

21. 穷追猛打

穷寇不可追也　遁辞不可攻也

23. 矜与悔

盖世功劳　当不得一个矜字　弥天罪恶　当不得一个悔字

27. 让路给别人走

步步占先者,必有人以挤之,事事争胜者,必有人以挫之。

怒宜实力消融,过要细心检点。

29. 言如利刃

面谀之词,有识者未必悦心。背后之议,受憾者常若刻骨。

32. 纵欲言非

厄莫大于纵己之欲,祸莫大于言人之非。

谈"定"的部分有:

3. 缓

涵养全得一缓字　凡言语动作皆是

4. 忍

莫大之祸　皆起于须臾之不能忍　不可不谨

5. 襟度与涵养

逆境顺境看襟度　临喜临怒看涵养

7. 立定脚跟

花繁柳密处拨得开　方见手段　风狂雨骤时立得定　才是脚跟

8. 静守处变

人当变故之来,只宜静守,不宜躁动。即使万无解救,而志守正确,虽事不可为,而心终可白;否则必致身败而名亦不保,非所以处变之道。

11. 四养

以虚养心　以德养身　以仁养天下万物　以道养天下万世

16. 宽厚缓

处难处之事愈宜宽　处难处之人愈宜厚　处至急之事愈宜缓

17. 无诤之辩

人之谤我也,与其能辩,不如能容。

人之侮我也,与其能防,不如能化。

25. 静与虚

安莫安于知足,危莫危于多言。寡欲故静,有主则虚。不为外物所动之谓静,不为外物所实之谓虚。

28. 有所不足

人家最不要事事足意,常有些不足处方好。才事事足意,便有不好事出来,历试历验。静坐常思己过,闲谈莫论人非。

30. **施惠与结怨**

临事须替别人想,论人先将自己想。

惠不在大,在乎当厄。怨不在多,在乎伤心。

谈"慧"的部分有:

12. **最不幸处**

人生最不幸处是偶一失言而祸不及,偶一失谋而事幸行,偶一恣行而获小利,后乃视为故常,而恬不为意,则莫大之患由此生矣!

13. **增减之间**

学一分退让　讨一分便宜　增一分享用　减一分福泽

14. **好合好散**

好合不如好散,此言极有理。盖合者始也,散者终也。至于好散,则善其终矣,凡处一事,交一人无不皆然。

15. **济人之急**

人生在世,多行救济事,则彼之感我中怀,倾倒浸入肝脾,何幸而得人心如此哉!

18. **吃亏受气**

受得小气,则不至于受大气。吃得小亏,则不至于吃大亏。

20. **无气无言**

任难任之事要有力而无气　处难处之人要有知而无言

22. **化人之道**

凡劝人不可遽指其过,必须先美其长。盖人喜则言易入,怒则言难入也。善化人者,心诚色温气和词婉,容其所不及,而谅其所不能,恕其所不知,而体其所不欲,随事讲说,随时开导。

24. **人忌全盛**

事当快意处需转,言到快意时须住。殃咎之来,未有不始于快心者,故君子得意而忧,逢喜而惧。物忌全胜,事忌全美,人忌全盛。

26. **留余地**

事不可做尽　言不可道尽　以淡字交友

以聋字止谤　以刻字责己　以弱字御侮

31. 清心慎言

修己以清心为要,涉世以慎言为先。

以弘一大师收录的格言作为讲述佛理的根据,基本上对这些格言的撼人心念,深具信心。而待人处世,若都能本持格言中所教导的道理去做,久之慈悲心油然而生,智能亦从兹增长。因此本论文以笔者本身的经验体会,以推广之后所得的响应做一汇报。希望藉此方便,让更多人认识弘一大师,学习大师的精神,让我们的世界更为安详和谐。

二、台北弘一大师纪念学会推广《弘一大师格言别录》的经过

(一) 开办《弘一大师格言别录》研习儿童班①

1999 年,本学会创办人陈慧剑老居士,在担任第一任理事长任期届满之时,将重责大任交到侯秋东教授的手上。侯教授上任后,便积极想把弘一大师对世人的教化推广出去,特别开儿童班,敦请本会理事蔡芬芬老师于每星期六下午,为小朋友上《弘一大师格言别录》的课程,并邀请家长们也尽量陪同参加。在一年的课程中,将《弘一大师格言别录》的法宝,灌入纯真善良的幼苗心灵,成为净化世间的一股清流。

(二) 于《弘裔》杂志上刊登《弘一大师格言别录》赏析注②

2003 年,陈慧剑老居士为充实《弘裔》杂志内容,嘱咐笔者每期撰写一篇《弘一大师格言别录》赏析,因此笔者以"灵观"之名,经过了六十四个月,完成了三十四篇的解说文字,于 2007 年结集成书,题名《天心月圆》

---

① 1999 年 3 月 5 日出刊的第 29 期《弘裔》杂志,报导"第一届理监事四年任满　弘一大师纪念学会改选　侯秋东教授膺任第二届理事长"。1999 年 5 月 5 日出刊的第 30 期《弘裔》杂志,报导"本会新旧任理事长交接　研定近期重大工作方案",其中包括了"弘裔儿童读经启蒙班于七月八日开课"。

② 2003 年 1 月份出刊的第 52 期《弘裔》杂志,开始刊登灵观居士所撰写的《弘一大师格言别录赏析》。

出版。

(三) 在生命电视台开辟《弘一大师格言别录》节目[①]

2004 年，笔者向生命电视台提出节目制作企画，讲解《弘一大师格言别录》，因初次尝试电视弘法，仅制作播出十二集。但因播出后反应良好，促成尔后数年的电视弘法历程，于其中间，经常倡导弘一大师的思想人格，行持律仪。

2008 年制作播出《自在无碍》节目，亦以讲解《弘一大师格言别录》为主要内容。

（放映电视台制作的节目片头及片尾）

(四) 于本学会开办《弘一大师格言别录》读书会[②]

2008 年，学会举办读书会，先由作家梁寒衣老师带领大家研读《弘一大师传》，接着由笔者负责《天心月圆》；与会学员都非常认真投入；甚至有学员表示，鼓励家里小孩多读此书，希望除了人格上的潜移默化之外，文字书写上也多少有所帮助。课程当中，学会特邀请专业录音人士，全程录音，并制作成 MP3 光盘片。

(五) 制作《弘一大师格言别录》书卡[③]

2012 年，本学会代表参加杭州师范大学弘丰中心主办的学术研讨会回

---

① 2005 年 1 月 5 日出刊的第 64 期《弘裔》杂志报导，杨梓茗老师于 2004 年 10 月 27 日开始，在生命电视台播出《弘一大师格言别录》节目。每集节目开始，先介绍一首本会于弘一大师圆寂六十周年所举办的弘一大师歌曲演唱会所献唱的歌曲，并由电视台人员从《护生画集》录制画面，使得歌曲更增添感人的气氛。节目播出后另出版一套六片的激光视盘流通。

② 2008 年 5 月 5 日出刊的第 84 期《弘裔》杂志，刊登"弘裔读书会"招生启事，预定于 7 月 5 日开始到 7 月 19 日，连续三个星期六下午两点半到四点半，由杨梓茗老师在学会导读《弘一大师格言别录》。在 2008 年 9 月 5 日出刊的第 86 期《弘裔》杂志，杨梓茗老师在《爱上自己》一文中提到：今年 7 月间，在弘一大师纪念学会所举办的读书会上，有因缘能与《弘裔》读者面对面，一起分享经由弘一大师的格言，引领出大家对生命中种种现象的沉思与探讨，那又何尝不是对自己、对众生、对生命一种意境高超，"爱"的呈现！

③ 2014 年 3 月 5 日出版的第 109 期《弘裔》杂志上，一净法师写的《水月明镜》一文中说到绘制书卡缘起。2015 年 1 月 5 日出版的第 112 期《弘裔》杂志上，一净法师写的《新年愿景》一文中，再次提到书卡完成的经过。

来之后，理事蔡芬芬老师便积极构思，如何在本会有限的人力物力之下，于下一次的会议之中，提出更丰硕的成果。几经深思熟虑，蔡老师提出将《弘一大师格言别录》画成书卡、谱成歌曲的构想；如此的构想，想要实现，不只是财务方面须要考虑，足以胜任此二任务的人选，更是难求。除了本身需具备充分的才华，更须对佛法有充分的信心，以及对弘一大师怀抱仰慕之情。为鼓励有此才能者发心参与，蔡老师特地从赖以养老的退休金之中，樽节挪移出一笔费用作为作曲、画画的酬劳。虽经在杂志刊登，吁请年轻学子画图投稿，却没有得到任何回应。几经辗转，有莲友听说绘制书卡之事，便很热心地介绍了住在南部，以绘制插画为专业的黄振益与黄纪华两兄妹，他们一口便答应承担这份工作，并且不要任何酬劳，只希望能将这份功德回向给病苦中的父亲。之后不久，他们的父亲脱离病苦，安详舍报，并示现种种瑞相，让两兄妹深信佛法功德不可思议。之后在绘制过程中，每遇瓶颈，不知该如何以图画来呈现文字中的境界时，便虔诚祈求佛菩萨加被，果然灵感泉涌，终能完成三十五张书卡的制作，今日终能依照预期地将这份珍贵的礼物带来给与会大众共享。

图一

（六）制作《弘一大师格言别录》歌曲①

与制作书卡同步进行的，是将制作《弘一大师格言别录》谱成歌曲，发行CD片，（现今潮流应是PO在网上，让人随意下载）如此必然能让更多的人认识弘一大师，让大师的精神广为流传。经由学会廖秘书多方打听询问，听说有位音乐家，刘静容老师，是虔诚的佛弟子，长期固定在各大道场指导合唱团，为人又非常谦恭有礼，于是冒昧提出请求。没想到取得联系之后，刘老师立刻答应为格言别录谱曲，并且说做就做，在2014年2月28日，会馆整修落成启用之日，即为大家献唱，感动全场。之后更答应在本会成立格言别录合唱团，每月第二、三、四周星期五下午，认真带领学员们练习发声、歌唱，大家都感到获益良多。更难能可贵的是，这一切，刘老师都是义务发心，分文不取。

（七）成立弘体书法抄经班②

2014年2月28日，就在本会会馆整修落成启用的当天，年轻书法家朱莉居士也在台北国父纪念馆展开为期一个月的弘体书法展。在展出会场只见一幅幅神似弘一大师书法的经文法语，让参观者大为赞叹朱莉居士的用功与天分。展览结束后，在大家的殷殷期盼之下，朱莉居士答应到学会来开设书法班，从此每周六下午，本会会馆云集各方善信，恭敬临摹弘一大师的字体，进而体会，写出如此字体的背后，必须涵蕴着何等柔软慈悲谦和的心境！在举笔书写之间，不知不觉便收到调伏心性之功。

---

① 2014年3月5日出版的第109期《弘裔》杂志，刊登《弘一大师格言别录》歌唱班招生的消息：上课时间：每周周五下午2：30至4：00。指导老师：刘静容老师。4月18日开课：免学费欢迎报名参加。主办单位：弘一大师纪念学会。

② 2014年3月5日出版的第109期《弘裔》杂志刊登本会会馆整修完成启用，以及朱莉居士弘体写经展的消息：

　　本会会馆整修工程从规划到动工完成，前后将近一年的时间。2014年2月28日（星期五）上午十时三十分，举行洒净落成仪式，敬邀十方大德，本会发心者、护持者，本刊读者，莅临本会，同沾法喜。会后聚餐。下午一时，侯秋东教授将恢复停顿多月的本会义诊，欲就诊者请于即日起开始挂号预约。下午两点，本会于国父纪念馆德明艺廊，举办朱莉居士的"与佛有缘——朱莉弘体写经展"开幕仪式。

　　2015年1月5日出版的第112期《弘裔》杂志，刊登"弘一大师纪念学会抄经班"招生启事：由书法家朱莉老师指导的弘一大师纪念学会抄经班，自2015年度开始，于每星期二和六，下午两点至四点，在本会会馆上课。弘一大师曾建议书写可由"篆书"入门。因此抄经班特邀郭佑孟老师，每月一次来跟同学介绍篆书的写字方法。

（八）在看守所开办"佛学班"①

2013 年底，屏东看守所邀请笔者前往开办"佛学班"，决定以讲解《弘一大师格言别录》的《天心月圆》为主要教材，每周分别在男子看守所上二节课，女子看守所上一节课。让铁窗之下的受刑人，从弘一大师的教诲之中，反省体悟自己观念上的偏差，改过向善，洗心革面。

屏东看守所为推广佛法教化，特辟建佛堂供上课共修使用，此为落成启用时，所长及长官参加洒净仪式。

图二

向受刑人解说格言别录

图三

① 2013 年底，屏东看守所所长李振男先生，辅导科长卢兴国先生，皆为虔诚的佛弟子，深深体会到佛法教化的重要，因此在看守所内特辟建佛堂教室一间，于 2014 年 1 月开始每周为受刑人上佛学课，并订定优厚的奖励办法，鼓励大家认真学习。

为受刑人传授三皈五戒

图四

三、推广《弘一大师格言别录》的成果

(一) 具体的成果

第一,由于在电视台制作节目,录制成节目影带,供流通推广之外,节目之中,包含笔者自己摄录、剪接、配音而成的小短片,以三分钟简单解说一则弘一大师格言,现已另外整理出来,挂在网上,供大众浏览下载。①

第二,书卡由黄振益与黄纪华兄妹绘制完成后,言明版权送给弘一大师纪念学会。由本会理事陈俊良居士,在自家开设的"七海印刷厂"印制完成。当成品交到理监事手中,大家咸认为规格太小,让如此精心绘制出来的图画,效果大打折扣。理事蔡芬芬老师提议,干脆将精美插图,配合弘一大师亲书的格言,笔者多年前的英文翻译,以及《天心月圆》的赏析内容,更加上刘静容老师的谱曲,合辑成 A4 大小,经过精心设计包装的套书,除了书及一本,临摹本一册,另有三片光盘,分别为一净法师读诵的中英文有声书,及解说格言别录的小短片,以及刘静容老师的歌曲演唱。②

第三,《弘一大师格言别录》合唱团,目前每月第二、三、四周星期五下

---

① 一净制作 64 则解说佛理与弘一大师格言的小短片,每则约三分钟,上传至 youtube,欢迎浏览及下载。

② 2015 年 10 月 5 日出版的第 115 期《弘裔》杂志上,刊登套书内容及赠送消息。此书册为本会推广《弘一大师格言别录》套书,所有数据的汇集,乃多人心血结晶和合而成,请多流传,善加运用。

午,在本会练唱,二十多位学员,在刘老师的细心认真教导之下,个个法喜充满。大家皆深具信心,日后若有佛教歌曲的发表演唱会,本会亦可提供精彩的合唱表演,为弘一大师争光。①

(二) 心灵教化的成果

笔者因长期于监狱看守所中从事教化工作,从《弘一大师格言别录》之中信手拈来,皆是对于受刑人有高度教化启发意义的句子。简略以三则格言做为代表:

1.“最不幸处”:人生最不幸处是偶一失言而祸不及,偶一失谋而事幸行,偶一恣行而获小利,后乃视为故常,而恬不为意,则莫大之患由此生矣!

在监狱之中,曾见过自青少年时期便开始在监所进出的中年人,或许在他们尚未成年之时,便参与了杀人越货贩毒的案子,同案的成年人因罪行太重而被判死刑,未成年者则依法不能处死;悟性高的人,能因为死里逃生,而开始懂得要珍爱自己的生命,从此远离罪恶的渊薮。但是业障深重者,则反而为自己大难不死,而误以为老天爷特别眷顾爱护自己,以九命怪猫自许。甚至因为有过令人惊骇的纪录,更抬高了他在“道上”的身价,于是他个人的侥幸,反而是整个社会不幸的根源,到头来案子越做越大,对社会治安的威胁也越来越大,不但与他毫不相干者,可能遭其毒手,他自己的生命,也变成是恶业的造作、累积过程,无边的苦果更不知要承受到哪一生哪一世才能还得完,实在是极可怖畏!②

2.“占便宜”:凡事最不可想占便宜。便宜便宜者,天下人之所共争也,我一人据之,则怨萃于我矣,我失便宜则众怨消矣,故终身失便宜,乃终身得便宜。

只要与人相处,就免不了会有长短比较。言语上爱占上风的人,总不免喜欢自我吹嘘、自我膨胀,言谈之中尽是自赞毁他之语,这样的人往往自以为聪明,处处占便宜,但事实上却是他自己在扯自己的后腿。等到人际关系

---

① 2014 年 6 月 5 日出版的第 110 期《弘裔》杂志,再次刊登《弘一大师格言别录》歌唱班招生的消息。
② 释一净:《最不幸处》,见拙著《天心月圆》,台北弘一大师纪念学会出版 2012 年再版,第 55—56 页。

落到一败涂地之后,他还会以为人家是嫉妒他,见不得别人好。而过度以自我为中心的人,则凡事就会算计,我从这里可以得到多少好处? 于是只顾着自己吃肉,却忘了好歹也要留一点汤给别人喝。如此怎么能够不集天下之怨怼于其一身呢?[①]

3. 事不可做尽　言不可道尽　以淡字交友

　以聋字止谤　以刻字责己　以弱字御侮

一个真正有智慧的人,他明暸因果缘起的法则,心存厚道,虽然他并没有厚重的心机,但是当他给别人留下余地,事实上也就是给自己留下退路。……人常为了保护自己,而对人筑起一道防卫的墙。事实上我们看到,这道墙筑得越厚,自己反而越容易焦躁不安。因为怕自己受到伤害,他干脆主动先去攻击别人,想尽办法自赞毁他。菩萨戒的重戒,便是提醒一位发心要行菩萨道的人,绝对不容许贬抑别人、抬高自己。……很少有人会喜欢那种动不动就自我吹嘘的人。反而是那种懂得自我约束、对自己苛刻要求,而对人仁厚包容的人,才能让人觉得与他相处,如沐春风。[②]

四、推广《弘一大师格言别录》的回响

2012 年 3 月,台北弘一大师纪念学会收到一封寄自高雄监狱的来信,信上如是说:

我是一名在监服刑之受刑人,于去年九月间去函贵学会索取有关"弘一大师"的著作,承蒙贵会赠与本人七本有关大师的书籍,本人如获至宝。本人本着不忘学习之初衷,以及曾于 2005 年 3 月间,在本监参加由杨梓著老师带领的佛七法会,开始学佛。在七天的拜佛念佛、听闻佛法之后,从《金刚经》里体会到"应无所住而生其心",唯有安住自心,才能得以精进修持。又于《般若波罗蜜多心经》中,体会到"非空非有、即

---

① 释一净:《占便宜》,见拙著《天心月圆》,台北弘一大师纪念学会出版 2012 年再版,第 80 页。
② 释一净:《留余地》,见拙著《天心月圆》,台北弘一大师纪念学会出版 2012 年再版,第 103—105 页。

空即有"之境。在这红尘世间中，原来一切都是空，这也印证了六祖慧能大师所云："本来无一物，何处惹尘埃"之境界。

本人今天首先将自己接触佛法之因缘，以及对佛经的体会，首次表达与贵会分享。再者，拜读杨梓著老师所著《弘一大师格言别录赏析——天心月圆》之后，个人以在监服刑之受刑人立场，写下"以弘一大师三十二则格言引为受刑人日后做人行了准则的规范，安身立命的依托"一篇，将弘一大师的三十二则格言，一则则地以白话文解释，让受刑人能明白格言的精髓。

而"弘一大师三十二则格言"对受刑人着实能有三方面的帮助：

（一）心境上：使我们受刑人能着重于提升自己的包容度与清净心，唯有静下心来，才会让我们产生智慧。

（二）行为上：会让我们受刑人在往后做人做事时，懂得分寸上的拿捏，不至于时时再犯过错。

（三）言语上：使我们受刑人在言语上应对进退，不至于伤人伤己，而且还有正面激励的功效。

敬请　贵会大得钧收，期盼日后有机会再次效劳。

祝　祺安　　　　受刑人　曹□□　合十

信件之外，这位受刑人曹同学附上一册写了十一张六百字稿纸的文稿，题名为：《弘一大师三十二则格言矧为受刑人日后做人行事准则的规范安身立命的依托》，言简意赅地解释格言的内容。限于篇幅，仅略举五例，以见其领受与用心：

第 2 则"四宜"：宜静默　宜从容　宜谨严　宜俭约

做人有四大修身要点：第一，时时静下心来。第二，时时不急躁，气度从容。第三，对待自己要谨言慎行，严以律己，宽以待人。第四，为人管理钱财，面对物品，必须以节俭、珍惜的态度来面对。①

---

① 高雄监狱受刑人曹□□所撰写文稿《弘一大师三十二则格言矧为受刑人日后做人行事准则的规范安身立命的依托》，2012 年 3 月，第 1—2 页。

第 11 则"四养"：

以虚养心　以德养身　以仁养天下万物　以道养天下万世

我们的心要随时放空，去除人心所有的欲望，这是养心之道；我们要用纯正的道德，让我们的行为，得以成为大家遵循的依归。以爱护众生的心，来面对天下万物，以无私的道德，来传承万世万代。①

第 14 则"好合好散"：

好合不如好散，此言极有理。盖合者始也，散者终也。至于好散，则善其终矣，凡处一事，交一人无不皆然。

这世界上的每一件事物，都有本末始终，正是自然之道。人与人之间的相处，聚散和合也是一样。正所谓好好相处，比不上在分离时，彼此间仍保有良好之感情。因为，聚合是人与人之间相处的开始，分离是相处的结束。至于如何让彼此间在分离时，都能保有良好之感情，是我们为人处事上，所必须去学习的目标。不论是在做事上或交友上，这道理都是相通的。②

第 22 则"化人之道"：

凡劝人不可遽指其过，必须先美其长。盖人喜则言易入，怒则言难入也。善化人者，心诚色温气和词婉，容其所不及，而谅其所不能，恕其所不知，而体其所不欲，随事讲说，随时开导。

我们在规劝别人的行为时，不可以先讲他的缺点，必须先赞美他的优点。因为每个人都喜欢被赞美，不喜欢被批评。我们要成为教导者，必须出自诚心诚意，脸色温和，口吻平实；字里行间要委婉，不可尖锐。我们要包容他的缺陷，谅解他的过失，宽恕他的无知，体谅他不正当的欲望，随顺着举例来开导对方。③

第 27 则"让路给别人走"：

---

① 高雄监狱受刑人曹□□所撰写文稿《弘一大师三十二则格言矧为受刑人日后做人行事准则的规范安身立命的依托》，2012 年 3 月，第 3—4 页。
② 高雄监狱受刑人曹□□所撰写文稿《弘一大师三十二则格言矧为受刑人日后做人行事准则的规范安身立命的依托》，2012 年 3 月，第 5 页。
③ 高雄监狱受刑人曹□□所撰写文稿《弘一大师三十二则格言矧为受刑人日后做人行事准则的规范安身立命的依托》，2012 年 3 月，第 7—8 页。

步步占先者,必有人以挤之,事事争胜者,必有人以挫之。

怒宜实力消融,过要细心检点。

我们每做一件事情,每一项计划,每一个观念,都一定会有反对者。如果我们老是妄想要赢过别人,则一定会有人打败我们。当我们生气时,要用自己的力量来控制它,而当我们面对自己的过错,更要静下心来细细检讨。①

由于受刑人曹同学本身具有文才,因而有能力将所领受到的心得诉诸文字,与别人分享。其他许多同样来接受佛法教化的受刑人,很可能有着类似程度的领会与感受,但却无法表达出来。笔者之所以会做出如此的推论,理由无他,实乃是因为出于深信众生本性之中所俱足的"如来智慧德相",只要有机会予以教导启发,必能唤起良善的觉悟本性。

五、结语

祖师大德秉承佛陀的遗教,不但在行持上身体力行,也运用文字般若,为大家留下了珍贵的法宝资产。弘一大师出家之后,耗费多年的心血,将南山律做完整的修纂编纂。从他那深入律藏,深体佛陀教诫的,慈悲高贵的心灵中,为大家提供出这些言简意赅,深谙人情世事,内心感受的格言,让大家可以简单明了地觉察自己起心动念之中,有哪些是恰当如法的,应继续保持并加强;又有哪些是有偏差而不自知的,应积极予以修正并改进,甚至某些应该将其画为禁区,绝对碰触不得的。借着推广《弘一大师格言别录》,让佛法的种子,能散播得更广更远;至诚期盼有越来越多的人,因认识了弘一大师,而对佛法生起好乐向往之心,更因而追随大师的脚步,持戒念佛,求生净土!

【作者简介】

释一净,台北弘一大师纪念学会理事长。

---

① 高雄监狱受刑人曹□□所撰写文稿《弘一大师三十二则格言矧为受刑人日后做人行事准则的规范安身立命的依托》,2012年3月,第9页。

To Teach and Purify the World with
Maxims of Master Hong-Yi

Ven. Yijing

First, the process of promoting *Maxims of Master Hong-Yi* by Taipei Association for the Study of Master Hong-Yi:

1. To give children a course to study *Maxims of Master Hong-Yi*.

2. To make an interpretation of *Maxims of Master Hong-Yi* in *Hong-Yi Magazine*.

3. To make TV programs about *Maxims of Master Hong-Yi* in Life TV.

4. To give courses to study *Maxims of Master Hong-Yi*

5. To make illustrations of *Maxims of Master Hong-Yi*.

6. To compose songs for *Maxims of Master Hong-Yi*

7. To give courses to imitate Master Hong-Yi's calligraphy

8. To give Buddhist courses in Detention Centers with *Maxims of Master Hong-Yi* as the basic teaching material.

Second, achievements in promoting *Maxims of Master Hong-Yi*

1. concrete achievements.

2. achievements in reforming criminals.

Third, Repercussions in promoting *Maxims of Master Hong-Yi*

弘一大师"念佛待死"之净土愿行

释慧观

一、序论

生死事大,无常迅速。如何生死自在,了生脱死,是我们必修课题。我们一般不知何时、何处、如何死亡,不知死亡过程,不知死后去那里,因此我们恐惧死亡,难以面对。

但是,净土行人却可预知时至,身无病苦,心不贪恋,意不颠倒,如入禅定。佛及圣众,手执金台,前来迎接。于一念顷,生极乐国,花开见佛,即闻佛乘,顿开佛慧,广度众生,满菩提愿。[①]

此乃佛力加被。阿弥陀佛四十八愿,与众生求生西方之愿,感应道交之不可思议!

在《无量寿经》四十八愿中,第十八愿:"设我得佛,十方众生,至心信乐,欲生我国,乃至十念,若不生者,不取正觉。唯除五逆、诽谤正法。"第十九愿:"设我得佛,十方众生,发菩提心,修诸功德,至心发愿,欲生我国,临寿终时,假令不与大众围绕现其人前者,不取正觉。"[②]可知:信愿行具足,决定往生;且临终之时,佛必垂手接往西方。

弘一大师"律绍南山,教宗贤首,行在弥陀",净土愿行具足,早早"念佛待死",求生净土,为我们树立典范。如此典范,自古已有流传。我们也要学

---

① 《三时系念佛事》CBETA,X74,no.1464,p.60,c21-24 // Z 2B:1,p.60,d9-12 // R128,p.120,b9-12。
② CBETA,T12,no.360,p.268,a26-b2.

此典范,嘉惠后世。

二、祖师大德"念佛待死"求生净土

从唐朝善导大师、宋朝元照律师、明朝莲池大师、蕅益大师、近代印光大师,已留下"念佛待死"求生净土之典范。

(一) 善导大师

善导大师为净土宗二祖,其《临终往生正念文》,提出"欲生净土,不得怕死";《观经四帖疏》文,提出"愿行具足,方得往生";及《示临睡入观文》,提出"临睡入观,求愿往生"。

1. 欲生净土,不得怕死

《龙舒增广净土文》中引《善导和尚临终往生正念文》:

> 知归子问曰:世事之大莫越生死,一息不来便属后世,一念差错便堕轮回。小子累蒙开诲,念佛往生之法其理甚明。又恐病来死至之时心识散乱,仍虑他人惑动正念忘失净因。伏望重示归径之方,俾脱沈沦之苦。
>
> 师曰:善哉问也!凡一切人命终欲生净土,须是不得怕死。常念此身多苦,不净恶业种种交缠。若得舍此秽身,超生净土,受无量快乐,解脱生死苦趣,乃是称意之事,如脱弊衣得换珍服。但当放下身心,莫生恋着。凡遇有病之时,便念无常,一心待死。叮嘱家人及看病人、往来问候人,凡来我前,为我念佛,不得说眼前闲杂之话、家中长短之事,亦不须软语安慰祝愿安乐。此皆虚花无益之语。若病重将终之际,亲属不得垂泪哭泣,及发嗟叹懊恼之声,惑乱心神失其正念。但一时同声念佛,待气尽了方可哀泣。才有丝毫恋世间心,便成罣碍,不得解脱。若得明晓净土之人频来策励,极为大幸。若依此者,决定超生即无疑也。
>
> 又问曰:求医服药,还可用否?
>
> 答曰:求医服药,初不相妨。然药者只能医病,不能医命。命若尽时,药岂奈何?若杀物命为药,以求身安,此则不可。余多见世人,因病

持斋方获少愈;复有医者,以酒食血肉佐药,其病复作。信知,佛力可救,酒肉无益也。

又问曰:求神祈福如何?

答曰:人命长短,生时已定;何假鬼神延之耶?若迷惑信邪,杀害众生祭祀鬼神,但增罪业反损寿矣!大命若尽,小鬼奈何?空自惆惶,俱无所济。切宜谨之!当以此文帖,向目前时时见之,免致临危忘失。

又问曰:平生未曾念佛人,还用得否?

答曰:此法僧人、俗人、未念佛人,用之皆得往生,决无疑也。余多见世人,于平常念佛礼赞发愿,求生西方甚是勤拳;及至临病,却又怕死,都不说着往生解脱之事。直待气消命尽识投冥界,方始十念鸣钟。恰如贼去关门,济何事也?死门事大,须是自家着力始得;若一念差错,历劫受苦,谁人相代?思之思之!若无事时,当以此法精进受持,是为临终大事![1]

故,弘一大师《晚晴集》选有善导大师法语:"才有病患,莫论轻重,便念无常,一心待死。"[2]

2. 愿行具足,方得往生

善导大师于《观经四帖疏》阐述:

问曰:愿行之义,有何差别?

答曰:如经中说,但有其行,行即孤,亦无所至;但有其愿,愿即虚,亦无所至。要须愿行相扶,所为皆克。是故今此论中,直言发愿,不论有行。是故未即得生,与远生作因者,其义实也。

问曰:"愿"意云何,乃言不生?

答曰:闻他说言西方快乐不可思议,即作愿言,我亦愿生;导此语已,更不相续,故名愿也。今此《观经》中十声称佛,即有十愿十行具足。云何具足?言南无者,即是归命,亦是发愿回向之义。言阿弥陀佛者,

---

① CBETA,T47,no.1970,p.287,a29 – c10.
② 蔡念生编:《弘一大师法集》第 4 册,(台北)新文丰出版股份有限公司 1976 年版,第 2095 页。

即是其行。以斯义故，必得往生。①

智谕法师《善导大师与净土法门》探究：善导大师谓，求往生者，必须行愿具足。行即持念阿弥陀佛名号，愿即愿生西方，愿见弥陀。如果有行无愿，其行必孤；有愿无行，其愿必虚。

由是可知，修净土行者，必须信愿行具足，方能承办。深信以导愿，力行以成愿。如是方得往生西方。徒自念佛，不知发愿求生，不得往生。虚发其愿，而无力行之功，亦不得往生。行愿具足，定生西方宝池之中。

愿心一发，即应念佛相续不断。《观经》下品下生人，十称佛名，即是十愿十行具足。何以故？口称"南无"时，即是发愿求生。因为南无即是归命的意思，而归命即是回向发愿之义。口称"阿弥陀佛"，即是其行。所以称佛名时，即是行愿具足。②

3. 临睡入观，求愿往生

《云栖法汇（选录）》中引《善导和尚示临睡入观文》：

修净土人，凡欲入观，及临睡时，一心合掌，正面西向，若坐、若立、若跪，十声念阿弥陀佛、观音、势至清净海众竟，发愿云：

弟子（某甲），现是生死凡夫，罪障深重，轮回六道，苦不可言。今遇知识，得闻弥陀名号，本愿功德。一心称念，求愿往生。愿佛慈悲不舍，哀怜摄受。

弟子（某甲），不识佛身，相好光明，愿佛示现，令我得见，及见观音、势至、诸菩萨众，彼世界中，清净庄严，光明妙相等，令我了了得见。

发愿已，正念入观。或临睡，则正念而寝，不得杂语，不得杂想。或有正发愿时，即得见之；或有睡梦中得见。但办专志，必如所愿。

善导大师，古称阿弥陀佛化身。今此愿文，修净土人，所宜深信。慎勿以暂时无验，而辄废惰；务在久远行持，必于净土，功不唐捐矣。③

---

① CBETA, T37, no. 1753, p. 250, a19 - b1.

② 智谕老和尚著作集，ZY34, no. 44, p. 100, 12 - p. 101, 6。

③ 云栖法汇 CBETA, J32, no. B277, p. 573, c25 - p. 574, a9。

(二) 元照律师

元照律师为南山律宗第十祖,"生宏律范,死归赡养。平生所得,唯二法门。"是震撼千古之壮烈志愿。所撰《阿弥陀经义疏》,利于初学。今略引"专念持名,临终感圣",使净土行人知所依托,决志往生。

1. 生宏律范,死归赡养

《净土圣贤录》:

> 初依东藏慧鉴律师,专学毗尼。后从神悟谦师,讲天台教观,谦勖以究明法华为本务。复从广慈才法师受菩萨戒,戒光发见,乃博究南山一宗。……晚主灵芝三十年,传戒度僧及六十会,笃意净业。每曰:生宏律范,死归赡养。平生所得,唯二法门。
>
> 尝集《净业礼忏仪》,自为序曰:元照自下坛来,便知学律。但禀性庸薄,为行不肖。后遇天台神悟法师,苦口提诲,始知改迹,深求祖教,博究佛乘。
>
> 于是发大誓愿,常生婆娑五浊恶世,作大导师,提诱羣生,令入佛道。复见高僧传慧市法师云,方土虽净,非吾所愿。若使十二劫莲华中受乐,何如三涂极苦处救众生也。由是坚持所见,历涉岁年。于净土门,略无归向。见修净业,复生轻谤。
>
> 后遭重病,色力痿羸,神识迷茫,莫知趣向。既而病差,顿觉前非。悲泣感伤,深自克责。志虽洪大,力未堪任。
>
> 仍览天台《十疑论》,初心菩萨,未得无生忍,要须常不离佛。
>
> 又引《智度论》云,具缚凡夫,有大悲心,愿生恶世,救苦众生,无有是处。譬如婴儿,不得离父母。又如弱羽,祇可傅枝。
>
> 自是尽弃平生所学,专寻净土教门。二十余年,未尝暂舍。研详理教,披括古今。顿释群疑,愈加深信。
>
> 复见善导和尚专杂二修。若专修者,百即百生;若杂修者,万千一二。心识散乱,观行难成。一志专持,四字名号。几生逃逝,今始知归。
>
> 仍以所修,展转化导。尽未来际,洪赞何穷?方便多门,以信得入。如大势至,以念佛心,获悟圆通,入三摩地。……
>
> 又撰《十六观经》《小弥陀》义疏,其外著述累数百卷。

政和六年秋,命弟子讽《观经》及《普贤行愿品》,跌坐而化。西湖渔人,皆闻空中天乐声。[①]

2. 专念持名,临终感圣

弘一大师《阿弥陀经义疏撷录》[②]中,关于"正示修法",分专念持名、临终感圣、正念往生。

所释经文为:"舍利弗!若有善男子、善女人,闻说阿弥陀佛,执持名号,若一日、若二日、若三日、若四日、若五日、若六日、若七日,一心不乱。其人临命终时,阿弥陀佛与诸圣众,现在其前。是人终时,心不颠倒,即得往生阿弥陀佛极乐国土。"

(1)专念持名,经云舍利弗若有善男子等。

一日七日者,随人要约,今经制法,理必依承。若准《大本》《观经》,则无日限,下至十念皆得往生,十念即十声也。

一心不乱者,此一句经正明成业,先须敛念,面向西方,合掌正身,遥想彼佛现坐道场,依正庄严,光明相好,自慨此身久沉苦海,漂流生死,孤露无依,譬如婴儿堕在坑穿(阱),叫呼父母,急救危亡,一志依投,恳求解免,声声相续,念念不移。虽复理事行殊、定散机异,皆成净业,尽得往生;不然则无记妄缘,定成虚福耳。

(2)临终感圣,经云其人临命终时等。

(3)正念往生,经云是人终时等。

心不颠倒者,凡人临终,识神无主,善恶业种无不发现,或起恶念,或起邪见,或生系恋,或发猖狂,恶相非一,皆名颠倒;因前诵佛,罪灭障除,净业内熏,慈光外摄,脱苦得乐,一刹那间。

(三)莲池大师

莲池大师为净土宗八祖。撰《西方愿文》,印光大师以愿文词理周到,称

---

① 净土圣贤录 CBETA,X78,no. 1549,p. 251,b4 - c13//Z 2B:8,p. 129,a18 - c15 // R135,p. 257,a18 - p. 258,a15。

② 僧胤(弘一法师):《佛说阿弥陀经义疏撷录》,《莲馆弘谭》第 10 期,平湖李叔同纪念馆 2014 年 9 月,第 7—8 页。

其为古今冠。早年即以"生死事大,栖心净土"自励;临终预知时至,开示老实念佛。

1. 西方愿文[①],事理周到

稽首西方安乐国　　接引众生大导师
我今发愿愿往生　　惟愿慈悲哀摄受

（1）求生西方正因

弟子某甲,普为四恩三有,法界众生,求于诸佛一乘无上菩提道故,专心持念阿弥陀佛万德洪名,期生净土。……

阿弥陀佛,以慈悲愿力,当证知我,当哀愍我,当加被我。

愿禅观之中,梦寐之际,得见阿弥陀佛金色之身,得历阿弥陀佛宝严之土,得蒙阿弥陀佛甘露灌顶,光明照身,手摩我头,衣覆我体。

使我宿障自除,善根增长,疾空烦恼,顿破无明,圆觉妙心,廓然开悟,寂光真境,常得现前。

（2）得生西方明验

至于临欲命终,预知时至。身无一切病苦厄难,心无一切贪恋迷惑,诸根悦豫,正念分明,舍报安详,如入禅定。

阿弥陀佛,与观音、势至、诸圣贤众,放光接引,垂手提携。楼阁幢幡,异香天乐,西方圣境,昭示目前。令诸众生,见者闻者,欢喜感叹,发菩提心。

我于尔时,乘金刚台,随从佛后,如弹指顷,生极乐国,七宝池内,胜莲华中。

（3）已生净土大用

----

① CBETA, J32, no. B277, p. 579, b9 - c13.

华开见佛,见诸菩萨,闻妙法音,获无生忍。于须臾间,承事诸佛,亲蒙授记。

得授记已,三身四智,五眼六通,无量百千陀罗尼门,一切功德皆悉成就。

然后不违赡养,回入娑婆,分身无数,遍十方刹,以不可思议自在神力,种种方便,度脱众生,咸令离染,还得净心,同生西方,入不退地。

如是大愿,世界无尽,众生无尽,业及烦恼一切无尽,我愿无尽。

愿今礼佛发愿,修持功德,回施有情,四恩总报,三有齐资,法界众生,同圆种智。

因此,印光大师开示:既专修净土,宜以莲池大师新定净土发愿文为主。

2. 生死事大,栖心净土

《净土圣贤录》:

祩宏,字佛慧,号莲池。……年十七,补诸生,以学行称。邻有老妪,日课佛名数千。问其故?妪曰,先夫持佛名,临终无病,与人一拱而别,故知念佛功德,不可思议。宏自此栖心净土,书"生死事大"四字于案头以自策。

年三十二,出家。……隆庆五年,乞食云栖,见山水幽绝,居焉。山故多虎,为放瑜伽焰口,虎不为患。岁亢旱,居民乞祷雨。曰,吾但知念佛,无他术也。众固请,乃持木鱼出,循田塍行,唱佛名,时雨随注,如足所及。众悦相与庀材造屋,衲子日归附,遂成丛林。①

《净土圣贤录》:

万历四十年六月杪,忽入城,别诸弟子及故旧。曰:吾将他往。还山设茶别众,众莫测。至七月朔晚入堂,曰:明日吾行矣。次夕入丈室,

---

① CBETA, X78, no. 1549, p. 267, a12 - 21 // Z 2B: 8, p. 145, a2 - 11 // R135, p. 289, a2 - 11.

示微疾,瞑目坐。城中诸弟子毕至,复开目云:大众老实念佛,莫捏怪,莫坏我规矩。向西称佛名而逝,年八十一。[1]

(四)蕅益大师

蕅益大师为净土宗九祖,撰《弥陀要解》,强调"得生与否,信愿有无";品位高下,则为持名功夫深浅。

1. 得生与否,信愿有无

《弥陀要解》:"信愿持名,一经要旨。信愿为慧行,持名为行行。得生与否,全由信愿之有无。品位高下,全由持名之深浅。故慧行为前导,行行为正修,如目足并运也。"[2]

2. 跌坐绳床,向西而逝

五十六岁,二月还灵峰,夏卧病,夏竟病愈,冬十月病。腊月初三,口授遗嘱。命阇维后,磨骨和粉面,分作二分,一分施鸟兽,一分施鳞介,普结法喜,同生西方。

五十七岁,正月二十日,病复发;二十二日晨起,病止;午刻,跌坐绳床角,向西举手而逝。世寿五十七,法腊三十四,僧夏十九。

大师示寂,诸弟子请成时师辑《灵峰宗论》。辑成,成时师然香一千炷。

二年后,冬,如法荼毗。发长覆耳,面貌如生,跌坐巍然,牙齿俱不坏。因不敢从粉骷遗嘱,奉骨塔于灵峰大殿右。[3]

(五)印光大师

印光大师为净土宗十三祖,勉励学道之人,念念不忘"死"字,不忘"生"字。

1. 不忘死字,道业自成

法雨寺印光大师纪念堂墙上挂有"死"字之警训,写着"学道之人,念念

① CBETA,X78,no.1549,p.269,b14-19 // Z 2B:8,p.147,b10-15 // R135,p.293,b10-15.
② CBETA,T37,no.1762,p.367,b9-12.
③ 蔡念生编:《弘一大师法集》第2册,(台北)新文丰出版股份有限公司1976年版,第1081—1111页。

不忘此字,则道业自成。"署明"释印光时年八十"。

"生"字,则另有一幅墨宝,写着:"若生西方,庶可与佛光寿同一无量无边矣。智生鉴,印光书。"

弘一大师在《晚晴集》中,恭录很多印光大师法语,和"死"字相关,如:"直须将一个'死'字(原注云,此字好得很),挂到额颅上。"[①]

又如:"念佛,要时常作将死、将堕地狱想,则不恳切亦自恳切,不相应亦自相应。以怖苦心念佛,即是出苦第一妙法,亦是随缘消业第一妙法。"[②]

2. 预知时至,端坐往生

1940 年冬,印光大师略示微疾,促令办理妙真法师升座仪式,预知时至,多诸迹证。初三日晚,对大众开示:"净土法门,别无奇特,但要恳切至诚,无不蒙佛接引,带业往生。"初四日早一时半,由床上起坐说:"念佛见佛,决定生西。"言讫,即大声念佛。二时十五分,印光大师坐床边呼水洗手毕,起立说:"蒙阿弥陀佛接引,我要走了,大家要念佛,要发愿,要生西方。"说完即坐椅上,端身正坐,口唇微动念佛。三时许,妙真和尚至。印光大师吩咐:"你要维持道场,你要弘扬净土,不要学大派头。"自后即不复语,只唇动念佛而已,延至五时,如入禅定,笑容宛然,在大众念佛声中,安详往生。世寿八十,僧腊六十。[③]

三、弘一大师"念佛待死"求生净土

弘一大师对于生死大事,早早开始准备。教示"念佛待死",早生极乐,回入娑婆,度化有情。今依年岁略举之。

(一) 归寂之年,信无寿征

大师曾刻"丙辰息翁归寂之年"章。依林子青《弘一大师新谱》1916 年记载:"大师自信无寿征,是年刻一印章曰:'丙辰息翁归寂之年'。"[④]林子青引

---

① 蔡念生编:《弘一大师法集》第 4 册,(台北)新文丰出版股份有限公司 1976 年版,第 2093 页。
② 蔡念生编:《弘一大师法集》第 4 册,(台北)新文丰出版股份有限公司 1976 年版,第 2101 页。
③ 华藏净宗弘化网,http://www.hwadzan.com/k12/1872.html。
④ 林子青:《弘一大师新谱》,(台北)东大图书股份有限公司 1993 年版,第 133 页。

夏丏尊《续护生画集叙》："和尚在俗时,体素弱,自信无寿征。日者谓丙辰有大厄,因刻一印章,曰'丙辰息翁归寂之年'。是岁为人作书常用之。余所藏有一纸,即盖此印章。"①

此年大师三十七岁,已对生死泰然处之。

(二) 世寿不永,赶紧入山

大师 1918 年 3 月致刘质平函:"不佞近耽空寂,厌弃人事。早在今夏,迟在明年,将入山剃度为沙弥。刻已渐渐准备一切(所有之物皆赠人),音乐书籍及洋服,拟赠足下。甚盼足下暑假时能返国一晤也。"②

同年 3 月又致刘质平函:"不佞自知世寿不永(仅有十年左右),又从无始以来,罪业至深,故不得不赶紧发心修行。自去腊受马一浮大士之熏陶,渐有所悟。世味日淡,职务多荒。近来请假,逾课时之半,就令勉强再延时日,必外贻旷职之讥(人皆谓余有神经病),内受疚心之苦。……不佞即拟宣布辞职,暑假后不再任事矣。所藏音乐书,拟以赠君,望君早返国收领(能在五月内最妙),并可为最后之畅聚。不佞所藏之书物,近日皆分赠各处,五月以前必可清楚。秋初即入山习静,不再轻易晤人。剃度之期,或在明年。"③(依《全集》注为 1917 年 3 月,似为 1918 年较妥,因所述与上函之事相接)

大师函示刘质平,世寿不永,出家乃"赶紧修行、入山习静"。

(三) 元旦理会除夕事,不为早

大师出家那年(1918 年,三十九岁)除夕《为杨白民书座右铭跋》(即《手书古德训言赠杨白民题记》):

> 古人以除夕当死日。盖一岁尽处,犹一生尽处。昔黄檗禅师云:预先若不打彻,腊月三十日到来,管取你手忙脚乱。然则正月初一便理会除夕事不为早,初识人事时便理会死日事不为早。那堪荏荏苒苒、悠悠扬扬,

① 林子青:《弘一大师新谱》,(台北)东大图书股份有限公司 1993 年版,第 138 页。
②《弘一大师全集》第 8 册,福建人民出版社 1992 年版,第 96 页。
③《弘一大师全集》第 8 册,福建人民出版社 1992 年版,第 94 页。

不觉少而壮、壮而老、老而死？况更有不及壮且老者，岂不重可哀哉？故须将除夕无常，时时警惕。自誓自要，不可依旧蹉跎去也。……①

大师在《晚晴集》选有黄檗禅师法语："我且问你，忽然临命终时，你将何抵挡生死？须是闲时办得下，忙时得用，多少省力。休待临渴掘井，做手脚不迭。前路茫茫，胡钻乱撞。苦哉！苦哉！"②

大师才出家，即与好友杨白民以生死共勉。初识人事时便理会死日事，不为早。忽然临命终时，要能抵挡生死！

（四）小病从医，大病从死

此为大师庆福寺"遗嘱"所言。

林子青《弘一大师新谱》1922 年记载："师患痢疾，疑或不起，嘱命终将其缠裹送投江心，结水族缘，不久幸即霍然，其解脱有如此。"③

林子青引因弘《恩师弘一音公驻锡永嘉行略》："是（民国十一年），师患痢疾，寂老存问。师曰：小病从医，大病从死。今是大病，从他死好。惟求师尊，俟吾临终时，将房门扃锁，请数师助念佛号，气断逾六时后，即以所卧被褥缠裹，送投江心，结水族缘。闻者涕下，幸即霍然。"④

此年大师四十三岁，遇大病，已决定助念，从他死好！

（五）人生之最后，及早预备

大师于 1932 年 12 月，为厦门妙释寺念佛会演讲，题为《人生之最后》，后将讲稿治定流布。感动之力，不可思议。

大师分七章讲述，即一、绪言，二、病重时，三、临终时，四、命终后一日，五、荐亡等事，六、劝请发起临终助念会，七、结诰。

于第二章"病重时"，大师特别教示：

---

① 《弘一大师全集》第 7 册，福建人民出版社 1991 年版，第 437 页。林子青：《弘一大师新谱》，（台北）东大图书股份有限公司 1993 年版，第 160 页。
② 《弘一大师全集》第 4 册，福建人民出版社 1992 年版，第 2089 页。
③ 林子青：《弘一大师新谱》，（台北）东大图书股份有限公司 1993 年版，第 192 页。
④ 林子青：《弘一大师新谱》，（台北）东大图书股份有限公司 1993 年版，第 198 页。

1. 放下念佛，求生西方

大师之意，病重时，若能万缘放下，专意念佛，一心求生西方：（1）如寿已尽，决定往生。（2）如寿未尽，因至诚心能灭宿世恶业，虽求往生而病反速愈。

又，大师云，病重时，倘不能放下一切专意念佛：（1）如寿已尽，因专求病愈，不求往生，无由往生。（2）如寿未尽，因一心希病愈，妄生忧怖，不但不能速愈，反增病苦。

大师认为，病未重时，亦可服药，但仍须精进念佛，勿作服药愈病之想。病既重时，可以不服药也。

大师以昔卧病石室，有劝延医服药者，说偈谢云："阿弥陀佛，无上医王，舍此不求，是谓痴狂。一句弥陀，阿伽陀药，舍此不服，是谓大错。"表明平日既信净土法门，谆谆为人讲说，绝不自己患病，反舍此而求医药。

求无上医王阿弥陀佛，服阿伽陀药一句弥陀，可以"无有众苦，但受诸乐"，舍此不求不服，诚可谓痴狂大错矣！

2. 知识说法，赞叹善业

大师开示，若病重时，神识犹清，应请善知识为之说法，尽力安慰。举病者今生所修善业，一一详言而赞叹之，令病者心生欢喜，无有疑虑。自知命终之后，承斯善业，决定生西。

这在道宣律祖《行事钞》及灵芝律师《资持记》中《瞻病送终篇》[1]有恺切申述。

道宣律祖教示："说法劝善者。十诵，应随时到病者所，为说深法。是道非道，发其智慧。先所习学，或阿练若、诵经、持律、法师、阿毗昙、佐助众事，随其解行而赞叹之。"

灵芝律师解释，大意云：到病者所，为说深法，即说佛法。是道谓出世法，非道即世间法。启发病者智慧，依先习学，随其为诵经人、持律人等之解，而予以赞叹。

至于赞叹善业，道宣律祖教示："传云，中国临终者，不问道俗亲缘，在边看守，及其根识未坏，便为唱读一生已来所修善行。意令病者内心欢喜，不忧前途，便得正念不乱，故生好处。"

---

[1] 道宣律祖撰、元照律师疏：《行事钞资持记》卷四十，天津刻经处会本，第9—14页。

灵芝律师解释,大意云:令唱读者,准此,生前所修一切功德,并须记录。凡为看病,常在左右,策其心行,恒令念善。以舍报趣生,唯在临终心念善恶。

大师所言,请善知识说法,及赞叹一生善业,自古以来祖师大德亦皆慈悲垂示。极利病者,吾人当确实大力提倡之。

于第七章"结诰"中,大师开示吾人:

> 残年将尽,不久即是腊月三十日,为一年最后。若未将钱财预备稳妥,则债主纷来,如何抵挡?吾人临命终时,乃是一生之腊月三十日,为人生最后。若未将往生资粮预备稳妥,必致手忙脚乱呼爷叫娘,多生恶业一齐现前,如何摆脱?临终虽恃他人助念,诸事如法,但自己亦须平日修持,乃可临终自在。奉劝诸仁者,总要及早预备才好。[①]

大师五十三岁时,对"人生之最后",已高瞻远瞩,呕心沥血,教导奉劝吾人,及早预备往生资粮!慈悲喜舍之至,是为行菩萨道!

(六) 九死一生,万缘放下

大师最大一次重病,为 1935 年草庵重病。参见传贯法师《随侍一师日记》所述:

> 民国乙亥(1935 年),师年五十又六,十月半,贯随侍在泉承天寺讲"律学要略"。不久染疾。腊月,来城南草庵休养。
>
> 当大病中,曾付遗嘱一纸予贯云:"命终前,请在布帐外助念佛号,但亦不必常常念。命终后,勿动身体。锁门历八小时。八小时后,万不可擦身体及洗面。即以随身所著之衣,外裹破夹被,卷好,送往楼后之山凹中。历三日,有虎食则善,否则三日后即就地焚化。(焚化后再通知他位,万不可早通知。)余之命终前后,诸事极为简单,必须依行;否则是逆子也。演音启。"
>
> 至翌年春,蒙龙天加被,道体渐康。[②]

① 蔡念生编:《弘一大师法集》第 3 册,(台北)新文丰出版股份有限公司 1976 年版,第 1592 页。
② 《弘一大师全集》第 10 册,福建人民出版社 1993 年版,第 51—52 页。

大师草庵重病,付遗嘱予传贯法师,交代助念及命终后之事,竟至"外裹破夹被,送往楼后山凹,虎食则善"之地步。与"舍身喂虎"皆为难行能行之大布施。所幸龙天加被,道体渐康。

又依《弘一大师新谱》记载:"在草庵时,患臂疮甚剧,旋扶病至厦门就医。师自云此次大病,为生平所未经历。对于病因、病情发展与险恶及医疗经过,于致夏丏尊、念西、丰德、刘质平书及蔡吉堂、吴丹明之《弘一法师在厦门》等有详细记述。"①

参照 1936 年 2 月,致念西、丰德函:

> 承诵华严法典,感谢无尽。此次大病,实由宿业所致。……
>
> 二症,若有一种,即可丧失性命,何况并发,又何况兼发大热,神智昏迷?故其中数日已有危险之状。
>
> 朽人亦放下一切,专意求生西方。乃于是时,忽有友人等发心为朽人诵经忏悔,至诚礼诵,昼夜精勤。……以极诚恳之心,诵经数日,遂得大大之灵感。竟能起死回生,化险为夷。②

大师如此"随缘消旧业",则业障可忏除。如此"万缘放下,一心念佛",若世寿已尽,决定往生;因世寿未尽,则可速愈。

(七) 虽存如殁,念佛待死

大师书简中,有提及以"虽存如殁",或"念佛待死",答询问近况者,乃闭关用功,谢绝缘务。如:

1. **致弘伞法师"虽存如殁"函**

> 音近来备受痛苦,而道念亦因之增进。佛称八苦为八师,诚确论也。不久拟闭关用功,谢绝一切缘务。以后如有缁素诸友询问音之近况者,乞以"虽存如殁"四字答之,不再通信及晤面矣。音近数年来颇致

① 林子青:《弘一大师新谱》,(台北)东大图书股份有限公司 1993 年版,第 351 页。
② 林子青:《弘一大师新谱》,(台北)东大图书股份有限公司 1993 年版,第 354 页。

力于《华严疏钞》，此书法法具足，如一部《佛学大辞典》。若能精研此书，于各宗奥义皆能通达。①

陈星考证此信，非"1931年四月廿八日，上虞法界寺"，应为"1927年四月廿八日，杭州常寂光寺"。②

大师时年四十八岁，已"虽存如殁"！

2. 致夏丏尊"虽存如殁"函

余自念此种逆恼之境，为生平所未经历者。定是宿世恶业所感，有此苦报。故余虽身心备受诸苦，而道念颇有增进。佛说八苦为八师，洵精确之定论也。余自经种种摧折，于世间诸事绝少兴味。不久即正式闭关，不再与世人往来矣。以后通信，唯有仁者及子恺、质平等。其他如厦门、杭州等处，皆致函诀别，尽此形寿不再晤面及通信等。以后他人如向仁者或子恺询问余之踪迹者，乞以"虽存如殁"四字答之，并告以万勿访问及通信等。……现在诸事皆已结束，惟有徐蔚如编校《华严疏钞》，属余参订，须随时通信。……余现在无大病，惟身心衰弱。又手颤、眼花、神昏、臂痛不易举，凡此皆衰老之相耳。甚愿早生西方。③

此为1930年旧四月廿八日，于温州庆福寺。时年五十一岁，亦"虽存如殁"！

3. 致李芳远"闭门思过，念佛待死"函

大师1941年旧十二月，于泉州开元寺，致李芳远函："朽人此次居泉两旬，日堕于名闻利养陷阱中，至用惭惶。明午即归卧莆林，闭门静修。"④

1942年元宵于泉州百源寺，致芳远函："此次朽人至泉城，虽不免名闻利养之嫌，但较三四年前则稍轻减。此次至泉，未演讲，未赴斋会。仅有请

① 《弘一大师全集》第8册，福建人民出版社1992年版，第283页。
② 陈星：《弘一大师在浙江》，(北京)方志出版社2005年版，第122页。
③ 《弘一大师全集》第8册，福建人民出版社1992年版，第125页。
④ 《弘一大师全集》第8册，福建人民出版社1992年版，第242页。

便饭者三处，往之。惟以见客、写字为繁忙耳。夫见客、写字，虽是弘扬佛法，但在朽人，则道德学问皆无所成就，殊觉惶惭不安。自今以后，拟退而修德，谢绝诸务。……以后倘有他人询问朽人近状者，乞以'闭门思过，念佛待死'八字答之可耳。"①

此为圆寂之年，始终还是拟退而修德，谢绝俗务，以"闭门思过，念佛待死"！

（八）撒手便行，去去就来

大师 1940 年旧三月十八日，于永春普济寺，致李圆净函："朽人近年已来，精力衰颓，时有小疾。编辑之事，仅可量力渐次为之。若欲圆满成就其业，必须早生极乐，见佛证果，回入娑婆，乃能为也。古德云：'去去就来'，回入娑婆，指顾间事耳。……"②

古德云："去去就来"，省庵大师云"我去即来"，便是一例。

省庵大师为满菩提愿，领导四众弟子力修净业。现身成就念佛三昧。雍正十二年四月十二日，告大众："吾十日前，见西方三圣降临虚空，今再见矣，吾其生净土乎！"侍者请求书偈，大师书云："身在华中佛现前，佛光来照紫金莲。心随诸佛往生去，无去来中事宛然。"十四日，向西闭目跌坐。弟子涕泣，请师住世。师开眼云："我去即来。生死事大，各自净心念佛。"合掌称佛名，自在往生。③

弘一大师该函续云："吾人修净土宗者，以往生极乐为第一目标。其现在所有讲经撰述等种种弘法之事，皆其次。时节到来，撒手便行。决不以弘法事业未毕，而生丝毫贪恋顾惜之心。……经云：'人命在呼吸间'，固不能逆料未来之事也。……"

省庵大师与弘一大师，皆成就念佛三昧，求早生极乐，见佛证果，去去就来，回入娑婆，广度众生。为我们净土行人树立极佳典范。

---

① 《弘一大师全集》第 8 册，福建人民出版社 1992 年版，第 242 页。
② 《弘一大师全集》第 8 册，福建人民出版社 1992 年版，第 203 页。
③ CBETA, X62, no. 1179, p. 259, b23-c7 // Z 2:14, p. 321, c13-d3 // R109, p. 642, a13-b3.

(九)"悲欣交集"遗嘱

大师于 1942 年农历九月初四日下午八时圆寂。

叶青眼居士在《千江印月集》中叙述:"公之盛德庄严,见之于临终之际。……廿八日叫莲师到卧室写遗嘱。廿九日嘱临终助念等事。三十日整天不开口,独自默念佛号。九月初一日上午,师为黄福海居士写纪念册二本;下午写'悲欣交集'四字交莲师。初二日命莲师写回向偈。初三日因莲师再请吃药,示不如念佛利益,及乘愿再来度生等嘱。初四日因王拯邦居士恳吃药及进牛乳,说十诵戒文等。是晚七时四十五分钟,呼吸少促。八时正,遂吉祥西逝。……"①

叶青眼《千江印月集》中详细叙述:

> 遗嘱三纸:二付莲师,一付温陵养老院董事会。……
>
> 付莲师遗嘱如下。
>
> 廿八日下午五时嘱云:"余于未命终前,临命终时,既命终后,皆托妙莲师一人负责。他人无论何人,皆不得干预。"又叮嘱谢绝一切吊问。
>
> 廿九日下午时付嘱计五事:"(一)在已停止说话,及呼吸短促,或神志昏迷时,即须预备助念应须之物。(二)当助念之时,须先附耳通知云:我来助念,然后助念。如未吉祥卧者,待改正吉祥卧后,再行助念。助念时诵《普贤行愿品》赞,乃至'所有十方世界中'等正文,末后再念'南无阿弥陀佛'十声,不挝木鱼,大声缓念。再唱'回向偈',愿生西方净土中,乃至'普利一切诸含识'。当在此诵经之际,若见予眼中流泪,此乃'悲欣交集'所感,非是他故,不可误会。(三)察窗门有未关妥者,关妥锁起。(四)入龛时,如天气热者,待半日后即装龛,凉则可待二三日装龛。不必穿好衣服,只穿旧短裤,以遮下根即已。龛用养老院的,送承天寺焚化。(五)待七日后再封龛门,然后举火。遗骸分为两坛,一送承天寺普同塔,一送开元寺普同塔。另在装入龛以前,不须移动,仍随旧安卧床上。如已装入龛,即须移承天寺。去时将常用之小碗四个带去,垫龛四脚,盛满以水,以免蚂蚁嗅味走上,致焚化时损害蚂蚁生

---

① 蔡念生编:《弘一大师法集》第 6 册,(台北)新文丰出版股份有限公司 1976 年版,第 2885 页。

命,应须谨慎。再则已送化身窑后,汝须逐日将垫龛脚小碗之水加满,为恐水干去又引起蚂蚁嗅味上来故。"……①

大师临终遗嘱,连诵经之际,眼中流泪,乃"悲欣交集"所感,都交待得清清楚楚。

妙莲法师彻底依教奉行,四众弟子亦尽力如法护持。于是,"悲欣交集"典范永垂!

(十)"华枝春满,天心月圆"遗偈

大师 1942 年旧九月,于温陵养老院,致夏丏尊函:

> 丏尊居士文席:
>
> 朽人已于九月初四日迁化。曾赋二偈,附录于后:
>
> 君子之交,其淡如水。执象而求,咫尺千里。
>
> 问余何适,廓尔亡言。华枝春满,天心月圆。
>
> 谨达,不宣。
>
> 前所记月日,系依农历。又白。音启②

此"遗偈"与致刘质平同。二偈辞世,不可思议!

夏丏尊在《弘一大师的遗书》述及,附件有一开元寺性常法师的信,说弘一老人已于九月初四日下午八时生西,遗书是由他代寄的。夏丏尊文中记载:

> 这封遗书似乎是卧病以前早写好在那里的,笔势挺拔,偈语隽美,印章打得位置适当,一切决不像病中所能做到。……
>
> 师的要在逝世时写遗书给我,是十多年前早有成约的。当白马湖山房落成之初,他独自住在其中,一切由我招呼。有一天我和他戏谈,

---

① 蔡念生编:《弘一大师法集》第 6 册,(台北)新文丰出版股份有限公司 1976 年版,第 2887 页。

② 《弘一大师全集》第 8 册,福建人民出版社 1992 年版,第 141 页。

问他说:"万一你有不讳,临终咧,入龛咧,荼毗咧,我是全外行,怎么办?"他笑说:"我已写好了一封遗书在这里,到必要时会交给你。如果你在别地,我会嘱你家里发电报叫你回来,你看了遗书,一切照办就是了。"……

同是遗书,我未曾得到那封,却得到了这样的一封。足见万事全是个缘。……

本文方写好,友人某君以三十年二月澳门《觉音》社所出《弘一法师六十纪念专刊》见示,在李芳远先生所作《送别晚晴老人》一文中,有这样一段:去秋赠余偈云:"问余何适,廓尔亡言,华枝春满,天心月圆",下署晚晴老人遗偈。

如此,则遗书中第二偈,是师早已撰就,豫备用以作谢世之辞的了。①

遗偈,从《送别晚晴老人》一文推算,则早在往生前三年(1939 年秋,六十岁),即已撰就,作为辞世之偈。②

若据李芳远《普济寺访弘一大师》:"芳远入山,师赋偈见赠曰:'问余何适,廓尔亡言,华枝春满,天心月圆。'……跋云:'芳远童子渊察。己卯残暑,一音。时年六十,居蓬峰。'"③则大师在 1939 年,六十岁夏天,即已撰就辞世之偈。

念佛待死,求生净土。"华枝春满,天心月圆",典范永垂!

四、吾人当学"念佛待死"求生净土

去年和今年,我已收到阿弥陀佛三封家书。

当看到"病危通知单"时,如何面对生死? 当要作"最坏的打算"时,如何面对生死?

---

① 《弘一大师全集》第 10 册,福建人民出版社 1993 年版,第 96 页。
② 《弘一大师全集》第 10 册,福建人民出版社 1993 年版,第 48 页。
③ 林子青:《弘一大师新谱》,(台北)东大图书股份有限公司 1993 年版,第 412 页。

不禁自忖："死亡,我准备好了吗?"回乡之日,终要到来!"我在等死",还是"死在等我"?

想想,只有依历代祖师大德、弘一大师、家师之教示,认真学习"念佛待死"求生净土,才能生死自在。

(一) 学习祖师大德

学习善导大师"无常到来,但念弥陀";净土圣贤"身在娑婆,神栖净土","信愿精进,莲花向荣";蕅益大师"常想死时,道念自生"……

1. 无常到来,但念弥陀

《佛祖统纪》善导大师劝偈曰:"渐渐鸡皮鹤发,看看行步龙钟。假饶金玉满堂,岂免衰残老病? 任是千般快乐,无常终是到来。唯有径路修行,但念阿弥陀佛!"[①]

2. 称念佛号,西方标名

依《净土圣贤录》:"此间修净业者,莲华台上,皆已标名。"[②]及《三时系念仪范》:"才称宝号,已投种于莲胎。一发菩提,即标名于金地。有缘斯遇,自悟自修! 浅信不持,大愚大错。"[③]

故知,念佛之人,身在娑婆,已神栖净土。

又据《龙舒增广净土文》:"夫人云,西方可到否? 姜云,可到,但从妾行。夫人随之,见池塘广大,红白莲华大小相间,或荣或悴种种不同。夫人问云,何以如此? 姜云,此皆世间发念修西方人也。才发一念,池内便生莲华一朵。若愿心精进,则华日日敷荣,以至大如车轮;若愿心退转,则华日日萎悴,以至殒灭。"[④]

足见,念佛之人,在西方都有一朵莲花,写着我们的名字。信愿精进,莲花欣欣向荣;退转懈怠,莲花枯萎殒灭。

3. 常想死时,则道念自生

《寒笳集》选有蕅益大师法语:"常想病时,则尘心渐灭;常想死时,则道

① CBETA, T49, no. 2035, p. 263, b11-14.
② CBETA, X78, no. 1549, p. 249, c13-14 // Z 2B: 8, p. 127, c15-16 // R135, p. 254, a15-16.
③ CBETA, X74, no. 1465, p. 71, b21-23 // Z 2B: 1, p. 71, b7-9 // R128, p. 141, b7-9.
④ CBETA, T47, no. 1970, p. 269, a22-28.

念自生。"①

(二) 学习弘一大师

参照《人生之最后》及早准备。

1. 放下念佛，求生西方

大师说偈以身作则："阿弥陀佛，无上医王，舍此不求，是谓痴狂。一句弥陀，阿伽陀药，舍此不服，是谓大错。"

我们当依教奉行，求无上医王，服阿伽陀药！

2. 知识说法，赞叹善业

大师开示，应请善知识说法，尽力安慰。举病者今生所修善业，一一详言而赞叹之，令病者心生欢喜，无有疑虑。自知命终之后，承斯善业，决定生西。

我住院时，请求照顾及探慰法师说法，心开意解，法喜充满。当他们教我发愿代众生受苦时，我想到弘一大师"愿尽未来，普代法界一切众生，备受大苦。誓舍身命，弘护南山四分律教，久住神州"。流下惭愧忏悔的热泪来……

我已将一生善事，列了十项，放在书桌抽屉上方。到时请他们念给我听，我会欢喜含笑，一心念佛，必蒙佛接引，决定往生。

国人谦虚，每言"乏善可陈"。善事非为平日炫耀，在临终心生欢喜，承斯善业，提起正念，随佛往生。大家都要认真写下，回向西方。

3. 预立遗嘱，不作急救

预立遗嘱，非常重要。大师一生中重要遗嘱与临终遗嘱，如庆福寺"遗嘱"、致刘质平"遗嘱"、草庵"遗嘱"、温陵养老院"遗嘱""遗偈"，都是随缘，随时随地准备往生之示范。

愿与诸善知识共勉，学习大师之早做准备，以期生死自在，决定往生。

我的遗嘱已经写好，也签了 DNR（预立安宁缓和医疗暨维生医疗抉择意愿书），健保 IC 卡已注记，并贴上标签。到时不作急救，直接助念求生西方。

---

① 蔡念生编：《弘一大师法集》第 4 册，（台北）新文丰出版股份有限公司 1976 年版，第 2126 页。

(三) 学习家师智谕法师

因为每天都会恭读一篇《佛七讲话》,对家师谆谆教诲之"念佛待时",感念于心,不敢或忘。

1. 念佛待时,生死心切

《佛七讲话》:

所谓切愿,就是至诚恳切发愿要生极乐世界,要见阿弥陀佛。要知道,我们往生与否,是看你信愿之有无。有信有愿者往生,无信无愿者不得。至于生到西方莲品的高下,要看你念佛的多少了。……

什么是正念呢?正念就是佛念。我们要始终保持念阿弥陀佛之念,这便是正念。所谓"以待时",是等待命终之时,也就是佛说十念法门中的念死法门。

或许大家听说这个"死"字,感觉不吉祥。其实"死"是最吉祥的。为什么呢?因为我们所说的死,就是往生极乐,证入涅槃,成就佛道,获得无生,直入无为,获得法身。这不是最吉祥的事吗?所以大家念佛,一定要生死心切,真为了生死念阿弥陀佛。所以印光大师把"死"字贴在自己的床头上,就是怕生死心不切呀!……

所以我们念佛,要体念无常,生死心切。时时刻刻想到无常迅速,深怕除恶不尽,拖累自己受恶报,不得往生。深恐积德不力,不足为往生的资粮。我们要念死心切,力行除恶修善,发愿往生。

只要切愿正念,不管无常何时到来,我们随时可得往生,随时可获解脱。这便是切愿正念以待时的真义。①

2. 忍苦待时,莫失正念

《佛七讲话》:

我们念佛,打佛七,有人天天用功念佛,为的什么?就是为了最后那一刹那,能够把握住,突破那一关,你就得解脱了。有一句话:"养兵

---

① 智谕老和尚著作集,ZY36, no. 47, p. 199, 10 - p. 201, 1.

千日,用在一时。"天天念佛下功夫,就是等待那一刹那。大家记住,任何人都要有那一刹那来的时候。如果你那一刹那来了,要记住忍苦、念佛、以待时。这是很重要的。如果那一刹那你把握不住,生死轮回不知何时罢休! 希望大家珍重! 珍重! 切实珍重![①]

(四)学习家师兄惠敏法师

惠敏和尚在佛七开示中,探讨"净土法门与临终关怀"[②],融会古今,嘉惠后学。开示曰:

> 近几年来,受到国际安宁疗护的影响,国内对此逐渐重视。
>
> 尤其医学界意识到,过去只一味注重延长生命,是不够的。癌末病患重要的是如何学习面临死亡? 如何找出生命的意义? 提升生命的质量? 所以,如何面临死亡,了解死亡过程,成为全人类重要的课题。
>
> 教育界也开始注意,过去对死亡教育的忽视。所以,死亡教育、生死学,以及安宁疗护或临终关怀,成为大家重视的课题。
>
> 因此,中国佛教的极乐净土法门在中国流传了一千五百多年,无以数计的信众念佛发愿往生极乐世界,于梦中、念佛三昧中或临命终时,见阿弥陀佛、佛光或莲花来接引,这些教导或感应经验,可供临终关怀、安宁疗护及濒死经验之研究参考。于是人们又重新注意净土法门、西方极乐世界的意义,希望了解在濒死过程中,所见到的种种现象,以及净土法门所描述的"见阿弥陀佛"、"见佛光、莲花"或"极乐净土"是什么意义? 所以,净土法门可以配合社会需求的新契机。

五、结论

这题目,本来准备在 2012 年弘一大师圆寂七十周年时写,当时要用演讲题,我便换了题目。留着这次写,可是遇到 135 周年诞辰。诞辰写"念佛待

---

① 智谕老和尚著作集,ZY36,no. 47,p. 199,9 - p. 201,1。
② 释惠敏:《莲风小语》,(台北)西莲净苑出版社 1999 年版,第 51—53 页。

死",却也符合大师之"初识人事时便理会死日事,不为早。"

(一)善导大师教诲"欲生净土,不得怕死",元照律师示现"生宏律范,死归赡养",莲池大师撰述"为古今冠,西方愿文",蕅益大师强调"得生与否,信愿有无",印光大师勉励"不忘死字,道业自成",弘一大师实践"念佛待死,愿行具足",都为我们立下追随典范。

(二)常听家师耳提面命:不要说"我没有时间念佛",阿弥陀佛,就是时间(无量寿);阿弥陀佛,就是空间(无量光)。大家要多念阿弥陀佛,这是一服好汤药。吃了,才能救命。念佛是我们的生命,和我们的生活分不开。[1]

(三)《观经》上品上生:"生彼国时,此人精进勇猛故,阿弥陀如来与观世音及大势至、无数化佛、百千比丘、声闻大众、无量诸天,七宝宫殿。观世音菩萨执金刚台,与大势至菩萨至行者前;阿弥陀佛放大光明,照行者身,与诸菩萨授手迎接。观世音、大势至与无数菩萨,赞叹行者,劝进其心。行者见已,欢喜踊跃。自见其身乘金刚台,随从佛后,如弹指顷,往生彼国。"[2]

每天养息时,当作念佛生西。如此情境,我都欢喜演练一遍。

(四)弘一大师到湛山寺讲律,将行时,大众又请他作最后开示,他说:现在我给诸位说句最恳切最能了生死的话——就是一句南无阿弥陀佛![3]

(五)阿弥陀佛"现在说法";假如"现在往生",我们是否愿意?若愿往生,须要"现在念佛"!

这题目,是作的,不止写的、讲的。这两年,生病的时间多,除了随缘就医,只有悲切念阿弥陀佛!

【作者简介】

释慧观,1951年生,西莲净苑法师,负责编辑、书记、僧教等工作,台北弘一大师纪念学会常务理事。

---

[1] 智谕老和尚著作集,ZY41,no.49,p.67,5-8.
[2] CBETA,T12,no.365,p.344,c17-25.
[3] 蔡念生编:《弘一大师法集》第6册,(台北)新文丰出版股份有限公司1976年版,第2691页。

Master Hongyi's Vow and Action of the Pure Land Practice as Manifested in His "Repetition of the Buddha's Name While Awaiting Death"

Ven. Huiguan

Summary

Master Hongyi practiced "repetition of the Buddha's name while awaiting death", and aspired to enter the Pure Land. Such an exemplar is not alone in history. We would follow these great masters and benefit later generations.

I. Great Patriarchs in This Practice

1. Master Shandao advised that in aspiring to enter the Pure Land one should not be afraid of death.

2. Vinaya Scholar Yuanzhao transmitted the Vinaya tradition when alive and returned to the Pure Land after death.

3. Master Lianchi's *Prayer for the Western Pure Land* is a masterpiece in both ancient and modern times.

4. Master Ouyi claimed that whether to be born or not depends on faith and vow.

5. Master Yinguang exhorts aspirants to always remember the word *death*.

II. Master Hongyi's Practice

1. At age 37, he was ready to welcome death.

2. At age 39, he "took the monastic life and retreated for serenity".

3. Encouraged himself and Yang Baimin to arrange the affairs of death at young age.

4. At age 43, encountered a serious sickness and anticipated death.

5. At age 53, he gave a speech on *the Last Moment in Life* and was already prepared for birth to the Pure Land.

6. At age 56, survived a terrible sickness at Cao-an and learned to let go of everything.

7. Answered "as if dead though alive" and "in repetition of the Buddha's name while awaiting death" when asked about his current state.

8. At age 61, he wrote to Li Yuanjing that he was ready to go and would come back soon.

9. "Being compassionate and blissful at the same time", says his will.

10. His will reads "Bountiful blossoms in springtime; full moon in the sky."

III. We should all "repeat the Buddha's name while awaiting death"

Great ancient patriarchs as well as Master Hongyi have established the model of "repeating the Buddha's name in awaiting death, and being well prepared with vow and action". My tonsuring master also admonished his disciples to repeat the Buddha's name for life, regarding this as part of living.

English Translation by Jiang Zhenhui

弘一大师"护生"慈光古今不昧

释慧明

一、序论

五戒、八戒、十戒(沙弥、沙弥尼戒)戒相,第一条为"不杀生戒"。

具足戒(比丘、比丘尼戒)戒相,第三条为"杀戒"。

菩萨戒戒相,依《梵网》戒本,十重第一条为"杀戒",四十八轻第三条为"食肉戒",第十条为"畜杀众生具戒",第二十条为"不行放救戒"。

可见声闻戒与菩萨戒(大小乘戒),都极为注重"戒杀放生"。

弘一大师持戒精严,三业清净。提倡"戒杀护生",正是发扬"无缘大慈,同体大悲"之菩萨精神。此精神还"竖穷三际,横遍十方"!

二、弘一大师"护生"慈光

大师最卓然的贡献,是与丰子恺创作《护生画集》,且将护生彻底实践。

(一)《护生画集》(第一集)

弘一大师1928年,于温州庆福寺,致丰子恺、李圆净十余函,指导《护生画集》事宜,在作画、配诗、编辑、装订等各方面,煞费苦心,不遗余力。

1. 题名护生

陈星《功德圆满——护生画集创作史话》提及:早在1927丰子恺就在作护生画了。这一年秋,弘一法师云游至上海,居江湾丰子恺家,朝夕相处,一起商量决定合作《护生画集》,是很自然的事。①

大师 1928 年 4 月 19 日,致子恺函:"李居士乞代致候。前答彼一信片,想已收到。《戒杀》画文字甚愿书写。"②6 月 19 日,致圆净函:"书悉。题名为《护生画集》,甚善。但其下宜增三小字,即'附文字'三字。……此封面,请子恺画好,由朽人题此书名。至若题辞,乞湛翁为之,诗文皆可。但付印须在年内,湛翁能题就否? 不可得而知也。……此书题辞,如至九、十月间仍未交来者,则改为由朽人撰写。但衰病不能构思,仅能勉题数语耳。"③八月初三日,致圆净函:"《戒杀画集》出版之后,凡老辈旧派之人,皆可不送或少送为宜。因彼等未具新美术之知识,必嫌此画法不工,眉目未具,不成人形。又对于朽人之书法,亦斥其草率,不合殿试册之体格。(此书赠与新学家,最为逗机。如青年学生,犹为合宜。至寻常之寺院,及守旧之僧俗,皆宜斟酌送之。)……"④

参照朱显因《众缘和合〈护生画集〉》叙述:世界佛教居士林施印的《广长舌》第十二集,刊登印光大师致家庭莲社的信,说:"凡皈依佛法之人,无论男女,必须敦伦尽分,闲邪存诚;诸恶莫作,众善奉行;戒杀护生,爱惜物命;信愿念佛,求生西方。"李圆净向弘一大师建议将《戒杀画集》改名《护生画集》,应是受到"戒杀护生"的启发。⑤

2. 新颖美观

旧八月十四日,致子恺函:

> 护生画,拟请李居士(因李居士所见应与朽人同)等选择。俟一切决定后,再寄来由朽人书写文字。……
>
> 画集虽应用中国纸印,但表纸仍不妨用西洋风之图案画,以二色或三色印之。至于用线穿订,拟用日本式。……朽人之意,以为此书须多注重于未信佛法之新学家一方面,推广赠送。故表纸与装订,须

---

① 陈星:《功德圆满——护生画集创作史话》,(台北)业强出版社 1994 年版,第 38—39 页。
② 《弘一大师全集》第 8 册,福建人民出版社 1992 年版,第 184 页。
③ 《弘一大师全集》第 8 册,福建人民出版社 1992 年版,第 194 页。
④ 《弘一大师全集》第 8 册,福建人民出版社 1992 年版,第 195 页。
⑤ 弘一大师·丰子恺研究中心编:《如月清凉》,(北京)中国广播电视出版社 2010 年版,第 257 页。

极新颖警目。俾阅者一见表纸,即知其为新式之艺术品,非是陈旧式之劝善图画。倘表纸与寻常佛书相似,则彼等仅见《护生画集》之签条,或作寻常之佛书同视,而不再披阅其内容矣。故表纸与装订,倘能至极新颖美观夺目,则为此书之内容增光不小,可以引起阅者满足欢喜之兴味。……

李居士属书签条,附写奉上。①

3. 慈力冥加

旧八月,致子恺函:

前叠上二函一片,想悉收到。昨今又续成白话诗四首。……

朽人已十数年未尝作诗。至于白话诗,向不能作。今勉强为之。初作时,稍觉吃力;以后即妙思泉涌,信手挥写,即可成就。其中颇有可观之作,是诚佛菩萨慈力冥加,匪可思议者矣。但念生死事大,无常迅速,俟此册画集写毕,即不再作文作诗及书写等。唯偶写佛菩萨名号及书签,以结善缘耳。

此画集中,题诗并书写,实为今生最后之纪念。而得与仁者之画,及李居士之戒杀白话文合册刊行,亦可谓殊胜之因缘矣。(但朽人作此白话诗事,乞勿与他人谈及。)②

4. 优美柔和

旧八月廿一日,致圆净与子恺函:

案此画集为通俗之艺术品,应以优美柔和之情调,令阅者生起凄凉悲悯之感想,乃可不失艺术之价值。……更就感动人心而论,则优美之作品,似较残酷之作品感人较深。因残酷之作品,仅能令人受一时猛烈之刺激。若优美之作品,则能耐人寻味,如食橄榄然。……

---

① 《弘一大师全集》第 8 册,福建人民出版社 1992 年版,第 185 页。
② 《弘一大师全集》第 8 册,福建人民出版社 1992 年版,第 185 页。

将来编二集时,拟多用优美柔和之作,及合于护生正面之意者。至残酷之作,依此次之删遗者,酌选三四幅已足,无须再多画也。……①

5. 五十祝寿

旧八月廿二日,致子恺函:

顷又作成白话诗数首,写录……〈倘使羊识字〉(因前配之古诗,不贴切,故今改作。)倘使羊识字,泪珠落如雨。口虽不能言,心中暗叫苦!……

此函写就将发,又得李居士书。彼谓画集出版后,拟赠送日本各处。朽意以为若赠送日本各处者,则此画集更须大加整顿。非再需半年以上之力,不能编纂完美。否则恐贻笑邻邦,殊未可也。但李居士急欲出版,有迫不及待之势。朽意以为如仅赠送国内之人阅览,则现在所编辑者,可以用得。若欲赠送日本各处,非再画十数叶,从新编辑不可。此事乞与李居士酌之。……全集仍旧共计二十四幅。②

大师旧八月廿三日,致圆净函:

画集装订之事,于前函及致子恺之函内,已详言之。即是:(一)用日本连史纸印,不用洋纸印。(二)用美丽之封面画及色彩调和之封面纸,不拘中西。(三)用美丽之线,结纽钉之。不用旧式书籍穿钉之式,亦不用洋装。……总之,若欲投日本人之嗜好,须用中国旧式极雅致之纸料印之。若欲投吾国新学家智识阶级之嗜好,须用日本连史纸或洋纸印之。……

画稿俟子恺改正寄来后,朽人当为补题诗句及书写。大约须费一月左右之力。……朽人近年已来,心灰意懒,殊不愿与人交际。即作文写字等事,至此画集完成后,亦即截止。以后作文诗之事,决定停止

---

① 《弘一大师全集》第8册,福建人民出版社1992年版,第196页。
② 《弘一大师全集》第8册,福建人民出版社1992年版,第186页。

（因神经衰弱）。至写字之事，惟写小幅简单之佛菩萨名号，或偶写一书签耳。①

陈星《功德圆满——护生画集创作史话》述及：丰子恺在《戒孝子和李居士》中写道："我在他（李圆净）的督促之下，果然画了许多护生画，由弘一法师题诗，出版为护生画第一集。这时弘一法师五十岁，我作五十幅，为他祝寿。"②

6. 总期完美

旧八月廿八日，致圆净函："朽人重作之诗，除有二首须俟画集新稿于他日寄到时，乃能依画着笔外，其余之诗，皆已作好。现在专俟子恺将改订增加之画稿寄来（连同全部画稿寄来），朽人即可补作诗二首，并书写全文（大约须一个月竣事）。此次关于画集之事，朽人颇煞费苦心，总期编辑完美，俾无负仁者期望之热诚耳。"③

九月初四日，致圆净函：

书写对照文字，须俟画稿寄到，乃能书写。因每页须参酌画幅之形式，而定其文字所占之地位。（或大或小、或长或方或扁，页页不同，皆须与画相称。）又每写一页时，须参观全部之绘画及文字之形式，务期前后统一调和。（不能写一页，只照管一页。）……

朽意以为此事无须太速。总期假以时日，朽人愿竭其心力为之编纂书写。俾此集可以大体完善，庶不负仁者期望之热忱耳。……

画集出版之后，若直接寄赠与各学校图书馆，似未十分稳妥。应由校中教员转交，乃为适宜也。……俟画集出版之后，每校共赠二册，一赠与此艺术教员，一乞彼转赠与彼校图书馆。④

连出书赠送，广为流通，大师都考虑周到。

---

① 《弘一大师全集》第 8 册，福建人民出版社 1992 年版，第 198 页。
② 陈星：《功德圆满——护生画集创作史话》，（台北）业强出版社 1994 年版，第 62 页。
③ 《弘一大师全集》第 8 册，福建人民出版社 1992 年版，第 199 页。
④ 《弘一大师全集》第 8 册，福建人民出版社 1992 年版，第 199 页。

7. 亲赴编辑

旧八月廿四日、旧八月廿六日、九月初四日,皆有致子恺函提及画集。旧九月十二日函:

> 续画之画稿,拟乞至明年旧历三月底为止。(因温州春寒殊甚,未能执笔书写。须俟四月天暖之后,乃能动笔。)由此时至明春三月,乞仁者随意作画,多少不拘。朽人深知此事不能限期求速就(写字作文等亦然)。若兴到落笔,乃有佳作,所谓"妙手偶得之"也。至三月底即截止,由朽人用心书写。大约五月间,可以竣事。……
>
> 今此画集之宗旨,前已与李居士陈说。第一、专为新派智识阶级之人(即高小毕业以上之程度)阅览。至他种人,只能随分获其少益。第二、专为不信佛法,不喜阅佛书之人阅览。现在戒杀放生之书出版者甚多,彼有善根者,久已能阅其书,而奉行惟谨。不必需此画集也。)近来戒杀之书虽多,但适于以上二种人之阅览者,则殊为希有。故此画集,不得不编印行世。能使阅者爱慕其画法崭新,研玩不释手,自然能于戒杀放生之事,种植善根也。[1]

参照陈星《功德圆满——护生画集创作史话》探述:如果按照最初计划,《护生画集》(二十四幅)已于1928年八月份编辑妥当。后因提出赠送日本各处,弘一大师建议重作安排,增加画幅。或许为了慎重其事,大师才于秋后亲赴上海确定一切,终于在年底编辑完毕。[2]

8. 护生护心

马一浮1928年作序云:

> 月臂法师与丰君子恺、李君圆净,并深解艺术,知画是心,因有《护生画集》之制。子恺制画,圆净撰集,而月臂为之书。三人者盖夙同誓愿,假善巧以寄其恻怛,将凭兹慈力,消彼犷心。可谓缘起无碍,以画说

---

[1] 《弘一大师全集》第8册,福建人民出版社1992年版,第188页。
[2] 陈星:《功德圆满——护生画集创作史话》,(台北)业强出版社1994年版,第41页。

法者矣。

圣人无已，靡所不已。情与无情，犹共一体，况同类之生乎！夫依正果报，悉由心作。……故知生，则知画矣；知画，则知心矣；知护心，则知护生矣。吾愿读是画者，善护其心。……月臂书来，属缀一言。遂不辞葛藤，而为之识。戊辰秋七月，蜎叟书。[①]

9. 同发菩提

弘一大师跋云："李、丰二居士发愿流布《护生画集》，盖以艺术作方便，人道主义为宗趣。每画一叶，附白话诗，选录古德者十七首，余皆贤瓶道人补题。并书二偈，而为回向：我依画意，为白话诗，意在导俗，不尚文词。普愿众生，承斯功德，同发菩提，往生乐国。"[②]

(二)《白马湖放生记》[③]

刘质平与夏丏尊、丰子恺等，募建"晚晴山房"，大师五十岁诞辰，小住山房，同月廿三日至白马湖放生。

后大师撰写《白马湖放生记》：

白马湖在越东驿亭乡……放生之事，前年间也。己巳秋晚，徐居士仲荪适谈欲买鱼介放生马湖，余为赞喜，并乞刘居士质平助之。放生既讫，质平记其梗概，余书写二纸，一赠仲荪，一与质平，以示来览焉。

时分：十八年九月廿三日五更自驿亭出行十数里到鱼市，东方未明。……

放生同行者：释弘一、夏丏尊、徐仲荪、刘质平、徐全茂及夏家老仆丁锦标同乘一舟，别一舟载鱼虾等。

放生时：晨九时一刻……岸上簇立而观者甚众，皆大欢喜叹未曾有。……

① 陈星：《功德圆满——护生画集创作史话》，(台北)业强出版社 1994 年版，第 59—60 页。
② 《弘一大师全集》第 8 册，福建人民出版社 1992 年版，第 28 页。
③ 《弘一大师全集》第 8 册，福建人民出版社 1992 年版，第 19 页。

此为 1929 年九月之事。弘一大师、夏丏尊、徐仲荪、刘质平、徐全茂及夏家老仆丁锦标等,同行放生。

(三)《放生与杀生之果报》①

大师 1933 年五月十五日,五十四岁,讲于泉州大开元寺。

今日与诸君相见。先问诸君(一)欲延寿否?(二)欲愈病否?(三)欲免难否?(四)欲得子否?(五)欲生西否?

倘愿者,今有一最简便易行之法奉告,即是放生也。

古今来,关于放生能延寿等之果报事迹甚多。今每门各举一事,为诸君言之。

一延寿……二愈病……三免难……四得子……五生西……

以上所言,且据放生之人今生所得之果报。若据究竟而言,当来决定成佛。因佛心者,大慈悲是,今能放生,即具慈悲之心,能植成佛之因也。

放生之功德如此。则杀生所应得之恶报,可想而知,无须再举。因杀生之人,现生即短命、多病、多难、无子及不得生西也。命终之后,先堕地狱、饿鬼、畜生,经无量劫,备受众苦。……

今日与诸君相见,余已述放生与杀生之果报如此苦乐不同。惟愿诸君自今以后,力行放生之事,痛改杀生之事。

余尝闻人云:泉州近来放生之法会甚多,但杀生之家犹复不少。或有一人茹素,而家中男女等仍买鸡鸭鱼虾等只活物任意杀害也。

愿诸君于此事多多注意。自己既不杀生,亦应劝一切人皆不杀生。况家中男女等,皆自己所亲爱之人,岂忍见其故造杀业,行将备受大苦,而不加以劝告阻止耶?

诸君勉旃,愿悉听受余之忠言也!

大师以延寿、愈病、免难、得子、生西,与短命、多病、多难、无子及不得生

---

① 蔡念生编:《弘一大师法集》第 4 册,(台北)新文丰出版股份有限公司 1976 年版,第 1730—1733 页。

西,恺切开示放生与杀生之果报。并强调放生,即具慈悲之心,能植成佛之因,当来决定成佛。我们应依教奉行,慈悲放生,深植成佛之因,决定成佛而广度众生。

(四)《护生画集》(第二集)

关于画集,大师在抗战中,仍给丰子恺、李圆净全力之鼓励与指导。

1. 亲自通讯

1939年旧三月廿四日,大师于泉州承天寺,致子恺函:"朽人近年来,身体虽可勉强支持,但旧病未除,新疾时增。故自去秋闭门静养,谢绝见客及普通信讯。惟有关系于《护生画集》等诸要事,乃亲自通讯耳。"[1]于闭门静养中,仍以《护生画集》为念。

《弘一大师全集》中,泉州承天寺致函,应为永春普济寺致函。因林奉若〈弘一律师与普济寺因缘〉记载:寓永春普济寺顶茅蓬五百七十二日,农历己卯年(1939)二月廿八日到,庚辰年(1940)十月初九日去,为入闽十余年来第一久住之所。[2]

1939年七月三日,大师于普济寺,致子恺函:

> 《护生画集》拟分为两部。旧辑者,余已再写题诗(一切如旧本),其画及序文依英文本影印制版,与原稿无异,近已由佛学书局印行。
>
> 此外再拟编辑一部,仁者搜集诸诗寄下,即可专写也。九月二十日前出版,恐未能。于是日,由仁者撰序一首(书名亦乞仁者酌定),开于新编之首,以为六十纪念可耳。……圆净居士已返申,将来新编付印时,倘彼仍在申,可负责助理一切。[3]

2. 六十祝寿

陈星《功德圆满——护生画集创作史话》说明,在《续护生画集》初版本

---

① 《弘一大师全集》第8册,福建人民出版社1992年版,第191页。
② 林子青:《弘一大师新谱》,(台北)东大图书股份有限公司1993年版,第411页。
③ 《弘一大师全集》第8册,福建人民出版社1992年版,第192页。

中，有丰子恺本人手书的一封致弘一大师的信，此信在目录中称为"代跋"。
没有收入新加坡和台北纯文学出版社的版本，特录存之。

丰子恺致弘一大师书：

> 弘一法师座下：今日为法师六十寿辰，弟子敬绘《续护生画集》一
> 册，计六十幅，于今日起草完竣，正在请师友批评删改。明日起用宣纸
> 正式描绘，预计九月廿六日（为弟子生日）可以付邮寄奉。敬请指教，并
> 加题词，交李居士付印。先此奉禀。
>
> 忆十余年前在江湾寓楼，得侍左右，欣逢法师寿辰，越六日为弟子
> 生日，于楼下披霞娜（piano）旁皈依佛法，多蒙开示，情景憬然在目。
>
> 十余年来，奔走衣食，德业无成。思之不胜惶悚。所幸法体康健，
> 慈光远被，使弟子在颠沛流离之中，不失其所仿仰也。敬祝无量寿。民
> 国廿八年古历九月二十日。弟子丰婴行顶礼。①

3. 代恳分撰

1939年旧九月三十日，于普济寺，致圆净函："朽人世寿周甲已过。拟
自下月中旬始，至农历明年辛巳除夕止，掩室静修。须俟壬午元旦，乃可与
仁等通信也。……《护生画》初集题句，附寄上。子恺寄画至尊处，乞勿
转寄。"②

大师提"《护生画》初集题句，附寄上。"但七月三日，大师于致子恺函，云
"已由佛学书局印行"。

旧十月，于普济寺，致子恺函：

> 前承寄承天寺三函二明信及画稿，已于今晨收到（夏居士转寄一笺
> 亦收到），欢感无尽。
>
> 朽人近来身体尚健，精神大衰，未能构思。画集题句，拟请仁者代
> 恳浙大校同人分撰。撰就，乞汇寄与夏居士转交朽人，即可书写也。

① 陈星：《功德圆满——护生画集创作史话》，（台北）业强出版社1994年版，第82页。
② 《弘一大师全集》第8册，福建人民出版社1992年版，第202页。

兹将应题句之画名列下：《中秋同乐会》《蝴蝶来仪》《远书》……，共
计三十三幅。题句，凡文、诗、词（不必全首，仅片段即佳）及新体诗、语
体文皆善，以字句简少为宜。因字数多，须写小字，制锌版未能明晰也。
撰者姓名，乞一一注出。……

今年朽人世寿六十，承绘画集，至用感谢。但人命无常，世寿有限。
朽人或不久谢世，亦未可知。仍望将来继续绘此画集（每十年绘辑一
编，至朽人百龄为止），至第六编为止。朽人若在世，可云祝寿纪念。若
去世，可云冥寿纪念（此名随俗称之甚未典雅）。或另立其他名目。总
之，能再续出四编，共为六编，流通世间，其功德利益至为普遍广大
也。……

以后惠书，乞寄与夏居士转交为祷。九月二十日所发之尊函，甚可
留为纪念。拟以此附印于画集之后，可否？乞示之。①

函中"九月二十日所发之尊函"，即《续护生画集》丰子恺之"代跋"。

4. 数月写就

旧十一月廿四日，于普济寺，致圆净函：

画稿不久可由承天寺转寄到。朽人近来身体衰弱，天气亦寒，约须
数月，乃可写就。仁等筹募之事，即可着手。此事决定进行，不可终止。

以前所印画集初编，仍旧出版。佛学书局出版之英译画集，系依原
稿所摄影制版者，极为清晰，与原稿无异。原稿虽焚毁，不足忧也。初
编中朽人题字，拟俟明年暇时再写一组寄上，以备新制版时改换，但文
句仍旧不动，以保存旧迹，并为永久之纪念也。②

冬，于普济寺，致圆净函："朽人今岁世寿六十，即拟掩室习静（暂未能通
信）。关于画集事（第二集）乞与夏居士接洽一切。现在纸张人工皆涨价，稍
迟出版无妨。但此续集将来必须出版，未可中止。朽人在世，可任书写。倘

---

① 《弘一大师全集》第 8 册，福建人民出版社 1992 年版，第 192 页。
② 《弘一大师全集》第 8 册，福建人民出版社 1992 年版，第 202 页。

生西者,乞托丰居士书写可也。(乞夏居士作序,无须再请马居士作。)"①

5. 画至六集

《全集》中,原1939年端阳(端午)后二日,于普济寺,致圆净函:

> 丰居士书一纸,九月二十日发。又一纸,阳历十一月九日发,共五纸。丰居士之前书,即作为画集续编之序文。此外再乞仁者及夏居士各撰序一首。丰居士之后书,可为仁者撰序时参考之用。以上丰居士之书,共两通(前一纸,后者五纸),已由朽人允许赠与性常法师。兹先寄至尊处,俟画集编辑既竟,丰居士之书两通不需用时,乞径寄交性常法师收受可也。又朽人之意,皆于丰居士后书中附注。乞裁酌之。
>
> 《护生画集》初集及二集,皆由仁者主编,乞皆收入《莹庵丛书》中,以为永久之纪念。
>
> 又丰居士发心画至六集为止(每十年一集)。三集之画七十幅,四集八十幅,五集九十幅,六集百幅。朽人不久即往生西方,此画集亦不终止。并乞仁者随时督促之。又丰居士于今年三月十六日寄来之信,亦述及此事,附以奉览。此信即存尊处,乞勿寄还也。②

此函或应为1940年端阳(端午)后二日。原因:

一、丰居士书一纸,九月二十日发,即作为画集续编之序文。应指"九月二十日所发之尊函",即《续护生画集》丰子恺之"代跋"。此函写于一九三九年。

二、大师1939年旧十月,于普济寺,致子恺函:"今年朽人世寿六十,承绘画集,至用感谢。但人命无常,世寿有限。朽人或不久谢世,亦未可知。仍望将来继续绘此画集(每十年绘辑一编,至朽人百龄为止),至第六编为止。"

三、"丰居士于今年三月十六日寄来之信,亦述及此事,附以奉览。"丰子恺于大师殷切交代之下,1940年三月十六日回函遵嘱。

---

① 《弘一大师全集》第8册,福建人民出版社1992年版,第202页。
② 《弘一大师全集》第8册,福建人民出版社1992年版,第201页。

故此函宜为 1940 年端阳(端午)后二日,致圆净者。

1940 年旧五月廿五日,于普济寺,致子恺函:"惠书及画集文词,皆收到,至用欢抃,文词甚佳。朽人暇时,拟随力稍为润色。〈盥漱避虫蚁〉之画,作时人装束,与《人谱》原文似未合。拟由朽人另拟撰一偈,下署学童之名。……"①

1940 年六月初五日,于普济寺,致圆净函:"自今日起,写画集题句。俟写毕,即将画集依信札例邮奉。题句,决定改为加边(与画之边相同),并题页数(外国页数)之数目字。则印刷装订时,可以齐整也。"②

6. 勉力书写

1939 年,大师仍书写《续护生画集》,跋曰:"己卯秋晚,《续护生画》绘就。余以衰病,未能为之补题。勉力书写,聊存遗念可耳。"③接《续护生画集》之后,大师仍为三至六集《护生画集》认真策画。

7. 广征画材

1941 年旧六月六日,大师于晋江福林寺,致夏丏尊、李圆净函:

以《护生画集》正、续编流布之后,颇能契合俗机。丰居士有续绘三、四、五、六编之弘愿。而朽人老病日增,未能久待。拟提前早速编辑成就,以此稿本存藏上海法宝馆中。俟诸他年络续付印可也。兹拟定办法大略如下。乞仁者广征诸居士意见,妥为核定,迅速进行,至用感祷。……

以后关于此事之通信,乞寄与性常法师转交朽人,至感。④

8. 垂念愿力

1941 年闰六月廿七日,于晋江福林寺,致夏丏尊函:

顷奉惠书,忻悉此事已承仁者尽力规画,助理一切,至用感慰。征求

---

① 《弘一大师全集》第 8 册,福建人民出版社 1992 年版,第 192 页。
② 《弘一大师全集》第 8 册,福建人民出版社 1992 年版,第 204 页。
③ 陈星:《功德圆满——护生画集创作史话》,(台北)业强出版社 1994 年版,第 77 页。
④ 《弘一大师全集》第 8 册,福建人民出版社 1992 年版,第 140 页。

期限,似宜再展缓两月,因远方邮便迟滞,恒须一二月乃可达也。……

《护生画》续编事,关系甚大。务乞仁者垂念朽人殷诚之愿力,而尽力辅助,必期其能圆满成就,感激无量。……

赠品以拙书为宜,由泉邮递,可作信件例寄。……

倘他日因画材不足,未能成就四编者,亦可先辑一二编,其余俟后络续成之。①

1942 年旧四月七日,大师于泉州温陵养老院,致夏丏尊函:"去冬沪变时,曾致明片,未审收到否? 画集数据,想尚未辑就,无足介意也。因现在诸物昂贵,亦甚难出版。泉州米价将至三百,火柴每一小盒二圆,其他可知。贫民苦矣! 朽人幸托庇佛门,食用无虑,诸事丰足,惭愧惭愧!"去冬沪变,指1941 年 12 月 8 日日本发动太平洋战争,占领上海租界之事。②

大师于九月初四日圆寂,此为圆寂前五个月之函。可见大师对《护生画集》六编,极为关注。实为"大慈大悲愍众生,大喜大舍济含识"之菩萨愿行!

丰子恺之女丰一吟《护生画集》后记写道:1979 年父亲逝世三周年之际,广洽法师来到上海致祭,带回了这六集原稿。《护生画集》一至六集全套,字画共四百五十幅,于 1979 年 10 月,由广洽法师在新加坡出版。全世界纷纷翻印,印数之多,无法计算。赵朴初老居士高度评价《护生画集》,称之为"近代佛教艺术的佳构"。③

弘一大师之慈悲嘱托,丰子恺用他的生命,从 1927 年至 1973 年,前后半个世纪,历经抗战与"文革",完成《护生画集》一至六集,五十幅至一百幅,共四百五十幅画,实践了与弘一大师"世寿所许,定当遵嘱"之"生死之约"。

(五)《福州怡山长庆寺修放生园池记》④

大师 1942 年夏六月,即往生前三个月左右撰写。

---

① 《弘一大师全集》第 8 册,福建人民出版社 1992 年版,第 140 页。
② 《弘一大师全集》第 8 册,福建人民出版社 1992 年版,第 141 页。
③ 华藏净宗学会流通:《护生画集》,(台北)灵岩山双溪小筑 2006 年 10 月印赠,第 354 页。
④ 《弘一大师全集》第 8 册,福建人民出版社 1992 年版,第 3—4 页。

闽中自唐以来，梵宇林立，禅德辈出。故放生之风，迄今犹盛。然偶兴恻隐，舍资买放，未见为难。必也栖游得所，护育得人，俾能全其生命，终彼天年，而放生本愿乃始无遗憾矣。

福州西郊怡山长庆寺，又名西禅寺。唐咸通间，懒安禅师开山。绵及于今，千有余载，为闽省一大丛林。寺中旧有放生所，废圮殊甚。

十六年岁次丁卯，罗铿端、陈士牧居士游怡山，见而感谓，乃倡议募资，重为修建。逮己巳春，渐次兴修。

园在大雄殿西，计两进。先将首进牛马猪栏，加以修整……次修建鹅鸭房三楹，并凿小池……甲戌春，又辟溪边墙外空地，建念佛堂，上下四间，下为堂主僧寮，上供西方三圣，住数僧，每日诵经念佛，俾彼物类，恒聆梵音，渐消业障。乙亥年夏，复于寺西近后山边，围以巨墙，约四十丈，建立收养野犬所。至是放生园工程略备矣。

放生池旧有二所，一较小者，在明远阁前，今以专收鳝鳖之属。其一大池，在山门内，方百丈。昔租与农民畜鱼牟利。及十七年戊辰，智水方丈舍衣钵资赎回。唯已畜池中之鱼，尚待募款筹赎。时本山护法陈承裘居士女宝瑛，梦偕其女佣至一寺前池畔，见有多人网捕……旋闻怡山有募款赎鱼之事，适与梦境符合。因发心独舍巨资，向农民购赎全池之鱼，永禁网捕。……竹篱破损，不堪修葺。……协力筹募，改建砖墙。……因是砖墙介于两池，堤岸甚狭，须由池底立桩，垒石为基，乃可建筑。工未及半，复以时事变乱，物价工资超于预算逾倍，几至束手无策。幸各方善信深明此举为挽回劫运枢机，乃共勉力施舍巨资，卒告成焉。并于池之中央，造七如来塔一座，永昭供养，利益群生。又建第一山门于池左，复沿池岸筑甬道，直达旧山门，而壮观瞻。放生池工程于斯圆满成就矣。

计园池修建前后历十余年，费资万余金。罗铿端、陈士牧居士始终董其务。近述修建经过事迹，请撰碑记，垂示来叶。爰依其草稿，略为润色，并书写刊石，以志赞喜云。华民三十一年岁集壬午夏六月，南山律苑沙门演音。

大师对修建放生园池之深刻随喜，充分流露于碑记之字里行间。简明扼要之撰述,可令后世作楷模。放生园池之德泽普被,于兹万古流芳!

(六) 遗嘱"逐日将垫龛脚小碗之水加满"
大师致妙莲法师遗嘱第五点:

> 待七日后再封龛门,然后举火。遗骸分为两坛,一送承天寺普同塔,一送开元寺普同塔。另在装入龛以前,不须移动,仍随旧安卧床上。如已装入龛,即须移承天寺。
>
> 去时将常用之小碗四个带去,垫龛四脚,盛满以水,以免蚂蚁嗅味走上,致焚化时损害蚂蚁生命,应须谨慎。再则已送化身窑后,汝须逐日将垫龛脚小碗之水加满,为恐水干去又引起蚂蚁嗅味上来故。①

大师临终前,都慈悲惠及蚂蚁,考虑往生后,垫龛脚小碗之水加满,防水干蚂蚁嗅味上来,火化时烧死。

大师生死,如此自在! 大师护生,如此彻底!

三、祖师大德"护生"慈光

自古多有提倡、实行"戒杀放生"之事迹。现以明朝莲池大师为典范。莲池大师撰有《戒杀文》和《放生文》,开示深入浅出道理,记载历代真实戒杀、放生故事,让人见贤思齐、见不贤而内自省。后人加以发扬光大,辑成《莲池大师戒杀放生文图说》,还作白话批注。

(一)《戒杀文》
编入《云栖法汇》(选录)。

> 世人食肉,咸谓理所应然。乃恣意杀生,广积冤业,相习成俗,不自觉知。昔人有言,可为痛哭流涕长太息者是也。计其迷执,略有七条。

① 蔡念生编:《弘一大师法集》第 6 册,(台北)新文丰出版股份有限公司 1976 年版,第 2887 页。

开列如左,余可例推云。……

　　一曰生日不宜杀生。哀哀父母。生我劬劳。己身始诞之辰乃父母垂亡之日也。是日也。正宜戒杀持斋。广行善事。庶使先亡考妣。早获超升。见在椿萱增延福寿。何得顿忘母难。杀害生灵。上贻累于亲。下不利于己。此举世习行而不觉其非。可为痛哭流涕长太息者一也。……

　　二曰生子不宜杀生。凡人无子则悲,有子则喜;不思一切禽畜亦各爱其子。庆我子生,令他子死,于心安乎?夫婴孩始生,不为积福,而反杀生造业,亦太愚矣。此举世习行而不觉其非,可为痛哭流涕长太息者二也。……

　　三曰祭先不宜杀生。亡者忌辰,及春秋祭扫,俱当戒杀以资冥福。杀生以祭,徒增业耳。夫八珍罗于前,安能起九泉之遗骨而使之食乎?无益而有害,智者不为矣。此举世习行而不觉其非,可为痛哭流涕长太息者三也。……

　　四曰婚礼不宜杀生。世间婚礼,自问名纳采以至成婚,杀生不知其几。夫婚者生人之始也,生之始而行杀,理既逆矣。又婚礼吉礼也,吉日而用凶事,不亦惨乎?此举世习行而不觉其非,可为痛哭流涕长太息者四也。……

　　五曰宴客不宜杀生。良辰美景,贤主佳宾,蔬食菜羹,不妨清致。何须广杀生命,穷极肥甘,笙歌餍饫于杯盘,宰割冤号于砧几?嗟乎!有人心者能不悲乎?此举世习行而不觉其非,可为痛哭流涕长太息者五也。……

　　六曰祈禳不宜杀生。世人有疾,杀牲祀神以祈福佑。不思己之祀神,欲免死而求生也。杀他命而延我命,逆天悖理,莫甚于此矣。夫正直者为神,神其有私乎?命不可延,而杀业具在。种种淫祀,亦复类是。此举世习行而不觉其非,可为痛哭流涕长太息者六也。……

　　七曰营生不宜杀生。世人为衣食故,或畋猎,或渔捕,或屠宰牛羊猪犬等,以资生计。而我观不作此业者亦衣亦食,未必其冻馁而死也。杀生营生,神理所殛。以杀昌裕,百无一人。种地狱之深因,受来生之恶报,莫斯为甚矣。何苦而不别求生计乎?此举世习行而不觉其非,可

为痛哭流涕长太息者七也。……①

莲池大师于《戒杀文》中,列出生日、生子、祭先、婚礼、宴客、祈禳、营生等七事不宜杀生,叹杀业乃"举世习行而不觉其非,可为痛哭流涕长太息者"。淑世导俗,慈悲之至!

(二)《放生文》

亦编入《云栖法汇》(选录)。

盖闻世间至重者生命,天下最惨者杀伤。……

是故逢擒则奔,蚑虻犹知避死。将雨而徙,蝼蚁尚且贪生。……

何乃网于山。罟于渊。多方掩取。曲而钩。直而矢。百计搜罗。……

使其胆落魂飞,母离子散。……

或囚笼槛,则如处图圄。或被刀砧,则同临剐戮。……

怜儿之鹿,舐疮痕而寸断柔肠。畏死之猿,望弓影而双垂悲泪。……

恃我强而陵彼弱,理恐非宜。食他肉而补己身,心将安忍?……

由是昊天垂悯,古圣行仁。……

解网着于成汤,畜鱼兴于子产。……

天台智者,凿放生之池。大树仙人,护栖身之鸟。……

赎鳞虫而得度,寿禅师之遗爱犹存。救龙子而传方,孙真人之慈风未泯。……

一活蚁也,沙弥易短命为长年,书生易卑名为上第。一放龟也,毛宝以临危而脱难,孔愉以微职而封侯。……

屈师纵鲤于元村,寿增一纪。隋侯济蛇于齐野,珠报千金。……

拯已溺之蝇,酒匠之死刑免矣。舍将烹之鳖,厨婢之笃疾瘳焉。……

---

① 云栖法汇 CBETA, J32, no. B277, p. 757, b4 - p. 758, a19。

贸死命于屠家,张提刑魂超天界。易余生于钓艇,李景文毒解丹砂。……

孙良嗣解赠缴之危,卜葬而羽虫交助。潘县令设江湖之禁,去任而水族悲号。……

信老免愚民之牲,祥符甘雨。曹溪守猎人之网,道播神州。……

雀解衔环报恩,狐能临井授术。……

乃至残躯得命,垂白壁以闻经。难地求生,现黄衣而入梦。……

施皆有报,事匪无征。

诸放生者,或增福禄,或延寿算,或免急难,或起沈痾,或生天堂,或证道果。随施获报,皆有征据。然作善致祥,道人之心岂望报乎? 不望报而报自至,因果必然,辞之亦不可得耳。放生者宜知之!

载在简编,昭乎耳目。……

普愿随所见物,发慈悲心。捐不坚财,行方便事。……

或恩周多命,则大积阴功。若惠及一虫,亦何非善事? ……

苟日增而月累,自行广而福崇。……

慈满人寰,名通天府。……

荡空冤障,多祉萃于今生。培溃善根,余庆及于他世。……

傥更助称佛号。加讽经文。……

为其回向西方,令彼永离恶道。……

则存心愈大,植德弥深。……

道业资之速成,莲台生其胜品矣。……①

莲池大师于《放生文》中,强调"世间至重者生命,天下最惨者杀伤。"彰显"昊天垂悯,古圣行仁。"剀切曰"诸放生者,或增福禄,或延寿算,或免急难,或起沈痾,或生天堂,或证道果。随施获报,皆有征据。"诰示曰"然作善致祥,道人之心岂望报乎? 不望报而报自至,因果必然,辞之亦不可得耳。放生者宜知之!"表扬曰"载在简编,昭乎耳目。……"祈勉曰"普愿随所见物,发慈悲心。捐不坚财,行方便事。……"净化人心,慈悲之至!

---

① 云栖法汇 CBETA,J32,no. B277,p. 758,b9 – p. 761,a15。

(三)《放生文》中"天台智者,凿放生之池"

莲池大师举出智者大师放生典范。《云栖法汇》(选录)云:"天台智者大师,讳智顗,隋炀帝号为智者。曾凿池劝人放生。又不但智者,古来多有此事,今西湖亦古放生池也。世远人亡,时更法坏,渔火星飞于水面矣。悲夫!"①

(四)《放生文》中"赎鳞虫而得度,寿禅师之遗爱犹存"

莲池大师举出永明延寿大师放生典范。《云栖法汇》(选录)云:

永明大师,讳延寿。吴越王镇杭,师为余杭县库吏,屡以库钱买鱼虾等物放之。后坐监守自盗,法当弃市。王颇知其放生也,谕行刑者观其辞色以覆。

师临死地,面无戚容,人怪之。师曰:吾于库钱毫无私用,尽买放生命莫知其数。今死,径生西方极乐世界,不亦乐乎?王闻而释之。

乃出家为僧,修禅礼忏,得无碍辩才。

师涅盘后,有僧入冥,见阎罗王时时出座礼一僧像。问之,则阳间永明寿禅师也,已生西方上品上生。王敬其德,故时礼耳。②

(五)《放生文》中"残躯得命,垂白壁以闻经"

莲池大师举出亲身经历之放生故事。

白壁闻经者,予挂搭一庵,有人擒蜈蚣数条,以竹弓弓其首尾,予赎放之。余俱半死,惟一全活,急走而去。

后共一友夜坐,壁有蜈蚣焉。以木尺从傍极力敲振,驱之使去,竟不去。予曰:昔所放得非尔耶?尔其来谢予耶?果尔,吾当为尔说法,尔谛听毋动。

---

① 云栖法汇 CBETA, J32, no. B277, p. 759, a19 - 22。
② 云栖法汇 CBETA, J32, no. B277, p. 759, a27 - b5。

乃告之曰：一切有情，惟心所造。心狼者化为虎狼，心毒者化为蛇蝎。尔除毒心，此形可脱也。言毕令去，则不待驱逐，徐徐出窗外。友人在坐惊叹希有。时隆庆四年事也。①

(六)《放生文》中"助称佛号，加讽经文，回向西方……"

遇生能放，虽是善功，但济色身，未资慧命。更当称扬阿弥陀佛万德洪名，讽诵大乘诸品经典。然虽如是，但凡买生火急须放，讽经不便，只以念佛相资。若隔宿买而来朝始放，或清晨买而午后犹存，必待陈设道场，会集男女，迁延时久，半致死亡。如是放生，虚文而已！

念佛功德，愿诸生命尽此报身，往生西方极乐世界，莲华化生，入不退地，永离恶道，长息苦轮。恶道者，六道之中，三道为恶，地狱饿鬼畜生是也。

见苦放生，所存者善心也，今则是大菩提心矣，故云"愈大"。放生得福，所植者世间之德也，今则是出世之德矣，故云"弥深"。

心大德深，其事何验？盖利他者菩萨之行也。以此行门助修道业，譬如船得顺风，必能速到涅盘彼岸矣。净业三福，慈心不杀实居其一。今能不杀，又放其生；既能放生，又以法济令生净土。如是用心，报满之时，九品莲台高步无疑矣！普劝世人，幸勿以我德薄人微而不信其语也。②

莲池大师在《放生文》谆谆教示：放生须"助称佛号，加讽经文，回向西方……"。见苦放生，存大菩提心；放生得福，植出世之德。心大德深，盖利他者，菩萨之行也。以此行门助修道业，必能速到涅盘彼岸矣。净业三福，慈心不杀实居其一。今能不杀，又放其生；既能放生，又以法济令生净土。如是用心，报满之时，九品莲台高步无疑矣！

善哉！莲池大师之《放生文》，悲智双运，定慧等持。若有见闻者，悉发

---

① 云栖法汇 CBETA，J32，no. B277，p. 760，b7 - 15。
② 云栖法汇 CBETA，J32，no. B277，p. 760，c25 - p. 761，a15。

菩提心。尽此一报身,同生极乐国!

　　明朝莲池大师外,近代印光大师亦是大力提倡"茹素放生"。华藏净宗学会,2011 年 7 月,从《印光大师文钞全集》中,印行《戒杀放生文节录》。理事圆融的开示,记载详实的故事,令人手不释卷,发心依教奉行。

四、僧伽医护基金会之护生

　　基金会"愍念一切众生海,兴起无量大悲心",对放生亦尽力为之。

(一)外海放生暨环保净滩活动

　　基金会每年办三次放生活动,曰"慈悲智慧放生行"。如:2011 年 7 月,为消弭刀兵之劫起,祈求世界之和平,假东北角海岸举办"外海放生暨环保净滩活动"。

　　在主法法师带领下,与会大众念诵放生仪轨,施洒甘露,普愿水族众生,在三宝护念之下,永离杀害。

　　乘船出海,小心翼翼将鱼儿、螃蟹等物命,一一放回大海,深深祝福,不再遭捕。

　　回岸以后,随即净滩。以慈悲心为出发点,实行环境与心灵环保。

(二)积极护生方案国际研讨会

　　时间:2012 年 9 月 25 日至 9 月 26 日

　　地点:台湾师范大学　公馆分部　综合馆 3 楼国际会议厅

　　主办单位:农业委员会林务局

　　　　　　社团法人台湾动物社会研究会

　　　　　　国际人道对待动物协会

　　　　　　佛教僧伽医护基金会

　　　　　　美国佛教联合会

　　执行单位:中华自然资源保育协会

　　专题演讲:从宗教伦理、动物保护与生态保护,谈放生与护生

　　积极护生方案一:护生海龟——望你早归,病伤收容海龟康复野放

积极护生方案二：伤愈野生动物生态放生与环境教育推广计划

积极护生方案三：凡有翅让牠飞翔——保育野鸟、永续生态

积极护生方案四：传统习惯的放生与慈悲理智的护生

专题报导：放生善举应拒绝商业化——中国大陆佛教放生观察与思考

积极护生方案五：专业的动物救援与收容、庇护

积极护生方案六：慈悲智慧放生行

积极护生方案七：祈小小飞鱼求永生

专题报导：香港放生活动概况

积极护生方案八：保护生命，化育人心——福智团体护生经验分享

综合讨论：踊跃非常。

(三) 与小小放生团联合救羊放生。

(四) 对放生罚款与监禁之立法，努力制止之。

(五) 参与 2015 年 4 月澎湖县政府与农委会水试所澎湖海洋生物研究中心实施的海龟野放。

(六) 其他

本着对生命的爱护，笔者平时不辞远道拜访专家，请教放生相关事宜；苦口婆心劝人吃素，包括辅导荤菜馆改成素菜馆；甚至曾跟在载猪卡车之后，随分随力请求放生。……总是普愿：一切有情，皈依三宝，同生西方，齐成佛道！

五、结论

(一) 弘一大师"护生"，无缘大慈，同体大悲。《护生画集》流传千古，护生慈光普照十方！

(二) 莲池大师"戒杀放生"，集古今大成。刻骨铭心之开示，历朝各代之故事，源远流长，慈光常照。

（三）印光大师大力提倡"茹素放生"。理事圆融之开示，记载详实之故事，淑世导俗，净化人心。尤其于抗战期间，欲干戈永离、世界和平，必断除杀害，慈悲放生。

（四）僧伽医护基金会当今仍勉力放生，是为"慈悲智慧放生行"。

（五）笔者依教奉行，学习声闻戒"不杀生"、菩萨戒"常行放生"。

（六）戒杀放生，为佛子者，应当提倡。使护生慈光，古今不昧，物命永沾！

【作者简介】

释慧明，1969年生，西莲净苑法师，佛教僧伽医护基金会董事长。

Master Hongyi's Loving-Kindness in "Life Protection" Shines Forever

Ven. Huiming

The śrāvaka precepts and bodhisattva precepts both emphasize "abstinence from killing and release of life". Master Hongyi advocates "abstinence from killing and protection of life", promoting the spirit of bodhisattvas.

I. Master Hongyi's Loving-Kindness in "Life Protection"

Master Hongyi and Fong Zikai together created *Life Protection Picture Books*, bringing into practice the idea of life protection thoroughly.

1. In 1928, *Life Protection Picture Book I* was published.

2. In 1929, Master Hongyi wrote *Record of Life Release at the White Horse Lake*.

3. In 1933, he lectured on *Retributions of Releasing and Killing Lives*.

4. During World War II, *Life Protection Picture Book II* was published.

5. Three months prior to his passing away, the Master wrote *Record of the Construction of Changqing Temple's Life Release Garden in Fuzhou*.

6. He made the will to "add water daily to the bowels holding the coffin-legs", to prevent them from being burned.

II. Ancient Patriarchs Showing Loving-Kindness in "Life Protection"

The events of "abstinence from killing and life release" often happened in history, and the most renowned ones are stories about Master Lianchi. His writings include *On Abstinence from Killing* and *On Life Release*.

Master Yinguang of the modern time also ardently advocated to "be vegetarians and release lives". In July 2011, the Hwadzan Pure Land Society published the *Digest* of *On Abstinence from Killing and Life Release*, selected from *Master Yinguang's Anthology*.

III. Life Protection of Nowadays

For example, the Sangha Medical Foundation constantly makes efforts in life protection, acting out their wisdom and compassion.

The writer is learning to follow the śrāvaka precept of "no killing" and the bodhisattva precept of "releasing life all the time." As Buddhists, we should extend the loving-kindness of life protection toward all beings.

English Translation by Jiang Zhenhui

菩萨比丘弘一大师与药师法门的弘扬

高明芳

一、前言

被世人尊为重兴南山律宗第十一代祖师,又尝自谓以弥陀净土法门为依归的弘一大师(1880—1942),在解行二门的修学与弘化过程当中,其与药师法门甚深的因缘,也如同增益其戒定慧三学的地藏法门,是一方鲜为人关注和探讨的领域。

距 1918 年于灵隐寺受比丘具足戒,成为一位出家比丘之后,1931 年的夏季,弘一大师居五磊寺,又于地藏菩萨圣像前自誓受菩萨戒,从此成为一位大乘菩萨比丘。也真正确立了大师不只是今生,而是尽未来际,上求佛道下化众生的行愿方向。依此誓愿,大师从沉潜的修学生涯中走出,积极迈向自利利他,弘法利生的菩萨行者之途。其所弘扬的大乘法教当中,包含了自1933 年于晋江草庵首度宣讲《药师琉璃光如来本愿功德经》(以下简称《药师经》)之后,①合计十次于闽南各地的药师法门弘法之旅。直至圆寂时,仍留有誊缮未竟的《药师经析疑》遗作。

弘一大师说:“药师法门依据药师经而建立。”②《药师经》是世尊所宣说的一部大乘净土经典。经文以药师琉璃光如来在因地行菩萨道时,由悲智的菩提心所发出的十二大愿揭开序幕。并以六度四摄的菩萨行和因果缘起

---

① 玄奘译:《药师琉璃光如来本愿功德经》(以下简称《药师经》),《中华电子佛典集成协会 Chinese Buddhist Electronic Text Association》(以下简称 CBETA),T14,no. 450,p. 0404c11 - 408b24。
② 弘一大师:《药师如来法门略录》,见《弘一大师全集》第 1 册,福建人民出版社 2010 年版,第 324 页。《弘一大师全集》以下简称《全集》。

的平等法,为业缘所缠缚的众生,勾绘出建立人间以及佛国净土的蓝图。

在药师如来悲智弘深的誓愿中,药师法门的修持,既能立足于现实人生利益安乐现世的有情众生,又能以此福德资粮,获致未来人天的增上生和究竟解脱的菩提佛果。基于弘一大师于晚岁誓愿成为大乘菩萨行者的因缘,因此试从菩萨比丘的角度探讨,或许更能契入大师弘扬并追随药师如来成佛的足迹,悲智具足的菩萨行愿。

本文援引与药师法门相关的大乘经典、弘一大师自身的著述,以及与大师相关的撰述数据,略述弘一大师弘扬药师法门的因缘、演说开示药师法门的具体事迹、对药师法门殊胜的见地、相应于药师法门的菩萨行愿,以及与觉圆法师所结清净的药师法缘,期能描绘弘一大师实践大乘菩萨行愿,弘扬药师法门的简要轮廓。

二、弘一大师弘扬药师法门的因缘

(一) 药师法门深契时机

弘一大师在《药师如来法门一斑》开宗明义即说:"今天所讲,就是深契时机的药师如来法门。"[1]大师经历的时代,是一连串国内外动荡不安的年代。在新旧思潮相互冲击之下,要求变革以寻求与新时代接轨的声浪,在社会各个领域响起,佛门也受到严峻的考验。1927 年为了护持三宝,正在云居山常寂光寺闭关的弘一大师,特地出关平息了一场灭佛之议和驱僧之说。

面对"或有人谓佛法是消极的,厌世的,无益于人类生活的"佛门窘境[2],药师法门利益现世人生的立意,正契合此时代富国强邦的社会脉动,并可匡正时人对佛法偏差的看法。弘一大师说:

> 药师法门,不但对于出世间往生成佛的道理屡屡言及,就是最浅近的现代实际上人类生活亦特别注重。如经中所说"消灾除难,离苦得乐,福寿康宁,所求如意,不相侵陵,互为饶益"等,皆属于此类。就此可

---

① 弘一大师讲述、王世英记:《药师如来法门一斑》,见《全集》第 1 册,第 327 页。
② 弘一大师讲述、王世英记:《药师如来法门一斑》,见《全集》第 1 册,第 327 页。

见佛法亦能资助家庭社会的生活,与维持国家世界的安宁,使人类在这现生之中即可得到佛法的利益。"①

《药师经》云修持药师法门:"若他国侵扰,盗贼反乱……令其国界即得安隐。"②大师深感:

> 因为我们是处于凡夫的地位,在这尘世之时,对于身体衣食住处等,以及水火刀兵的天灾人祸,在在都不能不有所顾虑,倘使身体多病,衣食住处等困难,又或常常遇着天灾人祸的危难,皆足为用功办道的障碍。若欲免除此等障碍,必须兼修药师法门以为之资助,即可得到药师经中所说"消灾除难离苦得乐"等种种利益也。③

1934年上海《佛学半月刊》出版《药师如来专号》,于《药师经旁解》编印缘起中说:

> 深念近年以来,国内人士修药师忏法,及持药师经号者,日以益众。(1934年)太虚法师既于宁波阿育王寺讲演此经,即考试院长戴季陶先生(1932年)亦于庐山会集缁素讲演药师十二大愿。其维护弘扬,朝野若同一致。④(括号年代为笔者所加)

当时为专刊执笔撰文者,除积极倡导人生佛教的太虚大师之外,尚有印光大师、圆瑛法师、守培法师、圣一法师、弘一大师和芝峯法师等佛门龙象,以及周叔迦、何子培、王弘愿、范古农……等居士大德。⑤ 在时代因缘聚会

---

① 弘一大师讲述、王世英记:《药师如来法门一斑》,见《全集》第1册,第327页。
② 《药师经》,CBETA, T14, no. 450, p. 0407a05 - c22。
③ 弘一大师:《药师如来法门一斑》,见《全集》第1册,第327页。
④ 佛学书局出版书讯:《何子培注〈药师经旁解〉》,见《民国佛教期刊文献集成》第50卷,全国图书馆文献缩微复制中心2006年版,第110页。太虚大师1934年于宁波阿育王寺讲《药师经》,讲稿出版时芝峯法师为之作序,竺摩法师写跋。见太虚大师讲、学僧竺摩记:《药师本愿经讲记》,收录于《药师法门汇编》,(台北)财团法人佛陀教育基金会2009年版。
⑤ 见《民国佛教期刊文献集成》第50卷,第105—149页。

下,药师法门成为朝野人士一致修学弘扬的法门。1938 至 1939 年间,正值对日抗战初起之时,大师顾念众生的法身慧命,于泉州和永春两地,更加密集的宣讲药师法门。

(二) 药师法门辅助戒律

药师法门的修学不离戒定慧三学,弘一大师曾自谦:

> 就我自己而论,对于菩萨戒是有名无实;沙弥戒及比丘戒决定未得。即以五戒而言,亦不敢说完全。止可谓为出家多分优婆塞而已,这是实话。[1]

《药师经》中,药师如来于因地所发第五大愿是:

> 愿我来世得菩提时,若有无量无边有情,于我法中修行梵行,一切皆令得不缺戒,具三聚戒。若有毁犯,闻我名已,还得清净,不堕恶趣。[2]

弘一大师认为:

> 今若依照药师法门去修持力行,就可以得到上品圆满的戒。假使于所受之戒有毁犯时,但能至心诚恳持念药师佛号并礼敬供养者,即可消除犯戒的罪,还得清净。[3]

药师法门为佛门修学梵行者,提供了具三聚戒,设有毁犯,闻我名已,还得清净的方便助缘。而三聚戒(又称三聚净戒)即菩萨戒的总纲。故可理解,以弘律为己任的菩萨比丘弘一大师,弘扬药师法门的缘由。

---

[1] 1935 年弘一大师在泉州承天寺戒期盛会中讲述,万泉记录:《律学要略》,见《全集》第 1 册,第 238 页。

[2] 《药师经》,CBETA,T14,no. 450,p. 0405a21 - 24。

[3] 弘一大师:《药师如来法门一斑》,见《全集》第 1 册,第 327 页。

(三)药师法门资助生西速得成佛

弘一大师说:"余自信佛以来,专宗弥陀净土法门,亦尝讲《药师琉璃光如来本愿功德经》……经中谓求生极乐者,命终有八大菩萨示路……故亦劝诸缁素,应诵《药师功德经》,并执持药师名号。"①又说:

> 修净土宗者,若再能兼修药师法门,亦有资助决定生西的利益。依药师经说:"若有众生能受持八关斋戒,又能听见药师佛名,于其临命终时,有八位大菩萨来接引往西方极乐世界众宝莲花之中。"依此看来,药师虽是东方的佛,而也可以资助往生西方,能使吾人获得决定往生西方的利益。……也能得上品圆满的戒,也能往生上品,将来速得成佛可无容疑了。②

并于《药师如来法门略录》举出修持药师法门的十种利益,第一种就是"速得成佛"③。药师法门既与弥陀净土法门并行不悖,且有助生西速得成佛,自然成为弘一大师兼修并弘扬的原因。

三、弘一大师弘扬药师法门的具体事迹

夏丏尊曾述及:"净琉璃与西方极乐,同为世尊赞叹劝导往生之佛土。药师弥陀名号同有不可思议之威力。此经虽早传斯土,自来弘阐者鲜,未若西方弥陀之周徧。弘一大师于药师法门勤事赞扬。"④以下略述弘一大师勤事赞扬的方式和具体事迹:

① 弘一大师:《答上海佛学书局书》,见《民国佛教期刊文献集成》第 50 卷,第 149 页。
② 弘一大师:《药师如来法门一斑》,见《全集》第 1 册,第 327 页。
③ 弘一大师:《药师如来法门略录》,见《全集》第 1 册,第 325 页。
④ 夏丏尊:《药师琉璃光如来本愿功德经写本跋文》,见弘一大师手书:《药师琉璃光如来本愿功德经》,(新北市树林区)万寿山护国吉祥寺 1961 年印赠。(此写本未编页码,以下简称弘一大师书《药师经》护国吉祥寺 1961 年版)护国吉祥寺开山祖师续祥法师(1909—1973),于 1961 年药师如来圣诞日,将此写本一卷,由佛弟子出资,景印二千册以结胜缘。此寺乃全台湾第一座大雄宝殿主供"药师琉璃光如来"之佛寺,见《药师琉璃光如来.文集.护国吉祥寺》网址:http://www.bgvpr.org。

(一)《药师经》译本校勘

弘一大师对《药师经》的译本与经文内容，做过深入且细密的校勘。根据藏经收录之《药师经》译本，弘一大师校勘如下：

1.《佛说灌顶拔除过罪生死得脱经》一卷，即《大灌顶神咒经》卷十二，东晋帛尸梨蜜多译。又相传有刘宋慧简译《药师琉璃光经》一卷，今已佚失，或云即是东晋所译之灌顶经。

2.《佛说药师如来本愿经》一卷，隋达摩笈多译。

3.《药师琉璃光如来本愿功德经》一卷，唐玄奘译。

4.《药师琉璃光如来本愿功德经》二卷，唐义净译。前数译惟述药师佛，此译复增六佛，故云七佛本愿功德经，以外增加之文甚多。西藏僧众所读诵者为此本。①

于玄奘译本附带说明：

> 此即现今流通本所据之译本。现今流通本与原译本稍有不同者有增文两段，一为依东晋译本补入之八大菩萨名，二为依唐义净译本补入神咒及前后文二十余行。②

1936 年致蔡丏因函也提及：

> 近代流通本之《药师经》，有两处增大。其一依东晋译本，增八菩萨名。其一依义净译本增咒文及其它文一大段也。故流通本与玄奘原本不同。③

1936 年弘一大师于厦门南普陀寺为《佛学丛书》第一辑拟定三十种题

---

① 弘一大师：《药师如来法门略录》，见《全集》第 1 册，第 324 页。药师经译本校勘，可同时参阅太虚大师《药师本愿经讲记》、普霈《药师经疏钞择要》、印光大师《药师如来本愿经重刻序》、《药师如来本愿经重刻跋》、何子培《药师经旁解》等，皆辑录于《药师法门汇编》。

② 弘一大师：《药师如来法门略录》，见《全集》第 1 册，第 324 页。

③ 弘一大师：《致蔡丏因函》(1936 年闰三月二十八日)，见《全集》第 8 册，第 352—353 页。

目,《药师经》为其中之一,并"列此经于阿弥陀经之次"。① 当时弘一大师采用的是金陵版之普通流通本,理由是"《药师经》玄奘译本之原本,若印行者,则常人不愿诵读,或谤为错误"②。并据高丽古藏玄奘原译本改正句读及与金陵版不同的字,弘一大师对此再做说明:

> 以上不同之字,皆据高丽古藏经本改正。与宋元明藏经本稍异。近代流通本之《药师经》,有两处增大。其一依东晋译本,增八菩萨名。其一依义净译本,增咒文及其它文一大段也。故流通本与玄奘原本不同。③

《药师经》的译本既有多种,再加上有近代习诵的流通本。因此,弘一大师于日后书写《药师经》时,均于跋文中注明写本所依据之版本。

(二) 演说开示药师法门

弘一大师对药师法门之演说开示,于当时发表并流传至今之讲稿及资料有以下五种:

1.《药师如来法门略录》《药师如来法门略录》讲稿,④曾以《药师如来法门大略》之篇名刊载于 1939 年 2 月 16 日《佛学半月刊》第 175 期,第三、四版。文前标注"戊寅(1938 年)10 月弘一大师在泉州清尘堂药师法会讲",文末附有"是日适开药师法会,师即欣然入席,指示端倪。讲后,出所述药师略录相示。条分缕析,诚开觉度迷之资。世之诵是经者,奉为箴规,力行不倦。从此诞登彼岸,庶不负 师一片婆心尔。戊寅冬日清尘堂同人谨记"之语。⑤

至于弘一大师《泉州弘法记》及致高文显(胜进居士)函所提及"戊寅十

---

① 夏丏尊:《药师琉璃光如来本愿功德经写本跋文》,见弘一大师书《药师经》护国吉祥寺 1961 年版。
② 弘一大师:《致蔡丏因函》(1936 年闰三月二十八日),见《全集》第 8 册,第 352—353 页。
③ 弘一大师:《致蔡丏因函》(1936 年闰三月二十八日),见《全集》第 8 册,第 353 页。
④ 弘一大师:《药师如来法门略录》,见《全集》第 1 册,第 324 页。惟标题下注"戊寅 7 月在泉州清尘堂讲"之 7 月有误,应为 10 月。
⑤ 见《民国佛教期刊文献集成》第 54 卷,第 389—390 页。《药师如来法门略录》与《药师如来法门大略》二篇内文,经笔者核对,完全相同。故采《全集》第 1 册、《药师法门汇编》,以及现今坊间流通版所使用之篇名。括号中之公历为笔者所加,以下皆同。

月下旬,在清尘堂,讲《药师如来法门》一次。"应为《药师如来法门略录》之篇名略称。①

2.《药师法门修持课仪略录》

《药师法门修持课仪略录》于 1939 年 2 月讲于泉州光明寺,②此稿刊载于 1939 年 9 月 16 日《佛学半月刊》第 189 期,第一、二版。③ 觉圆法师于跋语中说:"本年(1939 年)仲春应留府世斋堂请,讲述药师法门修持课仪,并为改世斋堂曰光明寺。为女众专修药师法门之道场。"④弘一大师认为此修持课仪"稿中所载者,为药师如来法门之供养、礼敬、诵经、持名、持咒等方法,最为切要,须广为流通也。"并请觉圆法师预筹印费,至少印两千册,能至四五千册尤善。⑤

3.《药师如来法门一斑》

《药师如来法门一斑》于 1939 年 4 月 8 日佛诞日讲于永春普济寺,由王世英记录。此稿亦曾以《药师琉璃光如来法门一斑》之篇名,刊载于 1940 年 6 月 16 日《觉有情半月刊》第 18 期,第一、二版。⑥ 演讲当日,据弘一大师云"到者近二百人",并于普济寺大殿前拍照留影。⑦（见图一）

此三种讲稿"当时虽将讲录印布,但以零篇小册,印数有限。凡欲阅者,咸有搜索无从顾此失彼之感"。刘绵松于 1940 年 2 月特辑成一编,名《药师如来法门讲述录》,并于跋文述及大师三篇演说开示的因缘:

> 戊寅(1938 年)初夏,鹭岛(厦门)沦陷,师适于是时莅漳宏法,旋应泉州缁素之请,先后于泉州清尘堂及光明寺宣讲《药师法门略录》,《药师法门修持课仪略录》。去岁(1939 年)仲春,师入永春,文佛诞日,于普

① 弘一大师:《泉州弘法记》,见《全集》第 8 册,第 203 页;弘一大师致胜进居士函(1939 年旧二月二十三日),同前书,第 410 页。
② 弘一大师:《药师法门修持课仪略录》,见《全集》第 1 册,第 325—327 页。
③ 见《民国佛教期刊文献集成》第 55 卷,第 73—74 页。
④ 觉圆法师:《药师法门修持课仪略录跋》,见《民国佛教期刊文献集成》第 55 卷,第 74 页。
⑤ 弘一大师致觉圆法师函(1939 年旧五月二十五日),见《全集》第 8 册,第 492 页。
⑥ 弘一大师:《药师如来法门一斑》,见《全集》第 1 册,第 326—327 页;《民国佛教期刊文献集成补编》第 61 卷,中国书店 2008 年版,第 75—76 页。
⑦ 弘一大师:《致李芳远函》(1938 年旧四月十日),见《全集》第 8 册,第 419 页;《全集》第 5 册,图版第 2 页;沈继生辑录:《弘一法师驻锡寺院简介-永春普济寺》,见《全集》第 10 册,第 477 页。

济寺讲《药师如来法门一斑》，皆是融通群说，妙契时机。诚为后学之箴规也。①

4.《药师琉璃光如来功德经讲录》弘一大师宣讲《药师经》，据载有六次：

1933 年 12 月 1 日至 3 日于晋江草庵讲《药师经》。②

1935 年旧十一月三十日于晋江草庵讲《药师经》。③

1936 年旧五月二十三日在朵莲寺讲《药师如来本愿功德经大意》。④

1938 年旧二月二十三日在朵莲寺讲《药师如来本愿功德经大意》。⑤

1939 年正月一日始，在站台别院关房内讲《药师经》共十日。⑥

1939 年旧二月十日，在承天寺讲《药师经》共七日。⑦

《药师琉璃光如来功德经讲录》刊载于 1941 年 3 月 13 日《狮子吼月刊》第一卷第三、四期合刊。⑧ 大师多次讲说《药师经》，仅有此《讲录》发表，从大师信函，或许可知其端倪。1929 年旧四月十二日致夏丏尊函提及："余近来眼有病，带眼镜久，则眼痛。将来或患增剧，即不得不停止写字。"⑨1930 年旧四月二十八日给夏丏尊的信函又提到有"眼花"的症状。⑩ 1940 年正月八日致性常法师函曰：

---

① 刘绵松：《药师如来法门讲述录跋》，见《佛学半月刊》第 215 期（1940 年 10 月 16 日出版），第 9 页；《民国佛教期刊文献集成补编》第 65 卷，第 69 页。刘绵松跋文"应泉州淄素之请"，系指应转尘老和尚、叶青眼、郑健魂、周伯遒诸居士之请。见觉圆法师：《药师法门修持课仪略录跋》，《民国佛教期刊文献集成》第 55 卷，第 74 页。括号中之地名为笔者所加。

② 弘一大师：《行脚散记》，见《全集》第 8 册，第 199 页。

③ 弘一大师：《致普润法师函》（1935 年旧十一月二十九日），见《全集》第 8 册，第 467 页。

④ 弘一大师：《壬丙南闽弘法略志》，见《全集》第 8 册，第 200 页。

⑤ 弘一大师：《致胜进居士函》（1939 年旧二月二十三日），见《全集》第 8 册，第 410 页；弘一大师：《致胜进居士函》手稿，见《全集》第 10 册，第 488 页。

⑥ 弘一大师：《泉州弘法记》，见《全集》第 8 册，第 204 页；弘一大师：《致胜进居士函》（1939 年旧二月二十三日），同前书，第 410 页；弘一大师：《致胜进居士函》手稿，见《全集》第 10 册，第 487 页。

⑦ 弘一大师：《泉州弘法记》，见《全集》第 8 册，第 204 页；弘一大师：《致胜进居士函》（1939 年旧二月二十三日），同前书，第 410 页；弘一大师：《致胜进居士函》手稿，见《全集》第 10 册，第 487 页。

⑧ 见《民国佛教期刊文献集成》第 94 卷，第 326—327 页。何以《全集》、《药师法门汇编》以及相关之药师法门网页，均未收录此篇？笔者认为应与刊载之文字迹斑驳难以辨认有关。

⑨ 弘一大师：《致夏丏尊函》（1929 年旧四月十二日），见《全集》第 8 册，第 305 页。

⑩ 弘一大师：《致夏丏尊函》（1930 年旧四月二十八日），见《全集》第 8 册，第 309 页。

前年在承天寺讲《药师经》时,有某师曾为记录,但其稿未交朽人阅览改正。因朽人讲时未曾用心详研,故其记录稿无需流布,应即废弃。俟朽人新编之批注成就时,再刊印流通可也。①

1940 年旧五月十二日致李圆净函也说:"近来目疾增剧,抄录《备览》仅及一半,约五十余页。尚有一半,未抄录。"并曰:

朽人近来对于自己之著作,不愿轻易出版者,一、因以凡夫情见僭为编述者,恐未能契理契机。必须先生西方,回入娑婆,乃可负荷弘法之重任。②

1940 年 10 月 8 日致函觉圆法师,信末附语:

前年在承天寺讲《药师经》时,他人所记之稿,余未阅过,不可登入报中。③

综上所述可知,除因目疾增剧抄录困难,弘一大师对弘法之事的敬慎严谨,尤为主要因素。

此外尚有 1939 年旧二月二十日,在光明寺讲《持诵药师咒之方法》一次。④ 因此,弘一大师药师法门的讲座,排除同文异名和时间误植的因素,合计应有十次之多。

5.《致上海佛学书局书》

弘一大师应药师如来圣诞发行专号之请撰写此文,并以释胜思之名发表,刊载于 1934 年 11 月 1 日出刊的《佛学半月刊》第 90 期《药师如来专号》第 45 页。全文约 340 余字,为书信体,故收录于书札类。弘一大师抒发了个

---

① 弘一大师:《致性常法师函》(1940 年正月八日),见《全集》第 8 册,第 481 页。
② 弘一大师:《致李圆净函》(1940 年旧五月十二日),见《全集》第 8 册,第 385 页。
③ 弘一大师:《致东华法师函》(1940 年 10 月 8 日),见《全集》第 8 册,第 493 页。
④ 弘一大师:《泉州弘法记》,见《全集》第 8 册,第 204 页;弘一大师:《致胜进居士函》(1939 年旧二月二十三日),同前书,第 410 页;弘一大师:《致胜进居士函》手稿,见《全集》第 10 册,第 487 页。

人对修持弘扬药师法门的看法，见解独到且发人深省。[①]

（三）编著《药师经析疑》

1939 年弘一大师赞叹："药师法门甚为广大，……拟依据全部经义，编辑较完备的药师法门著作，以备诸君参考。"[②]《药师经析疑》的编著，正足以显现弘一大师对甚深广大药师法门的勤事赞扬。

《药师经析疑》，其经文采《高丽藏》玄奘译本，经文句读依大师《高丽藏》玄奘译本之写本。[③] 科文依日本元文三年（清乾隆三年，1738 年）宽永寺沙门实观，根据《高丽藏》玄奘译本所著《药师琉璃光如来经义疏三卷》书录。[④] 文中所引《唐疏》，即敦煌石室发现之初唐唯识大家释慧观撰《佛说药师如来本愿经疏》。[⑤]

弘一大师又将青丘沙门太贤撰《本愿药师经古迹》、[⑥]亮汰述《药师经纂解》、[⑦]天台比丘灵耀撰《药师经直解》，以及《义疏》等文义，[⑧]于《药师经析疑》中以科学列表的方式呈现，赋古德著述朗然易解的新生命。

《义疏》与《唐疏》皆旁征博引佛法经论，弘一大师也博览群籍。全卷在一问一答之间，将药师法门贯通显密、兼具世间安乐与出世间解脱的要义，

---

① 见《民国佛教期刊文献集成》第 50 卷，第 149 页。有关此函发表日期，《全集》第 8 册谓 1940 年旧 7 月，见第 497 页。《药师法门汇编》虽注明"原载上海《佛学半月刊》第 90 期药师如来专号"，日期 却是乙亥年（1935 年），见第 53—54 页。二者皆明显有误。

② 弘一大师讲、王世英记：《药师如来法门一斑》，见《全集》第 1 册，第 327 页。

③ 见弘一大师书《药师经》护国吉祥寺 1961 年版。

④ 宽永寺沙门实观述：《药师琉璃光如来经义疏三卷》（以下简称《义疏》），见中野达慧编辑：《日本 大藏经》第 10 卷，（东京）日本大藏经编纂会大正 5 年版，第 93—173 页。录者于《药师经析疑》凡 例增注《义疏》收入《日本大正藏》，或为一时误识。见《药师经析疑》凡例，载《药师法门汇编》，第 1 页。《义疏》广引《法华》、《金光明》、《涅槃》、《成实》、《梵网戒本》、《瑜伽戒本》、《智论》、《摩诃止观 辅行集注》、《南山行事钞》、《心地观经》、《正法念处》、《观音》、《陀罗尼集》、《消灾轨》……，以显明 义理。

⑤ 释慧观撰：《佛说药师如来本愿经疏》，CBETA，T85，No. 2767，p. 0310c19 - 327c12。此疏"广引 《唯识》、《瑜伽》、《杂集》、《阿含》、《法华》、《涅槃》、《华严》、《四分律》、《智论》、《成实》，新旧经论二 十余部，以明义致。广述事证，以启信解。"见周叔迦：《释家艺文提要》，《周叔迦佛学论著全集》第 5 册，中华书局 2006 年版），第 2051—2052 页。

⑥ 太贤撰：《本愿药师经古迹》，CBETA，T38，No. 1770，p. 0257a06 - 260a11。

⑦ 亮汰述：《药师经纂解》，见《日本大藏经》第 10 卷，第 40—92 页。

⑧ 灵耀撰：《药师经直解》，CBETA，X21，No. 0381，p. 0602a01 - 621a16。

以交响诗般恢弘的气度予以诠释。

《药师经析疑》为弘一大师的遗著,后经录者(圆拙法师)校录完成。从大师的信函,得以略窥其编著始末。最早的线索来自弘一大师《药师经科文题记》:"岁次乙亥(1935年)十二月,卧病草庵,曾力疾坐起,书录是科文,草率不足观。"①1936年5月于《药师琉璃光如来本愿功德经》写本《跋》文提及经文之"句读,多据樗桑古德亮汰所撰纂解,并参考实观义疏。"②足见其时于《纂解》及《义疏》已有钻研。《药师经析疑》的编著,应已在进行中。

1938年4月弘一大师居龙溪南山寺,重新录写前次草率不足观的《药师经科文》。③ 同年致性愿法师函提及"今后学复撰《析疑》一篇"。④ 1939年春致觉圆法师函谓"年内《药师经析疑》,可以编就,明春抄写。"⑤1940年10月8日致觉圆法师函提到:"今编《药师经析疑》一厚册"。⑥ 1941年夏,弘一大师嘱咐昙昕法师"将来欲印余之新撰述皆自有写本",在列出的三种新撰述中,《药师经析疑》为其一。⑦

至于明确的提到:"大师躬自署签,下注辛巳(1941年)十月二十一日始录稿。惟方缮数行,应泉城之请弘法而辍,旋即迁化。"⑧为录者于《〈药师经析疑〉后记》所记。1941年旧十二月二十二日,弘一大师居晋江福林寺,给觉圆法师的信中有"领请《药师经析疑》写稿,不预定日期,俟后通告"之语。⑨此时距大师迁化,已不足一年。

1970年《药师经析疑》由菲律宾信愿寺出版时,瑞今法师于序言略述缘起:

> 弘一法师,……《药师经析疑》,为最后遗稿,编甫竟即圆寂,时壬午(1942年)秋也。拙师重加整理,嘱传贯法师筹印,因缘未熟,稽延数年。

① 弘一大师:《药师经科文题记》,见林子青:《弘一大师新谱》,《全集》第10册,第138页。此科文虽未见写本,应与《药师经析疑》之科文同依《义疏》所书录。
② 弘一大师:《药师琉璃光如来本愿功德经跋》,见弘一大师书《药师经》护国吉祥寺1961年版。
③ 弘一大师:《药师经科文题记》,见林子青:《弘一大师新谱》,《全集》第10册,第138页。
④ 弘一大师:《致性愿法师函》(1938年旧九月五日),见《全集》第8册,第456页。
⑤ 弘一大师:《致觉圆法师函》(1939年春),见《全集》第8册,第493页。
⑥ 弘一大师:《致东华法师(即觉圆法师)函》(1940年10月18日),见《全集》第8册,第493页。
⑦ 弘一大师:《致昙昕法师函》(1941年夏),见《全集》第8册,第488页。
⑧ 甲辰(1964年)仲冬录者谨识:《药师经析疑后记》,见《药师法门汇编》,第55页。
⑨ 弘一大师:《致东华法师函》(1941年旧十二月二十二日),见《全集》第8册,第494页。

贯师居南岛,印刷未便,屡函高文显居士及余洽印,均因事未暇顾及;乃请道津法师,专责处理,商制电版,洽印本式,费时数月,卒得出版,光显法门,众生幸甚,施资者功德无量。①

1976 年陈慧剑居士于台湾重印出版,菲律宾福泉寺的传贯法师为之作序,序文中亦提到"《药师经析疑》,原系弘一律师遗稿。弘公圆寂后,该稿经圆拙法师整理完成。"②虽然于校录的过程中,圆拙法师均未具名,仅以"录者"自称。今经瑞今、传贯二法师披露,世人方知《药师经析疑》得以问世,虽是众因缘所成就,圆拙法师尽心尽力整理校录,厥功甚伟。

(四)书写《药师经》

《药师经》及弘一大师《药师如来法门略录》均提及书写经典,为药师法门修持方法之一。③(见图二)弘一大师"晚年曾屡为人书写《药师琉璃光如来本愿功德经》"。④ 1936 年 5 月弘一大师移居鼓浪屿日光岩,曾为传贯法师亡母龚许柳女居士回向,写《药师经》一部,于《跋》文说明所依据之版本:

> 今据高丽古藏玄奘原本书写,不唯与世所习诵者异,而较此土宋元明清藏亦有数字差殊也。⑤(见图三)

此写本,附有叶公绰、夏丏尊两居士跋文,1942 年由傅耕莘出资流通。1961 年台湾新北市树林区万寿山护国吉祥寺开山祖师续祥法师(1909—1973),又于药师如来圣诞日,将此写本景印流通。⑥

---

① 释瑞今:《药师经析疑序》,见《全集》第 10 册,第 388 页。
② 传贯法师:《药师经析疑序》,见《药师法门汇编》,第 2 页。
③ 《药师经》,CBETA,T14,no. 450,p. 0406b27;弘一大师:《药师如来法门略录》,见《全集》第 1 册,第 324 页。
④ 夏丏尊:《药师琉璃光如来本愿功德经跋》,见弘一大师书《药师经》护国吉祥寺 1961 年版。
⑤ 弘一大师:《药师琉璃光如来本愿功德经跋》,见弘一大师书《药师经》护国吉祥寺 1961 年版。
⑥ 夏丏尊:《药师琉璃光如来本愿功德经写本跋文》,见弘一大师书《药师经》护国吉祥寺 1961 年版。弘一大师《药师经》写本在台湾影印流通之其它信息,可参阅陈慧剑:《弘一大师写经研究》,见陈慧剑著:《弘一大师传》,(台北)东大图书股份有限公司出版 2009 版,第 510—511 页。

弘一大师为韩偓所写《药师经》一卷,1937 年旧九月赠与刘质平,于函中说明此写本同为"依古藏原本",与后世流通本不同。①

四、弘一大师对药师法门殊胜的见地

(一) 主张依经文念"药师琉璃光如来"

弘一大师对当时持名念佛皆持"消灾延寿药师佛",于《药师如来法门略录》首度表达了异议:

> 经中屡云:闻名持名,因其法最为简易,其所获之益亦最为广大也。今人持名者皆曰消灾延寿药师佛似未尽善,佛名惟举药师二字未能具足。佛德惟举消灾延寿四字亦多所缺略,故须依据经文而曰药师琉璃光如来斯为最妥善矣。②

又于《药师法门修持课仪略录》教导修持"持名"仪轨时曰:先唱赞偈,接着念:

> 南无东方净琉璃世界药师琉璃光如来。以后即持念药师琉璃光如来名号一百八徧。若欲多念者,随意。③

其后更于《药师如来法门一斑》重申:

> 最后,再就持念药师佛名的方法,略说一下。念佛名时,应依经文,念"南无药师琉璃光如来",不可念"消灾延寿药师佛"。④

---

① 弘一大师致刘质平函(1937 年旧九月),见《全集》第 8 册,第 299 页。
② 弘一大师:《药师如来法门略录》,见《全集》第 1 册,第 325 页。
③ 弘一大师:《药师法门修持课仪略录》,见《全集》第 1 册,第 326 页。
④ 弘一大师讲、王世英记:《药师如来法门一斑》,见《全集》第 1 册,第 327 页。

1938 年弘一大师为居永春的李芳远诵 10 部《药师琉璃光如来本愿功德经》,并叮咛:"仁者自己,亦应常常行住坐卧念诵'南无药师琉璃光如来'名号,乃有感应。至要,至要。"①

弘一大师于《药师经析疑》解释《药师琉璃光如来本愿功德经》经题时说:

> 本愿二字,是如来因;其余九字,是如来果。……药师除病救苦,是其本旨。……证得菩提,是真除病。②

于《药师如来法门一斑》进一步说明:

> 药师经,决非专说世间法的。因药师法门,惟是一乘速得成佛的法门。所以经中屡云:"速证无上正等菩提,速得圆满等。"……仅仅注意在资养现实人生的事,则惟获人天福报,与夫出世间之佛法了无关系③

诸佛如来皆以圣德立名,考诸玄奘译《药师琉璃光如来本愿功德经》原本、④义净译《药师琉璃光七佛本愿功德经》二卷、⑤隋达摩笈多译《佛说药师如来本愿经》,⑥以及玄奘译《药师琉璃光如来本愿功德经》流通本,⑦经文皆称佛名"药师琉璃光如来"。

"消灾延寿药师佛"名的由来,始于后世大德据药师法门诸经所造之《慈悲药师宝忏》(又名《消灾延寿药师忏法》)3 卷。⑧ 此忏法之辑成,资料有三笔,皆出于明末清初。⑨ 自立法师(1927—2010 年)承袭了弘一大师的看法,

① 弘一大师:《致李芳远函》(1938 年旧五月十二日),见《全集》第 8 册,第 418 页。
② 弘一大师:《药师经析疑》,见《全集》第 1 册,第 313—316 页。
③ 弘一大师讲、王世英记:《药师如来法门一斑》,见《全集》第 1 册,第 327 页。
④ 《药师经》,CBETA,T14,no. 450,p. 0404c11 - 408b24。
⑤ 义净译:《药师琉璃光七佛本愿功德经》,CBETA,T14,no. 0451,p. 0409a05 - 418a29。
⑥ 隋达摩笈多译:《佛说药师如来本愿经》,CBETA,T14,no. 0449,p. 0401b02 - 404c08。
⑦ 玄奘译:《药师琉璃光如来本愿功德经》(流通本),(台南)和裕出版社 2010 年版。
⑧ 《慈悲药师宝忏》,CBETA,X 74,no. 1484,p. 0571b01 - 578a17。
⑨ 《〈药师宝忏〉的修持及其缘起》,见《慈悲药师宝忏》全三卷,(台北)玄奘印刷文化有限公司 2014 年版,第 116—117 页。

于《怎样修持药师法门》中说：

> 在大陆丛林用的课诵本上，都是"消灾延寿药师佛"，既然斋主是求长寿，求消灾，所以希望斋主能够消灾、增福寿。其实，真正说起来，应该是念"药师琉璃光如来"。因为单单消灾延寿，不能把药师佛的圣德整个涵盖，而念"药师琉璃光如来"，称念他的本名，才能把药师佛的功德、德行全部包括。所以，在《药师经》里，处处都提到你有什么灾难、病苦、不如意的事，只要诚心念"药师琉璃光如来"圣号，就可以获得保佑。①

弘一大师以悲智的菩提心提出依《药师经》经文持"药师琉璃光如来"圣号的见地，不仅显扬了药师佛的全德，于闻名、持名之时，感应药师如来的琉璃智光，也种下未来成佛的净因。②

(二) 安立药师法门简易修持仪轨

弘一大师弘扬药师法门，为避免修持流于空泛，故重视行门的实践。初开始弘扬药师法门时所撰《药师如来法门略录》，即指出《药师经》中的修行方法有持名、供养香华旛灯、诵经、演说开示、书写，以及持咒等。③ 之后，弘一大师撰《药师法门修持课仪略录》，于文中说明："今所述者，为吾人平常修持简单之课仪。若正式供养法，乃至以五色缕结药叉神将名字法等，将来拟别辑一卷专载其事，今不述及。"④因此，弘一大师所撰之修持课仪，是可落实于平常生活中"每日行一次或二次三次"之简易修持课仪。⑤

弘一大师安立此药师法门修持课仪，虽曰简易，实掌握了至诚恭敬的行门精要，每个细节皆不可草率敷衍。首先须供药师如来像，并提醒供奉之圣

---

① 自立法师：《怎样修持药师法门》，见《药师琉璃光如来》网站，网址：http://www.bgvpr.org/。
② 可参阅周叔迦：《药师如来与念佛法门的关系》，由唯识学观点，对东、西方二大念佛法门所做的比较。见《周叔迦佛学论著全集》第 3 册，第 1127—1129 页。
③ 弘一大师：《药师如来法门略录》，见《全集》第 1 册，第 324 页。
④ 弘一大师：《药师法门修持课仪略录》，见《全集》第 1 册，第 325 页。
⑤ 弘一大师：《药师法门修持课仪略录》，见《全集》第 1 册，第 325 页。

像,宜装入玻璃框中,大师平日供奉的是由李鸿梁所绘的药师佛像。① 又提醒《药师经》,供于几上,不读诵时,宜以净布覆盖。供佛像之室内,须十分洁净,每日宜扫地,并常常拂拭几案。……供花之水,宜每日更换。"②课仪总共包含了礼敬、赞叹、供养、诵经、持名、持咒和回向发愿等七门。每一门中,皆可见弘一大师如慈母般殷切的叮咛和教导。

于礼敬药师如来圣像时,弘一大师叮嘱"须至诚恭敬,缓缓拜起,万不可匆忙。宁可少拜,不可草率"。当赞叹佛德时,于佛前长跪合掌,唱赞偈:

归命满月界　净妙琉璃尊　法药救人天　因中十二愿
慈悲弘誓愿　愿度诸含生　我今申赞扬　志心头面礼

于供养时,佛前长跪合掌,唱供养偈:

愿此香花云　徧满十方界　一一诸佛土
无量香庄严　具足菩萨道　成就如来香

诵经时,则"字音不可讹误,宜详考之。或跪或立或坐或经行皆可。"于持名时,先唱赞偈:

药师如来琉璃光　焰网庄严无等伦
无边行愿利有情　各遂所求皆不退

于持咒时"不宜大声,惟令自己耳中得闻。持咒时,以坐为正式,或经行亦可。"至于第七门的回向发愿,弘一大师说:"回向发愿,为修持者最切要之

① 素莲于《弘一大师的生活片断》一文中说:"老人家所供的像,朴素庄严,除李鸿梁画的药师佛像外,其它都是一般印绘的佛菩萨像,有的还是亲笔写的圣号。"见陈慧剑编:《弘一大师永怀录新篇》(台北)龙树菩萨赠经会印赠1991年版,第249页;李鸿梁为弘一大师绘过多幅佛像,徐正纶于《弘一大师与李鸿梁》一文谓弘一大师供奉的药师佛像"是李鸿梁本人未曾道及的",见陈慧剑编辑:《弘一大师有关人物论文集》,(台北)弘一大师纪念学会印赠1998年版,第182页。
② 弘一大师:《药师法门修持课仪略录》,见《全集》第1册,第325页。

事。若不回向，则前所修之功德，无所归趣。"①

此七门修持仪轨，事理兼备，简短易行。从弘一大师所学推断，除依据
《药师经》《药师如来消灾除难念诵仪轨》，②应同时参酌了世亲菩萨造《无量
寿经优婆提舍愿生偈》（又称《净土论》或《往生论》）之"五念门"，即礼拜、赞
叹、作愿、观察、回向等五门。③ 此外大师喜读诵讲说《普贤行愿品》，④普贤菩
萨为实践菩萨道的行为典范，是大乘佛法行愿的象征。对深入华严义海的
弘一大师，自然也灌注了普贤十大行愿导归极乐的意涵，以及地藏、大悲等
诸经忏安立而成。若如理如法依此教授的仪轨行之，则戒定慧三学皆涵摄
其中。

弘一大师举印光法师语："'有一分恭敬，得一分利益，有十分恭敬，得十
分利益。'吾人修持药师如来法门者，应深味斯言，以自求多福也。"⑤透过至
诚恭敬的行持，生起对药师如来的敬信心。又于回向发愿，增长广大的利他
心。因身口意三业的清净，种下圆成净土的净因。

（三）依《药师经》劝受八关斋戒

《药师经》中多处提及受持八关斋戒为往生净土的净因，现世亦可获致
富饶、官位，长寿安乐等种种善果。

弘一大师对八关斋戒的解释是："八戒，具云八关斋戒。'关'者，禁闭非
逸，关闭所有一切非善事。'斋'是清的意思，绝诸一切杂想事。……合计为
八条。"⑥此八条即："一不杀生、二不偷盗、三不非梵行、四不妄语、五不饮酒、
六不非时食、七不华鬘庄严其身及歌舞戏等、八不坐卧高广大床。"八种清净
功德。⑦

---

① 弘一大师：《药师法门修持课仪略录》，见《全集》第 1 册，第 326 页。

② 一行：《药师如来消灾除难念诵仪轨》，CBETA，T19，no. 0922，p. 0020b01 - 22c01。

③ 婆数盘豆（旧译天亲，新译世亲之梵名）菩萨造：《无量寿经优婆提舍愿生偈》卷 1，CBETA，T26，no. 1524，p. 0231b8 - 12。

④ 毅若译：《普贤行愿品》，CBETA，T10，no. 0293，p. 0844b20 - 848b10。

⑤ 弘一大师：《药师法门修持课仪略录》，见《全集》第 1 册，第 326 页。

⑥ 弘一大师讲，万泉记录：《律学要略》，见《全集》第 1 册，第 238 页；弘一大师：《受八关斋戒法》，同前书，第 302 页。

⑦ 弘一大师：《受八关斋戒法》，见《全集》第 1 册，第 302 页。

弘一大师常怀戒学不彰,法门秋晚之忧,1934年于《缁门崇行录选集序》云:"近岁僧众盛倡学问,不尚操履,余尝劝学院主任者,应用是录为教本,以挽颓风。"①为令比丘戒或沙弥戒功德增上,于《普劝出家人常应受八戒文》援引《药师经》经文证之出家众不妨再受八戒:

> 八戒正为在家二众而制,但出家五众亦可受之;如药师经谓:"苾刍、苾刍尼(即是比丘、比丘尼)等有能受持八分斋戒求生极乐世界而未定者,若闻药师名号,临命终时有八菩萨乘神通来示其道路,即于彼界种种杂色众宝华中自然化生。"以此经文证之,可知出家之人,亦应受八戒。虽八戒戒相,于比丘戒或沙弥戒中已具,今为令功德增上;故不妨再受八戒也。②

并说明已受菩萨戒之出家众,所受之八戒(一名八分斋戒即今之八关斋戒)为大乘八戒:

> 八戒通大小乘。小乘者,如成实论等。大乘者,即菩萨八戒;如文殊问经及八种长养功德经所明。吾等即已受菩萨戒,今受八戒亦即是大乘八戒也。③

1940年弘一大师居丰州灵应山中,应上海居士之请,依《佛说八种长养功德经》为在家众录出《受八关斋戒法》,于案文中说:

> 受八戒者,正属在家二众,亦兼通于出家诸众,如药师经中所明。此文且据在家者言,故云优婆塞;若出家者随宜称之。④

在《律学要略》也提到:"八戒何为亦通在家出家?药师经中说:比丘亦

---

① 弘一大师:《缁门崇行录选集序》,见《全集》第10册,第119页。
② 弘一大师:《普劝出家人常应受八戒文》,见《全集》第1册,第301页。
③ 弘一大师:《普劝出家人常应受八戒文》,见《全集》第1册,第301页。
④ 弘一大师:《受八关斋戒法》,见《全集》第1册,第302页。

可受八戒,为欲增上功德故;这样看起来八戒亦通于僧俗。"①又言:

> 八关斋戒,外江居士受的非常多。我想闽南一带,将来亦应当提倡
> 提倡!若嫌每月六(斋)日太多,可减至一日或两日亦无不可;因仅受一
> 日,即有极大功德,何况六日全受呢?②

弘一大师对僧俗二众皆劝受八关斋戒。又撰《依长养功德经或四分随
机羯磨受八戒之区别》,说明大小乘者,虽教宗有别,但发心缘境同,皆为三
聚摄,故无大异。③

五、弘一大师与药师法门相应的大乘菩萨行愿

世尊于《药师经》中赞叹药师如来:

> 彼药师琉璃光如来,无量菩萨行,无量善巧方便,无量广大愿,我若
> 一劫,若一劫余,而广说者,劫可速尽,彼佛行愿善巧方便,无有尽也。④

因此,《药师经》中的菩萨行愿就如众宝璎珞般遍布在字里行间,成为菩
萨行者学习的宝典。弘一大师为实践菩萨行,首先便是受菩萨戒。

(一) 依《瑜伽师地论》自誓羯磨文受菩萨戒

1931 年 7 月 13 日,弘一大师居五磊寺,敬录菩萨戒羯磨文,"于堂中悬
明人名画地藏像一幅,鲜花供养,并自向像前受菩萨戒也"⑤。受时读白:

---

① 弘一大师讲、万泉记录:《律学要略》,见《全集》第 1 册,第 238 页。
② 有关八关斋戒内容及其究属顿立或渐次之戒的解说,可参阅弘一大师讲、万泉记录:《律学要略》,
见《全集》第 1 册,第 238 页;1940 年弘一大师依《佛说八种长养功德经》录出之《受八关斋戒法》,
同前书,第 302 页。
③ 弘一大师:《依长养功德经或四分随机羯磨受八戒之区别》,见《全集》第 1 册,第 302 页。
④ 《药师经》,CBETA,T14,no. 450,p. 0407b07 - 09。
⑤ 胡宅梵(维诠):《弘一大师胜缘记略》,见《全集》第 10 册,第 262 页;《慈溪五磊寺》,同前书,第 455
页。

我名演音仰启十方一切如来,已入大地诸菩萨众。我今欲于十方世界佛菩萨所,誓受一切菩萨学处,誓受一切菩萨净戒。谓律仪戒、摄善法戒、饶益有情戒。如是学处,如是净戒,过去一切菩萨已具,未来一切菩萨当具,普于十方现在一切菩萨今具。于是学处,于是净戒,过去一切菩萨已学,未来一切菩萨当学,普于十方现在一切菩萨今学。[①](见图四)

药师如来因地行菩萨道时所发第五大愿中之"三聚戒",[②]其内容即为羯磨文中所举律仪戒、摄善法戒和饶益有情戒三项。

菩萨三聚戒涵盖的层面甚为深广,律仪戒含摄了声闻律仪的七众戒;摄善法戒,简言之即布施、持戒、忍辱、精进、禅定、智慧等六度波罗蜜;饶益有情戒则不出布施、爱语、利行、同事等四摄法。

受持菩萨三聚戒,为成佛之因。三聚戒以菩提心为根本,发起修学一切律仪、一切善法,饶益一切有情的誓愿。如来果地的三身(法身、报身、应身)三德(断德、智德、恩德),是菩萨于因地受持三聚净戒所圆成的。[③]

菩萨戒的戒体属于"无作戒体,一发之后,永为佛种。纵令转生失忘,然既无退心犯重二缘,当知戒体仍在。"[④]因此,一旦受了菩萨戒,只要不退失菩提心、不违犯根本重戒,则生生世世尽未来际,戒体恒在。

受菩萨戒需具备何种条件? 弘一大师于《律学要略》中说:

---

① 弘一大师手书:《自誓受菩萨戒羯磨文》,见《全集》(修订版)第 9 册,第 211 页。此戒文系录自玄奘译:《瑜伽师地论》第 41 卷"本地分菩萨地第十五初持瑜伽处戒品第十之二",见 CBETA, T30, no. 1579, p. 0521b09 - 16。今据原典,谨将弘一大师手书戒文中"仰乞"二字改回"仰启"。1944年 9 月 1 日《觉有情》第 121—122 期,刊载于第一版之弘一大师《随分自誓受菩萨戒文析疑》,文前所录《自誓受菩萨戒文》,亦作"仰启"。见《民国佛教期刊文献集成补编》第 62 卷,第 74 页。菩萨戒自受或从师受,可参阅 1941 年弘一大师撰:《随分自誓受菩萨戒文析疑》,见《全集》第 1 册,第291—292 页。

② 《药师经》,CBETA, T14, no. 450, p. 0405a21 - 23。

③ 参阅道宣述:《释门归敬仪》,CBETA, T45, no. 1896, p. 856b27 - c3;《法华经玄赞释》,CBETA, X34, no. 639, p. 944a9 - 16。

④ 弘一大师:《致邓寒香函》,见《全集》第 8 册,第 362 页。何谓"无作戒体",可参阅弘一大师:《南山律在家备览略编》,见《全集》第 1 册,第 394—395 页。

要有菩萨种姓,又能发菩提心,然后可受菩萨戒。什么是种姓呢?就简单来说:就是多生以来所成就的资格。①

据夏丏尊这位弘一大师在俗时的挚友观察:"近几年来,我因他的督励,也常亲近佛典,略识因缘之不可思议,知道像他那样的人,是于过去无量数劫种了善根的。他的出家,他的弘法度生,都是夙愿使然。"②陈海量亦曾述及:"余自识师,未尝见其疾言厉色;其自利利他之行,有契于《华严经》第三十五卷所云:'佛子,此菩萨,四摄法中,爱语偏多,十波罗蜜中,持戒偏多,余非不行,但随力随分'耳。"③

弘一大师1933年7月30日于温陵大开元寺又依《瑜伽师地论》录出《自誓受菩萨戒文》,命性常法师等"随意自于佛前受之,其时性愿老法师等亦自动前来参加行受"。④ 1939年为发愿随分受菩萨戒的刘梅生亲书《随分自誓受戒文》,并赐书"以菩萨大愿甲胄而自庄严,救护众生,恒无退转"勖勉。⑤

(二)效法药师如来因地发菩提誓愿

佛陀于《药师经》中多次赞叹:"彼世尊药师琉璃光如来,行菩萨道时所发大愿,及彼佛土功德庄严,我若一劫,若一劫余,说不能尽。"⑥。

1931年弘一大师于《圈点〈行事钞记〉跋》提及"是夏居五磊寺,自誓受菩萨戒,并发弘律誓愿"。⑦ 其《弘律愿文》,在庄严的誓言中充满着大乘菩萨行者遍缘法界的广大菩提心,全文如下:

> 如是戒品,我今誓愿受持、修学,尽未来际,不复舍离。以此功德,

---

① 弘一大师讲、万泉记录:《律学要略》,见《全集》第1册,第239—240页。有关菩萨所具六波罗蜜多菩萨种姓相,可详阅玄奘译:《瑜伽师地论》第35卷"本地分菩萨地第十五初持瑜伽处种姓品第一",CBETA,T30,no.1579,p.0479a11-480a09。

② 夏丏尊:《弘一法师之出家》,见《全集》第10册,第187页。

③ 陈海量:《香火因缘话晚晴》,见《全集》第10册,第235页。

④ 释性常:《亲近弘一大师之回忆》,见《全集》第10册,第203页。

⑤ 侯秋东:《弘一大师与刘梅生居士(觉生法师)》,见《弘一大师有关人物论文集》,第199—200页。

⑥ 《药师经》,CBETA,T14,no.450,p.0405 b29-c02。

⑦ 见《全集》第7册,第609页。

愿我及众生,无始已来所作众罪,尽得消灭。若一切众生所有定业,当受报者,我皆代受。徧微尘国,历诸恶道,经微尘劫,备尝众苦,欢喜忍受,终无厌悔;令彼众生先成佛道。我所发愿,真实不虚。伏惟三宝证知者。

演音自撰发愿句三种,行住坐卧,常常忆念,我所修持一切功德,悉以回施法界众生;众生所造无量恶业,愿我一身代受众苦。

誓舍身命,护持三世一切佛法!

誓舍身命,救度法界一切众生!

愿护南山四分律宗弘传世间![①]

1933 年 5 月 26 日,据《南山律苑住众学律发愿文》所载:弘一大师与性常等十余位学律弟子、敬于诸佛菩萨祖师之前,同发《四弘誓愿》:

众生无边誓愿度　　烦恼无尽誓愿断

法门无量誓愿学　　佛道无上誓愿成[②]

并别发四愿:

一愿学律弟子等,生生世世,永为善友,互相提携,常不舍离,同学毗尼,同宣大法,绍隆僧种,普利众生;

一愿弟子等学律及以弘法之时,身心安宁,无诸魔障,境缘顺遂,资生充足;

一愿当来建立南山律院,普集多众,广为弘传。不为名闻,不为利养;

一愿发大菩提心,护持佛法,誓尽心力,宣传七百余年湮没不传之南山律教,流布世间。冀正法再兴,佛日重耀。[③]

---

① 见《全集》第 1 册,第 295 页。

② 隋天台智者大师说、门人灌顶记:《摩诃止观》第 5 卷,CBETA, T46, no. 1911, P. 0056a11 - 29。

③ 弘一大师:《南山律苑住众学律发愿文》,见《全集》第 1 册,第 348 页;释性常:《亲近弘一大师之回忆》,见《全集》第 10 册,第 203 页。

1931 年秋，弘一大师罹患疟疾，胡宅梵问大师何不安卧养息，答："病中正好代众生受苦也。"①1932 年 10 月在厦门妙释寺讲《净土法门大意》，开宗明义说："修净土宗者，应常常发代众生受苦心。愿以一肩负担一切众生，代其受苦。……所经时间非一日数日数月数年。乃经不可说不可说久远年代，尽于未来，决不厌倦。"②

1933 年正月二十一日手书《发誓愿联跋》："愿尽未来普代法界一切众生备受大苦。"③同年，弘一大师致显真法师函曰："余近来弘法之事甚忙，心极散乱。但大菩提心，有若决江河沛然莫之能御之势。誓舍身命，弘护三世一切佛法，救度法界一切众生。"④这些广大的菩提誓愿，庄严的引领着弘一大师行走在上求下化的菩萨道上，并且以代苦的心志，将自身的病苦转为道用。

(三) 依《药师经》悲智二心奉行三聚戒

《药师经》云："应生无垢浊心，无怒害心，于一切有情起利益安乐慈悲喜舍平等之心。"⑤弘一大师对此做了悲智二心的阐释：

> 前两句从反面转说，"无垢浊心"就是智心，"无怒害心"就是悲心。下一句正说，"舍"及"平等之心"就是智心，余属悲心。悲智为因，菩提为果，乃是佛法之通途。凡修持药师法门者，对于以上几句经文，尤宜特别注意，尽力奉行。……假使如此，则能以出世的精神来做世间的事业。⑥

---

① 胡宅梵：《弘一大师胜缘记略》，见《全集》第 10 册，第 262 页。1928 年 3 月 21 日弘一大师曾刺血以行楷写"代苦"二字，并补题："菩萨如是受苦毒时，转更精勤，不舍不避，不惊不怖，不退不怯，无有疲厌。何以故？如其所愿，决欲荷负一切众生，令解脱故。"（图五）见崔卫著《李叔同》，（台北）石头出版股份有限公司 2004 年版，第 12—13 页。
② 弘一大师：《净土法门大意》，见《全集》第 1 册，第 305 页。
③ 见《全集》第 7 册，第 637 页。
④ 弘一大师：《致显真法师、觉人居士函》(1933 年旧 11 月 17 日)，见《全集》第 8 册，第 474—475 页。
⑤ 《药师经》，CBETA，T14，no. 450，p. 0406c13 - 14。
⑥ 弘一大师：《药师如来法门一斑》，见《全集》第 1 册，第 327 页。

　　弘一大师解释菩萨之义："菩萨者,梵语,为菩提萨埵之省文。菩提者觉,萨埵者众生。因菩萨以智上求佛法,以悲下化众生,故称为菩提萨埵。"①点出菩萨悲智的特质。于勉励闽南佛学院学僧所撰《悲智颂》,深析了菩萨道悲智的内涵:

　　　　断诸分别,舍诸执着,如实观察,一切诸法。心意柔软,言音净妙。以无碍眼,等视众生。具修一切,难行苦行,是为成就,菩萨之道。②

　　据弘一大师《南山律在家备览略编》所言,菩萨三聚戒为"随举一戒,三聚具足。随举一聚,互具亦然"的圆教宗。③ 三聚戒虽各得其名,然相互含摄,圆融一体,不可偏废。随举一聚,三聚之义皆融摄其中。④

　　试举弘一大师的生活事迹,瞻仰其以悲智二心,奉行菩萨三聚净戒。

1. 回小向大的智慧抉择

　　从弘一大师弘律的经历,可见其回小向大的转变历程。大师"初学《根本说一切有部律》,遍览义净所译有部律藏,皆能躬履力行,轻重不遗,防护精严。后深觉南山律学,契合此土机宜,遂改学南山律"⑤。于《余弘律之因缘》文中举千部论师天亲菩萨为例,忏悔执小之非。并追述"辛未(1931 年)二月十五日,乃于佛前发愿,舍弃有部,专学南山。并随力弘扬,以赎昔年轻谤之罪。昔佛灭后九百年,北天竺有无着天亲等兄弟三人,天亲先学小乘而谤大乘,后闻长兄无着示诲,忏悔执小之非……余今亦尔。愿尽力专学南山律宗,弘扬赞叹,以赎往失"⑥。此举也预示了弘一大师即将成为大乘菩萨比

---

① 弘一大师:《佛法大意》,1938 年 6 月 19 日讲于漳州七宝寺,见《全集》第 7 册,第 569 页。
② 弘一大师:《悲智颂》,见《全集》第 8 册,第 189 页。
③ 弘一大师:《南山律在家备览略编》,见《全集》第 1 册,第 402 页。
④ 菩萨三聚净戒及六度波罗蜜之详细内容和受持方法可参阅玄奘译:《瑜伽师地论》第 39—43 卷,CBETA,T30,no. 1579,p. 0505a17 - 533a23。
⑤ 赵朴初:《弘一法师弁言》,见《全集》第 10 册,第 390 页。弘一大师于《〈南山律在家备览略编〉例言》说明"南山以法华涅盘诸义,而通释四分律。贯摄两乘,囊包三藏,遗编杂集,攒聚成宗。"见《全集》第 1 册,第 354 页。
⑥ 弘一大师:《余弘律之因缘》,见《全集》第 1 册,第 234 页;弘一大师:《佛教的源流及宗派》,见《全集》第 7 册,第 567 页;陈慧剑:《弘一大师戒律思想溯源》,见陈慧剑著:《弘一大师论》,(台北)东大图书股份有限公司 1996 年版,第 63—220 页。

丘。《药师经》教示：

> 若有净信善男子、善女人等，……惟当一心归佛、法、僧，受持禁戒，若五戒、十戒、菩萨四百戒、苾刍(比丘)二百五十戒、苾刍尼(比丘尼)五百戒，……①

弘一大师也提及：

> 三归、五戒、八戒、沙弥、沙弥尼戒、式叉摩那戒、比丘、比丘尼戒、菩萨戒等。就普通说：菩萨戒为大乘，余皆小乘。②

由上所述佛门的种种戒相观之，弘一大师受菩萨戒后，修行持戒的心行已不同于人、天、声闻、缘觉诸乘，而是直探佛陀本怀，以更深广的悲愿与智慧，上求圆满无漏的佛果以自利，下化法界一切众生以利他。③

此智慧的抉择，引发弘一大师此后校勘南山三大部，"运毕生之精力，示来者以津梁"④。并以出家十余年严净律仪的基础，于行菩萨道时，得以运悲智二心持守净戒，时时以清净的戒香，令见闻者，蒙获利益。

2. 由沉潜静修转向主动弘法利生

弘一大师出家次年(1919 年)的结夏，于致杨白民书中说："近来日课甚忙，每日礼佛、念佛、拜经、阅经、诵经、诵咒等，综计余暇，每日不足一小时。"⑤专注于沉潜精进的修学，是弘一大师自誓受菩萨戒之前，比丘生涯的重心。

1931 年自誓受菩萨戒后，弘一大师在行事风格上，开始展现菩萨行者积极度众之心。⑥ 高文显记述了弘一大师 1932 年第三次莅临泉州的景象：

---

① 《药师经》，CBETA，T14，no. 450，p. 0407a07 - 10。

② 弘一大师：《律学要略》，见《全集》第 1 册，第 237 页。

③ 参阅释本因敬编：《瑜伽菩萨戒本讲义》(台中)南普陀寺 2000 年版，第 1—56 页。

④ 释妙因：《重印南山三大部校勘本缘起》，见《全集》第 10 册，第 392—393 页。

⑤ 弘一大师：《致杨白民函》，见《弘一大师全集》第 8 册，第 271 页。

⑥ 沈继生辑录：《弘一法师驻锡寺院简介·慈溪五磊寺》，见《全集》第 10 册，第 455 页。

法师一向的态度，都是闭门自守，喜欢在禅堂中度着学者的生活，……而且他的字，也是难以求得到的。可是这一回他到泉州来，单就法书来说，所写的不下千余件，而讲经、赴宴，也不计其数，这确实与我们南方有特别的宿缘，不然为什么在从前他的老师蔡元培要会他，尚且拒绝不见，在沪上有友人以百金求他书一尺书，他也不答应呢？①

陈祥耀同样提及"法师这回对泉州人士，特别改变态度，特别广结法缘，破例为泉州人士写许多字，说许多法，甚至居然肯赴几回宴"②。
据陈慧剑的研究：

虽然弘一大师云水一生，但他到闽南之后，写"佛偈、佛语"赠人比往年更为积极，尤其到六十岁后，常在两三个月间写上千幅字送人。……在闽南（从 1932 年到 1942 年）十年之间，……写下的字幅，最保守估计，应有二万幅以上。③

此外，大醒法师追忆"律师前两次到闽南，我们曾请求再三，要他为闽院说一次法，他几次都很客气的推辞了"④。亦幻法师也叙述："弘一法师在白湖讲过两次律学。初次就在十九年（1930 年）……因为偏房说法的缘故，只有桂芳、华云、显真、惠知和我五人听讲。静权法师很恳切地要求参加，被他拒绝了。第二次是在二十一年（1932）的春天，他突然从镇北的龙山回到白湖，说要发心教人学南山律，问我还有人肯发心吗？我心悦得手舞足蹈。"⑤

1936 年冬，梦参法师奉倓虚老法师之命前来厦门迎请弘一大师至青岛湛山寺讲戒。弘一大师初未允，直至 1937 年 4 月，梦参法师以"《梵网经》说菩萨满一切众生愿。一位法师有人请他说法，他不说法，这是否失去菩提

① 高文显：《弘一法师的生平》，见《全集》第 10 册，第 190 页。
② 陈祥耀：《弘一法师在闽南》，见《全集》第 10 册，第 191 页。
③ 陈慧剑：《弘一大师身后遗存"字、画、印"的几个相关问题》，见《弘一大师论》，第 219—220 页。
④ 大醒法师：《追念弘一律师》，见《全集》第 10 册，第 264 页。
⑤ 亦幻法师：《弘一法师在白湖》，见《全集》第 10 册，第 194 页。

心?"请求开示，遂允。① 弘一大师对性常法师提及此事："本拟不往青岛，近因梦参自青岛来迎接，诚意殷懃，未能辞谢。已允数日后，同往。"②于湛山寺讲戒期间，弘一大师因气力不足，每次上课只能讲半小时。③

由以上几则事迹，可以发现，为了学习行菩萨道，作"诸众生不请友"，④弘一大师除较往常主动积极与人互动之外，在响应请求时，也做出更为柔和的决断。弘一大师从自身的身口意，躬身实践药师如来因地所行的菩萨法，无形中深化了其所弘扬的药师法门，令见闻者信受奉行的实质意义。

3. 不贪利养专意求佛智

弘一大师发愿行菩萨道，在弘法利生的过程中，时时以不贪名闻利养之志自我观照，以不忘初衷专意求佛智自我惕励。

1932年手抄《心经》卷末题款"不贪于利养唯乐佛菩提，一心求佛智专精无异念"⑤。1933年发"当来建立南山律院，普集多众，广为弘传。不为名闻，不为利养"之愿。⑥ 1937年对高文显说"实不愿久堕此名闻利养窟中，以辜负出家人之本志也"⑦。

1938年给郁智朗信中提及："朽人自初出家后，屡在佛前发誓愿，愿尽此形寿，决不收剃度徒众，不任寺中监院或住持。二十余年以来，未尝有违此誓愿。"⑧1939年致高文显信中重提"此次至泉州，居住约四阅月。名闻利养较前益胜。自惭凉德，名实不符，时用惭恧耳"⑨。

1941年致李芳远信中也说："朽人此次居泉两旬，日堕于名闻利养陷阱中，至用惭惶。"⑩1942年李芳远计划出版文艺作品，弘一大师的看法是："世

① 方兴：《持戒精严弘一法师——访问梦参长老》，见陈慧剑居士编辑：《弘一大师永怀录新篇》，(台北)龙树菩萨赠经会1991年版，第219—220页。
② 弘一大师：《致性常法师函》(1937年旧三月)，见《全集》第8册，第478页。
③ 侯秋东：《弘一大师与刘梅生居士(觉生法师)》，见《弘一大师有关人物论文集》，第208页。
④ 法护等译：《佛说八种长养功德经》，CBETA，T24，no.1498，p.1104c11。
⑤ 国家图书馆、中华文物保护协会、中华海峡两岸文化资产交流促进会编辑：《现妙明心·历代佛教经典文献珍品特展图录》，(台北)国家图书馆2012年版，第288页。
⑥ 弘一大师：《南山律苑住众学律发愿文》，见《全集》第1册，第348页。
⑦ 弘一大师：《致胜进居士函》(1936年正月十二日)，见《全集》第8册，第408页。
⑧ 弘一大师：《致郁智朗函》(1939年4月27日)，见《全集》第8册，第424页。
⑨ 弘一大师：《致胜进居士函》(1939年旧二月二十三日)，见《全集》第8册，第410页。
⑩ 弘一大师：《致李芳远函》(1941年旧十二月二十一日)，见《全集》第8册，第421页。

出世事,非一番苦心经营,其成就必不惊人。若欲超脱尘障,更须一番风霜磨砺,故迟迟出版无妨也。"①

弘一大师于佛行事业,虽未遂其倡办南山律学院之夙愿,②教育青年僧众的养正院也未能久长。③ 但在取舍之间,却显现了菩萨行者超尘脱俗,不为世间名闻利养所缚的戒定慧功德力。

4. 于一切众生当如慈母

弘一大师 1934 年居晋江草庵,书草庵门联"庵门常掩,毋忘世上苦人多"。④ 透露心系世人苦乐的慈悯之心。

弘一大师自到温陵后,前后十余年间,多次至泉州开元慈儿院、泉州妇人养老院、温陵养老院、晋江平民救济院等慈善机构弘法,"视诸老人、平民、孤儿、残废,如父母,如兄弟,如姊妹,如子女,如一家人,而无以异"⑤。不仅如此,对其他宗教的信众,也一视同仁无排斥之心。出外乘车,车夫苛求车资,大师也不与计较,满其所愿,令生欢喜。⑥

1942 年于战时药物昂贵之际,大师以旧藏贵重西药赠杜安人医生,嘱其普施贫苦病家。⑦ 闻开元寺道粮奇缺,将檀越供养的巨资转赠买米供众。叶青眼有感于此,写下"法师一贫僧耳,破衲之外无长物,而惠济贫病之深心,则有如是,是所谓因于众生而起大悲,昔者我闻其语,今乃我见其人"⑧。

弘一大师这份慈悯心,亦遍及其他物命。1933 年 5 月 15 日于泉州大开元寺开示:"杀牛羊猪鸡鸭鱼虾,乃举其大者而言。下至极微细之苍蝇蚊虫

---

① 弘一大师:《致李芳远函》(1942 年),见《全集》第 8 册,第 422 页。
② 瑞今:《行云流水忆弘师》,见《菩提树月刊》第 338 期(1981 年 1 月 8 日出版),第 14—16 页。
③ 弘一大师致性愿法师函(1936 年旧三月七日)中请其转告传贯法师"拟于二十年后在养正院讲戒本",可见当时有意长远主持养正院。见《全集》第 8 册,第 408 页。1938 年 4 月 18 日致丰子恺函中有"养正院星散"语。见《全集》第 8 册,第 372 页。
④ 沈继生辑录:《弘一法师驻锡寺院简介——晋江草庵》,见《全集》第 10 册,第 467 页;《草庵门联》,见《全集》第 8 册,第 39 页;弘一大师:《致啸川函》(1936 年正月),见《全集》第 8 册,第 414 页。
⑤ 叶青眼:《千江印月集》,见《全集》第 10 册,第 237 页。
⑥ 释广义:《弘公本师见闻琐记》,见《全集》第 10 册,第 204 页。
⑦ 林子青:《弘一大师二三事》,见《全集》第 10 册,第 332 页。
⑧ 叶青眼:《千江映月集》,见《全集》第 10 册,第 237 页。

臭虫跳蚤蜈蚣壁虎蚁子等,亦绝不可害损。"①大师不仅"爱鼠常留饭",以破布废棉为鼠结窠。② 寺中小黄犬病危时,偕同寺中七位僧众为之开示、诵经、诵咒回向,并归葬所居青龙山麓。③ 1934年草庵所养四匣蜜蜂,误食山中毒花而亡,弘一大师与诸师行施食法,超度亡蜂。④

1941年元旦手书"如我心者,宁于未来受无间苦,终不发生一念之意,与一蚊一蚁而作苦事,况复人耶"⑤。(见图六)《药师经》数度提及放生为药师法门修持的要项。弘一大师认为:"今能放生,即具慈悲之心,能植成佛之因也。"⑥但是,偶兴恻隐之心,舍资买放,并非难事。因此大师主张若放生本愿无有遗憾"必也栖游得所,护育得人,俾能全其生命,终彼天年"⑦。

这些看似细微,却感人至深的生活点滴,是菩萨行者深切的大菩提心,经由行持三聚戒,所显发的悲智具足的庄严菩萨行。

六、与觉圆法师结药师法缘

1939年春弘一大师为编著《药师经析疑》,曾向觉圆法师借阅"《药师经》晋译、隋译、唐义净译三种,以及《药师经》各种批注"⑧。叶青眼述及弘一大师"切盼温陵能建立一所药师寺,专供药师如来圣像,其意以为药师如来因地所发十二大愿,对一般贫人病人,极有饶益,故愿此方人士为之"⑨。因此,对"觉圆师弘扬药师法门,朽人甚为赞喜,颇愿有以辅助"⑩。1942年嘱咐广洽法师:"拙书《药师经》,前七年曾以赠与仁者,存贮日光岩木箱中,去年曾

---

① 弘一大师:《放生与杀生之果报》,见《全集》第7册,第557页。
② 李芳远:《送别晚晴老人》,见《全集》第10册,第196页。
③ 弘一大师:《超度小黄犬日记》,见《全集》第8册,第205页。
④ 弘一大师:《致蔡冠洛函》(1934年正月二十二日),见《全集》第8册,第349页。林子青《弘一大师新谱》则将此事迹列于1936年条下。见《全集》第10册,第123页。
⑤ 见《全集》第9册,第304页。
⑥ 弘一大师:《放生与杀生之果报》,1933年5月15日讲于泉州大开元寺,见《全集》第7册,第557页。
⑦ 弘一大师:《福州怡山长庆寺修建放生园池记》,见《全集》第9册,第306—307页。
⑧ 弘一大师:《致觉圆法师函》(1939年春),见《全集》第8册,第493页。
⑨ 叶青眼:《千江印月集》,见《全集》第10册,第237页。
⑩ 弘一大师:《致性常法师函》(1940年正月八日),见《全集》第8册,第481页。

闻已借与聂居士影印。近因觉圆师拟建大药师寺,拟请仁者以此经转施与大药师寺,至为适宜。"①

弘一大师于弘扬药师法门感应事迹时,亦举觉圆法师为例:"泉州承天寺觉圆法师,于未出家时体弱多病,即出家后二年之内病苦缠绵诸事不遂。后得闻药师如来法门,遂专心诵经持名忏悔,精勤不懈,迄至于今,身体康健,诸事顺利。"②对传贯法师亦提及"昔觉圆法师体弱多病,自发心每日读《药师经》后,至今身体甚为康健"③。

觉圆法师拟编辑药师圣典汇集"凡经文疏释及仪轨等,悉搜集之,刊版流布,以报佛恩"④。1941 年弘一大师请陈海量居士护持:"觉圆法师近拟辑《药师圣典》,欲至上海居士林遍检各种《大藏经》,抄写资料,应在上海居住多时,乞仁者为之介绍住处,(能住居士林内尤善。)并为之护卫一切,以成就彼之弘愿。"⑤

据 1940 年正月二十八日弘一大师致性常法师函所记:"乞仁者便中访觉圆师,乞代述朽人意云,彼前托编辑《药师圣典汇集》,但编辑时需参考书,俟往鼓浪屿后乃可着手,故一时未能编辑。……朽人拟编辑《药师经批注》一部,……但朽人处无有参考书。乞向觉圆师借用《药师经旁解》,及其它各种批注。又朽人前存觉圆师处,有古刊《药师经批注》两部。以上诸书皆乞汇齐,合为一包,托妥人带来,或交邮局挂号寄来,朽人即可着手编辑也。"⑥得悉觉圆法师曾请弘一大师协助圆满此汇集之编辑。虽然《药师圣典汇集》及《药师经批注》皆未见流传,但二人为弘扬药师法门效力的心愿和热忱是一致的。

弘一大师于《〈药师如来法门略录〉跋》中记:"曩余在清尘堂讲药师如来法门,后由诸善友印施讲录,其时经他人展转钞写,颇有讹误。兹由觉圆法师捐资再版印行,请余校正原稿,广为流布。"⑦可知觉圆法师为广流布弘一

---

① 弘一大师:《致广洽法师函》(1942 年旧三月三十日),见《全集》第 8 册,第 472 页。
② 弘一大师:《药师如来法门略录》,见《全集》第 1 册,第 325 页。
③ 弘一大师:《致传贯法师函》(1942 年旧三月),见《全集》第 8 册,第 485 页。
④ 弘一大师:《药师如来法门略录》,见《全集》第 1 册,第 325 页。
⑤ 弘一大师:《致陈海量函》(1941 年),见《全集》第 8 册,第 424 页。
⑥ 弘一大师:《致性常法师函》(1940 年正月八日),见《全集》第 8 册,第 481 页。
⑦ 弘一大师:《药师如来法门略录跋》,见《全集》第 1 册,第 325 页。

大师药师法门的讲稿,予以捐资印行。

药师法门的可贵,是为行者提供了于现实人生中成就净土的愿景和方法。如《药师经》所教诚的慈悲喜舍四无量心,以及四摄六度等。弘一大师与觉圆法师同愿弘扬药师法门,彼此护持,相互成就。其所结之法缘,未夹杂《药师经》所诟病的菩萨四重戒"悭贪嫉妒,自赞毁他"诸染污法。无疑为人世间的净土建设,树立了学习的榜样。[①]

七、结语

《药师经》云:"一切如来身语意业,无不清净。"[②]对弘扬药师法门的弘一大师,其身语意三业是否映现了药师如来清澈的教言? 从大师六旬诞辰,太虚大师的祝偈"圣教照心,佛律严身。内外清净,菩提之因。"可以得到贴切的答案。[③](见图七)

弘一大师以出世的智慧,入世的慈悲,躬身实践如来的教法,踏上圆成过去、现在、未来三世诸佛所行持的菩萨道。并以海纳百川的心量,深入律学、般若、唯识、法华、贤首、净土、禅法、密乘等诸多教法,契入佛陀平等一味的圣教。为正法的永续,擎起正法幢。

《药师经》又云:"人身难得",[④]以修持药师法门的善因缘能"解脱一切生、老、病、死,忧悲、苦恼。……以修福故,尽其寿命,不经苦患。"[⑤]显示药师法门肯定立足现实人生,在自利利他的过程中,福慧双修、悲智双运,是构筑安和乐利净土的因素。

为了庄严人间这方尚未完成的净土,弘一大师依教奉行,发菩提心、深

[①]《药师经》,CBETA,T14,no.450,p.0406a13 - 14。

[②]《药师经》,CBETA,T14,no.450,p.0407a21。

[③] 1929 年 12 月弘一大师于闽南佛学院听太虚大师讲《瑜伽真实义品》之后,同往小雪峰寺度旧年,1930 年 1 月 29 日获赠此偈。1941 年弘一大师六旬诞辰,太虚大师又书此偈以为祝。见释太虚:《赞弘一法师》,载《全集》第 10 册,第 395 页;印顺:《太虚大师年谱》,(台北)正闻出版社 1992 年版,第 300—302 页;戒德长老(1909 年旧五月二十五日—2011 年 5 月 21 日)口述、郑栗儿撰文:《梵音度众——戒德老和尚百岁回顾》,(新北市新店区)妙法寺 2009 年版,第 102—103 页;林子青:《弘一大师新谱》,见《全集》第 10 册,第 96—97 页。

[④]《药师经》,CBETA,T14,no.450,p.0407b04。

[⑤]《药师经》,CBETA,T14,no.450,p.0406a22 - 408a03。

信因果。由自身诸恶莫做、众善奉行、自净其意做起。以觉知的心,安住于平等的空慧中,引导世人趣向佛法的真实义。其所展现的不为世俗知见迷惑的识见与行履,为来者竖立了永恒的学习典范。

弘一大师曾敬录《妙法莲华经.法师品》以自勖励:"入如来室,着如来衣,坐如来座,尔乃应为四众广说斯经。如来室者,一切众生中大慈悲心是。如来衣者,柔和忍辱心是。如来座者,一切法空是。"[①]

又以"甘淡泊,忍疲劳。精勤禅诵,唾弃名利。以冰霜之操自励,以穹窿之量容人。亲近善友,痛除习气。勇猛精进,誓不退惰"[②]。与人共勉。其净如琉璃的生命质量,不仅彰显了药师法门和大乘菩萨行者,自利利他、进取向上的人生观。也为世人澈照出一条光明的、积极向善的人生坦途。

【附图】

图一　1939 年普济寺药师法门

---

① 弘一大师:《行事钞资持记》题首,见《全集》第 7 册,第 609 页。
② 弘一大师:《为律华法师书律偈并记》,见《全集》第 7 册,第 639 页。

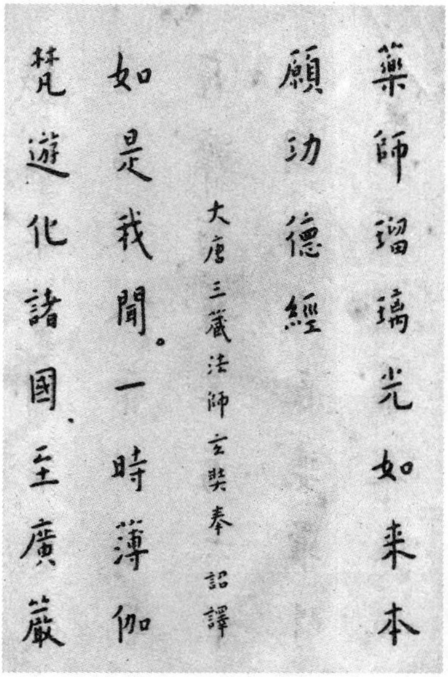

图二　药师经

图三　药师经版本

药师琉璃光如来本
顾功德经

大唐三藏法师玄奘奉诏译

如是我闻。一时薄伽
梵遊化诸国。至廣嚴

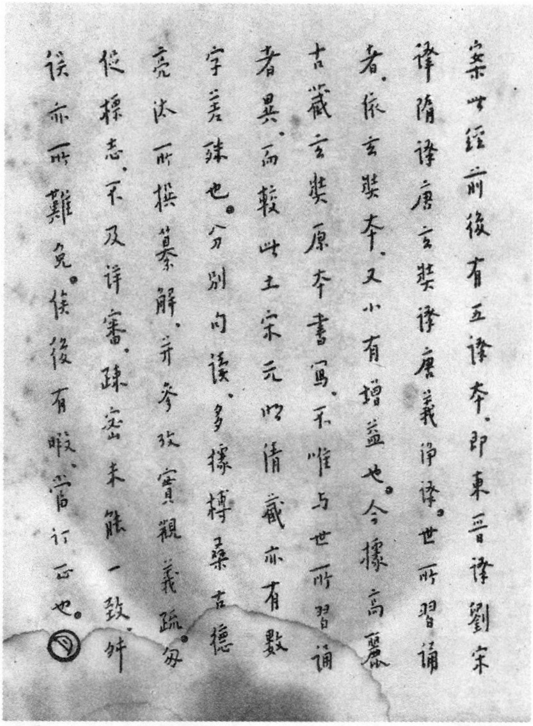

案此經前後有五譯本，即東晉譯劉宋
譯隋譯唐玄奘義净譯世所習誦
者，依玄奘本。又小有增益也。今據高麗
古藏玄奘原本書寫，不惟与世所習誦
者異。高較此土宋元明情藏亦有數
字差殊也。分别句讀，多據樗桑吉德
竟沈所撰慕解，并參玫寶觀義疏，每
俊樸志，不及详審，踈密未能一致。舛
誤亦所難免，俟後有暇，當行而定也。

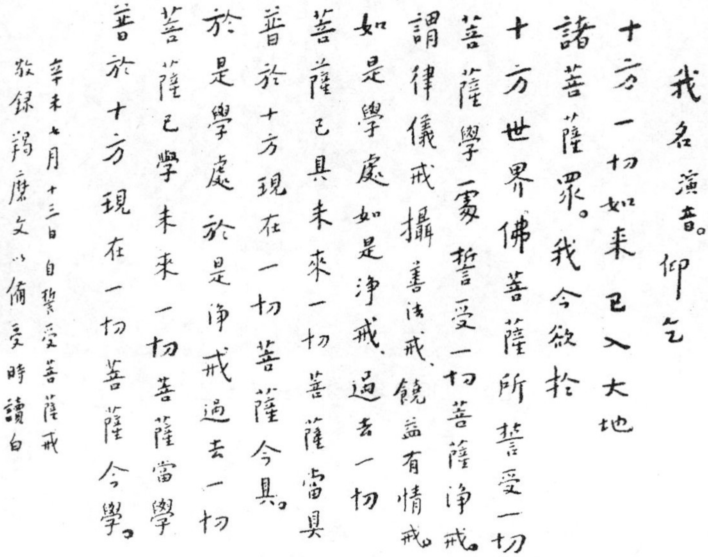

我名演音。仰乞
十方一切如来已入大地
諸菩薩眾。我今欲於
十方世界佛菩薩所誓受一切
菩薩學一家誓受一切菩薩净戒
謂律儀戒攝善法戒饒益有情戒
如是學處如是净戒過去一切
菩薩已具未来一切菩薩當具
普於十方現在一切菩薩今具
於是學處於是净戒過去一切
菩薩已學未来一切菩薩當學
普於十方現在一切菩薩今學。

辛未七月十三日自誓受菩薩戒
敬錄羯磨文以備受時讀白

图四　自誓受菩薩戒羯磨文

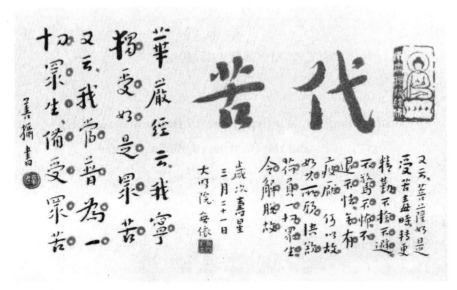

图五　代苦

图六　如我心者　　　　　图七　太虚大师祝偈

【作者简介】

高明芳,(台北)"国史馆"退休修撰人员,居士。

Master Hong Yi as a Practioner of Bodhisattva and His Propagating the Dharma of Bhaisajyaguru

Gao Mingfang

Summary

Master Hong Yi(1880 – 1942)and the Dharma of Bhaisajyaguru share a deep and profound connection, just like the Dharma of Bodhisattva Ksitigarbha, in which it expands the cultivation of the three baskets: discipline, concentration and wisdom. It is noted that scholars rarely focused on this field. After taking the vow of Bodhisattva in 1931,Master Hong Yi solidified a plan not only in present life but also in the eternal life for his practices and vows. He worked actively towards practices aiming at benefiting oneself and others, transcending his usual focus solely on the studies of Buddhism.

Master Hong Yi's propagation of Mahayana Sutra included the first lecture he gave in 1933 regarding *The Sutra of Bhaisajyaguru's Fundamental Vows and Merit(or The Sutra of Medicine Buddha)*. Later on,he preached ten times in the southern part of Fuchien, spreading the dharma of Bhaisajyaguru.

The Dharma of Bhaisajyaguru is based on *The Sutra of Medicine Buddha*, which is proclaimed by Sakyamuni Buddha as the Mahayana Sutra of Pure Land Buddhism. This sutra describes Bhaishajyaguru(or Medicine Budha)following the Bodhisattva Path at Cause Land, and unveiling the process of making Twelve Great Vows, and designing a blueprint to build a pure land of the mundane world as well as an ultra-mundane world. Hence, if one could explore from the point of view of the bodhisattva's practitioner，one might be able to comprehend or appreciate more thoroughly why Master Hong Yi chose to propagate and follow the footsteps of Bhaisajyaguru in order to attain enlightenment.

弘一大师《人生之最后》的推广与实践

纪洁芳

弘一大师手书《人生之最后》2013 年在台湾恭印赠阅,引起研读的风潮。莲花基金会为实践大师触动机先"病重时,专意念佛求往生"之理念,针对今日医学科技发达之时弊,编印《人生之最后——善终,是最美的祝福》专刊,结合净土念佛往生与安宁疗护,更大力呼吁大家签署《预立安宁缓和医疗暨维生医疗抉择意愿书》方能减少往生障碍,增进往生善缘。学习机会是可以创造的。本文探讨莲花基金会推广与实践弘一大师理念之用心与实际工作。

一、往生之葵花宝典——《人生之最后》

《人生之最后》乃弘一大师(以下称大师)亲手所书,此手书原稿系由广洽法师寄给香港法界学苑妙因律师,后辗转由界中法师带至台湾,2013 年由佛陀教育基金会恭印结缘。封面设计典雅古朴,前面附有大师画像及墨宝,大师清美富生命力的手书,内容精湛、言简意赅,句句触动读者内心深处。研读《人生之最后》,一时蔚为成风。

大师《人生之最后》乃撮录古今嘉言及自己的经验,于 1932 年讲于厦门妙释寺念佛会。当时了识律师卧病不起,见此讲稿,悲欣交集,遂放下身心,屏弃医药,努力念佛,令大众惊喜赞叹!

《人生之最后》其主要内容"在病重"及"临终时"两章,"病重时"主要为临终者开示。"临终时"乃为临终者、家属及助念者开示。下列将大师开示要点分叙之:

（一）病重时

1. 果能放下身心及家务事，专意念佛，求生西方：

（A）如世寿已尽，决定往生。

（B）如世寿未尽，反而较快痊愈。

2. 果不能放下

（A）如世寿已尽，不能往生。

（B）如世寿未尽，病恐加重。

这是开宗明义最重要的理念，大师又叮嘱：

1. 如病痛苦甚剧，反而要心生欢喜，因多生多劫之重报转轻，庆幸还了宿世债。

2. 临终者如神识犹清，宜请善知识开示。

3. 劝临终者如地藏经所言，捐衣物等与人结缘。

（二）临终时

大师劝吾等宜早日预立遗嘱。当往生者临终时，家人或助念者宜全心全力护持临终者，佛号相续、不打岔、不问遗嘱、不闲谈杂语、不随意移动临终者身体，室内供奉弥陀圣像，令嘱视。佛号或四字或六字，或快或慢、用何种法器，最好能尊重临终者平日的习惯与好乐，令临终者正念分明，安然往生。

如由另一角度观之，吾等也不敢保证将来往生时之助念者是否与吾等契合。所以平日亦宜学习随遇而安，提升适应力。

（三）命终后与追荐

临终者断气后，大师非常重视持续助念 8 小时，且千万不可触碰及移动其身体，就算身体有污秽，亦暂不洗涤。七个七日内以"念佛"荐亡为主。功德宜回向普及法界众生，以增长往生者利益。以素斋祭拜、入殓用旧衣、不用上好棺木，一切以俭朴为重，为亡者惜福及布施。

二、编送《人生之最后——善终，是最美的祝福》专刊因缘

上节大师"小病就医，病重时求往生"的开示，乃针对今日医学科技发达

的时弊,洞触机先。佛陀教育基金会恭送两千册的《人生之最后》,在台湾各地区的读书会,大多列为研读书籍,在研讨中问得较多的问题有二:

问 1.“病重时”的解读。

问 2.“病重时,专心念佛求往生。如送医院,能如愿吗?”

以上问题在求助于各学者专家及大德居士时,触动了莲花基金会的董事长陈荣基医师。莲花基金会成立于 1994 年,以培训安宁志工与推广佛教临终关怀为主。陈董事长认为探讨这两项问题乃基金会义不容辞之事。遂编印专刊供大家参考,此专刊《人生之最后——善终,是最美的祝福》共分三部分:

第一部分由慧观法师主编包括:

人生之最后(手书)。

人生之最后(印刷字体)。

弘一大师年谱。

弘一大师《人生之最后》开示稿述(慧观法师撰写)。

第二部分由莲花基金会陈慧慈执行长及慧炬杂志社周宝珠总编负责编辑,选了八篇惊心动魄的文章,分享读者:

1. 陈荣基医师

请问医师:如果病人是你自己或你的亲人,你会选择插管么?

2. 汉克·邓恩 Hank Dunn

有时能治疗疾病,永远可给予安慰——安宁疗护、缓和疗护和“仅予舒缓治疗”。

3. 汪琪教授

医祭。

4. 陈荣基医师

我们一定要不计代价,为临终病人奋战到底吗?

5. 陈彦元医师

DNR,必须是急重症医疗的一部分。

6. 黄胜坚医师

DNR 不是非死不可。

7. 海波教授

Hello,死亡!——生命奥妙:起承转合。

8. 宗惇法师

小小羊儿要回家。

第三部分附预立安宁缓和医疗暨维生医疗抉择意愿书(正本、副本)。

以上三部分计 72 页,印刷一万册以应有心人士索取。

针对以上问 1 问 2,回答如下:

答 1. 病重时,乃指重病末期病人,或承受痛苦折磨的癌症病人,乃指不能治愈的绝症患者。

答 2. 病重时,专心念佛求往生,能否如愿呢? 此与有否签署《预立安宁缓和医疗暨维生医疗抉择意愿书》很有关系,大师开示"病重时,专心念佛求往生"非常有时代意义,即佛教徒如罹患绝病,既不能治愈,宜全心求能够安然往生。不再心存侥幸,做种种化疗等侵入性治疗,徒增身心痛苦。

以今日情势观之,一位罹患绝症的佛教徒,多半会进驻医院,住院主要是取得照顾而非治疗。拥有较高质量的生活,能为安详、尊严的死,预做准备。更重要的是要签署意愿书。

特引证下列资料说明。

自从 1960 年代心肺复苏术(CPR)出炉并且不断研发改良后,医师开始扮演与上帝或阎王争命的脚色,倾向与死神奋斗到底,努力用 CPR 来拯救病人,用各种维生医疗措施,如呼吸器或叶克膜来拖延病人的死期。

CPR 包括气管内插管,体外心脏按压,急救药物注射,心脏电击,心脏人工调频,人工呼吸等紧急救治行为。虽然对急性心肺衰竭的病人可能救回生命,但也可能抢救回来的病人,成为植物人或终身依赖呼吸器,又对于癌末期病人或重大器官衰竭末期病人,CPR 实施,可能压断肋骨,电伤皮肤,敲断牙齿,引起大出血等痛苦伤害,而且只能拖延死期,让病人多受折磨,家人也悔恨抱憾而久久无法释怀!

庆幸台湾地区在 2000 年立法通过《安宁缓和医疗条例》(即美国之自然死法案 Natural death act),赋予国民有选择在临终时,接受 CPR 或拒绝CPR(即 DNR,不施行心肺复苏术,Do not resuscitate)的权利,主要令末期病人得依疾病进程安然离世,尊严善终,不再无意义地延长病人的痛苦濒死期。

此条例已实施十多年,曾于 2002、2012 年两度修法,益臻完善,让很多末期绝症病人,可以依其预立拒绝心肺复苏术,或预立选择安宁缓和医疗意愿书,不受插管急救的折磨,安然往生。

以下摘录三则生命的真实故事,读来令人扼腕,类似如此的故事多不胜举。希望我们阅后,有所启悟能对自己生命权益有更多认知,以保障自己与家人的临终权。

"……汪琪教授在母亲走后,第四天用血泪写下《医祭》这篇文,他说唯有这么做,才能为父母亲临终时所受的苦,持有一丝意义。并希望认识及不认识的人,永远不会经历她及其父母所经历的痛苦。"

"……但贵为'现代人',医疗延续了生命,却也拖延了死亡,从而拖延了我们所承受的痛苦。自从母亲进了医院,我就开始和医疗科学,以及医疗与保险体制,展开一段艰难的合作与对抗关系。完全没有医疗训练的我,必须在救治与保护母亲之间拿捏分寸。不论因为我想减少她的痛苦而延误了医疗,或因为我想要她康复,却使她受尽折磨而去,我都会堕入无法原谅自己的深渊。"

"……一根看似无害的软管,有粗有细;每一种都有它的功能。有进食用的鼻胃管、排泄用的导尿管,到点滴、用药、灌肠、抽痰、心导管即胃镜检查、人工呼吸,以至于种种监测人体状况的装置,无管不行。我们身体并不是设计承受这些管子,我们是否也要从病人角度来看这些管子?"

"……此刻我最大的希望——相信这也会是我父母的希望——是未来人们可以重新检视'救人'的意义;也希望医学家能够更积极地思考,如何发展更人道的医疗方式,而不再是坚持单一的'治疗'思维,由延长病人的痛苦,转而帮助他们得到更平静的结束。"

第二个故事"Hellow,死亡"是海波教授描述父亲昏迷急救,到去世的临终过程,心是揪成一团。

"……终于,在凌晨十分,父亲被推出手术室。然而映入眼帘的是怎样一种触目惊心:父亲深度昏迷,满脸血迹,单头脸部就有四五根管子!震惊,那一刻,我们只有震惊!那一刻的心惊,那一刻的心颤,每每想起来,便是心痛……七手八脚的慌乱中。ICU的大门冰冷的隔开了父亲和我们。也正是从那一刻开始,我们全家开始了度日如年的等待和祈盼。"

"唯有父亲的离世,方令我和'死亡'前所未有地如此接近。我从头至尾亲历了'死亡'的来访。衷心地,感谢我父亲,他展示了这个特殊生命阶段的光明,最重要的是,展示了一条由生向死的认知路径:死亡,其实并不可怕。它不曾离开过我们每个人半步!"

第三个个案是一位女士的遗憾!

"……曾经有一位女居士说服了末期疾病的父亲,签署拒绝心肺复苏术意愿书(即 DNR 意愿书),交给医院。在父亲呼吸困难时,匆忙紧张中,又将父亲送到急诊室,急诊医师劈头就说:'插不插管?不插会死!'做女儿的一时紧张,心想如果不插管,不就等于是她让父亲就此死掉的吗?因此回答:'插'。接下去看到父亲被插管接呼吸器,在加护病房中一周,受尽痛苦而后往生,久久痛苦悔恨,伤心自责。"

"如果当时急诊医师,能够在评估病情后,告诉家属:'爸爸的病况,如果不插管,可能很快呼吸衰竭而死。如果插管,可以再拖延几天,但是因为他本身的末期疾病,不会好起来,过几天还是会死亡。他本人已经表示要DNR,我们是否可尊重他的意愿,不要插管,协助他安详往生?'家属应该会做最好的抉择,大家陪伴病人,减少他的痛苦。当病人能够安详往生时,家属的难过应该会大大减少。"

以上三项个案都是为人子女对父母的不能善终而遗憾,我们希望的是每个人在自己健康时,就签署上述意愿书,这是现代人应有的认知。目前台湾地区各地医院,都可取得意愿书,或在卫生福利部网站下载,十分便利,并可以注记在健保 IC 卡内,其法律效力等同于意愿书正本,莲花基金会董事长陈荣基医师就是健保 IC 注册 DNR 意愿的第一人。唯目前台湾地区已经预立 DNR 意愿者仅十四万人,我们还有很大的努力空间。

索甲仁波切在《西藏生死书》中说"让全世界的医师能够非常认真地允许,临终者在宁静安详中去世……,设法让非常艰苦的死亡过程,尽可能变得放松、无痛苦与安详"是所愿也!

三、创造学习的机会

学习是永续的,机会是可以创造的。莲花基金会随着《人生之最后——善终,是最美的祝福》专刊的出版,举办征文比赛,鼓励大家深入研读。借着征文比赛,可倡导国人预立生前遗嘱风气,培养国人坦然面对生死课题的勇气,从而推动 DNR,让人生结局更圆满,让生死相安两无憾。

其征文内容:

《人生之最后——善终,是最美的祝福》专刊读书心得,可分两部分:

1. 个人善终计划

假设个人在临终时刻,回顾生命时,最期盼对儿女、家人、亲朋好友交代的感言,可包括医疗处置、讣闻内容、告别式、遗言等要求与冀望。(但请不要以个人遗产分配,指定、交办事物为主体)

2. 经历亲人临终前被无效插管急救,受尽折磨、痛苦往生的经验,因而改变或加强善终的意念,并签署《预立安宁缓和医疗暨维生医疗抉择意愿书》的心路历程。

设有优厚奖金,分学生组及社会组进行,每篇 1 200 字,2014 年 6 月 30 日截稿。

征文截稿后,总计收到社会组有 109 篇文章,学生组有 32 篇文章。经分析投稿者背景资料,据莲花基金会提供:

社会组 109 位投稿者。如以性别分:女士占 74.31%、男士占 25.69%;如以年龄来分:31 至 40 岁最多,占 32.11%,其次为 41 至 50 岁 22.02%、21—30 岁占 14.68%;如以职业来分:护理人员占 22.09%、僧侣占 10.09%、教师及服务业皆占 7.34%、家庭管理占 8.26%、退休人员占 10.01%。

学生组 32 位投稿者。如以性别分:女学生占 71.88%、男学生占 28.12%;如以学历分:大学生占 65.63%、高职中生占 21.88%、研究生占 6.25%。

莲花基金会特别聘请八位评审,采匿名审稿(即投稿者以号码代之)。笔者忝列为评审之一,拜读每篇文稿皆是真人真事,都有刻骨铭心的故事,真是篇篇精彩、感人至深。另一评审是弘一大师纪念学会的前理事长慧观法师,她说:"我审阅每一篇文章之前,皆先念十声佛号,才开始认真阅读,一边看一边感念作者……"几乎每位评审皆是腾出整片时间,闭关阅读,选出初选名单,八位评审再开会复审,相互讨论,评定等第,后又增加佳作十名,免有遗珠之憾,并增设特别奖颁给参赛作品中年纪最小 13 岁的蔡小妹妹,以资鼓励。

四、《人生之最后》的实践

有关《人生之最后——善终，是最美的祝福》专刊共印刷了 10 000 册，至 2015 年初库存仅 300 册，由此可知至少有将近万人阅读过此专刊，唯据非正式统计，每一本书或期刊至少有 3 至 4 人阅读过，则获有大师"人生之最后"理念的读者约有 30 000 多人，不问有多少人已心动行动，但这已是一个好的开始。最近有两本书在台湾非常受到欢迎，一是南华大学副校长、美国天普大学宗教研究所哲学博士慧开法师所著的《生命是一种连续函数》，书中详尽谈及往生西方极乐世界与临终关怀的紧密性，法师以自己全家照顾母亲，坚持不插管，连鼻胃管都不插之心路历程，妥善照顾母亲，安然往生之实例，现身说法，说服力强。另一则是美国凯斯林辛的《好走——临终时刻的心灵转化》（彭叶邦、廖婉如译）颇令人感动，她说：

死亡可以非常平和的，死亡是超越性，我们能以更宽广、更深层的态度来对待临终的人，临终者亦可以平静、充满能量及希望来对待自己的死亡。

有智慧的人对死亡宜有准备，才能从"负面"转向"正面"。一般人碰到了死亡，对临终者所关心的是心跳、血压、呼吸及瞳孔，而所考虑到的是要不要施行人工复苏术、气管切开……以阻止死亡的自然发生，所以临终者及周边的人所呈现的是煎熬、蹂躏、恐惧、愤怒、悲痛、等负面情绪。如能透过心灵的转化，有平日的修持及灵性成长，则临终者及周边的人是放松、退出、光芒、静默、神圣、超越、知悟，是正向光明的。

在征文比赛中，社会组录取 15 名得奖者、学生组录取 10 名得奖者，他们的作品，目前莲花基金会正编印出版中，分享大众。此次征文无论是投稿者或得奖者，他们都是《人生之最后》的实践者，节录部分菁华分享之：

社会组：
△ 从母亲开始就诊，到她恶化的半个月时间，母亲默默接受生命即将结束的事实，甚至侃侃而谈，她的后事安排，她告别式使用的相片，她

火化之后要和父亲同住在一个地方等等，这段陪伴母亲的日子里，我们手足之间建立了共识，母亲只有情况发生时，我们不急救，甚至任何侵入性的治疗，都不接受。因为接触过莲花《生命》双月刊，知悉善终是对家人最好的祝福，……甚至在我去为母亲办理出院手续时，法师还能在母亲耳畔开示，鼓励母亲积极念佛，要放下一切罣碍，追随阿弥陀佛去极乐世界修行。

即使到了护送母亲回家、让母亲躺在自己熟悉的床上，等待往生的重要时刻，我们全家大小排班，轮流在母亲的耳边念着："阿弥陀佛！"

林丽华　陪母亲走向善终的路

△ 爱我们的老爹其实到医院前就已经死亡，全身冰冷失温，没有心跳、血压、脉搏，没有呼吸，瞳孔放大，医生打了三十多针强心针，心外按摩，口插上气管内管送至加护病房并接上呼吸器。过了三周后，老爹被推到开刀房，医生做了颈部的气管切开术，转院到呼吸治疗中心，每个月的花费约五万多，花钱事小，每当抽痰时，看见我们爱的老爹会全身不自主痉挛抽搐，怎不让人心疼难过。悲呀！可怜的1999年没有DNR（预立安宁缓和医疗暨维生医疗抉择意愿书）可以让家属签字。……2000年，谢天！终于有了预立安宁缓和医疗暨维生医疗抉择意愿书（DNR），我的爸爸、妈妈、婆婆、先生和我都已经把DNR注记在健保卡上，我们都填了器官捐赠同意书，和老爹一样也要当大体老师。

王仪芬　一九九九

△ 最后，还有几件事情是我的意愿，请务必为我守护：第一，当我临命终时，无法由口进食，别因为担心我会饥饿而帮我放鼻胃管，吃不下是为了下一段旅程作准备，我会因此走得更轻盈，更没有痛苦。再者是，在我生命尽头，完成最后一次呼吸时，请不要执行无效的心肺复苏术，徒增临终之苦。我渴望能随顺生命自然凋零的过程，往下一世的彼岸走去。

在我踏往彼岸的路上，请以安宁疗护安顿我的身体，佛法则是我心的依归；在我踏上彼岸之时，请以一袭海青、声声佛号为我送行，这将是给我的最美祝福；在我踏上彼岸之后，丧葬一切以佛教仪式办理，请替我再布施，切莫为我杀生。最后，把我这已功德圆满的色身烧毁吧！从今而后，此身将安息在那山中无甲子的寺庙。

梁惠茹　我的二重奏人生——以安宁安身，以佛法明心

△ 死亡一直是个无法被公开讨论的隐晦话题，有的人觉得不吉利，有的人觉得太遥远，因此两年前当我们面临爷爷因为失智症造成的严重感染，住进加护病房时，我才意识到：面对死亡原来是需要准备和学习的。……身为家族中的晚辈，我无从置喙爷爷的医疗照护，当时，长辈们也没有安宁缓和医疗和签署 DNR 的概念，对爷爷医疗处置的最高原则就是——让爷爷活下来，没有考虑到反复感染又呼吸衰竭对爷爷造成身心极大的折磨，我听着爷爷痛苦的呼吸声，才发现原来爷爷是个肉身苦萨，他用他的肉身教导我如何思考生老病死，如何面对生命的最后一哩。……佛教莲花基金会曾出版《人生之最后——善终，是最美的祝福》一书，这本书让人轻易地了解"安宁缓和医疗"和 DNR 的内涵与精神。……更大的意义是让病患拥有善终的权利，陪伴他们宁静安详地走完这趟旅程。

吴欣芳　善终的权利

△ 曾为护理人员的我，很早就对生死有感，也对善终有些概念，在护理工作的第二年，我就签了 DNR，和同事互当见证人，在健保卡上留下注记，然而当时感受并不深。……2005 年冬天，天气寒冻，高龄的爷爷因为脑中风入院，从此展开进出医院的日子，从生病到过世，是一长串繁琐的治疗，最后，在家人亲情的不舍下，做了气切。

即使有相关背景，但身历其境时，我和所有人一样手足无措，不知道那些同意的措施是不是对的。第一次面对家人的末期，爷爷的痛苦，亲人的煎熬，我想着身为孙子辈的我，还来不及好好孝顺他……种种纷乱的思绪，他最后一程的苦，我却永远无从得知，他是否真心愿意承受？

汪琪老师的《医祭》一文里提到面对母亲的临终处置时，内心痛苦的挣扎："不论因为我想减少她的痛苦而延误了医疗，或因为我想要她康复却使她受尽折磨而去，我都会堕入无法原谅自己的深渊。"这段话令人心中戚然……

"死"在华人文化里,常是个避谈的话题,因为不祥而有所忌讳,许多人都在很接近死亡的时刻,才来学习面对死亡。因为这样,让死亡始终蒙上一层灰暗的想象,无法拨云见日。……情况许可下,不管先和家人讨论,或者签署 DNR,至少可以尽可能导向一条自我属意的"好死"途径。

刘颖芝　照暖句点

△"主任,氧气面罩真的要拿掉吗?"主护护士再一次地问我。

"是的。"我以坚定的口吻回答。

"主任,要不要用氧气鼻管给点氧气? 阿婆很喘耶!"

"不要。"我摇摇手。

"主任,您母亲痰很多,要不要给她抽痰?"

"谢谢,真的不要。"我以颤抖的声调吐出这几个字。

这位年轻任职不到一年的护理师,用很疑惑的眼神看着我。不到半个小时我娘就走了,没交代什么,也不必交代什么。不论子女如何哭喊、孙子们怎么泣不成声,她都再也看不见,也听不到了。

"我什么都不要这辈子我已经很满足了。"娘很清楚地告诉我。在她生病期间我曾问她,一旦有万一的时候,有没有什么要交代我去做的? 她摇摇头表示,她只希望瑶池金母赶快带她走,她真的不想再这么痛苦下去了。

萧国川　只留美好回忆给你们

△ 如果有一天,当我发生意外失去意识,处于昏迷接近临终,经过二位专科医生的判断,认为康复的机会很低,请不要为我气切、插管、急救等侵入性的治疗,因我已签下"预立选择安宁缓和医疗意愿书",已有二位见证人签名,将意愿书送至有关单位办理,健保 IC 卡已注记;……临终之时,请不要为我哭泣,播放我最喜欢的这首歌曲:"这一生最美的祝福,就是能认识主耶稣,这一生最美的祝福,就是能信靠主耶稣,走在高山深谷,祂会伴我同行,我知道这是最美的祝福……"

告别式部分,以天主教仪式举行,在庄严的气氛下,唱出天籁的圣歌,如《机遇》《慈光歌》《主今日接触我》《我知谁掌管明天》等……

丧礼结束后,驶向火葬场时,播放"长亭外,古道边,芳草碧连天,晚风拂柳笛声残,夕阳山外山。天之涯,地之角,知交半零落。一壶浊酒尽余欢,今宵别梦寒。"藉这首歌曲,表达在离开前向挚爱的亲友好好地道别,虽然万般不舍,但是生命不在长久,而是活着有价值。

王新慧 《人生之最后——善终,是最美的祝福》读后心得

学生组

△ 师长曾于课间问起:"你们知不知道临终关怀为什么值得投入医疗资源?"老师说:"如果你知道有来生,你会明白今生的死亡,其实是下一生的开端。那么正念的善终,绝对是最大的投资。"临终时的善念,深远地影响业力的感报……舅舅一家执意不肯放弃治疗,我们告知外婆之前已签下同意书,也经由院方的确认,他们只好尊重。仅带着氧气瓶,坐着救护车回家,我们围着她助念,她老人家也默默地跟着我们念佛,最后安详地离开人世。过程中,舅妈不停地落泪,直说:"明明可以救,好像是我们把她杀了……"我想:"这就是最难的部分吧!"

真传法师 人生之最后——死亡的尊严,正念的相续

△ 佛教的无常观教导人在入睡前闭上双眼思维:"当我下一刻醒时,张开双眼的那一个刹那,不知是明日的先到,还是来世先到。"……如果我的生命将结束,色身已经不能再负荷了,请不要让我再承受无谓的"延命治疗",让我能安详地面对,因为多活一天的代价,是带给我、我爱的人、爱我的人身心俱疲、焦虑与苦恼。

知义法师 无憾的道别

学佛不是为了祈求诸佛菩萨神通加持、奇迹显灵,而是让自己的内心可以更坦然地接受生命的升起和殒落。因此,尊严地走完人生旅程,并且从容安详与亲人告别,而不是只有惊慌失措、悲伤哭泣与难过不舍,我们可以学习在宁静中追思,并妥善地梳理离别的情绪。……我们要积极学习"死亡管理"来规划安详的临终大事,无论何时何地,当死亡来临时才能不惊慌失措、不恐惧害怕,若常以平常心观照生死之大事,何患无常之乍到?在现实生活和心灵方面尽量做好充分的安排,让亲属好友有心理准备而不忧不伤,自己也能翩然优雅完成人生预定的谢幕篇章。

柳羿均 《人生之最后——善终,是最美的祝福》读后感

△ 有高血压的舅舅在无预警的情况下,在床上被发现脑出血后紧急送医……最后迎来的却是医生的病危通知和插管急救的同意书,当时一心渴望舅舅能有一线生机的爷爷、奶奶只好答应插管,而谁都没想到,更大的恶梦也就此笼罩了我们全家人……但因为舅舅的教训,更让我下定决心在成年后要签署 DNR,不仅仅是为了我自己,未来如果不幸发生什么时能够安详地死去,也为了让我家人能少点负担,更觉得应该把国家的医疗资源让给更多真正需要的人。如今,我觉得死亡本身已经不是最可怕的了,只要愿意坦然面对。

邱晏彤(笔名:秋千)死亡,人生的一大课题

五、结语

2014 年 10 月 10 至 12 日是吉祥的日子,台湾地区热烈地庆祝莲花基金会成立 20 周年暨弘一大师 135 岁诞辰纪念。特举办第十届"佛法与临终关怀研讨会"以"迈向高龄化社会佛教临终关怀的使命与愿景"为主题,邀请学者专家及临床经验丰富之医护人员、宗教师等发表论文,以谋求"高龄化小区安宁照顾"建立共识,盼大家及早预见未来的自己,积极思考及规划高龄生活的愿景。接着颁发"人生之最后——善终,是最美的祝福"征文比赛活动优胜者奖项,一幅幅获奖文章悬挂于会场分享交流,他们以实践的精神来向弘一大师致敬,是最切合实际的。

最后压轴的是"莲花二十载——'弘一大师人生之最后'"音乐欣赏感恩会。精美的音乐欣赏感恩会手册,让人爱不释手。共选了大师 20 首曲子,每首皆有详细的词曲批注,录自徐正纶编著之《弘一大师诗词全解》(东大图书)、钱仁康编著《弘一大师歌曲集》(东大图书)及慧观法师编著之《弘一大师持戒念佛之典范》(弘一大师纪念学会)。

陈荣基董事长的欢迎词非常感人,他说:"诚如大家所知,在弘一大师悲欣交集的人生历程中,更是集诗、词、书画、篆刻、音乐、戏剧、文学于一身,开中华灿烂文化艺术之先驱,为世人留下了咀嚼不尽的精神财富,其所创作的《送别》,历经百年传唱不衰。在今晚的感恩音乐会,我们感谢由采风乐坊、君涵乐坊、莲华之音合唱团、Indulge 跨界美声乐团女高音陈文钰律师和钢

琴博士庄贻婷老师,以及天才小提琴演奏家杨雅钦同学、音乐家王钰融老师木琴独奏等,以多元的音乐表现形式,让我们得以缅怀师恩,亲身感受大师音乐作品的丰采与魅力。"

音乐会结束了,研讨会也谢幕了,但大家对大师的景仰与感动还持续着。《人生之最后——善终,是最美的祝福》专刊还在辗转传阅中,我们唯有踏实实践大师的教诲,方足以力报深恩!

【作者简介】

纪洁芳,(台湾)南华大学哲学与生命教育研究所兼任教授。

The Dissemination and Practice of
Master Hong-yi's *The Last of Life*

Ji Jiefang

Summary

With the printing and free distribution of Master Hong-yi's pamphlet, *The Last of Life* in Taiwan in 2013, a wave of reading and studying this book has set in. To practice Master Hong-yi's idea of "when severely ill, dying by wholeheartedly chanting Buddha" and to compensate for the drawback of modern medicine and technology, Lotus Hospice Care Foundation edits and prints this special issue of *The Last of Life-Peaceful Death is the Most Beautiful Blessing*. The idea is to combine both practices of dying by chanting Buddha in Pure Land and Hospice care while advocating "the signing of a will to choose moderate medical care and surviving medical care" in order to remove the obstacle toward peaceful death and increase the possibility of dying naturally. Learning opportunities can be created. This article examines the hard and practical work of Lotus Hospice Care Foundation in spreading and practicing Master Hong-yi's idea.

《护生画集》与印光法师戒杀放生思想及吕碧城戒杀护生宣传之关系研究

陈　星

一、引言

　　《护生画集》，1929 年 2 月开明书店初版，丰子恺绘画，弘一法师书写诗文，李圆净纂集，马一浮作序，穆藕初资助出版，为现代中国护生文化之杰作，其影响延续至今，意义非凡。[①]《护生画集》的产生，有诸多时代、佛教文化背景，如 20 世纪初国内外的素食主义运动与护生文化宣传、末劫时代持守及弘扬佛教基本教义的需要、弘一法师精神"背光"的推力等，其价值也表现在着眼于普及普惠的平民化意识、立足于救世利生的警世意义、融通儒、释、道思想精华的文化艺术追求以及培养着眼于人类的可持续发展、长养体恤于众生的慈悲精神和建立和睦相处的平等世界等。本文仅就《护生画集》与印光大师戒杀放生思想及吕碧城戒杀护生宣传之关系加以研究。

二、印光法师"戒杀放生"思想的发扬

　　在西方世界，虽然由于传统的人类中心论和机械哲学观等作用，对动物

[①] 丰子恺等编绘的护生画共六集，《续护生画集》于 1940 年 11 月由开明书店出版，《护生画三集》于 1950 年 2 月由大法轮书局出版，《护生画四集》于 1961 年由（香港）商务印书馆印刷，[新加坡]弥陀学校赠送，《护生画集》第五集于 1965 年 9 月由（香港）商务印书馆出版，《护生画集》第六集于 1979 年 10 月由（香港）时代图书有限公司出版。在护生画的传播过程中，版本繁多，本文仅就最初的《护生画集》编创与印光法师"戒杀放生"思想及吕碧城护生宣传之关系加以研究。

的杀戮和虐待始终没有停止过,但也能看到,西方在很早就有了许多各种各
样的保护动物的组织。早在 14 世纪,英国就有皇家禁止虐待动物会。最早
的动物福利法也起源于英国,1596 年,英国曼切斯特郡就制定了一项关于纵
狗斗熊的禁令。到了 1822 年,英国议院接受了爱尔兰庄园主理查德·马丁
提出的《禁止虐待家畜法案》,即马丁法案,成为动物保护史上的一座里程
碑。1824 年,马丁组织了英国皇家禁止虐待动物会而展开保护动物运动。
在中国,善待动物、保护动物的思想也由来以久。首先是佛教伦理,平等、慈
悲、果报的思想在诸如《大般涅槃经》《大智度论》等佛经,以及"六道"理论中
都有十分透彻的阐述。再就是儒道思想的作用,所谓仁爱、无伤、和谐、"慈
心于物"和"贵性贵生"等观念也可谓深入人心,尽管其大多首先是着眼于
人。在这样的思想体系的影响下,文人对护生观念的传播也起到了很大的
作用。《论语》记载孔子最谨慎的三件事就是斋戒、战争和疾病。孟子则言:
"君子之于禽兽也,见其生,不忍见其死,闻其声,不忍食其肉,是以君子远庖
厨也。"[1]与西方世界一样,古代中国也有许多人士竭力主张保护动物,而清
同治有《淤黟戒杀会公言》,被称为戒杀文中之第一杰作。[2]

人类历史进入到现代,尤其是第一次世界大战以后,欧美诸国陆续掀起
素食护生的思潮,而在国内,佛教界内外也不断在弘扬戒杀放生的理念并付
诸于行动。研究"护生画",当于其时的国际国内这些背景相联系。

印光法师倡导"戒杀放生",而作为印光法师弟子的弘一法师、李圆净显
然在思想和佛教行持上受到印光法师的影响,"护生画"的编绘,其因缘应与
印光法师有关。探讨,"护生画"受印光法师的影响,须先了解弘一法师、丰
子恺,以及李圆净与印光法师的密切之关系。

在与弘一法师同时代的僧人中,印光法师是弘一法师最为崇拜的高僧。
弘一法师对印光法师的评价极高,他说:"朽人于当代善知识中,最服膺者,
惟印光法师。"他又引述永嘉周孟由居士之言说道:"法雨老人禀善导专修之
旨,阐永明料简之微。中正似莲池,善巧如云谷。宪章灵峰(明蕅益大师),
步武资福(清彻悟禅师),弘扬净土,密护诸宗。明昌佛法,潜挽世风。折摄

---

① 出自《孟子·梁惠王章句上》,杨伯峻编著《孟子译注》,中华书局 1960 年版,第 15 页。
②《淤黟戒杀会公言》,见《光明画集》附录二,国光印书局于 1931 年版。

皆具慈悲,语默无非教化。二百年来,一人而已。诚不刊之定论也。"①1920年春,《印光法师文钞》出版,弘一法师题词并序:"'是阿伽陀,以疗群疚。契理契机,十方宏护。普愿见闻,欢喜信受。联华萼于西池,等无量之光寿。'庚申暮春,印光老人文钞镌板,建东、云雷嘱致弁词。余于老人曩未奉承,然尝服膺高轨,冥契渊致。老人之文,如日月历天,普烛群品,宁俟鄙倍,量斯匡廓。比复敦嘱,未可默已。辄缀短思,随喜歌颂。若夫翔绎之美,当复俟诸耆哲。大慈后学释演音稽首敬记。"②在此序中,弘一法师已经表达了他对印光法师的崇敬,即"服膺高轨,冥契渊致"。1920年7月,初出家不久的弘一法师因写《佛说大乘戒经》用心过度而得到过印光法师的指点。印光法师在致弘一法师的信中说:"昨接手书并新旧颂本,无讹,勿念。书中所说用心过度之境况,光早已料及于此,故有止写一本之说。以汝太过细,每有不须认真,犹不肯不认真处,故致受伤也。观汝色力,似宜息心专一念佛,其他教典,与现时所传布之书,一概勿看,免致分心,有损无益。应时之人,须知时事。尔我不能应事,且身居局外,固当置之不问,一心念佛,以期自他同得实益,为惟一无二之章程也。"③表达了他对弘一法师的关怀教化之情。因服膺印光法师,弘一法师十分希望能够成为他的弟子。然而,印光法师一般不蓄剃度弟子,故弘一法师于1922年致书陈情时,印光法师谦词不受;1923年,弘一法师又于阿弥陀佛诞辰之日在佛像前"臂香"拜师,希望借得三宝的慈力获得印光法师的同意,结果仍未如愿。是年末,弘一法师第三次恳请,终于得到印光法师的同意,破例收为弟子。1923年农历四月,弘一法师曾在上海太平寺亲近印光法师。④ 1924年农历五月,弘一法师赴普陀山参礼印光法师,并住了7天,自晨至夕守在印光法师身边,观察他的一言一行。弘一法师在《略述印光大师之盛德》的演讲文中归纳了印光法师的盛德:"平生不求名

---

① 弘一法师致王心湛信,收《弘一大师全集》第8册,福建人民出版社2010年版,第332页。

② 弘一法师:《〈印光法师文钞〉题词并序》,收《弘一大师全集》第7册,福建人民出版社2010年版,第618页。

③ 印光法师致弘一法师信,收《弘一大师全集》第8册,福建人民出版社2010年版,第502页。

④ 弘一法师在《元魏昙鸾〈往生论注〉题记》中曰:"癸亥四月,居上海太平寺,依北京新刊补陀光法师校定本标写,今复录补陀法师三节于卷端。时在癸亥岁将暮,晚晴沙门昙昉书。"收《弘一大师全集》第7册,福建人民出版社2010年版,第620页。补陀即普陀山略称。印光法师居普陀,故称其法语为《补陀法语》。

誉,他人有作文章赞扬师德者,辄痛斥之。不贪蓄财物,他人供养钱财者至多,师以印佛书流通,或救济灾难等。一生不蓄剃度弟子,而全国僧众多钦服其教化。一生不任寺中住持监院等职,而全国寺院多蒙其护法。各处寺房或寺产有受人占夺者,师必为尽力设法以保全之。故综观师之一生而言,在师自己决不求名利恭敬,而于实际上,能令一切众生皆受莫大之利益。"弘一又还把印光大师言行中能为常人所学之处列举为"习劳"、"惜福"、"注意因果"和"专心念佛"。关于"习劳",弘一法师说:"大师一生最喜自作劳动之事。余于民国十三年到普陀山,其时师年六十四岁。余见师一人独居,事事躬自操作,决无侍者等为之帮助。直至去年,师八十岁,每日仍自己扫地,拭几,擦油灯,洗衣服。师既如此习劳,为常人作模范,故见人懒惰懈怠者,多诚劝之。"关于"惜福",弘一法师说:"大师一生,于惜福一事最为注意。衣食住等皆极简单粗劣,力斥精美……师每日晨仅粥一大碗,无菜。师自云:初至普陀时,晨食有咸菜,因为北方人吃不惯,故改为仅食白粥,已三十余年矣。食毕,以舌舔碗,至极净为止。复以开水注入碗中,涤荡其余汁,即以之嗽口,旋即咽下,惟恐轻弃残余之饭粒也……"关于"注意因果",弘一法师又说:"大师一生最注意因果。尝语人云,因果之法,为救国救民之急务,必令人人皆知,现在有如此因,将来即有如此果。善有善报,恶有恶报。欲挽救世道人心,必须于此入手。大师无论见何等人,皆以此理痛切言之。"关于"专心念佛",弘一法师则说:"大师虽精通种种佛法,而自行劝人,则专依念佛法门。师之在家弟子,多有曾受高等教育及留学欧美者,而师决不与彼等高谈佛法之哲理,唯一一劝其专心念佛……"①

弘一法师对印光法师的尊敬,叶绍钧(叶圣陶)在《两法师》一文中有过十分形象的描述,如:"饭后,他说约定了去见印光法师,谁愿意去可同去。印光法师这名字知道得很久了,并且见过他的文钞,是现代净土宗的大师,自然也想见一见。同去者计七八人。""寺役去通报时,弘一法师从包袱里取出一件大袖的僧衣来(他平时穿的,袖子同我们的长衫袖一样),恭而敬之地穿上身,眉宇间异样地静穆。我是喜欢四处看望的,见寺役走进去的沿街那

---

① 弘一法师:《略述印光大师之盛德》,收《弘一大师全集》第 7 册,福建人民出版社 2010 年版,第 578 页。

房间里,有个躯体硕大的和尚刚洗了脸,背部略微佝着,我想这一定就是。果然。弘一法师头一个跨进去时,便对这和尚屈膝拜伏,动作严谨且安详。我心里肃然。有些人以为弘一法师当是和尚里的浪漫派,看这样可知完全不对。""印光法师的皮肤呈褐色,肌理颇粗,表示他是北方人;头顶几乎全秃,发着亮光;脑额很阔;浓眉底下一双眼睛这时虽不戴眼镜,却同戴了眼镜从眼镜上面射出眼光来的样子看人;嘴唇略微皱瘪:大概六十左右了。弘一法师与印光法师并肩而坐,正是绝好的对比,一个是水样的秀美、飘逸,而一个是山样的浑朴、凝重。"①而从叶绍钧文中也可知,那天一同去见印光法师的还有丰子恺,也正是在那一天,丰子恺第一次见到了印光法师的弟子李圆净。1922 年,李圆净因肺结核赴日本西京疗养。其间,他经常在帝国大学图书馆阅读佛经,对佛教产生了极大的兴趣。回国后,他即拜印光法师为师皈依佛教。曾遵师命在苏州协助开办弘化社,印行经书、流通法宝,以弘扬净土。李圆净毕业于复旦大学文科,文笔颇佳,著述颇多,影响也很大。他从《印光法师文钞初编》和《印光法师文钞续编》及《印光法师文钞增广本》摘要分类而编成《印光法师嘉言录》,一度在教内外广泛流传,吕碧城也是在获得《印光法师嘉言录》后发心深入研究佛学。李圆净的《护生痛言》经印光法师的鉴定,不仅附录于《护生画集》(初集),还出版了单行本。

1924 年,印光法师作了《〈劝戒杀生文〉序》,指出"若能于放生戒杀实力奉行,近则息杀因,远则灭杀果,所关者大!亦非仅为物类计耳"。② 弘一法师切实奉行印光法师放生戒杀之旨,正是在编绘《护生画集》(初集)的 1928 年,弘一法师在指点旧友姚石子读佛书的信中,首先列出的就是《印光法师文钞》。他在信的开头写道:

省书,承仁归信佛法,至可赞憙。辄依鄙见,择定应用经书若干种,录之如下:

《印光法师文钞》 法师今居普陀,昔为名儒。出家已二十余年,为当世第一高僧。品格高洁严厉,为余所最服膺者。《文钞》之首,有余题

① 叶绍钧:《两法师》,载 1927 年《民铎》第 9 卷第 1 号。
② 印光法师:《〈劝戒杀生文〉序》,收《印光法师文钞三编》卷三,福建莆田广化寺 1989 年,第 759 页。

辞。又新版排印《安士全书》(为上海佛学推行社所印送。仁者如无此书,请致函索取。)第二本末页,附录余撰定阅《印光文钞》次序表。依此次序阅览(但表中所记一圈者及无圈者,可暂缓阅),自无扞格不通之虞。……

……

《净土十要》,印光法师盛赞此书,但多未宜于初学。若初学者,可先阅是中《十疑论》……

……

……如不能常茹素,每晨粥时可茹素一餐,名曰吃早素。仁者可以是广劝他人。此事甚不为难,常人皆可行之,亦可以此种善因也。又不宜买活物在家杀戮,若需食者,可买市上已杀之物。如是虽食荤腥,亦可减轻许多罪过。……①

弘一法师也有一篇演讲《放生与杀生之果报》,开篇就写得可谓语重心长:

今日与诸君相见。先问诸君(一)欲延寿否? (二)欲愈病否? (三)欲免难否? (四)欲得子否? (五)欲生西否?
倘愿者,今有一最简便易行之法奉告,即是放生也。
古今来,关于放生能延寿等之果报事迹甚多。今每门各举一事,为诸君言之。

接着,弘一法师一一述说关于寻常之人的延寿、愈病、免难、得子和生西故事,十分生动,并以为上述所言,"且据放生之人今生所得之果报。若据究竟而言,当来决定成佛。因佛心者,大慈匝是,今能放生,即具慈悲之心,能植成佛之因也。"然后,弘一法师强调:

---

① 弘一法师致姚石子信,收《弘一大师全集》第 8 册,福建人民出版社 2010 年版,第 387—388 页。姚石子(1891—1945),江苏金山人,名光,号复庐,南社诗人,晚年学佛。

放生之功德如此。则杀生所应得之恶报，可想而知，无须再举。因杀生之人，现生即短命、多病、多难、无子及不得生西也。命终之后，先堕地狱、饿鬼、畜生，经无量劫，备受众苦。地狱、饿鬼之苦，人皆知之。至生于畜生中，即常常有怨仇返报之事。昔日杀牛羊猪鸡鸭鱼虾等之人，即自变为牛羊猪鸡鸭鱼虾等。昔日被杀之牛羊猪鸡鸭鱼虾等，或变为人，而返杀害之。此是因果报应之理，决定无疑，而不能幸免者也。

既经无量劫，生三恶道，受报渐毕。再生人中，依旧短命、多病、多难、无子及不得生西也。以后须再经过多劫，渐种善根，能行放生戒杀诸善事，又能勇猛精进忏悔往业，乃能渐离一切苦难也。

抑余又有为诸君言者。上所述杀牛羊猪鸡鸭鱼虾，乃举其大者而言。下至极微细节之苍蝇蚊虫臭虫跳蚤蜈蚣壁虎蚁子等，亦决不可害损。倘故意杀一蚊虫，亦决定获得如上所述之种种苦报。断不可以其物微细而轻忽之也。

今日与诸君相见，余已述放生与杀生之果报如此苦乐不同。惟愿诸君自今日以后，力行放生之事，痛改杀生之事。余尝闻人云：泉州近来放生之法会甚多，但杀生之家犹复不少。或有一人茹素，而家中男女等仍买鸡鸭鱼虾等之活物任意杀害也。愿诸君于此事多多注意。自己既不杀生，亦应劝一切人皆不杀生。况家中男女等，皆自己所亲爱之人，岂忍见其故造杀业，行将备受大苦，而不加劝君告阻耶？诸君勉旃，愿悉听受余之忠言也。[①]

此演讲于 1933 年农历五月十五日在泉州大开元寺进行。演讲内容虽然有与科学常识不甚相符之处，但读此文，还须结合弘一法师宣传放生戒杀的目的来理解。1933 年，正是"护生画"获得社会广泛关注和丰子恺"警世漫画"在佛教刊物发表并产生影响之时。由此可知弘一法师仍在继续着他的"导俗"宣传。弘一法师甚至还将戒杀的观念极致般地落实到了日常生活。夏丏尊在《续护生画集》的序言里为读者提供了这样一段往事：

---

① 释弘一：《放生与杀生之果报》，收《弘一大师全集》第 7 册，福建人民出版社 2010 年版，第 557—558 页。

犹忆十年前和尚偶过上海,向坊间购请仿宋活字印经典,病其字体参差,行列不匀,因发愿特写字模一通,制成大小活字,以印佛籍。还山依字典部首逐一书写。聚精会神,日作数十字,偏正肥瘦大小稍不当意,即易之。期月后书至刀部,忽中止。问其故,则曰刀部之字,多有杀伤意,不忍下笔耳。其悲悯恻隐,有如此者。①

"护生画"的最初名称是"戒杀画",此后因以为"护生"的意义更广大,故改为"护生画"。高明芳曾在《丰子恺与〈护生画集〉的编绘》一文中论述道:"弘一法师素来崇仰印光大师,曾经三次致书陈情,希望列入门下弟子。他在致友人的信中,也每提及'于当代善知识中,最服膺者,惟印光大师。'并说印光大师'为当世第一高僧,品格高洁严厉,为余所最服膺者。'""1920 年代初,那时距离第一次世界大战(1914—1918)才数年的光景,而中国境内从日本占领山东半岛、军阀混战,继之北伐,战争的烽火就未停息过。印光大师便于此时倡导戒杀放生,祈愿增长社会上仁爱的风气。弘一法师从江湾返回温州后,便以书信和丰子恺商讨编绘事宜。"②2010 年 10 月,第三届弘一大师研究国际学术会议在杭州召开,同时出版会议论文集《如月清凉——第三届弘一大师研究国际学术会议论文集》。③ 论文集里收有朱显因《众缘和合〈护生画集〉》一文,与高明芳的观点有相应之处,文中提出,从"戒杀画"到"护生画"的更改,应与受印光法师的影响有关。早在 1921 年,印光法师就在《南浔极乐寺重修放生池疏》中就提到了"是知护生原属护己"的概念。④ 而世界佛教居士林印行的《广长舌》第十二集里刊登了印光法师致家庭莲社的信:"凡皈依佛法之人,无论男女,必须敦伦尽分,闲邪存诚。诸恶莫作,众善奉行。戒杀护生,爱惜物命。信愿念佛,求生西方。"⑤朱显因甚至以

---

① 夏丏尊:《〈续护生画集序〉》,收《续护生画集》,开明书店 1940 年第 1 版。
② 高明芳:《丰子恺与〈护生画集〉的编绘》,载 2007 年 9 月(台北)《国史馆学术集刊》第 13 期。
③ 弘一大师·丰子恺研究中心编:《如月清凉——第三届弘一大师研究国际学术会议论文集》,中国广播电视出版社 2010 年版。
④ 沈去疾:《印光法师年谱》,天地出版社 1998 年版,第 108 页。
⑤ 《广长舌》,世界佛教居士林印行,第 27 页,转引自朱显因:《众缘和合〈护生画集〉》,收弘一大师·丰子恺研究中心编:《如月清凉——第三届弘一大师研究国际学术会议论文集》,中国广播电视出版社 2010 年版,第 256—268 页。

为"《护生画集》之'果'还得归结于印光法师提倡'戒杀放生'之'因'"。①
笔者以为,得出这样的结论可谓"护生画"研究不断深入的结果。正如以往
在研究"护生画"时较少结合国际背景,以及与吕碧城在戒杀护生方面的中
外桥梁作用一样,研究者对"护生画"受印光法师提倡戒杀放生的影响,及弘
一法师、丰子恺、李圆净对印光法师的追随也没有引起足够的重视。作为印
光法师追随者的弘一法师、李圆净,甚至丰子恺,他们最终将画集的名称定
为"护生画",理应也有禀承印光法师护生之旨的意思。

三、与吕碧城"戒杀护生"的宣传相呼应

有论者评价曰:"在中国近代佛教史上,吕碧城提倡的'戒杀护生',与印
光大师倡导的'戒杀放生'、弘一大师和丰子恺的'护生'齐名。"②此应符合当
时的实际。

《护生画集》(初集)附有李圆净的《护生痛言》。《护生痛言》1929 年 3 月
在《海潮音》第 10 年第 1 期开始发表时,标题下注明"为护生画集作"字样。
《护生痛言》有一万余字,可谓"痛言护生",后附录于《护生画集》(初集)。
《护生痛言》分为五个部分,通篇言说的都是不杀生的道理。开篇写道:"'天
地之大德曰生,世人之大恶曰杀生。'这是古人昭示天下后世,最直接了当,
而十分沉痛的两句话!"既而写生命的可贵,动物的生命与灵气,强调"众生
一体",呼吁戒杀护生。他痛陈世俗人生是"无往而不造杀业的",即便只是
一餐,"便每每不止杀一命了!"他以为,"仁义礼智信,是做人必备的条件,能
守五常的,才不愧为堂堂地一个人。""因为人具有五常的美德,所以不愧和
天地并称为三才,不愧号为万物之灵啊!"但是,一旦犯了杀戒,人之美德即
毁。他劝请人们在杀生之时"回心想想:想那众生惊飞骇走,恨天不赐梯,恨
地没缝钻的当儿,和我们畏怖追拿,魂飞魄震之时,有什么分别没有? 想那
众生同类相怜,因杀一鸡而群鸡惊怖,因杀一猪而群猪不食的当儿,和我们

---

① 朱显因:《众缘和合〈护生画集〉》,收弘一大师·丰子恺研究中心编:《如月清凉——第三届弘一
大师研究国际学术会议论文集》,中国广播电视出版社 2010 年版,第 256—268 页。
② 杨锦郁:《吕碧城文学与思想》,(高雄)佛光文化事业有限公司 2013 年版,第 269 页。

被贼所绑,合家恐惧,或当死别,六亲痛哭,难分难舍之时,有什么分别没有?想那众生临杀悲鸣,望或见赦,血沥命断,声犹汶汶的当儿,和我们临刑无措,或望神佛救护,神识分离,犹冀片刻生存之时,有什么分别没有?"圣人立教,最重仁恕。仁恕,即推己及人,具备仁民爱物之心。《护生痛言》的第四部分主要写提倡素食,如写道:"实行素食,固然于我心有无限的安处,并且于我身也有无限的益处。年来各国素食的风气颇见盛行,考其原因,大概是因为各种科学都进步了,于是对于素食和肉食的利害上,便有了种种确切的证明,和种种惊人的警告。自己的生命是谁都爱惜的,因此实行素食的便渐见普遍,此风尤以美国为最盛行。这种卫生式的素食见解,虽然不是彻底的,却也未尝不是改变陋俗习惯的一个好现象。"他详言素食的益处:

饮食之主要目的,无非是在养生,所以我们吃的东西,总要取那最富于精力的一种。须知精力是出自阳光,能够得到阳光的热度,从而吸收其精力的,只有天地间生长的植物;那摄热蕴精最丰富的,要以种子果实为第一。如果分析肉类的滋养料,便有淀粉蛋白脂肪糖盐等质,这些在植物的米麦豆类中都是有的,而且比肉类的更易消化。即将豆类来讲,其中所含的蛋白质,已达百分之四十;那肉类中所含的,只有百分之二十罢了。肉类的蛋白质非特不易消化,并且因为已经组织成动物体内机关之用,养育的生机已经很缺乏了,倘和植物的蛋白质比较起来,其新陈优劣,不是很明显么?我们的食物,总须取其新鲜清洁的为是,天地间生长植物,经日光雨露的培植,足供养生,真犯不著去吃那陈腐无益的血肉啊!

如将素食和肉食比较起来,我们更可以看见种种显然的分别:就是素食的长寿,肉食的早衰;素食的嗜欲淡,肉食的嗜欲浓;素食的神志清,肉食的神志浊;素食的脑力敏捷,肉食的神经迟钝;素食的持久力充足,肉食的持久力缺乏;素食的血液清,富于抵抗力,肉食的血液浊,易生痛风症。外国当大体育会举行地时候,统计各项运动员,占优胜者,多属素食的人,这就是个明证。当日俄之战,俄兵因不耐久战致败,日兵因能耐劳持久故胜,因此西人有说,这是蔬食民族和肉食民族的优劣比较,自是有相当的理由。可见得想要创立事业,无论个人与群众,都不是粗暴血气之勇所能成功的。古人说得好："肉食者鄙。"我们如果立志想堂堂地做一个人，首应断除肉食，实行素食！这不特于我们身体有极大的益处，而且于我们的良心上，也实在有无限的安处啊！

在《护生痛言》的最后一章，李圆净主要从佛教徒的角度来阐述戒杀素食的必要性。他以为"戒杀吃素，原不是佛教独有的主张，凡顾重人道主义的，都有这种主持公道的言论和实行。上面所讲的，就都是从人道主义的立场而宣说。但佛教主张戒杀，更有严重的理由，所以佛教戒律，无论五戒十戒，比丘二百五十戒，菩萨戒，都是以不杀为首。倘动善机必从此始！"最后他用自己《到光明之路》中解说因果的文字作为此篇长文的结束，其中有这样的段落："世间上一切的事物，其中都有个恰如其分的因果律；那人生的生死寿夭，禄享丰薄，际遇盛衰，乃至一地一国的兴废，都不是偶然发生的，都不是凭空而来的。古人说得好：'积善余庆，积不善余殃。'所谓积，所谓余，就是因果的道理了。这因果之理，和数理是相同的，如一加一是二，二乘三得六，都有个一定的程式。有这样的因，便有这样的果；因已形成，果是迟早终须出现的。出现果的分量，一定和那因的分量相应的。……又如种瓜得瓜，种豆得豆一般地准确。""所以具善根因缘的人，也不必等有了征验才肯信；那业障重的人，虽然有了征验，仍不是信的。但信不信是他个人的事，而征验还是个征验。因果相应的事实，也断不致因他个人的不信，便会改变了的！世人多是为了眼前的小不便，终于免不了后来的大恶果，岂不可叹！"①

李圆净的《护生痛言》经印光法师的鉴定。弘一法师曾多次对该文表示赞扬。1928 年农历六月十九日，弘一法师致函李圆净，指示《护生痛言》可收入《护生画集》，并说"将来《护生痛言》排版时，其字之大小，排列之格式，皆乞与子恺商酌。""尊撰《护生痛言》，闻已脱稿，至为欢慰。"②1928 年农历九月初四日，弘一法师致函李圆净，又说："《护生痛言》，至为感佩。拟留此详读。"③

---

① 李圆净：《护生痛言》，收《护生画集》（初集），此引自开明书店 1929 年再版本。
② 弘一法师致李圆净信，收《弘一大师全集》第 8 册，海峡出版发行集团·福建人民出版社 2010 年版，第 376 页。
③ 弘一法师致李圆净信，收《弘一大师全集》第 8 册，海峡出版发行集团·福建人民出版社 2010 年版，第 381 页。

　　而就是在这篇《护生痛言》中,李圆净居然写到了许多有关欧美等国的素食主义思想和行为。

　　现代中国历史上有一位风云女性叫吕碧城。① 她是中国现代史上少有的奇慧,她善诗词,工画,倡导女权,呼唤女性应有独立自主之人格。她周游欧美各国,弘传东方文化,主张世界的和平事业并不是只能依靠国际条约和相关政策所能维持的,更重要的还是依赖人心来维持,而人的和平之心则须由公道正义和仁爱之精神来养成。故她积极致力于戒杀护生的宣扬与践履。1920 年,谛闲法师在北京讲经,她曾前往谒见。② 谛闲法师为她讲说因果报应之说,使她对佛教有了初步的接触。她随后至美国哥伦比亚大学学习,1922 年归国。1926 年,她再度出国,漫游美、英、法、意、瑞士等国。写有大量游记,刊登于北京的《顺天时报》和上海的《半月杂志》等报刊上。吕碧城提倡"戒杀护生"的思想,并以此来促进东西方对佛教慈悲理念的认同。早在 1926 年她再度出国前,就曾拟创办一份《护生》月刊,主张宣传人类不伤及人类,人类也不应不伤及物类,终未果。赴美后,又准备与日本人合作提倡戒杀,仍未有结果。1928 年她偶见伦敦《泰晤士报》载英国皇家禁止虐待动物会函,心灵深受震动。在她看来,这就是世界的一线希望。于是她当即致函英国皇家禁止虐待动物会,陈述自己有关保护动物的见解并决计谋创中国动物保护会,起草了要谋创中国保护动物会缘起。是年 12 月 25 日,她在日内瓦断荤。她说这"既符仁恕戒杀之旨而又适口,何予不能享此清福,虽旅次不便,亦应勉为其难"。"每日往咖啡店选进精美面食,或牛乳鸡蛋及果品,间于寓所自饮以遣兴"。③ 她与欧美各国的"蔬食会"建立了广泛联系,并将资料寄回国内,大力宣传戒杀护生的主张。1929 年,她接受国际保护动

① 吕碧城(1883—1943),安徽旌德人,生于太原,字遁天,号明因,又号圣因,别署晓珠、信芳,室名长恩精舍,法号宝莲、曼智,近现代杰出词人、女权运动和护生运动的大力倡导者。清末任天津《大公报》撰述、编辑,后被聘为北洋女子公学堂总教习、监督,民国成立后,曾任袁世凯政府秘书,后辞职,1920 年赴美,入哥伦比亚大学习美术,1922 年经加拿大、日本回国居上海,1926 年游欧美诸国。1933 年回国居上海,后再次辗转于欧美国家,1940 年回国居香港,任女子佛学院导师。
② 谛闲法师(1858—1932),浙江黄岩人,号卓三。毕生辛勤弘法,诲人不倦,教通三藏,学究一乘,为天台泰斗。对近代佛教有扶衰起弊之功。著述宏丰,有《大佛顶首楞严经序指昧疏》等。
③ 吕碧城语,转引自赖淑卿:《吕碧城对西方保护动物运动的传介——以〈欧美之光〉为中心的探讨》,载 2010 年 3 月(台北)《国史馆馆刊》第 23 期。

物会的邀请,赴维也纳参加该组织的会议,其作为唯一一个应邀与会的中国人,具有历史意义。在欧美考察时,吕碧城发现欧美人士虽然也提倡保护动物,但仅限于禁止虐待动物,而不及于保护动物的生命。① 吕碧城以佛家慈悲的精神,宣说于保护动物不受虐待外,还应进一步戒杀,以保护动物的生命。

　　1930 年,吕碧城正式皈依佛教,法名曼智,并与太虚、常惺法师建立了密切关系。② 可以说,吕碧城是中国第一位具有世界眼光的佛教女性,自从与以太虚为代表的世界佛化运动建立联系后,她始终不渝地为佛法西传与中外文化交流积极奔走。1933 年,吕碧城从瑞士回国,在上海寓居,捐款十万元给红十字会,倡导动物保护。此后,她再次出国,辗转于欧美国家,致力于倡导佛教,希望用佛教慈悲的理念呼吁"护生戒杀",阻止野蛮的战争。随着欧战爆发,她于 1940 年返国,寓居香港,潜心学佛,在此期间,她著成《观音圣感录》等。吕碧城于 1943 年 1 月 24 日病逝,享年 61 岁。她将全部财产 20 余万港元布施于佛寺,并立遗嘱:遗体火化,把骨灰和面粉为小丸,抛入海中,供鱼吞食。

　　吕碧城在为护生思想的传播奔走的年代,正是《护生画集》编创的时候。如今虽无证据说明吕氏的言论主张对"护生画"的编创有过直接的影响,但作为当时社会上的一种思潮,其影响或多或少应该是有的。《护生画集》纂集者李圆净在《护生痛言》中说:"实行素食,固然于我心有无限的安处,并且于我身也有无限的益处。年来各国素食的风气颇见盛行,考其原因,大概是因为各种科学都进步了,于是对于素食和肉食的利害上,便有了种种确切的证明,和种种惊人的警告。"③ 有意味的是,这篇《护生痛言》与吕碧城介绍西方护生事迹的《欧游通信》,以及英国人斯迈尔所编的《职分论摘录》居然在

---

① 吕碧城的这一观点恰恰合乎太虚法师所言:"欧、美人所主张之不食肉主义,盖根据乎科学之真理,而唯属乎卫生问题、进德问题者也,故与佛教之不食肉者绝异! 殊不知佛教不食肉之真正理由,固已包括乎卫生问题、进德问题,彼欧、美人所谓根据科学真理之不食肉主义,仅得佛教不食肉真正理由之少分耳!"见太虚法师《佛教不食肉之真理》一文,转引自林少雯《丰子恺〈护生画集〉体、相、用之探讨》,(台北)文史哲出版社 2011 年版,第 310 页。

② 太虚法师(1889—1947),浙江崇德人,近代高僧,倡导人间佛教。常惺法师(1896—1939),法名寂祥,字常惺,江苏省如皋县人,1912 年毕业于如皋的省立师范学校,1913 年考入上海华严大学就读。1922 年任安庆迎江寺安徽僧学校校长,后先后任厦门南普陀寺的闽南佛学院副院长、院长,杭州昭庆寺僧范讲习所主持,北京万寿寺的住持,厦门南普陀寺住持等职。

③ 李圆净:《护生痛言》,收《护生画集》(初集),此引自开明书店 1929 年再版本。

重版的《护生画集》（初集）中一并附刊在书上。

吕碧城的《欧游通信》分为"世界保护动物节"、"日常生活之一斑"和"伦敦蔬食会之两函"三则被附录在重版的《护生画集》（初集）上。吕碧城以为自 1822 年英国议员马丁提议保护动物之法律。该法律的通过，实为开创了人类与物类之关系的新纪元。"虽此项法律略而不完，且只限于牛马载重负货之兽，而所谓 Animals Rights（即动物于法律上应有之权利）之字句，既见于英之法律，则基础已立，有发展之可能性。百年以后，千万人士奔走呼号，期达于圆满目的。盖以至仁至公之道，救至愚至弱之群，称动物为半人类。"她有感于欧美诸地的保护动物举动，如成立动物保护组织、建立素胰厂、设立世界保护动物节等，汗颜中国无此项运动。她列举欧美诸地的素食之风，大力提倡素食，以为"有福不知享，耗费金钱，而啖腥膻，乃被习惯所愚，一旦醒悟，毅然试行蔬食，研究做素菜之法，精益求精，如北平杭州庙宇所供之素馔，海内驰名，安见不能代荤菜也"①。英国人斯迈尔所编的《职分论摘录》摘录的是一则则英法等国保护动物的故事，皆十分生动。如第一则写曰："英国阿伯敦地方。时当二月中旬，海边人闻云雀飞而至，各随所欲以捕之。一慈善家悉购归，养于仓库中，既而至动物虐待防止会中。查其事，则知爱鸟多数，皆为法律所保护，而云雀独在例外。乃告猎人以生雀来者，给市价，人知为放生也。则群赴之，而云雀遂成大群。未几春回草绿，乃悉从于野外，营巢生雏，而近郊之天然音乐，至今勿绝焉。"②《欧游通信》和《职分论摘录》虽系《护生画集》（初集）重版时的附录，但已可见彼时中外护生素食思潮的呼应。

事实上，吕碧城在欧游归国后为提倡护生素食而奔走呼喊之时，她确也与李圆净、丰子恺等有所互动。

吕碧城早期提倡女学，同时也是一位文学家，游欧后开始大力提倡戒杀护生，而恰恰是在弘一法师、丰子恺以及李圆净编绘《护生画集》（初集）前后。1926 年秋，吕碧城游美，次年 8 月游欧，在游英国期间，她幸得《印光法师嘉言录》，进而深入研究佛学。《印光法师嘉言录》即系李圆净根据《印光

---

① 吕碧城：《欧游通信》，收《护生画集》（初集）开明书店 1933 年重印版。
② ［英］斯迈尔编：《职分论摘录》，收《护生画集》（初集），开明书店 1933 年重印版。

法师问钞初编》和《印光法师文钞续编》及《印光法师文钞增广本》摘要分类
而编,1927 年 8 月出版。1928 年 7 月 28 日,吕碧城在天津《大公报》发表《旅
欧杂记——与西女士谈话感想》。1929 年 3 月 23 日,吕碧城在天津《大公
报》发表《致天津屠兽场谈念曾君书》对所谓"广事宣传,养成市民之肉食习
惯"提出批评。同年 4 月 22 日,她又在天津《大公报》发表《国际保护禽兽运
动下月在奥京举行大会》,介绍会议筹备情形,同时介绍欧美学界出版中国
传统典籍的趋势;5 月 5 日,又在该报发表《东西文明之进退观》,介绍伦敦
"禁止虐待动物会"的工作;7 月 14 日,该报还发表她的《禁屠为中国固有
之道德——吕碧城女士在维也纳之演词》。1929 年 8 月 29 日,天津《大公
报》刊出吕碧城照片,题有"提倡蔬食之吕碧城女士",并说明:"此为吕女
士蔬食五阅月后之影,自谓面容已较前丰满。"1929 年 12 月,她又在《海潮
音》第 10 年第 11 期发表《动物界之福音》,介绍国际保兽会欲在中国设立
分会。1931 年在《海潮音》第 12 卷第 4 号发表《世界动物节》。此后,《盛
京时报》《大公报》《海潮音》等报刊仍持续发表吕碧城的文章和相关她的活
动报道。[1]

  以上有关吕碧城的戒杀护生行持,李圆净应有关注,而从目前已见的文
献可知,吕碧城在得到李圆净所编的《印光法师嘉言录》后也应与李圆净有
了交往。李圆净对国际佛教并不陌生。他曾因肺结核于 1922 年赴日本西京
疗养,在帝国大学图书馆阅读佛经,归国后即皈依印光法师。1925 年,他参
加了中国佛教代表团,出席在日本召开的东亚佛教大会。缘于这样的佛教
文化背景,李圆净对吕碧城介绍国际护生运动自然会感到亲切。1931 年 3
月《海潮音》第 12 卷第 3 期有吕碧城写于 1930 年 6 月 10 日的致王小徐信,
信中曰:"久仰高贤,未聆謦欬,顷由李圆净居士处询悉尊址,冒昧通函,至希
谅恕。……城以主张戒杀,久引佛为同志,万变不离其宗,无论如何,必弘扬
到底也。"[2]吕碧城编译的《欧美之光》影响甚大,曾在李圆净的推介下于 1931

---

① 吕碧城在当时发表的文章如《今日为世界保护动物节——保兽会欲在中国设立分会》,1929 年 10
 月 4 日天津《大公报》;《动物界之福音——保兽会欲在中国设立分会》,1929 年 12 月 20 日《海潮
 音》第 10 卷第 11 期;《佛教在欧洲之发展》,载 1930 年 2 月《海潮音》第 11 卷第 2 期等。
② 王小徐(1875—1948)即王季同,江苏吴县人,曾留学英国,曾任中央研究院工学研究所研究员,对
 佛学素有造诣。

年由上海佛学书局初版。① 1932 年，出版《护生画集》（初集）的开明书店居然也出版过此书。《欧美之光》是吕碧城旅居欧洲时所编译的专纪欧美各国人道主义运动，保护动物，以仁义抗争残忍的一本书。书中内容包括欧美动物节、各国动物保护活动、印度因果轮回社、国际蔬食大会及蔬食会名录和杂志、使人种恶化之科学、谋中国保护动物会，等等。她认为："吾国护生爱物之旨，滥觞最早，迭见经传，此固文明之极诣，大同之归宿，终遍圆舆，无间蛮貊，矧学术孟晋之欧美乎？"但是"海通以来，士风丕变，竞乞邻醯，弁髦国粹。凡茹素戒杀之说，辄鄙为迂腐，不值时贤之一笑。庸知其为仁术，正欧美所殚精竭虑，为崭然有纲目之大举进行。"而此书的出版居然就是李圆净的介绍。吕碧城在自序中就说："溯良心之本，弭祸乱之源，则是非几微，端赖明辨，而不容邪说诐词之混淆也。海外操觚，多供报纸资料，日久不免遗轶。今承李圆净居士之介，由上海佛学书局刊行专集，遂检旧稿，益以新闻，汇编饷世，俾国人知世界之新趋势。"②吕碧城写此自序，也正是 1930 年 9 月。而从吕碧城于 1942 年 12 月 30 日写给李圆净的一封信可知，自《护生画集》（初集）出版时他们彼此有较多联系后，此后居然有十年左右的时间没有互通音讯。吕碧城在这封信的一开头就写道："圆净居士道席：未通音讯，倏已十年，维福德无量为颂。"从吕碧城致李圆净的另两封信中可知吕碧城对李圆净十分信任，曾两寄遗嘱。1942 年 12 月 31 日信曰："圆净居士：昨寄遗嘱，处置纽约存款。今再寄另一遗嘱，处置旧金山存款。此嘱内容是说将旧金山存款捐与 Mr. Beech，为维持彼所办之《蔬食月刊》，但须由彼写据承认，至少须继续出版五年。彼如不接受此条件者，则捐与李圆净居士为刊印佛经之用。此遗嘱今拜托居士保存，俟世界恢复和平，能与美国通邮时，方能寄与 Mr. Beech。但届时请居士勿忘记此事耳，一笑……"1943 年 1 月 1 日信

---

① 根据 1932 年《海潮音》第 13 卷第 3 号上刊载的《欧美之光》广告，该书分加插图的完本（每册三角二分）和无插图的节本（每册一角六分）。广告词曰："吾人欲知二十世纪之文明，其道德伦理范围，扩张至何程度；宪法先进诸国，其议院立法如何广大，不可不看此书保护动物之纪录。其运动之伟烈，事迹之新颖，多为吾人所未梦见者。铜版精印插图多种，自元首女皇，以及硕学名士，珍禽奇兽洋洋大观，皆女居士现居欧洲与各国交际所得之资料。请读此书，以扩眼界。"又言："欲知欧美之佛教与护生之情形者不可不备一编。凡乐善君子批购此书广赠亲友兼足以弘布佛法，其功德尤不可思议也。"
② 吕碧城：《〈欧美之光〉自序》，载 1931 年《海潮音》第 12 卷第 4 期。

曰：“两寄遗嘱，计均蒙收到。兹再寄此嘱，附旧信两封，即告完毕。敬求接受，代为保存，俟上海之麦加利银行恢复营业时，即可办理。此款请代用于宏扬佛法之事，若不代取，不啻使佛门受损失。居士宏法有责，谅不辞却也。”①

关于丰子恺与吕碧城的交往，论者有所记载。如杨锦郁在《吕碧城文学与思想》一书中有多处提及：吕碧城皈依佛法后“自谓从此绝文艺笔，其后她热心参与海内外的护生运动，常在国内的报刊发表相关的文章，并和丰子恺等进行护生运动的人士相交”②。“一九三〇年，吕碧城皈依佛教，潜心从事佛典英译，并将各国佛教和护生消息在国内报纸如《上海时报》披露，引起上海佛教林居士们和推动护生画集的丰子恺、李圆净的注意，而吕碧城也在此年于瑞士日内瓦湖畔，编写完成《欧美之光》一书。”③“吕碧城旅居欧美期间，除了参与国际性的保护动物会议、护生蔬食运动，也经常在国内的报刊上发表或译介文章，并与国内推行护生运动的丰子恺、李圆净、广洽法师、黄茂林、叶恭绰相交，又因她钻研净业，与常惺法师、太虚法师、王小徐居士及上海净业社人士也互相往来。”④1930年“吕碧城不时书写欧美各国佛教与护生运动的情况，并刊载在上海的《时报》，引起上海著名的居士王小徐、李圆净、丰子恺等人的注意”⑤。从情理上讲，吕碧城如此大力提倡“护生”，并有与李圆净直接交往的证据，她与丰子恺或许也会有若干形式的交流或往还。然而，实际的情况是，我们至今无法找到这种交往的证据。⑥ 不过，没有证据不

---

① 吕碧城致李圆净信三通，载《觉有情》第4卷第87、88期合刊。信中提及之《蔬食月刊》由美国蔬食会发行。1930年8月该刊曾载专文 A Famous Poet of China；A Widely Known Humanitarian；A Typical Vegetarian 介绍吕碧城，并以人道主义者相称。
② 杨锦郁：《吕碧城文学与思想》，(高雄)佛光文化事业有限公司2013年版，第24页。
③ 杨锦郁：《吕碧城文学与思想》，(高雄)佛光文化事业有限公司2013年版，第84页。
④ 杨锦郁：《吕碧城文学与思想》，(高雄)佛光文化事业有限公司2013年版，第279—280页。
⑤ 杨锦郁：《吕碧城文学与思想》，(高雄)佛光文化事业有限公司2013年版，第284页。
⑥ 笔者曾于2014年10月2日致函《吕碧城文学与思想》的作者杨锦郁，请教她在书中关于吕碧城与丰子恺关系的文字表述之依据。2014年11月9日，杨锦郁回函曰：“另84页‘引起丰子恺、李圆净的注意’主要根据李保民先生在《吕碧城词笺注》，上海古籍出版社，书中附录五吕碧城年谱中的1930年(第584—585页)写道：‘本年，吕碧城不时将欧美各国佛教护生消息传递国内，刊载于《上海时报》，引起沪上知名居士王季同、吴致觉、丰子恺、李圆净等人的注意。随即由圆净与碧城取得联系，约碧城将各文结集，寄回国内，筹划印行，定名《欧美之光》。’至于24页她与丰子恺‘相交’改成‘相呼应’较准确，谢谢指点。”

代表没有因缘。比如，1931 年在《海潮音》第 12 卷第 4 号发表吕碧城《世界动物节》一文，文中配有 13 幅丰子恺"护生画"，均选自《护生画集》（初集）。这是一个有意味的现象，尽管这种安排很可能是《海潮音》编辑所为。也有论者认同丰子恺与吕碧城护生主张的一致性，如王忠和在《吕碧城传》中写道："与吕碧城在欧洲呼吁戒杀的同时，国内的弘一法师与其弟子丰子恺也在发起一场宣传护生的运动。丰子恺还借用漫画的形式，出版了《护生画集》。丰子恺阐述护生时说：'《护生画集》之旨，是劝人爱惜生命，戒除残杀，由此而养成仁爱，鼓吹和平。惜生是手段，养生是目的。……护生就是护心。顽童一脚踏死数百蚂蚁，我劝他不要。并非爱惜蚂蚁，或者想供养蚂蚁，只恐这一点残忍心扩而充之，将来会变成侵略者，用飞机载了重磅炸弹去虐杀无辜的平民。'丰子恺的护生目的与吕碧城是完全相同的。"[1]与王忠和观点一致的评价还有："作为中国文化的基本价值，仁心和悲悯的理念与实践在一些现代人身上依然可以看到。近人吕碧城在二十世纪二十年代末谋求创立'中国动物保护会'，丰子恺从二十年代起开始创作《护生画集》，便是两个杰出的事例。"[2]"透过《护生画集》数百幅朴素的图画和所配的诗句、题记、故事，我们既能看到一个人的爱心，也能看到哺育和滋养这样一种伟大情怀的深厚而广泛的文明传统。这个传统，延续到近代，不仅造就了吕碧城、丰子恺、李叔同等皈依佛教的文化人，也造就了一大批传统的知识分子。"[3]

吕碧城于 1914 年加入文学团体南社，跟该社成员时有往来，还参加过两次雅集（1914 年 8 月在上海徐园的临时雅集，1917 年 4 月 15 日在上海徐园的第 16 次雅集），并在《南社丛刻》上发表过作品，与李叔同算是同道。吕碧城对弘一法师也怀有深深的敬意。她居香港时，屋内白蚁为害严重，因持戒，不能杀生，若用药，又会伤及白蚁生命。无奈之时，吕碧城想到了弘一法师，特致函请教，信如下：

---

① 王忠和：《吕碧城传》，百花文艺出版社 2010 年版，第 164 页。
② 莽萍等：《物我相融的世界——中国人的信仰、生活与动物观》，中国政法大学出版社 2009 年版，第 255 页。
③ 莽萍等：《物我相融的世界——中国人的信仰、生活与动物观》，中国政法大学出版社 2009 年版，第 270 页。

弘一上人尊鉴：

久仰高风，未敢率尔通讯。年前曾由聂云台大士乞得墨宝，为拙译《行愿品》题签，今以要改书名，未能应用为惜。兹敬呈一册，就正有道，倘尚欲多册，当遵示邮寄。闻师精研佛律，兹有要事求教：敝处购得住宅一所，不料白蚁繁殖。闻此物口吐，属于化学之酸液。凡金属或木料，皆能摧毁。其力至强而远，家家多有之。谅皆以药水剿灭，否则有栋折梁崩之虞。敝友某君之宅，因虫蚀而新换一梁。后学因持戒，未敢杀生，将任其毁屋而舍弃他往欤？抑将木料重换地板，下铺以石灰？如此则不免伤及其生命。现楼下最多，二楼三楼，尚未延及。现楼下租于人居住，租客时催办理，苦无以应；思以法律能决，求师检查佛律，或有相当办法。

冒渎清神，敬候远示，虔请道安

后学吕碧城谨上　六月廿五号香港①

从信中可知吕碧城除了为白蚁事请教弘一法师外，她还曾获得过弘一法师为其译《行愿品》的题签，只是因书名更改而未采用而已。对于吕碧城的咨询，弘一法师是否有回音，目前尚不得知，但从信中已可知吕碧城对弘一法师的敬重。吕碧城曾为弘一法师"制作"的"瑞穗国古苍蝇"题过字。高文显有《弘一大师在万石岩》一文，记曰："有一回（他）在那版的经中，发现了一只被夹扁了的苍蝇，他就用方形的玻璃纸，套在一长方丈形的纸板上，像制造显微镜的样子，把苍蝇安在正中，画上红色的方格，在旁边题上'瑞穗国古苍蝇'，还盖上'弘一'二字的小印章，然后才珍重地送给我保存。后来更由广洽上人请吕碧城女士题了许多字……"②1940年，吕碧城见杨云史有为弘一法师所作的六十寿序，即依杨云史诗意填写了《鹊踏枝》一词，为弘一法师寿：

---

① 吕碧诚致弘一法师信，见林子青《弘一法师二三事》，载1987年《香港佛教》10月号。
② 高文显：《弘一大师在万石岩》，转引自陈慧剑《弘一大师的生命终结哲学》，收《弘一大师论》，（台北）东大图书公司1996年版，第198页。

冰雪聪明珠朗耀,慧是奇哀,哀慧原同调。绮幛头部菩萨道。才人终曳缁衣老。

极目阴霾昏八表,寸寸泥犁,都画心头稿。忍说乘风归去好,紫红划地凭谁扫。①

1942 年 10 月 13 日弘一法师圆寂。吕碧城得知后,悲哀中写下了《悼弘一大师》:

大哉一公,浊世来仪。磨而不磷,涅而不缁。锐轹群伦,是优波离。

昔为名士,今人天师。须弥之雪,高而严洁;阿耨之华,淡而清奇。

厥功圆满,罔世惄遗。土归寂光,相泯圭畸。公既廓而亡言兮,我复奚能赞一辞!②

有意味的是,时人却以为吕碧城是与弘一法师同样的大德,陆丹林在《女词人吕碧城》中说:“记得弘一和尚于卅一年十月十三日怛化的时候,她那时住在香港,写了几句感悼词,这几句话,要是改易了几个字,也可以做她的哀音。词云:‘大哉一公,浊世来仪。……’这些话,很像是她的生死观。”③其实一些学者也已经关注到吕碧城与弘一法师的若干相似之处。杨锦郁就深有感触地写道:“笔者在研究期间发现,吕碧城半生的行径和李叔同有若干相似之处:同样出生书香世家、擅画、在天津成长、出国留学、过摩登生活、俱为南社社员、接近佛法、提倡护生运动。只是中年之后的李叔同出家,修持律宗,成为著名的弘一大师;而吕碧城则致力佛典的译介传播,成为出色

---

① 吕碧城:《鹊踏枝》,转引自王忠和:《吕碧城传》,百花文艺出版社 2010 年版,第 202 页。海峡出版发行集团、福建人民出版社 2010 年版《弘一大师全集》第 10 册第 397 页在收录此词时,其词有小序:“谨依杨云史诗意,寄奉芳远先生,以祝弘公大师无量寿——鹊踏枝。”而词句也有不同,为:“冰雪聪明珠朗耀,慧是奇哀,哀慧原同调。绮障尽头菩萨道,才人终曳缁衣老。极目阴霾昏八表,寸寸泥犁,都画心头稿。忍说乘风归去好,繁红划地凭谁扫。”杨云史(1875—1941),江苏常熟人,1902 年中举,曾任职度支部,后随岳父李经方出使英伦,旋被派驻新加坡领事。辛亥革命后一度归隐,后为北洋军阀陈光远记室、吴佩孚机要秘书,抗战爆发后避居香港。

② 吕碧城:《悼弘一大师》,收中国佛教协会编《弘一法师》,文物出版社 1984 年版,第 292 页。

③ 转引自李保民笺注《吕碧城诗文笺注》,上海古籍出版社 2007 年版,第 353 页。

的女居士,在'护生'精神上,和弘一大师呼应。""弘一大师(一八八〇——一九四二)早吕碧城三年出生,先一年舍报,他们的生命经验和时代背景有诸多雷同之处,若有机会将两人的生命史置于当代的文学史、佛教史,进行交叉研究,或可厘清更多的问题。"①

《护生画集》是否就是在欧美的素食主义大潮中孕育而生的,弘一大师和丰子恺均未正面提及,但二者之间有着或多或少的联系则可以肯定。比如,李圆净于1928年4月在《海潮音》第9年第3期发表由他编述的《到光明之路》,就已经将国际背景作了阐述:"自有世界以来的人类,到了今日今时,真可说是最痛苦的了。在这个世界上,仅仅不过十几年之内,欧洲一场大战,死伤了几千万人……""我在开篇很说了些扫兴的话,说我们在今日世界上,简直是在黑暗世界里过,说这个可怖的黑暗世界,密密的笼罩着我们的四围,说现在有许多人未尝不努力的想法挣扎着向光明之路走去。但是终于没有效,并且说不是法律武力等所能解决的。现在我们知道,要打破这个黑暗世界,不是没有希望的。要走向光明之路,也不是没有希望的。我们在上面指出两条大路,就是明因果和修净土两个法门。"②再如,弘一大师为《护生画集》中"农夫与乳母"一图的配诗即曰:"西方之学者,倡人道主义。不啗老牛肉,淡泊乐蔬食。卓哉此美风,可以昭百世。"马一浮在《护生画集》(初集)的序言中云:"……知生则知画矣,知画则知心矣,知护心则知护生矣,吾愿读是画着善护其心。"如果说此言是序作者对读者的特别关照的话,那么弘一大师则说明了作者编绘《护生画集》的意图,即"盖以艺术作方便,人道主义为宗趣"。③就《护生画集》本身而论,其宗旨与东西方一时兴起的素食护生思潮一致,而李圆净与吕碧城的交往,尤其是《护生画集》(初集)初版时附录的《护生痛言》和重版时附录的吕碧城《欧美通信》乃至英国人斯迈尔编的《职分论摘录》则应系这种交往的结果。国内其他积极提倡护生的人

---

① 杨锦郁:《吕碧城文学与思想》,(高雄)佛光文化事业有限公司2013年版,第331页。
② 丰子恺后为李圆净编述的《到光明之路》单行本作过封面图,目前能见上海佛学书局1937年版。社会媒体也经常将"护生画"视为结合着反对战争和强权而创作,如1931年5月24日《申报》头版刊出《护生画集》中的10幅画,并配文解说,另有署名"悲"的《敬告青年》一文。是日该版的主题是"把慈悲来降伏残酷,把公理来战胜强权"。时正值九一八事变前夕,日本帝国主义正加紧对中国的侵略部署。
③ 此为弘一法师为《护生画集》(初集)写的回向偈,见《护生画集》(初集),开明书店1929年再版本。

士也一样,如吴契悲选取 22 幅"护生画"编印成《光明画集》,由国光印书局于 1931 年 5 月出版。画集附录《保护动物之新运动》一文,直截了当地写道:"西洋从欧战之后,道德观念,为之一变,已由人类而推及动物。因此有保护动物之新运动。现在欧美各国,均有此种团体之成立。仅就英国而论,除保护动物各团体不计外,专以戒杀吃素为宗旨者,已有七十一团体。其他各国,可想而知。此外又有世界联盟保护动物会,各国皆有分部。至于提倡此项运动之报纸,亦到处皆是。总之,此新运动发展之迅速,实堪惊人,其前途正未可限量也。"①诚然,不杀生是佛教戒律中最为基本的戒律,但弘一大师善于结合时代特征,不失时机的利用护生画这一通俗的艺术形式来宣传佛教,以求能在恰当的时机最大限度的使佛教精神深入百姓心灵之中。这不能不说弘一大师作为现代高僧那顺应时代的精神风貌。

《护生画集》(初集)出版后,国内的戒杀护生呼声越来越高,各种保护生灵的团体也活动频繁,有关保护动物、爱惜生命的宣言和文章,其影响也十分之大。声称"为东亚提倡保护动物,宣传素食主义之专利"的《护生报》由众多政界和文化界人物题写报头,其中有蒋中正、张学良、叶恭绰、王震等;1933 年,王一亭(王震)等 84 人发起成立中国保护动物会。1933 年《海潮音》第 14 卷第 7 号刊载了《筹备中国保护动物会》的上海通讯。1934 年,中国保护动物会正式成立。② 中国保护动物会的《护生警言》的第一句话就是"保护动物,是二十世纪人类,祈求和平应有的认识和觉悟"③。中国保护动物会有

---

① 《保护动物之新运动》,收吴契悲编《光明画集》,国光印书局 1931 年版。

② 《护生报》创刊于 1932 年 6 月 18 日。1933 年《海潮音》第 14 卷第 7 号刊载的《筹备中国保护动物会》上海通讯写曰:"本市保护动物会,由王一亭、闻兰亭、胡朴安、许世英、叶恭绰、孔祥熙、朱子桥,等八十四人发起后,各界纷纷赞助。兹悉该会于昨日下午二时,假座功德林开第一次筹备会。到者孔祥熙(谭之代)、关炯之、闻兰亭、王一亭、钟可托、牛惠生、圆瑛、丁仲祜、张一尘、李经纬,等四十八人,公推王一亭为临时主席,报告进行方法,次由李经纬演说组织动机,次由关炯之演说;略谓:本人在会审公廨任职时,曾保护动物三项:(一)禁止田鸡活剥;(二)禁止螺蛳预先截尾;(三)禁止鸽子用钱套嘴闷死。复由美领事提议禁止山鸡剪舌,均经工部局订为专条。次钟可托、圆瑛法师、徐乾麟、叶恭绰、孔祥熙代表,演说(略),次选举筹备委员十七人,林康侯、王一亭、王晓籁、牛惠生、关炯之、史量才、叶恭绰、李经纬、钟可托、陈无我、黄涵之、沈公谦、张一尘、孔祥熙、朱石僧、陆伯鸿、邬崇音,当选。(申报五月二一日)"

③ 中国保护动物会的《护生警言》见 1934 年 12 月 7 日《护生报》。《护生警言》共 12 条:"一、保护动物,是二十世纪人类,祈求和平应有的认识和觉悟;二、残杀和虐待动物,是造成第二次世界大战的原子;三、人类受国家法律的保护,一切的动物便应受人类的保护;四、群生性命虽微,(转下页)
(转下页)

会章，明确"本会以发扬本国固有道德，制止或减少人类之残杀行为，保护动物之生命与自由为目的。"宣称："本会事业之进行如下：（甲）消极的方法以政府法令禁止之（一）禁止虐待（二）限制捕杀（三）禁止屠杀（乙）积极的方法以宣导力量感化之（一）减少杀生（二）戒除杀生（三）维护动物。"根据章程，该会还设立动物收养处、动物治疗所和蔬食会、掩埋队。① 黎锦晖还应中国保护动物会之请作了《护生歌》，并由中国保护动物会编成五线谱和简谱。《护生歌》的歌词如下：

人为万物之灵，因为人有人的知能，人有人的意志，人有人的感情，建立了人的文化，且是不停地推进；扩大了人的力量，于是统治了众生。

人为万物之敌，因为人秉人的权威，人使人的利器，人逞人的凶残，为着那人的享受，养成杀生的习惯，渐变作人的娱乐，满足残酷的快感。

请看那鞭子下的马牛，破皮烂肉；请看那快刀下的禽兽，炙骨熬油，三朋四友，用百万生灵，来佐餐，下酒。有恩于人的益虫益鸟，也予取予求，损坏了人情中仁慈宽厚，养成了人类的狠心辣手，终于人对人永不息地互相战斗。可怜人杀人只杀得白骨成丘！

请大众立时放下屠刀，树仁立教；免去那太难堪虐待，别使难熬，能饶则饶，让亿万生灵，免横摧痛勤，有恩于人的益虫益鸟，使自长自消，洗尽那人情中凶顽残暴，养成那人类的慈悲至宝！希望人对人永不用到快枪大炮。只求人教人都能明白唯善为宝！

同胞们；莫蹉跎，诚心洗心，知过改过，明心见性，真理不磨，护生即护世，爱物即爱我！②

（接上页）贪生怕死的心理与人却是一样；五、教训子女，勿伤物命，是严父慈母的责任；六、一针刺指尚痛，动物所受的鞭打，和种种残酷的虐待，请设身处地一想，你觉怎样；七、'肥脓生痈疽，淡薄兹味长'，饮食养生，只在一饱，若认人类为肉食动物，乃自戕其生的极大错误；八、能把仁爱慈祥的和平神像，常塑在我个人心上，便可消除未来的一切恶战；九、只顾口腹的贪欲，不顾动物的生命，结果必致促寿或枉死；十、实行清洁的蔬食，是修身齐家合理化的新生活；十一、十月四日是世界公定的动物节；十二、我们应将总理的'仁爱'精神推及于动物。"

① 《中国保护动物会章程摘要》，载1934年10月中国保护动物会出版，上海佛学书局发行的《护生画集》第3版封三。
② 黎锦晖作《护生歌》见1934年10月由中国保护动物会出版，上海佛学书局发行的《护生画集》第3版。黎锦晖（1891—1967），湖南湘潭人，音乐家，1927年创办中华歌舞学校，1929年组 （转下页）

还值得引起思考的是 1934 年开始的"新生活运动"。这场运动由政府推行,以"礼义廉耻"为主要内容,目的是为了改造民众素质,具备国民道德。这场运动要求实现生活的"三化":艺术化、生产化和军事化。这里所谓的生活艺术化,是要求国民以艺术为生活准绳,告别"非人生活",以儒家"六艺"来陶冶生活情操。反对虐待动物也成了"新生活运动"的组成部分,虐待动物也成了违背文明准则的行为。同时,"新生活运动"还提倡饮食上的节俭,当时被选为该运动的歌曲曲目中就有《节俭》《节饮食》二歌。虽然这场运动或多或少会带有政治上的目的,并随着抗战的到来而无疾而终,但对提高文明程度、铲除不良作风也起到了一定的作用。

完全可以这样说:《护生画集》(初集)的出版,已超出了弘一法师、丰子恺等编绘者的最初目的,实际获得的现实效果和深远的影响力可谓巨大。

【作者简介】

陈星,1957 年生,杭州师范大学弘一大师·丰子恺研究中心主任、编审。

A Study of the Relationship of *Protection of Life Album of Painting* with Master Yinguang's Exhortation to Release and Refrain from Killing Animals and Lv Bicheng's Advocacy for Protecting Life

Chen Xing

Summary

The historical background for the creation of *Protection of Life Album of Paintings*, a gem in modern Chinese Buddhist culture, can be analyzed on a multiplicity of dimensions, two of which are the influence on

---

(接上页)织明月歌舞团,1949 年后在上海美术电影制片厂担任作曲。如今也有音乐家将《护生画集》里的诗文配曲为歌,如 1991 年 12 月上海佛教居士林印赠《护生歌画集》,由钱仁康配歌。钱仁康(1914—2013),江苏无锡人,音乐家、作曲家,曾任上海音乐学院教授、音乐学系主任及音乐研究所所长等职。

the compilers and creators of the said album by Master Yinguang's exhortation to "release and refrain from killing animals" and the interaction between the said compilers and creators and Lv Bicheng's advocacy for "protecting and refraining from killing life". That the album was initially entitled *Refraining-from-Killing Album of Paintings* and finally became *Protection of Life Album of Paintings* testifies to the intention of Master Hongyi, Li Jingyuan and even Feng Zikai, all followers of Master Yinguang, to inherit and carry forward their master's will to protect life. Moreover, their interaction with Lv Bicheng's advocacy for "protecting and refraining from killing life" is of significance not only to the album itself, but also enriches the life-protecting culture of modern China.

弘一法师之般若空观

林清凉

对于弘一法师毕生的佛法学修与弘扬,概言之,历来便有"以华严为境,南山律为行,导归净土为果"之说,其中除了法师与华严的关系偶有争议之外,大抵已成公论,毋庸赘说。实际上,法师于戒律、净土之外,对地藏法门、药师法门、般若法门等,亦皆有所阐扬。以般若部经教为例,法师不仅留有《金刚般若波罗蜜经》(1936 年)、《般若波罗蜜多心经》(1931 年、1933 年、1937 年)等墨宝,更于 1938 年在温陵大开元寺(今泉州开元寺)讲"心经大意"三日,1939 年又在福建永春(今属泉州市)"讲金刚经大意三日"①。可惜其《金刚经大意》今仅有存目,因此若要对弘一法师的般若空观稍作管窥,《心经大意》(或作《般若波罗蜜多心经讲录》)也就成了目前可资稽考的一篇主要文献了。

据该文结尾具有"后记"意义的一段文字:"岁次戊寅二月十八日写讫。依前人撰述略录。未及详审,所有误处,俟后改正。演音记。"②可以看出这是弘一法师本人亲自整理的一篇讲授提纲(1938 年 3 月 19 日撰录,4 月讲授),而其中"未及详审,所有误处,俟后改正"一语或许也并非谦辞,而是为了声明这篇文字的"草稿"性质。从该文中,可以见出法师对般若法门及《心经》,皆极尽赞叹之意:"《心经》虽仅二百余字,摄全部佛法。讲非数日、一二月,至少须一年。"又说:"案《般若部》,于佛法中甚为重要。佛说

---

① 弘一大师:《普劝净宗道侣兼持诵〈地藏经〉》,见《弘一大师全集》第 7 册,福建人民出版社 2010 年版,第 577 页。
② 弘一大师:《心经大意》,见《弘一大师全集》第 1 册,福建人民出版社 2010 年版,第 312 页。

法四十九年,说般若者二十二年。而所说《大般若经》六百卷,亦为《藏经》中最大之部。《心经》虽二百余字,能包六百卷《大般若》义,毫无遗漏,故曰'心'也。"弘一法师还直接征引数则《大般若经》的教言来说明般若法门的重要性:"余经犹如枝叶,般若犹如树根。"又云:"不学般若波罗蜜多,证得无上正等菩提,无有是处。"又云:"般若波罗蜜多能生诸佛,是诸佛母。"

一、空有对举,即有明空,是弘一法师般若空论的基本取向

众所周知,中土僧人第一部阐明"空"义的论著,为素有"解空第一"之誉的僧肇法师所撰的《不真空论》。此论既出,遂成后世学僧解空论空之圭臬。而《不真空论》释"空",用的是将"有""无"对举,进而以中观学的立场阐述"非有"、"非无"、不落二边的双遣法。尽管僧肇法师的论证方式显然有别于古印度的因明逻辑,反倒更契合魏晋玄学从先秦道家承继而来的否定性思维,就如郭象在《庄子注》中所说的:"既遣是非,又遣其遣,遣之又遣,以至于无遣,然后无遣无不遣,而是非自去矣。"[①]然而,古印度大乘般若学的"空"义,很大程度上也正是藉由僧肇法师的这种本土式论证而在中国佛教界得以彰显。此后,各宗大德在阐说"空"义时虽在方法与义理上各有偏重,但遣法在不同程度上的使用,却几乎可以说是一贯的思路。

弘一法师自然也不例外,从根本上说,他所持的毫无疑问是主张遣除二边的中观正见,故说:"应(一)不著有,(二)亦不著空,乃为宜也。"[②]但如果我们对比僧肇法师所阐述的"不真空"义:"欲言其有,有非真生;欲言其无,事象既形。形象不即无,非真非实有。然则不真空义,显于兹矣。"[③]还是不难看出一个简单的事实,僧肇法师是以"有""无"对举而明"空"的,弘一法师则是以"空""有"对举而明"空"的。其区别可大致标示如下:

---

① 郭象:《庄子·齐物论》注,见《庄子集释》第1册,郭庆藩集释,中华书局1997年版,第79页。
② 弘一大师:《心经大意》,见《弘一大师全集》第1册,福建人民出版社2010年版,第308页。
③ 僧肇:《不真空论》,见《肇论》,徐梵澄译注,中国社会科学出版社1985年版,第37页。

僧肇法师	弘一法师

（非）有 ┐
        ├─空
（非）无 ┘
	（不著）有 ┐
	         ├─
	（不著）空 ┘

　　其中，僧肇法师显明"空"义的关键，在于对"有""无"的破斥，即通过对"实有"的破斥而明诸法"性无"（或曰"性空"），通过对"断无"的破斥而明诸法"假有"（或曰"幻有"），进而确立"无自性"意义上的"不真"故"空"之义。如果我们从哲学的角度来看待其立论，可以说它近似于一种在本体论意义上的"空"义阐发。在这里，"空"作为对诸法自性的一种概括，本身就是一个意味着不偏不倚、无所执取的概念，它介乎"有""无"之间（既"有"亦"无"）和"非有""非无"之间（既"非有"亦"非无"），用僧肇法师的话说："虽无而非无，无者不绝虚；虽有而非有，有者非真有。"①显然，这里需要破除的只有执"有"的"常见"和执"无"的"邪见"，而合乎中道的"空"见则完全意味着"真谛"和"正见"，因此也就并不存在所谓执"空"的可能。

　　然而，在弘一法师所论述的"空""有"关系中，所谓"空"不仅不再是一个本然的、不言自明的真理性概念，而且有时候它甚至还可能指的是某种需要被警惕的褊狭见解，于是，在弘一法师的言述中，"空"的真理性往往需要经过特殊的限定才得以成立，其具体的表现，则是"即有"以"明空"。弘一法师针对《心经》中多说"空"而少说"有"这一事实，解释道："或疑《心经》少说有，多说空者，因常人多著于有，对症下药，故多说空。虽说空，乃即有之空，是真空也。若见此真空，即真空不空。"②这一方面解释了《心经》之所以强调"空"乃是为了破除"有"见（"因常人多著于有"），另一方面又针对"常人（已信佛法）仅谓《心经》为空"③的情况特别强调了"即有之空"、"真空不空"，这后者实际上便构成了弘一法师般若空论的基本取向。

　　笔者以为，要理解弘一法师"空""有"对举、即"有"明"空"的思想取向，首先必须明确一点，那就是弘一法师所使用的"空"的概念，相较于僧肇法师

① 僧肇：《不真空论》，见《肇论》，徐梵澄译注，中国社会科学出版社1985年版，第31页。
② 弘一大师：《心经大意》，见《弘一大师全集》第1册，福建人民出版社2010年版，第308页。
③ 弘一大师：《心经大意》，见《弘一大师全集》第1册，福建人民出版社2010年版，第307页。

所使用的"空"的概念,其内涵要更广。试看弘一法师在解释完《心经》中"以无所得故"一句之后所说的这段话:

> 以上经文中,"无"字甚多,亦应与前"空"字解释相同。乃即有之无,非寻常有无之无也。若常人观之,以为无所得,则实有一无所得在,即有一无所得可得,非真无所得也。若真无所得,或亦即是有所得。观下文所云佛与菩萨所得可知。[①]

其中说得再明白不过了,《心经》中的这些"无"字,与"空"字"解释相同","乃即有之无,非寻常有无之无也"。将"无"与"空"在概念上等同,这样的说法多少与早期格义佛教的深远影响有着一定的关联。就如东汉时期著名高僧安世高所译的《安般守意经》中说的:"有者,谓万物;无者,谓疑,亦为空也。"[②] 尽管后来随着以僧肇法师等为代表的大乘般若空观的深入人心,"空"与"无"在法义上的差异早已显明,但二者在实际应用中往往仍被放置于特定语境下加以等量齐观。如佛教界常常可以听闻到"万法皆空,因果不空"的方便之说,便是此类特定语境的一个有力证明。同样,弘一法师及此前历代众多祖师大德在阐说般若"空"义时常以"空""有"并举,亦与此不无关联。

在佛教史上,由于如前所述的关于"空"与"无"的语义纠缠,也由于大小乘的分野被后来的汉传佛教不断强调,从而使得原本在龙树菩萨那里非常清晰无疑的"空"义,在汉传佛教论典中逐渐呈现出复杂化、多义化的倾向。在《心经大意》中,弘一法师对"空"的使用至少有以下三个层面:

名	义	所在层面	弘一法师之对应言说	判断
空	断灭空 (离有之空、与有对立之空)	与"拨无因果"的外道邪见相对应	"经云:'宁起有见如须弥山,不起空见如芥子许。'因起有见者,著有而修善业,犹报在人天。若著空见者,拨无因果,则直趣泥犁。故断不可著空见也。"	非

① 弘一大师:《心经大意》,见《弘一大师全集》第1册,福建人民出版社2010年版,第311页。
② 安世高译:《佛说大安般守意经》卷上,见《大正藏》第15册,第163页下至第164页上。

（续表）

名	义	所在层面	弘一法师之对应言说	判断
	人空 （偏空）	与"二乘人"（即"小乘人"，指声闻乘和缘觉乘）的"人空般若"（即"二乘之空智空慧"）相对应	"人空者，人体为五蕴之假和合，其中无有真实之我体。" "二乘人仅得空慧而著偏空者，亦不能作利生事业也。"	（非）
	法空 （毕竟空、真空、即有即空、不空而空之空、离空有二边之空）	与菩萨的"法空般若"（即"照见五蕴皆空，能除一切苦，真实不虚之大智大慧"）相对应	"法空者，五蕴亦空，如后所明。" "'真空'者，即有之空，虽不妨假说有人我，但不执著其相。"	是

相应地，弘一法师所谓"有"，亦至少有如下两个层面：

名	义	所在层面	弘一法师之对应言说	判断
有	实有	据凡夫之常见，执取而妄认	"若著有者，执人我皆实有。既分人我，则有彼此。不能大公无私，不能有无我之伟大精神，故不可著有。"	非
	妙有	依圣者之空见，觉照而察知	"'妙有'者，即空之有，虽不执著其相，亦不妨假说有人我。"	是

　　总而言之，弘一法师"空""有"对举、即"有"明"空"的般若空观，大抵有两方面的思路：其一，"空"者法之性也，"有"者法之相与用也，"空"可见"有"，"有"可见"空"，"空""有"二者实为相反相成之真俗二谛（"常人以为空有相反，今乃相合"）；其二，诸层次的"空"义与诸层次的"有"义中，又以"断灭空"（"离有之空"、"与有对立之空"）为非，以"人空"（"偏空"）为非，进而明"法空"（"真空"、"即有即空"、"不空而空之空"、"离空有二边之空"）之义，又以"实有"为非，进而明"妙有"之义。值得注意的是，弘一法师在论证何者为是何者为非的过程中，最为常用的方法竟不是中国历代高僧惯用的遣法，而是采取了与因明逻辑更为接近的"举过"法：通过列举其种种"过"，来证明其所以不成立。因此，弘一法师般若空观中的"空""有"对举实为"真空""妙

有"对举，即"有"明"空"亦实为即"妙有"而明"真空"。如弘一法师在正式开讲《心经》之前就声明了的：

$$
故佛经云\left\{
\begin{array}{l}
真空（非偏空，偏空不真）\\
妙有（非实有，实有不妙）
\end{array}
\right\}
\begin{array}{l}
常人以为空有相反，\\
今乃相合。
\end{array}
$$

"真空"者，即有之空，虽不妨假说有人我，但不执著其相。

"妙有"者，即空之有，虽不执著其相，亦不妨假说有人我。①

可见，弘一法师虽则更多地强调即"有"明"空"，但亦未尝不主张即"空"明"有"，只是"因起有见者，著有而修善业，犹报在人天。若著空见者，拨无因果，则直趣泥犁"，也就是说，不即"有"的过患要远远大于不即"空"的过患，所以才不得不更为强调即"有"明"空"而已。

假如试将僧肇法师以遣除法破邪显正的逻辑关系跟弘一法师以举过法明其是非的逻辑关系作一个简单的比照：

僧肇法师		弘一法师		
破	显	非	（非）	是
真无（断无）	假有	断灭空（离有之空、与有对立之空）	人空（偏空）	法空（毕竟空、真空、即有即空、不空而空之空、离空有二边之空）
实有（真有）	性无（自性无）	实有		妙有
非有非无，不真故空		空有不二，即有明空		

就会发现，其中除了弘一法师多了一项对小乘行者"偏空"之局限性的否定性论述之外，其余各项的对应关系可谓一目了然。因此，大体而言，僧肇法师是通过破除"有""无"二边以明"空"，弘一法师则更多地主张"空"

---

① 弘一大师：《心经大意》，见《弘一大师全集》第1册，福建人民出版社2010年版，第308页。

"有"的内在统一性,提倡即"有"以明"空"。二者侧重点自有一定分别,在具体的言说方式上亦各不相同。但究其根本,其实并无二致。

二、弘一法师之"重有"有因,但若说他"不重空"则无据

前面曾经说过,在讨论"空""有"关系的时候,弘一法师虽是"即有之空"与"即空之有"二者并说,但相对于"即空"而言,他强调"即有"的次数显然要多得多。就像有学者曾经指出过的:"虽然他仍就佛教的义理格局,教人既勿堕空亦不偏有,空有须结合,但重有甚于空,至为明显。"①应该说,关于弘一法师"重有",这一点当是毋庸置疑的。究其原因,可能主要有如下两方面:

其一,"重有"对于弘扬佛法中的因果法具有不可忽略的意义。作为一代律宗大德,弘一法师是极为重视因果法的,其在《佛教之简易修持法》(1939 年讲于永春桃源殿,李芳远记)中就首讲"深信因果",认为"因果之法,虽为佛法入门的初步,但是非常的重要,无论何人皆须深信"②。其《略述印光大师之盛德》亦转引印光大师语:"因果之法,为救国救民之急务。必令人人皆知现在有如此因,将来即有如此果,善有善报,恶有恶报。欲挽救世道人心,必须于此入手。"③而弘一法师讲说《心经》的一个主要目的,用他自己的话说,就是"对常人(已信佛法)仅谓《心经》为空者,加以纠正"④。众所周知,《心经》本是论"空"的,那为什么还要纠正呢? 弘一法师自己阐述甚详:

> 于讲正文之前,先应注意者:
> 研习《心经》者,最应注意不可著空见。因常人闻说空义,误以为著空之见。此乃大误,且极危险。经云:"宁起有见如须弥山,不起空见如

---

① 龚鹏程:《弘一法师的精神世界》,见《慈悲与和谐:第四届弘一大师研究国际学术会议文集》,中国广播电视出版社 2013 年版,第 63 页。
② 弘一大师:《佛教之简易修持法》,见《弘一大师全集》第 7 册,福建人民出版社 2010 年版,第 575 页。
③ 弘一大师:《略述印光大师之盛德》,见《弘一大师全集》第 7 册,福建人民出版社 2010 年版,第 579 页。
④ 弘一大师:《心经大意》,见《弘一大师全集》第 1 册,福建人民出版社 2010 年版,第 307 页。

芥子许。"因起有见者,著有而修善业,犹报在人天。若著空见者,拨无因果,则直趣泥犁。故断不可著空见也。

弘一法师在这里区分了"空义"与"著空之见"。他要纠正的当然不是"空义",而是可能导致"拨无因果"、"直趣泥犁"过患的"著空之见"。弘一法师尽管知道"著有见"和"著空见"均非正见,但"著有见"者仍然可能兼容人天善法,"著空见"(此当指"断灭空")则恐昧于因果法,"极危险"。故法师于其倡导的"空有不二"、"即有明空"之外,对"著有"的宽容度要远远高于"著空"——法师所谓"空见既不可著,有见亦非尽善",对二者在态度上的差别可谓一目了然。换句话说,"有见"固然不对,但它毕竟可以遮止可能导致更可怕后果的"断灭空见",这是法师相对而言"重有"的一个直接原因。

其二,"重有"的实质是强调"不空"的一面,在弘一法师这里主要表现为对"用"(真实的作用、功用)的重视。这就涉及到弘一法师讲说《心经》的另一个主要目的,也即"对常人(未信佛法)谓佛法为消极者,加以辨正"①。历来对"空"义的讨论,不论是龙树菩萨的"众因缘生法,我说即是空,亦为是假名,亦是中道义"②,还是僧肇法师的"若应有,即是有,不应言无;若应无,即是无,不应言有。言有是为假有,以明非无,借无以辩非有"③,大体是从"性"与"相"的方面来说明诸法之"性空"(无自性)与"假有"(假名),而弘一法师最为关心的却是"性""相"之外的"用"的问题。比如在解释"真空"(即有之空)"妙有"(即空之有)时,法师念念不忘的是其"真空""妙有"说的最终落脚点在于佛法之真实受用:"如是终日度生,实无所度。虽无所度,而又决非弃舍不为。若解此意,则常人所谓利益众生者,能力薄弱、范围小、时不久、不彻底。若欲能力不薄弱、范围大者,须学佛法。了解真空妙有之理,精进修行,如此乃能完成利生之大事业也。"④而弘一法师 1938 年讲于安海金墩宗祠(在今福建泉州晋江市)的另一篇《佛法十疑略释》里,亦更是直接从"用"的角度谈论"空"与"不空":

---

① 弘一大师:《心经大意》,见《弘一大师全集》第 1 册,福建人民出版社 2010 年版,第 307 页。
② 龙树菩萨:《中论·观四谛品》,见《大正藏》第 30 册,第 33 页中。
③ 僧肇:《不真空论》,见《肇论》,徐梵澄译注,中国社会科学出版社 1985 年版,第 37 页。
④ 弘一大师:《心经大意》,见《弘一大师全集》第 1 册,福建人民出版社 2010 年版,第 308 页。

何谓空及不空。空者是无我,不空者是救世之事业。虽知无我,而能努力作救世之事业,故空而不空。虽努力作救世之事业,而决不执著有我,故不空而空。如是真实了解,乃能以无我之伟大精神,而作种种之事业无有障碍也。

又若能解此义,即知常人执著我相而作种种救世事业者,其能力薄、范围小、时间促、不彻底。若欲能力强、范围大、时间久、最彻底者,必须于佛法之空义十分了解,如是所做救世事业乃能圆满成就也。

故知所谓空者,即是于常人所执著之我见打破消灭,一扫而空。然后以无我之精神,努力切实作种种之事业。亦犹世间行事,先将不良之习惯等一一推翻,然后良好之建设乃得实现。①

又,弘一法师 1938 年讲于漳州七宝寺(在今福建漳州市)的《佛法大意》中亦说:

佛法以大菩提心为主。菩提心者,即是利益众生之心。故信佛法者,须常抱积极之大悲心,发救济一切众生之大愿,努力作利益众生之种种慈善事业,乃不愧为佛教徒之名称。

……

或疑经中常言空义,岂不与前说相反。

今案大菩提心,实具有悲智二义。悲者如前所说。智者不执著我相,故曰空也。即是以无我之伟大精神,而做种种之利生事业。②

可见弘一法师之"重有"(即对"不空"的强调)其实是基于大乘行者对佛法受用的重视和对佛法所内涵的实践性的坚持,且在内涵上与《十八空论》中所说"不舍离空"颇有近似。倘若结合弘一法师一生"荷担如来业,实践毗尼行"、"念佛不忘救国,救国必须念佛"、"庵门常掩,勿忘世上苦人多"之精神,可以推知决定法师"重有"特质的原因,大抵来自其毕生"凡事认真"的实

① 弘一大师:《佛法十疑略释》,见《弘一大师全集》第 7 册,福建人民出版社 2010 年版,第 571 页。
② 弘一大师:《佛法大意》,见《弘一大师全集》第 7 册,福建人民出版社 2010 年版,第 569 页。

践性品格和一以贯之的利生弘愿。

综上所说，能否据此就认定弘一法师"重有不重空"，并视此为"弘一法师佛学思想"的一项"特殊处"①呢？由于"重有"这一面前文已作讨论，此处仅对弘一法师是否"不重空"稍作辨析。

首先，在讨论弘一法师是否"不重空"之前，需要对弘一法师所提到的"空"字加以重新审明。不错，弘一法师在《心经大意》里的确有不少涉及"空"的否定性言述，最强烈的莫如在开讲《心经》正文之前所引用的："宁起有见如须弥山，不起空见如芥子许。"然而法师于这句引文前后，有四处谈及这不应起的"空见"，分别是："最应注意不可著空见"；"误以为著空之见"；"若著空见者，拨无因果，则直趣泥犁"；"故断不可著空见也"。② 可见法师对"空见"的反对，不离一个"著"字，而此"空见"大抵是指"断灭空"，不仅与龙树菩萨之中观空性义了不相涉，恰恰是龙树菩萨"八不"中道偈所要破斥的"灭"见与"断"见。因此，既然弘一法师所反对的"空见"根本不是属于佛法正见的"空性见"，那我们又如何能据此就认为法师"不重空"？

其次，除了不赞成"著空见"之外，弘一法师亦另有大量论述用于正面解释和显明"空"义。一方面，就法性而言，法师即可说是正面肯定"空"的。如在解释《心经》中的"照见五蕴皆空"时，法师就认为："'空'，此空之真理及境界，须行深般若时，乃能亲见实证。"③另一方面，如果把"空"视为一种"方法"或"一种思维方式"④，弘一法师亦同样持肯定态度。如对《心经》经文"是故空中无色……乃至无意识界"，法师即释为"空凡夫法"（破凡夫执以为实之"有"相）；对经文"无无明……无苦集灭道"，法师则释为"空二乘法"（破缘觉声闻乘人所执之十二因缘法与四谛法）；对经文"无智亦无得，以无所得故"，法师亦径释为"空大乘法"（大乘法亦应舍："智"者用以破迷，并无实有之"智"；"得"者明其本来具足而已，在凡不减，在圣不增，无所谓得。）⑤可见弘

---

① 龚鹏程：《弘一法师的精神世界》，见《慈悲与和谐：第四届弘一大师研究国际学术会议文集》，中国广播电视出版社 2013 年版，第 62 页。

② 弘一大师：《心经大意》，见《弘一大师全集》第 1 册，福建人民出版社 2010 年版，第 307 页。

③ 弘一大师：《心经大意》，见《弘一大师全集》第 1 册，福建人民出版社 2010 年版，第 309 页。

④ 龚鹏程：《弘一法师的精神世界》，见《慈悲与和谐：第四届弘一大师研究国际学术会议文集》，中国广播电视出版社 2013 年版，第 63 页。

⑤ 弘一大师：《心经大意》，见《弘一大师全集》第 1 册，福建人民出版社 2010 年版，第 310 页。

一法师不仅在"空见"的意义上讲"空",也自觉地在方法论的意义上使用了"空"的"遣除"之义,且不乏积极正面的态度。

再次,弘一法师之所以多谈"有"("不空")而少谈"空",其实有其自身特定的语境和用意,并非是他"不重空"的缘故。这方面弘一法师自己其实已经说得非常明白。如面对"《心经》少说有,多说空"这一实际状况,他给出的解释是:"因常人多著于有,对症下药,故多说空。"[1]而在他看来,《心经》所总括的般若法门并不落在纯粹的"空"上面:

> 般若法门具有"空"与"不空"二义:"以无所得故"已前之经文,皆从般若之"空"一方面说。依此空义,于常人所执著之妄见,打破消灭一扫而空,使破坏至于彻底。"菩提萨埵"已下,是从般若"不空"方面说,复依此不空义,而炽然上求佛法,下化众生,以完成其圆满之建设。[2]

这才是弘一法师眼中《心经》"空""有"一体的本来面目。然而,他似乎专门谈"不空"谈得比较多,即使谈"空"也念念不忘提醒"即有",实在是因为他在讲说《心经》的时候面对的现实情境——往往"常人(已信佛法)仅谓《心经》为空"[3]。也就是说,不论是"《心经》少说有,多说空",还是弘一法师大量论说"不空",都不是因为其真实主张或见解偏向某一端("重空轻有"或"重有轻空"),而是因应某些特定的实际问题、实际情况所作的针对性回应。一句话,因材施教、应机演教而已。

此外,对弘一法师来说,无论是对"著空"的反对还是对"著有"的批评,无论是对"断灭空"、"偏空"的否定还是对"真空"的肯定,往往都贯穿着对积极入世、精进利生精神的强烈吁求。譬如:

(一)若著有者,执人我皆实有。既分人我,则有彼此。不能大公无

---

① 弘一大师:《心经大意》,见《弘一大师全集》第1册,福建人民出版社2010年版,第308页。
② 弘一大师:《心经大意》,见《弘一大师全集》第1册,福建人民出版社2010年版,第308页。
③ 弘一大师:《心经大意》,见《弘一大师全集》第1册,福建人民出版社2010年版,第307页。

私,不能有无我之伟大精神,故不可著有。须忘人我,乃能成就利生之大事业。

（二）若著空,如前所说拨无因果且不谈。即二乘人仅得空慧而著偏空者,亦不能作利生事业也。①

又如:

……虽说空,乃即有之空,是"真空"也。若见此"真空",即"真空不空"。因有此"空",将来作利生事业乃成十分圆满。②

至于以弘一法师精研律学、而十诵律本系说一切有部所传作为弘一法师"重有不重空"的理由,则近乎先入为主、捕风捉影的"欲加之罪"了,因为弘一法师虽曾一度与义净律师译的有部律典有一定的因缘,但他很快就放弃了,他此后毕生习修弘扬的,也基本上是"四大律"的另一支,即属于道宣律师一系的四分律系统,笔者在此方面就不多费唇舌了。

综而言之,弘一法师之"重有",确凿无疑,然事出有因,但若说他"不重空",则似无实据。实际上,高僧说法,本与学者立说不同。说法者,着眼于此法当下之用,故对机而说则可,无对境之言则宁可不说;学者立说,往往务求事理上考据上全面周到停妥,以求自成一说,否则便为偏颇。弘一法师讲法就力求自己"所讲的"就是"现在即能实行的",因为"谈玄说妙,虽然极为高尚,但于现在行持终觉了不相涉","譬如那饥饿的人,来研究食谱,虽山珍海错之名,纵横满纸,如何能够充饥。倒不如现在得到几种普通的食品,即可入口。得充一饱,才于实事有济"③。假如能对弘一法师的说法抱以真正"理解之同情",前述关于弘一法师是否"不重空"的疑虑也就自然消弭了。

---

① 弘一大师:《心经大意》,见《弘一大师全集》第 1 册,福建人民出版社 2010 年版,第 308 页。
② 弘一大师:《心经大意》,见《弘一大师全集》第 1 册,福建人民出版社 2010 年版,第 308 页。
③ 弘一大师:《佛教之简易修持法》,见《弘一大师全集》第 7 册,福建人民出版社 2010 年版,第 575 页。

三、弘一法师的般若见解较无宗派色彩，
然其态度似受蕅益大师影响

弘一法师对《心经》的解说，据其自称，为"依前人撰述略录"①，但其确切的所据所本，却并未明说。综观唐宋诸宗高僧对《心经》的注疏，唯识宗窥基大师等主要按照三性（遍计所执性、依他起性、圆成实性）三无性（相无自性、无自然生性和胜义无自性）的唯识法义来疏解般若"空"义，华严宗法藏大师等则在论证空色无异的般若要义时援借了法界缘起、事事无碍的华严思想，慧忠国师等禅宗祖师对《心经》的阐释则极为重视"心"，并将诸法空有的问题均纳入自心生灭之中予以考量，天台宗大德明旷的注释则显然带有较强的以三谛圆融为特点的天台宗色彩。而弘一法师的《心经大意》大体上是以对《心经》文字进行质朴的释义，似乎没有特别地依从某一宗的见解。

不过，弘一法师对《心经》经题的解释："'心'乃比喻之辞，即是般若波罗蜜多之心。"②此说可能兼受唯识宗圆测大师和华严宗法藏大师的影响，因为圆测大师的说法是："卢道之中，心王独秀，于诸般若，此故最尊，从谕立名，故曰心也。"③这实际上就是把"心"字视为一种比喻。法藏大师则是采用了三重结构式的题释："体即用故，法之喻故，义之教故，立斯名耳。"④认为可以从以"体用"立名、以"法喻"立名、以"义"立名三个方面去理解。而所谓以"法喻"立名，就是指："谓般若等是所诠之法，心之一字是所引之谕，即般若内统要衷之妙义，况人心藏为主，为要统极之本。"⑤这个解释和圆测的视角几乎是一样的。

---

① 弘一大师：《心经大意》，见《弘一大师全集》第 1 册，福建人民出版社 2010 年版，第 312 页。
② 弘一大师：《心经大意》，见《弘一大师全集》第 1 册，福建人民出版社 2010 年版，第 307 页。
③ 圆测：《佛说般若波罗蜜多心经赞》，见《般若心经译注集成》，方广锠编纂，上海：上海古籍出版社 1994 年版，第 117 页。
④ 法藏：《般若波罗蜜多心经略疏》，见《般若心经译注集成》，方广锠编纂，上海：上海古籍出版社 1994 年版，第 310 页。
⑤ 法藏：《般若波罗蜜多心经略疏》，见《般若心经译注集成》，方广锠编纂，上海：上海古籍出版社 1994 年版，第 310 页。

　　由于弘一法师是从"空""有"关系的角度来解释《心经》和阐发般若空义的,而关于"空""有"问题,历来的相关歧见与争讼以瑜伽学派和中观学派之间为最多,弘一法师虽然被认为"重有",但在"空""有"关系上却似乎有明显的调和执中意味,强调"空""有"二者的统一性。这有点接近窥基大师的基本立场,也即认为"空""有"问题的关键在于遣人法二执,尽管众人往往因"结习所蔽,敬受邪教,诽谤大乘,於'空''有'经,如言计著,随印所解",且"由各迷方,邪乱授学,惧广文诵,初不趣求,虽乐略经,而不能了于真俗谛"①,但实际上,诸宗在"空""有"问题上虽各有侧重,但均为同义异说,体一无二,因此并不能依中观的"空"论而立"空"去"有",也不能依瑜伽的"有"论而举"有"遣"空"。

　　有意思的是,被认为与弘一法师有私淑之谊的隔世恩师晚明蕅益大师,虽撰有《般若波罗蜜多心经释要》,但于弘一法师的直接影响却似乎甚微。总的来说,蕅益大师的《般若波罗蜜多心经释要》和弘一法师的《心经大意》似乎趣味迥异,因为蕅益大师通篇论述均摄于一"心"字,如"吾人现前一念介尔之心即是三般若也"、"夫心佛众生三无差别"、"初心之人惟观心为易"、"今但直约心法显示般若,然大部虽广明佛法及众生法,未尝不即心法,今文虽直明心法,未尝不具佛法及众生法"、"三般若只是一心"、"无有一法能等此心,此心能等一切诸法"等等②,可谓以"心"法释《心经》的一个典范。无论是从立说的角度而言,还是对比大多数具体的注释,都可见这篇文献显然并未对弘一法师产生决定性的影响。只有其中对"观自在菩萨"的理解,尽管包括窥基大师、圆测大师、法藏大师等在内的众多古德几乎均未明确"观自在菩萨"为"观世音菩萨"(窥基大师甚至直接指出观自在非观世音),但蕅益大师却是非常鲜明地指出"观自在菩萨"即为"观世音菩萨",弘一法师在《心经大意》中采信此说,或许亦多少是受了蕅益大师的影响。

　　实际上,蕅益大师对弘一法师在关于般若空观的见解与态度上的影响,尽管并不直接体现在对《心经》的解释上,但却仍可以说是毋庸置疑的。弘一法

---

① 窥基:《般若波罗蜜多心经幽赞》,见《般若心经译注集成》,方广锠编纂,上海古籍出版社 1994 年版,第 73 页。

② 蕅益大师:《般若波罗蜜多心经释要》,见《蕅益大师全集》第 8 册,河北省佛教协会虚云印经功德藏,2005 年版,第 4987—4997 页。

师《心经大意》中起着点睛作用的一句话："经云：'宁起有见如须弥山，不起空见如芥子许。'"就见于蕅益大师《金刚般若波罗蜜经破空论》自序的开篇：

> 经云："宁起有见如须弥山，勿起恶取空见如芥子许。"盖空见拨无因果，能断五乘善根故也。然般若如大火聚，四面皆不可触，触则被烧。①

蕅益大师在此种基调下所阐发的"破空论"，如细心品读个中滋味，便堪称弘一法师即"有"明"空"思想的先声。

此外，在一封写给邓寒香居士的信中，弘一大师说道："蕅益大师亦云：'无始妄认有己，何尝实有己哉？或未顿悟，亦不必作意求悟，但专戒净戒，求生净土，功深力到，现前当来，必悟无己之体。悟无己，即见佛，即成佛矣。'"②其中所说"无己"也即"无我"、"无自性"，系般若空论之核心义理。蕅益大师此语意在说明空义殊胜而体证不易，他从"律""净"双修的立场上主张"不必作意求悟"，只要能够"专戒净戒，求生净土"，对空性的证悟将会水到渠成。而弘一法师在《劝念佛菩萨求生西方》一文中，除了没有提及他毕生所弘扬的戒律之外，几乎是完全重申了蕅益大师借"有"而修"空"之义：

> 若约通途教义言，应观我身人身山河大地等皆虚妄不实，飞机炸弹大炮等亦当然空无所有。如常人所诵之心经金刚经等皆明此义。《心经》云："照见五蕴皆空，度一切苦厄。"《金刚经》云："一切有为法，如梦幻泡影，如露亦如电，应作如是观。"
>
> 若再详言，应分为空假中三观，复有次第一心之别。但吾人仅可解其义，若依此修观则至困难，即勉强修之，遇境亦不得力。故印光法师劝人专修净土法门也。因此法门易解，人人皆可实行。③

---

① 蕅益大师：《金刚般若波罗蜜经破空论》自序，见《蕅益大师全集》第 8 册，河北省佛教协会虚云印经功德藏，2005 年版，第 4869 页。
② 弘一大师：《致邓寒香（二）》，见《弘一大师全集》第 8 册，福建人民出版社 2010 年版，第 362 页。
③ 弘一大师：《劝念佛菩萨求生西方》，见《弘一大师全集》第 1 册，福建人民出版社 2010 年版，第 349 页。

弘一法师此言虽主要用意在解释印光大师何以劝人念佛求生净土,但观其通篇立意,与前面所引蕅益大师之语殊无二致。弘一法师之般若空观及法师于实修中所持态度,所受蕅益大师的影响,从中可见一斑。

【作者简介】

林清凉,1978 年生,文学博士,杭州师范大学弘一大师·丰子恺研究中心助理研究员。

Master Hong Yi's Views on Prajna

Lin Qingliang

Summary

It is a basic orientation in Master Hongyi's views on Prajna to place "existence" and "nothingness" in stark contrast and explain the latter in terms of the former. However, this "emphasis on existence", a salient feature of Master Hongyi's views on Prajna, must not be construed as a "neglect of nothingness". Since Tang and Song Dynasties a great many masters have tried their hand at annotating the "Heart Sutra", but Master Hongyi's interpretation of it betrays no affiliation with or sectarian preference for any school. Nevertheless, traces of Master Ouyi' influence on Master Hongyi's opinions and attitudes are discernible to a certain extent.

自度度人，自化化人

——弘一大师僧伽教育之行践研究

赵 威

1938 年 2 月，弘一大师曾在泉州开元慈儿院讲述一段释迦牟尼佛为法舍身的故事：释迦牟尼居于国王位时，遇到一位婆罗门，释迦牟尼因发愿入佛门，遂向其询问佛法。婆罗门要求国王剜肉点灯，以供养佛，国王慨然应允。臣民因忠不舍，为此劝阻，国王说："现在我能给你们的依靠只是暂时的，是靠不住的，我若求得佛法，将来成佛，当先度化你们，这样就可以永久保护你们，切勿劝阻。"[1]后国王将身上挖一千孔，点燃一千盏灯以供养佛。由此慨叹，落发为僧的弘一大师，誓舍身命，修持苦行，如同释迦牟尼佛一般立舍尘世，辗转闻法。站在历史的高度来看，凡世的李叔同置身艺术教育界只是暂时的，而放弃一生的红尘诱惑，没有从朋友的劝告中犹疑，出家为僧的弘一大师，犹如释迦牟尼佛一般，誓舍身命，舍身以取佛法，早生极乐乘愿再来。大师亦凭其佛教思想、佛教著作和僧教育行践，达"自度度人，自化化人，救度法界一切众生"之终生伟业。正如，弘一大师之弘律愿文中所讲的那样："我所修持一切功德，悉以回施法界众生；终生所造无量恶业，愿我一身代受众苦"[2]。此外，弘一大师不仅如释迦牟尼佛一般为法舍身救度众生，而且大师还以著书译经、弘法讲演、立佛学院校、佛教艺术创作等僧教育行践，以达"回施法界众生"之弘愿。所以，对于民国时期僧伽教育来说，弘一

---

[1] 弘一大师：《泉州开元慈儿院讲演录》，见《弘一大师全集》第 7 册，福建人民出版社 2010 年版，第 568 页。

[2] 弘一大师：《余弘律之因缘》，见《弘一大师全集》第 1 册，福建人民出版社 2010 年版，第 234 页。

大师放弃在俗时期所努力创造的艺术成就,转而潜心佛法修持,"好比出于幽谷,迁于乔木"①,此乃我国僧教育事业甚至佛教发展之一幸事。

一、民国时期僧教育之概述

民国时期佛教教育大致可分为两系:一是以出家僧众为主体的僧教育;二是以在家僧众为主体的佛学教育。佛教教育,即造就佛教僧才,其关系到佛教的前途与命运。佛、法、僧是佛教"三宝",佛法二宝,悉赖僧弘传。因此,佛教的发扬光大,需要培养出合格的僧才,遂僧教育在佛教发展中的地位显得格外重要。在佛教教育领域,如何处理佛教僧团与在家居士之间的关系,亦至关重要。其一,出家重在住持佛教,弃俗修道;在家则重护持佛法,尘俗累积福德。僧俗二众,皆一心向佛,潜心佛教护持。其二,出家僧人与在家居士亦是相互交融,形影不离。居士团体是僧团的重要储备和来源之一,居士的素质一定程度上影响着未来僧才的培养。因此,在僧教育中,在家居士不可忽视,应该加强对其引导和教育。

第一,从民国时期以佛学院为主的教育机制,探研僧教育之现状。我国佛教教育大致经历了"译场讲学"(梵典结集——阐发——翻译——刊刻——弘法讲演)、"丛林制度"、"佛学院校"②三类教育模式,大致代表着中国僧伽闻法的三个阶段。民国时期僧教育主要以新型学校教育——佛学院校为主,这与传统的丛林制度相异。佛学院校作为新事物,并不是以其出现的时间早晚来界定,而是其更符合近代僧教育发展的客观规律,这就决定了以佛学院校为主体的教育模式必将具有光明前途和强大生命力,尽管其经历一个曲折的发展过程。新式僧教育的发轫可以追溯到杭州白衣寺的住持松风最早计划开设的佛教学堂,但终因佛教内部旧势力反对而流产。1903年湖南长沙开福寺率先成功创办僧师范学校,此后扬州天宁寺、南京三藏殿等各地寺院自办新式僧学堂,如雨后春笋,可见一斑。早期僧教育学堂,一

---

① 丰子恺:《我的老师李叔同》,见孙叙伦著《印象弘一大师》,安徽文艺出版社 2011 年版,第 13 页。
② 王雷泉:《佛教教育的目的、方法及前瞻——以〈维摩经〉为例》,载《佛学研究》2006 年 12 月 31 日,第 86—89 页。

方面为佛教培养僧才，一方面兼及普通学科教育，辅助国民教育。因此，佛教教育进一步趋向世俗化，佛教思想和内容更好地得到了传播。另外，佛教大学及各宗专科学院亦相继建立。①如1914年上海创办的专研华严法门的华严大学；1925年在厦门南普陀寺创办的闽南佛学院；1934年弘一大师力主创办的佛教养正院……由此观之，全国各地不同类型、不同程度的佛学院的兴起与发展，对僧教育具有巨大推动作用，而且为我国培养了一批僧伽和佛学研究的人才。但是，抗日战争的爆发打断了二三十年代佛学院一片繁荣发展的美好场景，僧教育亦因战争的持续而渐趋衰落。

第二，从弘一大师转兴律学之原因，观民国时期僧教育的现状。19世纪后半叶，佛教伴随着中国封建王朝逐步迈入衰退期，同时佛教亦受到西方天主教、基督教、伊斯兰教等宗教思想，以及西方科学思想的冲击，日益衰败的佛教又面临时代的种种挑战，这一切正是民国时期僧教育发展的历史语境。千疮百孔的封建王朝，军阀混战的中华民国，佛教的衰弱几成必然，更何况僧教育的发展，但这些因素只能称之为外缘。究其内缘，可从弘一大师的著述、杂记、格言和弘法讲演之中窥知一二。弘一大师曾多次在公开场合袒露自己为何发愿振兴律宗，此亦是佛教衰弱、僧教育颓废的内缘。总结有以下几点：一、因近代律学荒废数年，佛门戒律废弛。弘一大师在《从容弘法的感悟》中，谈到自己誓心学习律学的原因："现在的佛门戒律颓废，很多僧人没有真正的戒律可以遵守，如果长久下去，佛学将无法保存，僧人也将不复存在了……我们在此末法时节，所有的戒律都是不能得的……现在没有能够传授戒律的人，长此以往我认为僧种可能就断绝了。"②弘一大师认为国难民不立，僧人亦难以安身立命，遂戒律颓废，僧无律可守，甚至提出"僧种可能就断绝"之梦魇说。可见当时社会错综复杂的形势和律学的窘境，使得戒律废弛，遂僧教育的发展不可避免受此波及。二、僧侣僧行低劣，缺乏戒律教育。譬如，1937年2月16日，弘一大师在南普陀寺佛教养正院弘法讲演，在回忆十年三回南闽之梦影时，话锋急转，将其对于学僧教育的意见详实弘

① 耿敬：《中国近代佛教教育的兴起和发展》，见《纪念〈教育史研究〉创刊二十周年版论文集》，2009年版，第286—287页。
② 弘一大师：《弘一法师全集》第1册，新世界出版社2013年版，第25—26页。

阐。大师认为,出家人务必要修持自己的品行和道德,否则会受到世人的轻慢、鄙夷、讥笑……大师以自己曾经遇到的尴尬经历作为例子：出家时,曾有朋友写信劝告,理由竟是"听到你要不做人,要做僧去……",听到此话颇为痛心的弘一大师,慨叹"僧不当人看"的社会意识。由此,弘一大师将其归咎为出家人僧行低劣,"做人太随便的缘故"。① 三、南山律宗适合我国佛教之环境与机宜。譬如,弘一大师曾在泉州承天寺律仪法会弘法讲演,当弘阐四分律之历史时,大师说："改研南山律,其原因是南山律依四分律而成,又稍有变化,能适合吾国僧众之根器故。"②四、佛教制度废旧,组织涣散,讲学废弛。末法之世的佛教积弊多端,以佛教制度废旧无用为大,加之,各个寺院、各个宗派林立且无统一组织,"常有一个寺院几个僧,守着寺庙过一生"的佛门悲事。这就导致僧教育讲学废弛,戒律教育更无从谈起。所以,弘一大师曾多次在寺院、佛学院或其他场合,多次谈及吾国佛门律学和戒律教育发展的颓废之状,并劝诫出家僧侣和在家居士能发心专学戒律,常以戒为师。

第三,从民国时期佛教期刊的发展,观僧教育发展之现状。1912 年中华民国成立后,出版、言论、信仰等自由第一次出现在国家宪法,使得民国时期报刊出版事业进入活跃期。这一时期,佛教界报刊出版事业亦得到长足发展,先后办报近三百种,"现在已经能见到的达 256 种,未见有名的尚有 30 余种"。③

表一　民国时期宗教期刊统计表④

年份教派	佛教	道教	儒教	天主教	伊斯兰教
1911 年前	0	0	0	16	1
1912—1927	57	18	16	35	24
1928—1933	40	8	2	43	31
1934—1939	58	15	3	58	44
合计	155	41	21	152	100

① 弘一大师：《南闽之年版之梦影》,见《弘一大师全集》第 8 册,福建人民出版社 2010 年版,第 201 页。
② 弘一大师：《余弘律之因缘》,见《弘一大师全集》第 1 册,福建人民出版社 2010 年版,第 236 页。
③ 黄夏年编：《稀见民国佛教文献汇编(报纸)》,中国书店 2008 年版,第 3—4 页。
④ 该表引用自王润泽的《回归本位：民国宗教报纸发展概述》,此表数据根据 The Religious Periodical Press in China by Rudolf Lowenthal Reprinted by CHINESE MATERIALS CENTER, INC. San Francisco 1978。

尽管以上表格的统计数据与黄夏年《稀见民国佛教文献汇编》之数据相左，两者亦可能离历史真实数据又有些许偏颇，但表中数据仍可反映出民国时期佛教刊物发展的大体趋势。从表一可知，在各类宗教报刊全面发展的背景下，佛教期刊无论从数量还是增速来看，皆占有相当大的优势。不可忽视的是，在民国复杂的社会背景下，佛教的发展日益受到诸如天主教、伊斯兰教等外来宗教的挑战。

佛教报刊的出现与发展，在一定程度上对僧伽教育有所助益。譬如，《佛教日报》是民国时期佛教刊物中最有影响力的报纸之一。1935 年 4 月，范古农居士创办的《佛教日报》，在上海产生较大的社会影响。在创办此报时，范古农特请太虚法师为该报撰写发刊词，大师曰："在僧伽方面……唤起僧伽之自觉，改革僧制，去滥，去愚，去俗，以恢复佛教僧伽之本来面目，住持佛教。"[①]太虚法师窥见末法之世，佛教制度之废弛，佛门之腐败，僧伽之于滥、愚、俗，僧教育之无法，长此以往佛门必遭大劫。所以，太虚法师十分支持范古农居士办报弘法之行践，鼓励以报纸为传播媒介将佛教之教义、教仪、义理，教化世人。《佛教日报》将深奥的佛教理论用通俗语言表达，让民众更易接受，对佛教复兴有所助益。然佛教报刊并非仅仅弘法宣教，而多刊载针砭时弊、月旦佛门之文，以此反躬内省，抨击佛门时弊，谋求佛教之内外清净。譬如，1933 年第 7 期，明心发表《僧伽为什么给人瞧不起》刊载于《海潮音》；1935 年第 1 期，苇舫发表《十五年来之僧教育》刊载于《海潮音》；1935 年第 1 辑，圣航发表《论佛教不振之原因》刊载于《南询集》；大雷发表《论今日中国佛教之十大病》刊载于《现代佛教》第 5 卷第 4 期……

二、弘一大师僧伽教育之行践研究

致力于艺术教育事业的李叔同与执着于僧教育事业的弘一大师，不同事业却有种种相同的教育理念和教育精神，即以入世的教育经验、教育精神和教育理念做出世的僧教育伟业。出家前的李叔同，少年倜傥，精文翰、善音乐、书画、戏剧、篆刻，深邃艺术渐臻绝诣。同时，在教育方面，李叔同独尚

---

① 黄夏年编：《稀见民国佛教文献汇编（报纸）》，中国书店 2008 年版，第 2—3 页。

"士先器识而后文艺"、"文艺以人传,不可人以文艺传"的文艺观,十分重视人格教育和艺术教育。1918 年正月十五,皈依三宝的李叔同,法名演音,号弘一,其佛学思想体系可以归纳为:县以华严为境,四律为行,导归净土为果。① 范古农居士归纳弘一大师佛学思想时,云:"师出家在虎跑寺,见其忏地藏课甚严,瓣香灵峰蕅益,奉宗论为圭臬,又知法门唯净土为最方便,教义唯华严为最完备,而华严普贤十大愿王又有导归极乐之功,与净土法门有密切之关系,其弘律宗南山,南山之于教亦依贤者,故综师之佛学,于律于教于净,一以贯之。"② 范古农居士这句话正是弘一大师佛学思想之体系结构的别样阐述。由此语推知,弘一大师自出家初便已研习律宗,逐渐形成以净土信仰为根基,以华严为境,以戒律行持为基本行践。在僧教育事业方面,弘一大师秉承出家前的教育准则,常严以律己,以身示教,格外注重僧众的人格和品行双修。大师严以律己的人格魅力和博闻强识的佛学知识,感化教育了一大批学僧,实现了"自化化人,自度度人,普度众生"的僧教育之根本目标。③ 此外,弘一大师同出家前一样不任职行政教务,不曾担任主持或监院之类的教务,专心致力于自身戒律修持、振兴南山律宗和僧教育伟业。

总之,从僧伽教育的角度,观弘一大师一生学律、研律、弘律之行践,皆与僧伽教育有着千丝万缕的联系。所以,文章结合弘一大师律学思想与行践,从弘法讲演、立学办报、著述弘阐、佛教艺术创作四个方面,具体阐释弘一大师僧教育之种种行践。

(一)因材施教,教化僧众:弘法讲演

弘法讲演是弘一大师僧教育行践的重要形式之一,从大师讲经弘法便可窥知其佛教思想一二。如是弘愿,如是伟业,弘一大师满怀僧伽教育思想,长期奔波弘法传教,以无我之伟大精神,而做种种利生之事。依表二资料,文章将从时间分布、讲演场所(讲演地图)、内容特点以及舆论评价四个方面,绍介弘一大师弘法讲演之行践。

① 弘一大师:《弘一法师全集》第 1 册,新世界出版社 2013 年版,第 25 页。
② 范寄东:《述怀》,见夏丏尊:《弘一大师永怀录》,台湾龙树菩提增经会 1991 年版,第 148—149 页。
③ 李清华:《民国四大高僧与福建的僧教育》,载《海峡教育研究》2013 年第 3 期,第 28—36 页。

表二　弘一大师弘法讲演概览①

时间	地点	内容	时间	地点	内容
壬申十月	厦门妙释寺	关于净土宗修持法	癸酉五月十五	泉州大开元寺	讲《放生与杀生之果报》
壬申十二月	厦门妙释寺	《人生之最后》	癸酉七月十一日	泉州承天寺	《常随佛学》，举七事，勉励随学
癸酉正月十二日	厦门妙释寺	谈改过实验，改过自新，速成佛道	癸酉七月十一日	泉州大开元寺	讲《读诵华严经文之灵感》
癸酉正月二十一日	厦门妙释寺	开讲《四分律含注戒本》及《戒相表记》，共五日	癸酉七月下旬	泉州大开元寺	讲《梵纲戒本》，七日讫
癸酉二月	厦门妙释寺	《随机羯磨》	癸酉八月十一日	泉州大开元寺	讲《普贤行愿品大意》
癸酉三月九日至五月八日	厦门万寿岩	讲《随机羯磨》，上卷讲讫	癸酉八月二十四日	泉州大开元寺	讲《四分律含注戒本》及《随机羯磨》。十月初三日讫
癸酉四月七日	厦门万寿岩	讲《地藏菩萨灵感》	癸酉十一月十五日	晋江草庵	讲《梵纲戒本》，三日讫
癸酉四月八日	厦门万寿岩	讲《授三皈依大意》	癸酉十二月一日	晋江草庵	讲《药师经》，三日讫
癸酉五月	厦门万寿岩	三皈之略义、方法、利益	癸酉十一月	泉州承天寺	律仪法会讲演，律宗历史绍介，续讲律学要略
癸酉闰五月五日	泉州大开元寺	《敬三宝》，举常人所应注意之事项	癸酉	泉州承天寺	学律诸僧侣，应改正九条习惯
癸酉闰五月六日	泉州大开元寺	讲《佩玉编》，共数次	癸酉除夕夜	晋江草庵	讲《蕅益蕅大师普说二则》

---

① 表二数据主要来源于弘一大师的《惠安弘法日记》、《壬丙南闽弘法略志》、《泉州弘法记》，见《弘一大师全集》，福建人民出版社 2010 年版。因部分弘法讲演的时间、地点、内容不详，所以未收录此表。

(续表)

时间	地点	内容	时间	地点	内容
甲戌元旦	晋江草庵	讲《随机羯磨》初、二篇,十四日讲讫	丙子五月十七日至二十日	泉州大开元寺	《心经大意》
甲戌三月十八日	厦门南普陀寺	讲《行事钞大盗戒》,四月六日讫	丙子五月二十三日	泉州朵莲寺	讲《药师如来本愿功德经大意》
甲戌七月	厦门南普陀寺	讲《一梦漫言》,半月余讲讫	丙子五月二十六日	泉州昭昧国学专校	讲《佛教之源流及宗派》
甲戌八月	万寿岩念佛堂	做佛事,念佛胜于水路经忏等	丁丑初	厦门南普陀寺	讲《随机羯磨》
乙亥元旦	厦门万寿岩	讲《阿弥陀经》	丁丑二月十六日	南普陀寺佛教养正院	回念南闽十年之梦影
乙亥三月	泉州开元寺	讲《一梦漫言》	丁丑三月二十八日	南普陀寺佛教养正院	谈写字的方法,写字为求佛法
乙亥十一月	泉州承天寺	讲《律学要略》	戊寅年春	泉州梅石书院	佛教的源流及宗派,分别对十宗派介绍
丙子正月	南普陀寺佛教养正院	青年佛徒应注意的四项:惜福、习劳、持戒、自尊。	戊寅一月	晋江草庵	讲《华严经普贤行愿品》
丙子闰三月一日	南普陀寺	讲《四分律含注戒本》初、二篇	戊寅一月二十六日	泉州大开元寺	讲《念佛能消灾难》
丙子五月	鼓浪日光岩	讲《净土法门大意》	戊寅二月初一至初十	泉州承天寺	讲《华严普贤行愿品》
丙子五月十四日	温陵男养老院	讲《劳勤与念佛》	戊寅二月十二日	泉州开元慈儿院	讲释迦牟尼佛三段闻法成佛的故事
丙子五月十六日	崇福寺	讲《三皈五戒浅义》	戊寅二月十三日	妇人养老院	讲《净土法门》

(续表)

时间	地点	内容	时间	地点	内容
戊寅六月十九日	漳州七宝寺	略阐佛法大意和南无观世音菩萨之义	己卯二月十九日	泉州朵莲寺	讲《读诵华严经之灵感事迹》
戊寅十月十六日	晋江安海金墩宗祠	列举佛法十疑及弘阐，免除种种之误会	己卯二月二十日	泉州光明寺	讲《诵读药师咒之方法》
戊寅十月七日	晋江安海金墩宗祠	绍介佛法之种种宗派，分别有律宗、俱舍宗、密宗、净土宗等十宗派	己卯二月二十一日	泉州同莲寺	讲《净土法门之殊胜》
戊寅十月八日	晋江安海金墩宗祠	佛法学习初步略述，主讲三世业报、善恶因果	己卯二月二十二日	温陵养老院	讲《地藏菩萨之灵感事迹》
戊寅十月下旬	青鏖堂	讲《药师如来法门》	己卯四月十六日	永春桃源殿	讲演分三段：深信因果、发菩提心、专修净土
戊寅十一月初旬	泉州承天寺	讲《金刚经大意》	己卯四月	永春普济寺	药师如来法门略说：维持世法、速得成佛
戊寅十一月初旬	泉州承天寺	讲《最后之□□》	庚辰七月三十日	永春	适逢地藏菩萨圣诞，讲净宗道侣坚持诵地藏经要旨，以资纪念
戊寅十一月十四日	南普陀寺佛教养正院同学会席	反省过去，检讨自我，痛定思痛	庚辰	泉州檀林福林寺	略述印光大师之生平、盛德
己卯正月元旦	泉州承天寺月台别院	讲《药师经》，共十日	庚辰冬	不详	对临终前后注意事项简述，劝发起临终助念会
己卯二月五日	泉州承天寺月台别院	讲《裴相发菩提心文》，共三日	辛巳四月	晋江福林寺	讲《律钞宗要》
己卯二月十日	泉州承天寺	讲《药师经》七日	壬午八月	泉州开元寺	讲《八大人觉经》

表三　弘一大师弘法讲演数据统计①

年份	壬申 1932	癸酉 1933	甲戌 1934	己亥 1935	丙子 1936	丁丑 1937	戊寅 1938	己卯 1939	庚辰 1940	辛巳 1941	壬午 1942	合计
次数	2	20	4	3	8	3	14	9	3	1	1	68

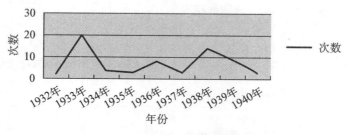

图一　弘一大师弘法讲演的时间分布

第一,从弘一大师弘法讲演的时间分布来看,大师讲经弘法主要集中在20世纪30年代—40年代之间,这十年左右的时间是弘一大师讲演的高峰。1918年弘一大师落发出家,专心研究律学,而辗转讲演大约在30年代初(出家已十余年之久),可见弘一大师十分注重自身佛学知识的积累,不随意卖弄学识。另外,由表三和图一可知,弘一大师讲经说法的时间分布不均衡,这大致因弘法排期紧凑,闭关修行不可外出,身体屡遭病魔考验以及社会形势等诸多因素所致。此外,在20世纪30年代末期,弘一大师弘法讲演之频率下滑态势明显,除了当时抗日战争爆发的社会因素和弘一大师身体多恙的个体因素之外,弘一大师抚躬自问是此问题的决定因素。譬如,1938年11月14日,弘一大师在南普陀寺佛教养正院同学会席上回忆往昔,竟总结为四个字"不堪回首"!谈到弘法演讲时说:"不只我自己看不过去,就是我的朋友也说我以前如闲云野鹤,独往独来,随意栖止,何以近来竟大改常度,到处演讲……简直就是一个'应酬的和尚'了"②。颇受名闻利养之牵绊的弘一大师,发心如初静心修佛,潜心著述译经,钻研南山律宗。所以,从整个弘一大师弘法讲演的时间分布来看,主要呈现的大致状态:30年代初开始讲演,且

① 表三数据由表二统计得出。
② 弘一大师:《最后之□□》,见《弘一大师全集》第7册,福建人民出版社2010年版,第576—577页。

讲演时间分布不均衡，排期紧凑，至 30 年代末则急速减少。

表四　弘一大师弘法讲演地域分布^①

地点	厦门	泉州	晋江	漳州	永春	合计
次数	21	34	9	1	3	68

　　第二，从表四弘一大师弘法讲演的地域分布来看，大师一生主要讲演活动集中在南闽地区，主要有厦门、泉州、晋江、漳州、永春等地区的寺院、佛教院校、经堂及有关慈善机构，如厦门的南普陀寺、妙释寺、万寿岩；泉州的承天寺、开元寺、光明寺；晋江的福林寺、草庵寺……南闽的大地留下了弘一大师太多的弘法足迹，南闽的僧教育历史长卷中同样记载着弘一大师的丰功伟绩。1937 年 2 月 16 日，弘一大师在厦门南普陀寺佛教养正院讲演的题目为《南闽十年之梦影》^②，讲述了三回南闽弘法的故事。从 1928 年至 1937 年近十年的时间，南闽留下了弘一大师太多的汗水和回忆，学僧已学成而为师，闽南佛学院越发繁荣，南闽的佛教发展日益昌盛。

　　第三，从弘法讲演的内容特点来看，弘一大师讲经说法的内容呈以下几个特点：由表及里、去伪存真，常事论理、通俗易懂，逐条阐释、条理清晰，谦逊有加、返观内照。如 1938 年 10 月 6 日，在晋江安海金墩宗祠讲《佛法十疑略释》^③，依据当时人们对佛法的种种误解与疑问，总结十条答疑，充分体现了"逐条阐释、条理清晰"和"由表及里、去伪存真"的特点；再如，弘一大师在厦门南普陀寺佛教养正院讲演的《南闽十年之梦影》，大师返视内照，审视和反思自己"不堪回首"的名闻利养生活，充分彰显一位高僧大德的谦逊和内省之特质。此外，弘一大师弘法讲演还体现以常事论理、通俗易懂的特点，如 1936 年正月南普陀寺佛教养正院开学日，弘一大师讲演《青年佛徒应注意的四项》^④，大师先后借用自身经历和印光法师、释迦牟尼佛的故事，表明青

---

① 表四数据由表二统计得出。
② 弘一大师：《南闽之年版之梦影》，见《弘一大师全集》第 8 册，福建人民出版社 2010 年版，第 201—202 页。
③ 弘一大师：《佛法十疑略释》，见《弘一大师全集》第 7 册，福建人民出版社 2010 年版，第 570—571 页。
④ 弘一大师：《青年佛徒应注意的四项》，见《弘一大师全集》第 7 册，福建人民出版社 2010 年版，第 561—562 页。

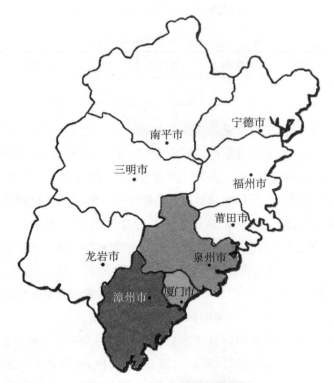

图二　弘一大师之南闽弘法地图

（图二由表4数据得出，其中深色区域代表弘一大师主要讲演场所。）

年学僧应该格外注意四项：惜福、习劳、持戒、自尊。

　　第四，在弘一大师弘法讲演的舆论评价方面，可根据弘一大师的书信、讲演，以及其他僧人或社会舆论评价，推知一二。如1936年《佛学半月刊》刊载文章《弘一大师在泉弘法》，1939年思归子在《佛学半月刊》载文《弘一大师与十年来闽南佛化运动》。1933年3月3日，弘一大师致芝峰法师的信中写道："此次讲律，听众甚盛。寄住寺中者六七人……现已讲《羯磨》，若欲深造，非有三五年之功夫专心研习不可，听众中有二三人誓愿甚坚固，或可发心专修也"①。再如，1935年正月二十五日，弘一大师在厦门万寿岩致信性常法师，大师说："此次有发心学律者数人，皆至诚谆切，将来成绩比大有可观。

---

① 弘一大师：《致芝峰法师》，见《弘一大师全集》第8册，福建人民出版社2010年版，第460—462页。

杓人约于二月到泉州。俟琐事料理既毕,即可返厦讲律也。"①直到1938年情况日盛,弘一大师在泉州开元寺慈儿养正院讲演时,教员、学生、来宾等愈二三百人,弘一大师讲演的开头感慨:"我到闽南,已有十年,来到贵院,也有好几回,一进到院,都觉得有一番进步,这是使我很喜欢的"②。除此之外,弘一大师仍有部分弘法讲演之行践,因时间、地点、内容不详的缘故并未记载,但大师许多讲经弘法的稿件、文字广告、社会舆论等信息,散见于民国佛教期刊,使得弘一大师的高深法行,如撞破晓梦之晨钟,对民国时期僧教育产生广而深远的影响。

(二) 发弘誓愿,助僧教育: 立学办报

从弘一大师弘法讲演之行践可窥知,其对僧教育发展之助益。然大师对僧教育的助益是多方面的,创立佛学院校、参与编辑佛教报刊便是最好的例证。

第一,创立佛学院校对僧教育之助益。弘一大师十分重视创办佛学院校,先后参与和协助闽南佛学院的思想整顿和学风整顿,创建南山律学苑、佛教养正院和梵行清信女讲习会。首先,弘一大师对闽南佛学院的发展,影响甚远。在佛教界,像弘一大师这样年少时曾留学日本,学成归国后短时间内对中国艺术界、教育界、美育界产生巨大影响的,可谓是少之又少。留学日本的教育经历,使弘一大师对西方先进的教育理念、教育制度、教学方法、教育体系,乃至细微的教学课程设置、教材编纂、训育工作等,皆知悉甚多。加之,出家前的弘一大师曾在天津工业专门学校、城东女学、浙江省立第一师范学校、南京高等师范学校等校任教,具有丰富的教学经验和先进的教学理念。所以,闽南佛学院的两届院长太虚法师和常惺法师,皆对弘一大师的教学理念和律学义理满怀希冀,并多次邀请弘一大师参与和协助闽南佛学院的思想整顿和课程改革工作。弘一大师曾在以《南闽十年之梦影》为题的讲演中谈及闽南佛学院的课程设置,大师说:

① 弘一大师:《致性常法师》,见《弘一大师全集》第8册,福建人民出版社2010年版,第475页。
② 弘一大师:《南闽之年版之梦影》,见《弘一大师全集》第8册,福建人民出版社2010年版,第201页。

芝峰法师谈起佛学院里的课程，他说："门类分得很多，时间的分配却很少，这样下去，怕没有什么成绩吧？"因此，我表示了一点意见，大约是说："把英文和算术等删掉，佛学却不能减少，而且还要增加，就把腾出来的时间教佛学吧！"他们都很赞成。听说从此以后，学生们的成绩，确比以前好得多！①

由此可见，弘一大师第一次去闽南佛学院便对其教学课程设置的改革，有些许助益。1929 年 11 月，弘一大师第二次返回闽南佛学院，主要协助院方整顿闽南佛学院思想和学风，但由于当时闽南佛学院学生扩招甚多，管理压力过大，"虽然竭力整顿，终不能恢复以前的样子"，②弘一大师此次整顿工作不容乐观。但大师在大华严寺撰写《悲智颂》嘱咐学僧："有悲无智，是曰凡夫。悲智具足，乃曰菩萨。我观仁等，悲心深切。当更精进，勤求智慧。智慧之基，曰戒曰定"③。弘一大师为佛学院编撰《悲智颂》，精心训导学僧，深受佛学院院长、教导和学僧们的敬重和爱戴，对闽南佛学院僧教育的发展是不言而喻的。遗憾的是，弘一大师于 1931 年 9 月第三次返回闽南时，并未回到佛学院。

1933 年正月，弘一大师第三次返回闽南，创建南山律学苑，该律学苑是以护南山四分律宗弘传世间为弘愿，以重兴南山律宗为旨，以律学为精研修持为重点，以戒法、戒行、戒体、戒相为教理，以讲演律学为教学主要内容，以此促进僧伽教育的发展。弘一大师曾在《南山律苑住众学律发愿文》中，郑重同发四弘愿誓：

一愿学律弟子等，生生世世永为善友，互相提携，常不舍离。同学毗尼，同宣大法，绍隆僧种，普利众生；一愿弟子等学律及以弘法之时，身心安宁，无诸魔障，境缘顺遂，资生充足；一愿当来建立南山律院，普集多众，广为弘传。不为名闻，不为利养；一愿发大菩提心，护持佛法。

① 弘一大师：《悲智颂》，见《弘一大师全集》第 8 册，福建人民出版社 2010 年版，第 189 页。

② 弘一大师：《南闽之年版之梦影》，见《弘一大师全集》第 8 册，福建人民出版社 2010 年版，第 201 页。

③ 弘一大师：《悲智颂》，见《弘一大师全集》第 8 册，福建人民出版社 2010 年版，第 189 页。

誓尽心力。宣扬七百余年淹没不传之南山律教，流布世间。①

    1934 年，弘一大师在厦门南普陀寺创立佛教养正院，该院针对南普陀寺"僧人多数无中学文化程度，因而不能上闽南佛学院，而只能早晚学学功课，替人念经拜忏，虚度了光阴"②。遂推举瑞金法师主持院务，广恰法师任学监，高方显居士等任讲师，弘一大师自担训育课程。1936 年正月，弘一大师在南普陀寺佛教养正院开学之日，为学僧讲《青年佛徒应注意的四项》，本次讲演开场便对养正院所取得的成绩表示赞赏，大师慨叹说："养正院从开办到现在，已是一年多了。外面的名誉很好，这因为由瑞金法师主办，又得各位法师热心爱护，所以能有这样的成绩"③，并劝勉青年学僧应该格外注意惜福、习劳、持戒、自尊，大师逐条阐释，以理论证，不避浅易。此外，弘一大师时常与瑞金法师就养正院课程设置、教材编纂、训育工作等细节互致书信，大师始终把佛学教育放在首位，以文理为辅，以戒律为准则，注重"士先器识而后艺"的人格修养和品格修养。譬如，1934 年 7 月 14 日，弘一大师在厦门南普陀寺致瑞金法师的信中说：

    弘一提倡办小学之义，决非为养成法师之人才。例如天资聪颖，辩才无碍，文理精通，书法文秀等。如是等绝非弘一所希望于小学学僧者。（或谓小学办法：第一须求文理通顺，并求重读诵等。此乃是养成法师之意，与弘一之意不同。）

    弘一提倡之本意，在令学者深信佛菩萨之灵感，深信善恶报应因果之理，深知如何出家及出家以后应作何事，以造成品行端方，知见纯正之学僧。至于文理等在其次也。儒家云："士先器识而后艺"，亦此意也。谨书拙见，以备采摘。④

---

① 弘一大师：《弘律愿文》，见《弘一大师全集》第 1 册，福建人民出版社 2010 年版，第 295 页。

② 蔡吉堂、吴丹明：《弘一法师在厦门》，见《弘一大师全集》第 10 册，福建人民出版社 2010 年版，第 168 页。

③ 弘一大师：《青年佛徒应注意的四项》，见《弘一大师全集》第 7 册，福建人民出版社 2010 年版，第 561—562 页。

④ 弘一大师：《致瑞金法师》，见《弘一大师全集》第 8 册，福建人民出版社 2010 年版，第 475 页。

由此可知，弘一大师对僧教育具有独特见解，大师认为"法师"之养成不在于一般小学之培养方式，养正院之僧教育（或称沙弥教育）应该格外注重学僧的人格和品行双修，强调佛学义理和德育的重要性，可谓是学行兼顾，事理圆融。另外，弘一大师对养正院的课程设置、教材编纂、训育工作格外重视，如 1934 年弘一大师再次致信瑞金法师：

> 瑞金法师道鉴：
>
> 书局所编之书，未能适于出家人用。宜更广采，如书局诸书，由教者自编讲义，与每次讲期前十日编就，令学者预先轮流抄写。编辑之法，凡灭蝇蚊、游戏、花柳病等，皆可略去。但花柳病及手淫等害宜讲解之，令之恐惧。略复，不宣。
>
> 演音启①

在佛教养正院教科书方面，弘一大师则苦心孤诣，细心之至。大师根据学僧文化程度，制定学制年限、教育宗旨、卒业成绩标准、院训语、教科书等，可知其良苦用心。详见弘一大师所撰写的《拟定佛教养正院教课用书表》，具体如下：

> 学者程度：初识文字，不详年龄。
>
> 卒业年限：三年。
>
> 教育宗旨：深信善恶报应因果之理，深知如何出家及出家以后应作何事等等。
>
> 卒业成绩：品行端方，知见纯正，静勤耐苦，朴实无华。
>
> 第一年、第二年、第三年用讲本（略）
>
> 训语：《教师应参考书》。（训语为极重要之事，每日应两小时以上。各年级僧合并，共坐听之。）
>
> 释迦牟尼佛略传　佛学撮要　发心学佛因缘　观音灵感录　净土圣贤录　高僧传三集等

---

① 弘一大师：《致瑞金法师》，见《弘一大师全集》第 8 册，福建人民出版社 2010 年版，第 475 页。

国文不须别立一科，以所讲佛书即是国文也。①

此外，弘一大师还格外注重梵行清信女之教育。清信女，即在家学佛的女众，皈依三宝，受持三皈五戒。大师曾参与主办南闽清信女讲习会，为女众讲授修习净往、受持三皈之法。据弘一大师《梵行清信女讲习会缘起》便可知晓其中之缘故：

> 南闽无比丘尼，常人谓为憾事，宁知是固非佛意耶。……南闽女众习佛法者，恒受三皈五戒，为清信女。……昔年性愿老人深鉴于是，颇欲集诸女众，施以诲导，乃助缘不具，卒未成功。癸酉岁晚，余来月台随喜佛七法会，复为大众商榷斯事。承会泉转尘二长老欢喜赞叹，乐为倡助，并嘱不慧为出规则，以资率循。②

可见弘一大师在清信女之教育方面，惠得诸位法师相助，为南闽在家学佛之女众习闻佛法提供契机。另外，大师还曾因"女性异说"致竺摩法师书，结合诸律文，及南山律、灵芝钞、疏记义，予以驳斥：

> 大小乘佛典中，虽有似轻女性之说；此乃佛指其时印度之女性而言，现代之女众不应与此介怀。又佛之所以出此等语者，实于大慈悲心，以诚诲勖励，冀其改过迁善；决无丝毫轻贱之心也。③

大师综合诸律文，以"事需应时"、"说法贵观机"之由，以大小乘佛典中所记述比丘尼之盛行圣迹作为论据，驳斥"女性异说"，轻贱清信女之心。

第二，参与创办佛教刊物对僧教育之助益。出家前后的弘一大师，一直

---

① 弘一大师：《拟定佛教养正院教课用书表》，见《弘一大师全集》第 8 册，福建人民出版社 2010 年版，第 207 页。

② 弘一大师：《梵行清信女讲习会缘起》，见《弘一大师全集》第 8 册，福建人民出版社 2010 年版，第 5—6 页。

③ 弘一大师：《关于女性异说讨论致竺摩法师书》，见《弘一大师全集》第 8 册，福建人民出版社 2010 年版，第 191 页。

与民国报刊事业有着不解之缘,出家前多次参与报刊出版工作,出家后亦参与佛教期刊出版工作,但是在此方面的态度却稍有些许波折。众所周知,出家前的弘一大师为中国期刊出版事业做出了突出贡献,大师先后主办过中国第一本音乐期刊杂志《音乐小杂志》(1906 年),开近代学校艺术教育先河的《白阳》(1913 年),号称有"上海报界四十余年所未见,中国开辟以来四千余年所未见"①之破天荒最新式广告的《太平洋报》(1912 年)。然就是这样具有办报经验的弘一大师却一改常态,在公开场合毅然要求学僧发心不要阅读报纸。譬如,1933 年,弘一大师在泉州承天寺讲《改习惯》,大师认为僧侣应注重改正习惯,学律者更甚,并提出七条需改正的弊病。其中,第六条"不阅报"便可观照大师对报刊的不同态度。大师认为:

> 各地日报,社会新闻栏中,关于杀盗淫妄等事,记载最详。而淫欲诸事,尤描摹尽致。虽无淫欲之人,常阅读报纸,亦必受其熏染,此为现代世俗教育家所痛慨者。故学律诸道侣,近已自己发心不阅报纸。②

由此可见,弘一大师对民国时期各地报刊有关社会新闻的撰写较为不满,遂要求佛门僧侣发心不阅读报纸。所以,弘一大师对待报刊的态度是由出家前的支持急转到出家后的反对态度,但后期弘一大师重新回到支持"报刊"事业的积极态度,只不过,大师发心支持的是佛教期刊。1936 年,弘一大师指导蔡丏因③创办《佛学丛刊》,并参与编辑工作。大师与蔡丏因之间的书信往来密切,法缘深厚。两者之间的通信竟多达百余封,时间横跨 1923 年至1938 年,长达 15 年之久。其中,因《佛学丛刊》的报刊名称、栏目设置、各辑内容、报刊销售等方面的问题,大师与蔡丏因居士通信的数量便占总数的1/3 有余。如 1936 年 4 月 23 日,弘一大师在厦门南普陀寺致蔡丏因居士信中,就《佛学丛刊》创刊诸多细节进行商讨:

---

① 《太平洋报》,1912 年 4 月 1 日,第 1—2 页。
② 弘一大师:《改习惯》,见《弘一大师全集》第 7 册,福建人民出版社 2010 年版,第 559—560 页。
③ 蔡丏因(1890—1955),名冠洛,浙江嘉兴人。曾毕业于浙江官立两级师范毕业,毕业后在绍兴、嘉兴各地任中学教员,后任上海世界书局总编辑。

将来共出几辑？似未可预定。若无有销路，主事者厌倦，即出二辑为止。否则可以续出。每辑之形式不同……如第一辑所选者，以短、易解、切要、有兴味、有销路为标准……第二辑拟专收音所编辑者三十种……第三辑拟专收佛教艺术。……前定名曰《佛学丛书》，似范围太广大。今拟酌定曰《佛籍（典）小丛刊（刻）》，未知可否？①

弘一大师不仅在报刊名称、栏目设置、每辑选取标准方面指导蔡丏因居士，而且在每辑所刊载的内容上亦有详实指导。如1936年5月，弘一大师在厦门南普陀寺致信蔡丏因，信中写道："兹拟定三十种题目，《佛学丛书》第一辑。……《华严净品行》《华严行愿品》《法华普门品》《金刚经》《心经》《弥陀经》《药师经》《地藏经》"②等，并且将每本经书的版本、册书、出版处等信息一一罗列。同时，弘一大师还将《养正院亲闻记》《南闽十年之梦影》《青年佛徒应注意的四项》等弘法讲演稿，以及手记、佛学著述刊载于《佛学丛刊》。可见弘一大师在《佛学丛刊》上着实花费了不少心血。

大师对于报刊的态度虽有所波折，但这种态度的变化是建立在对僧教育发展，振兴佛教之宽宏胸怀基础上的。总之，弘一大师还是比较认同民国佛教报刊对振兴佛教，宣传佛教文化，促进僧教育发展之功效，参与《佛学丛刊》的编辑工作便是最好的例证。此外，弘一大师还多次公开支持范古农居士创办《佛教日报》，后来它也成为近世佛教界最有影响的一份报纸之一。当然，有关弘一大师著述立说、办学讲演、佛教艺术创作以及相关社会舆论等，皆散见于民国佛教报刊，这无形之中对民国佛教期刊出版事业有着直接或间接的贡献。

（三）弘律愿誓，精治梵典：译经著述

译经著述，不仅是弘一大师对中国僧教育事业最直接之助益，亦是对中国律学乃至佛教义理的继承与发展。弘一大师秉承誓尽心力，振兴南山律宗之弘愿，对南山律学的古代典籍，以及相关戒律书籍，进行科、表、集释，使

---

① 弘一大师：《致蔡丏因》，见《弘一大师全集》第8册，福建人民出版社2010年版，第351页。
② 弘一大师：《致蔡丏因》，见《弘一大师全集》第8册，福建人民出版社2010年版，第352—353页。

其古义得以清晰明了①,使得后世僧众能够有契机继续钻研南山律典,感受一代高僧大德的治律风范。南山律典因南山律宗"第十一世祖"弘一大师而终未迷失在浩瀚的佛学梵典中,弘一大师诸多著述可谓是将沉没许久的南山律宗与现代僧教育之间架起了一座桥梁,展现了佛法无边,揭示了律学不可或缺的一面。

弘一大师之著述,整体可划分为佛学类、传记类、序跋类、文艺类、杂著类、书信类。佛学类又可分为佛学论述和句读校注两种。诸多佛学论述中,当属《四分律比丘戒相表记》和《南山律在家备览略编》两部为撼世之经典。其中,弘一大师对《四分律比丘戒相表记》情有独钟,大师曾致信刘质平谈及此书时,说:"此书可为余出家以后最大之著作。故宜流通,以为纪念也。"②遂弘一大师曾多次在弘法讲演或佛学院授课中弘阐此二书,而且大师喜以赠书的形式,弘法传教,广结善缘,将二书赠与僧众,及日本高等学校和图书馆收藏。《四分律比丘戒相表记》主要适用于有一定佛学基础的僧侣所读,而《南山律在家备览略编》则化繁入简,言简意赅,大途略备,适合在家备览,然亦可窥见古本之精髓。该书将"南山三大部"和"灵芝三大记"训诂注疏,精密探研,穷其幽奥。弘一大师编辑此书时,并未承袭日本旧说,而是以理性的研究视角,"未可承袭扶桑旧说,轻致诽评"。是编分为四篇:一宗体篇,二持犯篇,三忏悔篇,四别行篇。于篇中复分为门、再分为章节项支类端目、以示次第。其标分之名目、或依钞疏原文、或随宜酌定。③ 1940 年弘一大师致信李圆净居士时提及分编的意旨,"《宗体篇》所述者,为如何受戒、得戒;《持犯篇》所述者,为如何持戒。故此二册,皆可各别流通。"④此二部律学梵典,以重兴南山律宗为旨,精研古法,由戒法贯体、行、相而成,明三皈、五戒、八戒诸义,以条目分明、化繁为简、言简意赅的特点梳理和汇编,此书为僧众出家受戒必读书目,它对僧教育犹如戒律资粮、晨钟暮鼓,深远意义不可言述。在句读校注方面,主要有《四分律删繁补阙行事钞》《四分律行事钞资持

① 徐承:《弘一大师佛学思想述论》,团结出版社 2009 年版,第 118—119 页。

② 弘一大师:《致刘质平》,见《弘一大师全集》第 8 册,福建人民出版社 2010 年版,第 278 页。

③ 弘一大师:《南山律在家备览略编》,见《弘一大师全集》第 1 册,福建人民出版社 2010 年版,第 354—355 页。

④ 弘一大师:《致李圆净》,见《弘一大师全集》第 8 册,福建人民出版社 2010 年版,第 384 页。

记》《四分律行事钞资持记（续）》《四分律含注戒本疏行宗记》《四分律删补随机羯磨疏》《四分律羯磨疏济缘记》《四分律含注戒本疏》《四分律行事钞资持记扶桑集释》等。

此外，弘一大师著述中传记类、序跋类、杂著类诸类，皆可从《海潮音》、《佛学半月刊》、《觉有情半月刊》、《弘化月刊》等民国佛教刊物中，窥知一二。因本文篇幅的缘故，书信类和文艺类不予一一赘述。

表五　弘一大师著述一览表①

时间	期刊	期号	篇名	作者	类型
1930	佛学书局图书目录	2	地藏经见闻利益品	弘一	佛学
1931	海潮音	1	梵网十重戒诸疏所判罪相缓急异同表	弘一	佛学
1933	佛学半月刊	47	华严经读诵研习入门次第	弘一	佛学
1933	佛学半月刊	48	华严经读颂研习入门次第（续）	弘一	佛学
1933	佛学半月刊	49	地藏菩萨圣德大观序	弘一	序跋
1933	佛学半月刊	52	地藏经白话解序	弘一	序跋
1933	佛学半月刊	59	四分律比丘戒相表记序	弘一	序跋
1933	佛学半月刊	63	地藏菩萨九华垂迹图赞	弘一	佛学
1933	世界佛教居士林林刊	35	地藏菩萨圣德大观序	弘一	序跋
1934	佛学出版界	3	地藏圣德大观	弘一	佛学
1935	北平佛教会月刊	1	四分律随机羯磨校订记	弘一	杂记
1935	佛学书局图书目录	8	普贤行愿品偈	弘一	佛学
1935	佛学书局图书目录	8	梵网经心地品菩萨戒	弘一	佛学
1935	佛学书局图书目录	8	南山律居士备要	弘一	佛学
1935	佛学书局图书目录	8	华严十回向品初回向章	弘一	佛学

---

① 此表数据来源于黄夏年主编的《民国佛教期刊文献集成》，全国图书馆文献缩微复制中心 2006 年版，原刊影印版。

时间	期刊	期号	篇名	作者	类型
1935	佛学书局图书目录	8	八大觉经	弘一	佛学
1935	佛学书局图书目录	8	八种长养功德经	弘一	佛学
1935	佛学书局图书目录	8	大乘戒经	弘一	佛学
1935	佛学书局图书目录	8	佛一百八名赞	弘一	佛学
1936	佛学半月刊	120	佛说阿弥陀经义疏撷录序	弘一	序跋
1936	佛学半月刊	134	地藏菩萨灵感记四由免盗贼厄	弘一	佛学
1936	佛教公论	6、7①	重兴草庵碑	弘一	杂记
1936	佛海灯	4	律学要略	弘一	佛学
1936	佛海灯	5	律学要略(续)	弘一	佛学
1938	佛学半月刊	164	影印佛说大乘戒经十善业道经跋	弘一	序跋
1938	佛学半月刊	164	普贤行愿赞梵本私考跋	弘一	序跋
1939	佛学半月刊	175	药师如来法门大略	弘一	佛学
1939	佛学半月刊	189	药师法门修持课仪略录	弘一	佛学
1940	佛学半月刊	208	南山律在家备览略编宗体篇目表	弘一	杂记
1940	佛学半月刊	210	梵网戒本汇解序	弘一	序跋
1940	觉有情半月刊	17	盗戒释相概略问答	弘一	佛学
1940	觉有情半月刊	18	药师琉璃光如来法门一斑	弘一	佛学
1940	觉有情半月刊	34	受十善戒法	弘一	佛学
1940	觉有情半月刊	36、37	受八关斋戒法	弘一	佛学
1940	觉有情半月刊	42、43	佛教之简易修持法	弘一	佛学
1940	佛学半月刊	216	弘一法师告学律者	弘一	杂记

① **此表示第 6 期和第 7 期合刊影印。**

(续表)

时间	期刊	期号	篇名	作者	类型
1940	佛学半月刊	66、67	南山律在家备览略编例言	弘一	佛学
1941	狮子吼月刊	3、4	药师琉璃光如来功德经讲录	弘一	佛学
1941	佛学半月刊	228	普劝净宗道侣兼持诵地藏经	弘一	杂记
1942	觉有情	56、57	随分自誓受菩萨戒文析疑	弘一	佛学
1942	觉有情	60、61	略述印光大师之盛德	弘一	杂记
1942	觉有情半月刊	54、55	持非时食戒者应注意日中之时	弘一	佛学
1942	觉有情半月刊	66—73	南山律在家备览略编(一)(二)(三)(四)(五)	弘一	佛学
1943	觉有情半月刊	93、94	为傍生说三归依发菩提心略仪	弘一	佛学
1945	觉有情半月刊	135、136	放生与杀生之果报	弘一	佛学
1945	觉有情半月刊	137、138	普劝出家人常应受八戒	弘一	佛学
1947	觉有情	179	断食日志	弘一	杂记
1947	佛教公论复刊	11	佛说八大人觉经	弘一	佛学
1947	佛教公论复刊	11	征辨学律义八则	弘一	佛学
1947	佛教公论复刊	11	福州怡山长庆寺修建放生园池记	弘一	杂记
1947	佛教公论复刊	11	授三归依大意	弘一	佛学
1951	弘化月刊	116	南山道宣律祖弘传律教年谱	弘一	佛学
1951	觉有情半月刊	5	四分律含注戒本前八章	弘一	佛学

(四) 数艺至善,以艺育僧: 佛教艺术创作

弘一大师在著述弘阐、弘法讲演、立佛学院校三个方面的贡献,可谓是誓尽心力、圆满弘愿,又可谓是功垂竹帛,万世不朽。但大师在佛教艺术创作之如是伟业,亦可弘扬佛法、普度众生。

弘一大师的佛教艺术创作,如何作用于僧教育呢? 如何"数艺至善,以艺育僧"？首先，出家前的弘一大师，近半世光阴奉献给了我国的艺术教育事业，大师在音乐、绘画、书法、篆刻等方面造诣极深，可谓"数艺至善"。出家前的弘一大师，开我国音乐教育、美术教育和艺术教育之先河，将自身"数艺至善"的艺术才华应用于近代学校艺术教育，出家后大师亦聘其所长，将其趋于"善"的艺术才华适用于近代僧教育事业。"以艺育僧"，即将蕴含佛教义理，符合佛教教义的音乐、绘画、书法等艺术形式适用于僧教育，且明确地定位于弘扬佛法、普度众生的佛教主旋律中。纵观弘一大师的佛教艺术创作，佛教音乐、佛教绘画和佛教书法（作品）三种佛教艺术形式最能代表大师以艺育僧、以艺弘法之僧教育行践。因篇幅缘故，本节主要以佛教音乐为例，以阐释弘一大师以文艺作佛法宣传的工具，而达弘法传教，普度众生之益。

佛教音乐教育是以佛教音乐为载体，以宣扬佛理、弘扬佛法、普度众生为旨，是近代僧教育行践的创举之一。佛教音乐是修行法门，是符合佛教教义和传统的，在赞佛、教化、供养、修行（狭义）、法事、民俗等活动中发挥修行作用的音乐。[1] 佛教音乐从中国奥妙的佛学义理中诞生，承载着弘扬中国佛教文化之希冀，以赞佛功德，宣扬佛法，普度众生为目的；佛教音乐既是佛教文化宝库之奇珍，亦是中国僧教育事业发展之资粮。出家为僧的李叔同，并未百艺俱废，而是不断在精治梵典、念佛三昧中提高自己的艺术造诣，以达"数艺至善"之圆融境界。夏丏尊曾评价弘一大师时说："弘一和尚尚未出家时，于艺事无所不精，自书法，绘画，音乐，文艺乃至演剧，篆刻，皆卓然有独到处。……迄今全国为音乐教师者十九皆其薪传。"[2]夏老十分敬佩大师出家前艺事俱精的艺术才华，亦称赞其在音乐教育事业的卓越功绩。同样，弘一大师在佛教音乐创作和僧伽艺术教育事业的贡献也极大。在期刊方面，李叔同创办的《音乐小杂志》（1906 年），它是近代我国第一本音乐期刊杂志，它也是李叔同留学日本期间为了将其乐教思想推向社会而进行的一次理论实践。另外，1913 年春，在浙江省立第一师范学校发行的《白阳》杂志，开近

[1] 凌海成：《什么是佛教音乐——佛教音乐的界说与现状》，载《佛教文化》1995 年第 1 期，第 11 页。
[2] 夏丏尊：《夏丏尊文集》，线装书局 2009 年版，第 291 页。

代学校艺术教育之先河。① 在音乐教材方面，《国学唱歌集》被当时许多中小学当作音乐教材，传布极广，影响甚远。在音乐歌曲创作方面，"学堂乐歌"则是李叔同音乐成就和创作风格的代名词之一。李叔同所创歌曲内容丰富、形式多样，如《祖国歌》（1905 年）、《春游》（1913 年三部合唱）、《送别》（1913 年）、《留别》（1913 年——1918 年）、《晚钟》（1913 年三部合唱）……大师在俗时，曾创办音乐期刊、创作音乐歌曲、编著音乐教材等活动，这不仅体现了弘一大师对于音乐的热爱和理想，而且为后来大师落发为僧，以及创作和弘传佛教音乐埋下伏笔。1929 年，弘一大师作歌，刘质平等作曲的《清凉歌集》，此集包含《清凉》、《山色》、《花香》、《世梦》、《观心》五曲，歌词部分的字迹，结构清疏，线条纯净，有一种不食人间烟火的味道，那正是弘一法师的真迹。② 此外，1929 年所创《三宝歌》③，它是中国近代第一首佛教歌曲，是为当时泉州慈儿院儿童早晚礼佛时作的赞歌。该曲充分体现了佛教思想中注重"声闻悟道，美音演法"的哲理。④

　　无独有偶，弘一大师在绘画、书法、篆刻等佛教艺术行践，皆是以绘画、书法、篆刻等艺术形式为宣导媒介，弘扬佛法、教化僧众、自利利他、普度众生。其中，在绘画方面，弘一大师绝佳的绘画艺术得益于早年留学日本东京美术学校，加之，曾参与《太平洋报》美术广告绘制（在该报任广告部主任），授课图画手工科于多所高等学校，其谙熟美术技法和理论。所以，弘一大师在诵经受持、精研律典之余，从抽象的佛教义理和具象的佛像中得到启迪，经过"眼中之佛"，转化为"心中之佛"，后借助于笔墨，挥洒成"手中之佛"。一言以蔽之，弘一大师把眼睛看到的佛典、佛像之客观表象，经过大脑的意象处理，由客观表象转化为主观意象，最后借助客观物质条件（笔墨纸砚），通过主体绘画技法、经验，融合主体对佛教的认知，绘制出具体可感的佛像绘画作品，从而达到佛心度己、以艺传教、弘法利世之目的。弘一大师的种种绘画作品，可以按照佛像、观音像、罗汉像和其他俗物像进行

① 陈星：《〈白阳〉：近代中国学校美育的先声》，载《美育学刊》2011 年第 3 期，第 16—23 页。
② 夏丏尊：《〈清凉歌集〉序》，见《弘一大师全集》第 10 册，福州人民出版社 2010 年版，第 378 页。
③ 此曲由精通音律的弘一大师亲自谱曲，太虚法师依曲作词而得，两位高僧联袂合创此曲，意义非凡。
④ 王昕：《1980 年版至 2008 年版中国汉传佛教音乐研究述评》，中央音乐学院，2010 年，第 32 页。

分类,而且弘一大师诸多佛教绘画作品散见于民国佛教期刊,这彰显出大师的普世利世之功。

此外,作为佛门之高僧大德,弘一大师不因修佛弘律而消极避世,反而在国家危难、人民遭受内外交困时,毅然决然地提出"念佛不忘救国,救国必须念佛"之说,并手书以赠,体现大师救国救民,普度众生的精神。

纵观弘一大师弘法一世,其始终坚持"士先器识而后艺"的文艺观,并认为佛教文艺活动应该"为佛法导俗之具",即"以文艺作佛法之宣导",盖以艺术作方便,旨在弘法传教,普愿众生,念佛三昧,同发菩提,往生极乐,这亦是为何大师出家后未"百艺俱废",反而以"数艺至善,以艺育僧"的原因。

三、弘一大师僧伽教育行践之功效研究

在艺术教育界声名鹊起的李叔同,在僧教育界默默弘法的弘一大师,走完了其 63 个春秋、25 载僧腊之行,晚晴老人临终以"悲欣交集"四字绝笔,或与浑沌世间离别是悲,往生极乐世界是欣;或悲悯众生之苦为悲,乘愿再来普度众生为欣;或与僧众法缘已尽为悲,了却弘愿为欣,而此处"了却弘愿"便是大师誓舍身命,以著述、讲演、立学、办报等行践,振兴南山律宗,普度众生之高行大德。综观大师 25 载僧腊之旅,虽无惊天动地之举,但大师半世僧侣生活皆选择了闭关苦行,依律修持,阅典研律,著述译经,弘法传戒,悉心育僧,最终息影于古寺之中。从弘一大师浩瀚的佛典著述,不避浅易的弘法讲演,易解易行的立学办报,数艺至善的佛教艺术创作之中,领悟到了大师律典的意旨,听到了大师弘法的声息,翻阅了大师立学办报的遗影,触摸到了大师的书法,听闻到了大师的佛教音乐,什么是弘传戒律,挽救佛门? 什么是乐施佛法,普度众生? 什么是数艺至善,以艺育僧? 在弘一大师僧教育之行践中,可以找到一切。

(一) 著述译经,精治律典: 僧教育之资粮

弘一大师著述译经、精治律典之行践,为僧教育提供了诸多资粮和教学范本,亦挽救了迷失八百余年的南山律宗,丰富了近现代佛教律学典籍,对中国乃至世界佛教义理宝库的意义重大。弘一大师初出家时,即读梵网合

注。续读灵峰宗论,乃发起学律之愿。受戒时,随时参读《传戒正范》及《毗尼事义集要》。① 大师可谓与律因缘颇深,从出家受戒到自主学律、研律、弘律遍及25载僧腊,终成佛教律宗第十一世祖师。不仅如此,大师在其他佛学著述方面,亦是数量可观,效用极大,影响颇广。正如1948年(戊子仲春),嘉兴人范古农居士在《〈弘一大师全集〉序》中慨叹的那样:

> 徒于其(指弘一大师,作者依照原文注解)流布四裔者,或为巴利文藏,或为吐番文藏,或为华夏文藏,或为扶桑文藏,远及欧美各国之迻译者,犹未泯没,或且有昌皇气象。所谓依法不依人,足以流传万古而常新也。……今其先后著述,文为心声,既集一乘,其遗志所在,有不待言而昭著者矣。②

另外,弘一大师还主动地联系日本母校东京美术学院和各地图书馆,请回数部古稀佛教文本,使其能重新得到世人的瞩目,得到更广泛地流布。譬如,1936年春,弘一大师在厦门南普陀寺致信日本名古屋其中堂书店,"兹寄银行支票金六百元","希邮寄下列书籍为盼……《药师本愿经》、《重刊普贤行愿品》……"③,从该书店请回数本扶桑版佛学典籍。大师常搜集各类稀缺佛学典籍,以助研究,遂多次向日本采请扶桑古本。从大师为扶桑诸佛典作序、跋、记,便可窥知其心血,如《扶桑本〈四分律行事钞资持记〉通释序》、《扶桑本〈四分律资持记〉跋》、《扶桑国旧藏鉴真律师九条衣七条衣记》、《扶桑本〈律相感通传〉跋》、《扶桑本〈表无表章文集〉序》、《扶桑〈普贤行愿赞梵本私考〉跋》……譬如,大师于1936年七月,在古浪日光别院记《扶桑本〈四分律行事钞资持记〉通释序》中书:

> 昭和九年(逊国后二十三年)九月,自扶桑请获是书,都十册二十

① 弘一大师:《余弘律之因缘》,见《弘一大师全集》第1册,福建人民出版社2010年版,第234页。
② 范古农:《〈弘一大师全集〉序》,见《弘一大师全集》第10册,福建人民出版社2010年版,第163—164页。
③ 弘一大师:《致日本名古屋其中堂书店》,见《弘一大师全集》第8册,福建人民出版社2010年版,第498—499页。

卷,珍如拱璧。爰以暇日,略为校点,冀后贤披寻,无有壅滞,而南山圣教弘传不绝耳。①

可见大师在佛学著述方面的严谨治学态度,大师不完全依赖中国佛学古籍范本,而是将研究视角拓展到日本相关梵典。站在中日民族战争冲突的背景下思考,弘一大师将中日佛学文化重组合编,即是中日"华梵共尊,兼受尚同"的宗教文化交流,这在战争的阴影、民族的仇恨的语境下是十分难能可贵的。从中日佛教文化所组成的"梵典华章"中,可以看到一位高僧大德之博大胸怀,看到一位誓舍身命、精治梵典之大德,如何了悟民族仇恨,一心发愿昌盛普天佛学。所以,弘一大师的诸多佛学著述,对中日佛学义理融合乃至世界佛教繁荣发展,意义非凡。

除此之外,大师特别注重僧教育之诸细节,此亦弘法治学常被忽视之处。如大师注重一般僧众的理解能力和文化水平,做到易解易行,因材编著,如《略述律学之派别》、《律学要略》、《学四分律入门次第》、《学根本说一切有部律入门次第》、《华严经续诵研习入门次第》等。大师还十分注重护生教育,教化僧众一道,普劝凡民,同发菩提心,保护众生,往生极乐。如弘一大师在《护生画集》之题赞主倡:"盖以艺术作方便,人道主义为宗趣"②,在《护生画集》之题词中书:"是亦众生,与我体同。应起悲心,怜彼昏蒙。普劝世人,放生戒杀。不食其肉,乃谓爱物。"③在《护生画集》之题偈中曰:"尔不害物,物不害尔,杀机一去,饥虎可尾。"④由此便可观知,大师那种怜蛾不点灯,救度法界一切众生之如是无量弘愿;那种忧天下之忧而忧,怜天下之悲而悲之如是无量胸怀;那种普劝世人戒杀放生,护持一切众生之如是无量伟业。

(二)立学办报,弘传重教:僧教育之世俗化、普世化、多样化

创立佛学院校,参与编辑佛教报刊是弘一大师运用学校教育制度和纸

---

① 弘一大师:《扶桑本〈四分律行事钞资持记〉通释序》,见《弘一大师全集》第7册,福建人民出版社2010年版,第611页。
② 弘一大师:《〈护生画集〉题赞》,见《弘一大师全集》第8册,福建人民出版社2010年版,第212页。
③ 弘一大师:《〈护生画集〉题词》,见《弘一大师全集》第8册,福建人民出版社2010年版,第212页。
④ 弘一大师:《〈护生画集〉题偈》,见《弘一大师全集》第8册,福建人民出版社2010年版,第214页。

媒两种不同手段进行僧教育之行践，亦是接轨现代僧伽教育制度之必由之路。时间的印记告诉我们：立学办报，不仅对现代教育的发展具有巨大推动作用，而且对僧教育的发展亦是功效显著。可以说，纸媒的力量，外加现代佛学院校的普及，很大程度上促进了僧教育之世俗化、普世化、多样化。

在立学方面，弘一大师极大地推进了以闽南为代表的僧教育发展，对中国近现代佛学院校之教育理念、教育制度、教学方法、教育体系，乃至细微的教学课程设置、教材编纂、院校训语和训育工作，皆启发甚多。单论弘一大师对闽南僧教育的贡献，不是一字、一语、一文所能表述的。简而言之，大师为闽南创立南山律学苑、佛教养正院和清信女讲习会，对闽南佛学院为代表的诸院校，影响至深。大师认为僧教育应该格外注重学僧的人格和品行双修，强调佛学义理和德育之重要性。另外，特别强调不可忽视梵行清信女之教育，驳斥"女性异说"和轻贱清信女之心，实行男女学僧同时闻法、修持。以上种种之主张可谓是学行兼顾，事理圆融，既促进了闽南僧教育的发展，为南闽在家或出家学佛之善男善女习佛闻法提供契机契理，又培养了一大批住持、教导员、讲师等佛教干才。以佛教养正院为例，弘一大师曾在《养正院亲闻记》中提及院内部分教导、学僧，云：

> 佛教养正院前教导释广恰、高胜进，学僧释盛求、瑞伽、贤范、贤悟、传深、传扬、广根、道香、妙廉、秒皆、广慎、善琛、传声、心镜、瑞耀、如意、静渊、离麈、智静、广余，及护法王正邦、陈宗泮、施乌格、曾珠娟。[①]

在办报方面，弘一大师具有丰富的办报经验，亦十分赞肯以佛教期刊为代表的纸媒，对于宣传佛教义理，促进佛教文化交流与发展的重要性。在办报方面大师的态度虽有波折，但是出于反对和抵制世俗刊物有关情色、暴力、杀生、偷盗等负面新闻过分描述之缘故，这一因素亦极大地推动了大师发心参与佛教期刊出版工作。所以，大师与办报有着不解之缘，即冥冥之中便已注定。《佛学丛刊》是弘一大师对民国佛教期刊发展的最好例证。大师曾因《佛学丛刊》的报刊名称、栏目设置、各辑内容、报刊销售等问题，付诸无

---

① 弘一大师：《致蔡丏因》，见《弘一大师全集》第 8 册，福建人民出版社 2010 年版，第 355 页。

量心血,亦对当时民国佛教期刊乃至民国期刊界的发展,皆有些许启发和推动。譬如,以《佛学丛刊》为代表的民国佛教期刊如何吸引读者之兴味,如何使佛教期刊在不影响弘扬佛法、宣传义理的前提下具有美的功效,诸此问题大师的办刊行践皆可回应。《佛学丛刊》每辑之形式以"短、易解、切要、有兴味、有销路为标准"①,每辑所刊内容各不相同,第一辑以经典佛学典籍为主,第二辑拟专收音所编辑者,第三辑则拟专收佛教艺术。如此一来,使《佛学丛刊》规避传统佛教刊物只刊载佛学义理而造成枯燥乏味、百看百厌的缺点,从而以新颖的形式、简洁的内容、全新的佛教艺术板块,既达到吸引读者习法礼佛、弘传佛理之目的,又达到整个期刊有销路、有兴味、有美观之目的。

从《佛学丛刊》创办以后,民国佛教期刊逐步进入一个发展乐园,涌现数十种甚至百种佛教刊物,而且它们大多是在有财力和护持三宝的居士的支持下发行,它们以知名、博学的法师作为依托,弘扬佛法,宣传佛教义理,普劝世人敬信三世业报、善恶因果,并开展中国地域性、区域性、国际性的佛教文化交流活动,增强普天之下僧众之间的法缘和团结,以此共同促进佛教事业繁荣昌盛,协力弘传佛法、普度众生。

(三) 弘法讲演,不避浅易: 僧教育之最传统、最直接的方式

弘法讲演是僧教育最传统、最直接和效果最显著的方式之一。佛教自古十分注重宣传义理,认为解脱之道不可或缺的环节便是弘法传教。这亦是弘法讲演之僧教育形式为何历代相传、长盛不衰的缘故。据佛典记载,佛陀是应机说法的,惯于随应众生之根器资质,而施设种种不同的教法。弘一大师之弘法,亦大有佛陀逗会群机之风范。② 弘一大师无论是在闽南还是在其他地方弘法讲经,无论是为出家僧众还是在家居士讲论佛法,无论是为初机之沙弥还是得道高僧宣讲经义,皆讲究因材施教,与听众之根器资质相契合,或不避浅易,重易解易行,或高深玄妙,重高深义理,从而使每次讲演之功效达到最佳。

① 弘一大师:《致蔡丏因》,见《弘一大师全集》第 8 册,福建人民出版社 2010 年版,第 351 页。
② 徐承:《弘一大师佛学思想述论》,团结出版社 2009 年版,第 118—119 页。

  若论弘一大师对中国近代僧教育发展的贡献,南闽则是一个不得不提及的地方。大师弘法讲演的主要"战场"便是福建,此地佛教历史长卷承载着大师悲欣闻法、弘法之苦行。简而述之,南闽成就了弘一大师之憾世伟业,弘一大师亦成就了南闽僧教育之卓越成就。仅从大师书写的《惠安弘法日记》《壬丙南闽弘法略志》《南闽十年之梦影》和《泉州弘法记》四文,便可窥见其对南闽僧教育事业所做出的无量伟业。弘一大师在南闽讲演说法时,不因抱恙而休止,不因适逢佳节而暂缓,不因讲场简陋而避让,不因讲稿繁冗而缩减,不因听众资质愚钝而弃舍,不为名闻利养,只为广结法缘、宣传佛法、普度众生。譬如,大师在《壬丙南闽弘法略志》手书四十余处讲演,或不顾朝霞,排期紧凑,如"在草庵开讲《随机羯磨》二篇。十四日讲讫";或不顾恙体,不顾元旦、除夕等良辰佳节,如"除夕,在草庵病榻讲说";①或不拘讲场,随缘而定,如温陵养老院、慈儿院、昭昧国学专校等。所以,用"誓舍身命"四个字,表述弘一大师在南闽弘法讲演之僧教育行践,是极为恰当的。当然,大师弘法讲演时,颇受欢迎,每到之处常被争相恭请,为南闽学佛、礼佛塑造了良好的氛围。如大师在《惠安弘法日记》云:"初二日,到如是堂讲演,听众近百人。"②"于泉州各地及惠安,讲演甚忙……幸身体健康,不畏其劳也……至泉州后,法缘殊胜,昔所未有,几如江流奔腾不可歇止。"③

  此外,弘一大师在弘法讲演时,表现出浓厚的临终关怀意识、清信女教育意识,以及返观内照的慎独精神、念佛不忘救国的爱国精神,并相应创立临终助念会、梵行清信女讲习会,以及常以戒为师的自我反省方式,注重对僧侣进行救国教育,这四者对当时僧众和世人皆产生重要影响。譬如,大师曾在《人生之最后》一文,讲述病重时、临终时、命终后一日、荐亡等事应该以念佛为核心,切勿杀以增恶业,并"劝请发起临终助念会"④,持他助念,以让逝者往生西方。临终助念会亦在许多寺院、慈善机构等地保留至今,以此告

---

① 弘一大师:《壬丙南闽弘法略志》,见《弘一大师全集》第 8 册,福建人民出版社 2010 年版,第 200 页。
② 弘一大师:《惠安弘法日记》,见《弘一大师全集》第 8 册,福建人民出版社 2010 年版,第 199—200 页。
③ 弘一大师:《致丰子恺》,见《弘一大师全集》第 8 册,福建人民出版社 2010 年版,第 371—372 页。
④ 弘一大师:《人生之最后》,见《弘一大师全集》第 8 册,福建人民出版社 2010 年版,第 188—189 页。

慰逝者,传递思念,展现佛门慈悲。

（四）佛教艺术创作,以艺育僧: 僧教育与艺术教育之奇特联姻

僧伽艺术教育,即以艺术教育的方式教育僧众,这是艺术教育与僧教育的完美联姻。末法之世,佛教寻求安身立命,佛教艺术则处于附属之位,遂僧伽艺术教育的发展相对比较滞后。正因如此,彰显了弘一大师以艺育僧之超前意识。在僧教育领域,传统的教育方式不可避免地要求学僧具有较好的文字理解能力和文化基础,尚可领悟佛法之大意,而僧伽艺术教育则依赖音乐、绘画、书法、篆刻、雕塑等艺术形式,让学僧可以更好地领悟佛法真谛。当然,对一般百姓来说,佛教艺术拉近了百姓与抽象佛学义理的距离,佛教艺术也成为喜闻乐见的弘教手段,亦为世人领悟佛法提供契机。

纵观弘一大师佛教艺术创作,佛教音乐、佛教绘画和佛教书法(作品)三种佛教艺术最能代表大师以艺育僧、以艺弘法之僧教育行践。大师不仅仅将佛教艺术视为一种"以艺作宣导"之工具,更深层次的是将佛教艺术视为弘法传教,普度法界众生之简易"法门"。利用佛教艺术这个富有感情魅力的载体,可以潜移默化地净化学僧心灵,陶冶情操,提高品行和人格修养,增强领悟深奥佛学义理的能力。遂使得僧众可以借助佛教艺术之力,取得佛法之真谛,深信三世业报善恶因果,以此往生西方净土。在创立佛学养正院时,大师明确提出"士先器识而后艺"的办学理念;在参与创办《佛学丛刊》时,大师则力荐单独辟出一栏刊载佛教艺术作品,这些体现其以艺弘传佛法之办报理念。同样,1929 年,弘一法师与太虚法师合创的《三宝歌》,它不仅是当时泉州慈儿院儿童早晚礼佛时的赞歌,而且被许多佛学院校广为传唱,成为近代音乐史上第一首佛教歌曲。另外,包含《清凉》《山色》《花香》《世梦》《观心》五曲的《清凉歌集》,是弘一大师作歌,刘质平等作曲。总之,弘一大师诸多佛教音乐作品,影响了一批专门从事佛教音乐创作的僧人,丰富了僧侣闻法、弘法的途径,促进了僧教育的发展。

从弘一大师以《三宝歌》、《清凉歌集》为代表的佛教音乐作品,从佛像、观音像、罗汉像为代表的佛教绘画作品,从《念佛不忘救国,救国不忘念佛》为代表的佛教书法作品,从大师得意门生——丰子恺的《护生画集》为例,可以窥知,无论是出家前的李叔同,还是出家后的弘一大师,其始终坚持"士先器识而后艺"、"文艺以人传，莫使人以文艺传"的文艺观，以及"盖以艺术作方便，人道主义为宗趣"的佛教艺术观。并且，大师还认为佛教文艺活动应该"为佛法导俗之法门"，即"以文艺作佛法之宣导"，以艺术作方便，意在以艺育僧，旨在弘法传教，同发菩提，普愿众生，往生极乐。

弘一大师僧教育之种种行践，可以用《根本说一切有部毗奈耶杂事》中"佛自扫地"的典故，予以评述。该书云："世尊在逝多林。见地不净，即自执帚，欲扫林中。时舍利子大目犍连、大迦叶阿难陀等，诸大声闻，见是事已，悉皆执帚共扫园林……佛高诸比丘。凡扫地者有五胜利。一者自心清净。二者令他心清净。三者诸天欢喜。四者植端正业。五者命终之后当生天上。"①付诸种种之僧教育实践的弘一大师，便如同"扫地者"有五胜利：一者因精治梵典、研习律宗而自心清净；二者因弘扬佛法、普度众生而令已心清净；三者闻得佛法、无碍自在而诸天欢喜；四者戒杀护生、广植善业而植端正业；五者信愿念佛、深信净土而命终之后当生天上。

【作者简介】

赵威，1989 年生，杭州师范大学弘一大师·丰子恺研究中心研究生。

Helping Others before Helping Oneself—On Master Hongyi's Practice of Sangha Education

Zhao Wei

Summary

Master Hongyi became a monk in Hangzhou in 1918 and died in the Wanqing Cottage in Quanzhou in 1942. 24 years of Buddhist practice made him a monk of noble character, high self-discipline and great learning in Buddhist classics. He is a widely revered monk in modern Buddhist circles. Based on sources such as *Fortnightly in Buddhism*, *Sound of the Tides*

---

① 弘一大师：《常随佛学》，见《弘一大师全集》第 7 册，福建人民出版社 2010 年版，第 559 页。

and *Semi-monthly in Awakening Sensibility* and through an exploration of Master Hongyi's writings on and translations of Buddhist classics, his setting up of schools and running of newspapers, his speeches propagating Buddhism and his production of Buddhist art, this paper attempts to provide a glimpse into his ideas on and his contribution to modern Chinese Sangha education.

弘法修为　笃行相宜

——弘一法师文化行持研究

罗　明

　　李叔同于 1918 年入释,是年 39 岁。其时,"新文化运动"[①]正以"文学现代性"、"文化现代性"姿态在全国(特别是学界、知识界)传播扩展。如果说,光绪三十一年(1905 年)科举制的废除是中国"士"文化传统的最后一次断裂[②],那么至"新文化运动"肇始,中国于世纪之交的"文化断裂"这一"前所未有之大变局"中,出现了被时下一些学者称为"古典的现代性"[③]这样一种含有自由主义意味的新传统,这正是民国诞生前后所特有的但却是短暂的社会文化历史语境。近代以来文化断裂之大变局,随"士阶层"的瓦解分化,现代"知识人"开始出现。随着社会知识阶层生存方式自由选择的出现,逐渐产生了知识人社会存在方式的多元化。因此,无论这一时代"士"(知识人)的人生选择有怎样的差别,秉持独立文化人格是一部分知识人的显著特征。由是,"士"(知识人)的这种相对独立与分野,为弘一法师独立精神之取法,弘法,修为等守持笃行和精神跃升,提供了可能的现实文化场域。[④]

---

① 我们所称的"新文化运动",在上个世纪"五四运动"后的 20 年代,一般称"新文学运动"(参见胡适著《文明——胡适文化讲演集》中《新文学运动之意义》1925 年 9 月 29 日在武昌大学的演讲)。

② 余英时:《士与中国文化·新版序》,上海人民出版社 2003 年版,第 5 页。

③ 高全喜:《新文化运动和五四运动是两档事》,上海社科院主办《社会科学报》(电子报 1450 期第六版)"重思胡适,为当下注入思想的力量",网址:http://www.shekebao.com.cn/shekebao/2012skb/xs/u1ai8646.html,2015 年 3 月 26 日。

④ 场域(field),是布尔迪厄(Pierre)分析现代社会再生产模式时使用的一个重要概念。认为,社会分化为各种具有相对自主性(或自律性)的场域,每个场域都被各自特有的逻辑和必然性所支配,拥有各自特有的运作规则和界限。

一、弘法行持：倡导与现实社会相宜

弘一法师入释后，弘法与修为，皆"取法乎上"①，其文化行持，倡导笃行相宜，即秉持与社会现实相联系的"文化自觉"。佛教教义的"自觉"，有特定的语义。佛——佛陀，意为觉者，佛陀是佛教修行的最高果位。"觉"有三层含义。其一，自觉；其二，觉他（使众生觉悟）；其三，觉行圆满（自觉、觉他的智慧和功德、觉行都已达到最高的、最圆满的境界）。

弘一法师取法乎上之弘法、修为实践，正是从自我出发、推及众生，努力跃升至觉行圆满这三个层次的守持笃行。他自觉地关注身处的社会现实，将"笃行相宜"，融贯于弘法的思想意识中。其云游弘法，较之在俗时的艺术教育及文学艺术创作，在一定程度上，更贴近了社会现实生活与民众。

另一方面，弘一法师入释后，其"嘉言懿行"的现实社会文化语境，已有了现代性的新质，因此，他秉持的"文化自觉"弘法精神，具有双重含义：既有自觉、觉他和觉行圆满之行持，也有关注当下社会，倡导弘法与时代、现实社会相契相宜。

他在弘法演讲中指出：

> 我以为谈玄说妙，虽然极为高尚，但于现在行持终觉了不相涉。所以今天我所讲的，且就常人现在即能实行的，约略说之……因为专尚谈玄说妙，譬如那饥饿的人，来研究食谱，虽山珍海错之名，纵横满纸，如何能够充饥。倒不如现在得到几种普通的食品，即可入口。得充一饱，才于实事有济。②

演讲主张的"行持"观，讲究弘法内涵与现实社会、普通民众相契合，与其建立"即能实行"之相宜关系，不赞成于"实事"无济的"谈玄说妙"。这一倡导，正是针对近代以来中国积贫积弱、国忧民困的现实和社会绝大多数人

---

① 袁枚有言："诗宗韩、杜、苏三家，自是取法乎上之意。"（《小仓山房尺牍》卷一百二十九）
② 弘一法师：《佛教之简易修持法》，见《弘一大师全集》第 7 册，福建人民出版社 1991 年版，第 377 页。

的生存境况。所以,弘法者即便身在佛门,亦应秉持"庵门常掩,勿忘世上苦人多"①之情怀,其行持"于实事有济",誓做众生的"不请之友","即是如《华严经》云:'非是众生请我发心,我自为众生作不请之友'之意。因寻常为他人帮忙者,应待他人请求,乃可为之。今发菩提心者,则不然。不待他人请求,自己发心,情愿为众生帮忙,代众生受苦等。友者友人也。指自己愿为众生之友人"②。其悲悯度众生之宗教人文关怀,既有儒家"经世致用"之情操,也蕴涵着现代实践理性精神。

自1927年秋,弘一法师和丰子恺等以弘佛法、倡仁爱、戒杀生"倡人道主义宗趣",酝酿编绘《护生画集》始,1929年《护生画集》出版,1940年11月《续护生画集》出版(弘一大师于1942年圆寂)……在以后的岁月,《护生画集》的编绘历经社会动荡与变故,历经一次又一次"政治运动"的冲击,丰子恺始终恪守曾向弘一法师许下的承诺,于1950年、1961年、1965年完成了《护生画集》的三集、四集和五集的编绘……即使在个人遭受严酷迫害打击的"文革"时期,丰子恺在异常艰难的环境下,靠坚毅顽强的信仰支撑,于1973年完成了《护生画集》第六集的编绘(丰子恺于1975年去世,1979年10月画集第六册在香港出版)。他"不为环境的挫折而停顿,不为病魔的侵扰而退馁的精神是值得钦佩的"③。

艰难困苦,玉汝于成。弘一法师与学生、好友同仁,不辞千辛万苦坚持编绘《护生画集》,其文化行持与现实社会相契相宜之"苦行",正是"以出世的精神做入世的事业……从文化思想这个根本上着眼……为精神文化树立了丰碑"④。此懿行善举,于精神文化领域之行持坚守,在海内外产生了深远的普世、救世影响,它是弘一法师文化行持彰显彪炳的最好印证之一。以"人道主义为宗趣"之倡导,几十年如一日的默默坚守行持,似"大音希声",如"大道无形"。充分体现了主体的自为意识。这种自为意识建立在主体坚实的文化人格基础之上,始终由一种自为意志所推动,构成行持笃行的强大

---

① 弘一法师:《书草庵门联补跋》,见《弘一大师全集》第7册,福建人民出版社1991年版,第439页。
② 弘一大师1929年致丰子恺信。见林子青编《弘一法师书信》,生活·读书·新知三联书店2007年版,第75页。
③ 陈星:《艺术人生——走近弘一大师·李叔同》,西泠印社出版社2004年版,第129页。
④ 朱光潜:《纪念弘一法师》,见中国佛教图书文物馆编《弘一法师》,文物出版社1984年版,第4页。

信念支撑。

二、弘法行持：彰显个体文化人格精神

人生意义的终极归属指向，是人之本体的精神世界。李叔同入释后，除书法艺术外，其他文艺门类的创作实践基本中止。然而，弘一法师弘法、修为内在心性之"出家之道"与"审美之道"并行不悖。这是法师的个体文化人格在至高精神层面的贯通圆融。

> 我以为，有了李叔同先生（就大家通知的名字说），才会有弘一大师，弘一大师与李叔同先生是一而二二而一。我们要认识弘一大师，先要认识李叔同先生，不应该分做两橛看。[①]

虽说弘一法师"在佛"修为守持把握世界的精神方式，与前尘"在俗"时以艺术把握世界的精神方式有别，但内心深处感性世界曾禀有极高造诣的审美精神方式不可能截然中止而分离为毫无联系的两橛。

（一）构思《清凉歌》，方显"器识"风范

20 年代末 30 年代初，弘一法师曾为太虚法师创作的《三宝歌》谱曲，拾起了放下多年的音乐艺术创作；之后，又与学生刘质平共同创作佛教歌曲集《清凉歌》。创作佛教歌曲，既是弘法也是从艺。于弘一而言，通过创作的审美体验，重蹈艺术精神世界。此事经弘一法师缜密思考后认为：歌集的创作，最难之处是取材。其时，以高中专科学生为使用对象的佛教歌集创作取材较容易；以普通用及小学生为使用对象的佛教歌集创作取材很困难，或根本找不到适合的创作素材。再者，从长远看，该歌集将来或许能创作五十首，如歌曲取材丰富，甚至或许能创作更多。但弘一法师实事求是地认为，就目前已拟定十首的情形看，今后的情况尚不能预计。他甚至认为，将来此书编成后，能否适用亦不可知。法师虽然曾为德高望重的艺术教育家，但他

---

① 陈无我：《旧话》，见余涉编《漫忆李叔同》，浙江文艺出版社 1998 年版，第 25 页。

戒虚饰、除浮夸,一是一,二是二,此乃"先器识而后文艺"文化人格风范的一脉贯穿,决定了其创作行持的严谨。相形之下,当今某些"文化艺术家"、"大师",则应感到汗颜。

(二) 文艺"导俗",弃"雅"从"俗"为大众

编绘《护生画集》时,弘一法师曾就绘图的配诗艺术格调之"雅""俗"取向问题,在给丰子恺的信中作过探讨:

> ……新作之诗十六首,皆已完成。但所作之诗,就艺术上论,颇有遗憾。一以说明画中之意,言之太尽,无有含蓄,不留耐人寻味之余地。一以其文义浅薄鄙俗,无高尚玄妙之致。就此二种而论,实为缺点。但为导俗,令人易解,则亦不得不尔。然终不能登大雅之堂也。[①]

配诗雅俗风格选择的两难,直接关涉画集的大众化,即画集的读者对象问题。弘一法师"但为导俗",使《护生画集》能有广泛的读者大众(包括信佛教和不信佛教的群体),最终放弃了自我"高尚玄妙"的文艺审美观,画集配诗的艺术风格,为相宜于社会实际,依从了"浅""俗"取向。体现出为救世、为开启民智的人文胸怀与气度。

(三) 大美无言,弘法踪迹留芳

1935 年 10 月,弘一法师在福建惠安净峰寺弘法,作有《净峰种菊临别口占》五言绝句一首。

> 我到为植种,我行花未开。
> 岂无佳色在,留待后人来。

诗后并附小记:"乙亥四月,我来净峰,植菊盈畦,秋晚将归去,而菊花含

---

① 弘一大师 1929 年致丰子恺信,见林子青编辑《弘一法师书信》,生活·读书·新知三联书店 2007年版,第 81 页。

蕊未放,口占一绝,聊以志别。"弘法后将离此地,以植菊志别。花待吐蕊,意在留给后来之人观赏。嘉言懿行,踪迹留芳。芳华盛开时,佳色路盈香。"不立文字,见性成佛";"大美无言",其行持寓意悠远绵长。

弘一法师类似的弘法行持,其独特的文化行持高格,源于个体深厚的文化艺术审美精神底蕴,正基于如此的心性守持与彻悟,其文化人格才能跃升于至高的"澄怀"境界。

三、修为行持:法门与根器契合相适

中国佛教的理想精神世界是"一切唯心所现"的"本心",即:人自身的修养、修为,跃升至"涅槃解脱"。释家格外注重精神的守持修为,讲究法门与个人"根器"的契合相适。所谓"根器":"以木譬人之性曰根。根能堪物曰器。"①即:人之本性如同可用之木材,其能承受、载物者,称之为"器"。故佳木者,乃成大器也。释家"一切唯心所现"的"本心",其本质就是人自身的修养。文明社会,一般普通的人必具备基本的人文素养(教养);法门之修为,则更讲究"本心"修炼之养成。于弘一法师而言,其修为与个体禀有的传统人文教养紧密相关。

事有所至,理有固然。弘一法师由"士"入"释",其"本性"(根器)既有深厚的民族传统人文教养在先,又有长期守持修炼的空灵觉悟在后。法师"昔在俗,潜心理学,独尊程朱",亦深受宋明之朱程理学熏染。因此,他在弘法演讲中倡导:

> 学,须多读佛书儒书,详知善恶之区别及改过迁善之法。倘因佛儒诸书浩如烟海,无力遍读,而亦难于了解者,可以先读《格言联璧》一部。余自儿时,即读此书。归信佛法以后,亦常常翻阅,甚觉亲切而有味也……②

---

① 长春古籍书店:《佛学小辞典》,根据 1938 年医学书局石印本影印,1991 年版,第 333 页。
② 弘一法师:《改过实验谈》,见《弘一大师全集》第 7 册,福建人民出版社 1991 年版,第 386 页。

弘一法师格外注重援儒之传统思想文化入佛,从而使儒、释思想互补调和。

他在《致姚石子》(1928 年)信中写道:

> 是以比年以来,吾国佛法昌盛,有一日千里之势。士夫学者,究心于斯者尤众。随其根器之上下,各随分获其利益。譬犹一雨之润,万卉并育。①

他指出:其时国人信佛学佛者众,不同的人随各自"根器"之高低的差异不同,每一个体与佛之缘分各异,但总能在学佛中获得与自我"根器"契合相适之教益。如一场及时雨的普降,千万种植物花卉被润育。再者:

> 既然已经发了菩提心,就应该努力地修持。但是佛门所说的法门很多,深浅难易,种种不同。若修持的法门与根器不相契合的,用力很多而收效少。倘与根器相契合的,用力少而收效多……②

道出了入释个体取法修持,还得讲究个体存在之本性与诸多法门的契合与否,即:修行主体对诸多法门的适应性选择,存在"已然"与"而然"的因果关联,倡导本性与法门契合相适的修为与守持。

至晚年,弘一法师的文化行持修为,形成了以丰厚民族传统文化学识、人文滋养秉赋与佛门精进修为结合圆融的"本心"养成,被朱光潜先生赞誉为"持律那样谨严,一生清风亮节,会永远廉顽立懦"③。

四、文化行持:"存敬畏"、"知廉耻"的传统人文教养

中华民族优秀的传统人文教养,是弘一法师文化行持中的重要内涵,而

---

① 林子青编:《弘一法师书信》,生活·读书·新知三联书店 2007 年版,第 226 页。
② 弘一法师:《佛教之简易修持法》,见《弘一大师全集》第 7 册,福建人民出版社 1991 年版,第 378 页。
③ 朱光潜:《纪念弘一法师》,见中国佛教图书文物馆编《弘一法师》,文物出版社 1984 年版,第 4 页。

"知廉耻"与"存敬畏",这一儒家的传统教化精神,浸透于弘一法师的弘法文化行持中。

儒家的"存敬畏",以人生哲学或人之终极存在意义论,笔者认为其根源亦是基于中国传统文化的"乐感文化"所提出的:

> 中国传统的"孔颜乐处"可在人尘,还要不要怕? ……那灿烂星空,无垠宇宙,秩序森严,和谐共在,而自我存在,却如此渺小,不怕吗? 那厚德载物,生发万事的水、地,或无声无息,或玄奥黑暗,都柔而坚,静亦动,既生生不已,死又归属于它。不怕吗? ……"国"者,家园,乡土。"亲"者,父母、祖先、亲朋戚友。"师"者,传统。都有关文化,是养我、育我、形成我的历史积淀,是 being-in-the-world(活在世上)的必要条件。没有它们,也就没有"我"。不怕吗?[①]

儒家传统文化的内涵意指,多在现实的尘世。然而,我们毕竟皆存在于自然、宇宙那深不可测的幽冥中;毕竟皆囿于谁也脱离不了的巨大、强大、层级与结构复杂的"社会之网"中;毕竟皆为高级社会动物,一生总要维系、纠结于"生你"、"养你"、"教育你"、"成就了你"……这些"自然血缘族属"以及更宽泛的"社会历史积淀"的"社会关系群属"之中!"我是谁? 我从哪儿来? 我要往哪儿去?"似乎人皆知之,而真正深思的,又有几何?"中国人因背后一无依托只得自求建立人生意义的悲苦,即缺乏人格神宗教信仰的悲苦、那种'无'而必需'有'的悲苦"[②],于弘一法师而言,却有着"慧然独悟"! 那是他"心存敬畏"的"本心"所在。

> ……我小孩子的时候,常行袁了凡[③]的功过格,三十岁以后,很注意于修养,初出家时,也不是没有道心……其中到闽南以后十年的功夫,

---

① 李泽厚:《历史本体论 己卯五说》,生活·读书·新知三联书店 2003 年版,第 113 页。
② 李泽厚:《历史本体论 己卯五说》,生活·读书·新知三联书店 2003 年版,第 115 页。
③ 袁了凡(1533—1606),即袁黄,初名表,后改名黄,字庆远,后改了凡,后人常以其号了凡称之。明朝重要思想家,是迄今所知中国第一位具名的善书作者。他的《了凡四训》融会禅学与理学,劝人积善改过,强调从治心入手的自我修养,提倡记功过格,在社会上流行一时。

尤其是堕落的堕落……何以近来竟大改常度，到处演讲，常常见客，时时宴会，简直变成一个"应酬和尚"了，这是我的朋友讲的……除了利养，还是名闻，除了名闻，还是利养。日常生活总不在名闻利养之外……可以说是惭愧已极了。①

传统人文教养认为，"礼义廉耻"是国之"四维"。"礼"，不能越出应有的节度；"义"，自己不推荐或褒扬自己；"廉"，不隐瞒自己的缺点错误，即廉洁不贪；"耻"不与非正派之人为伍，即人要"知羞耻"！"廉耻"即"廉洁知耻"。此四维之中，"耻"尤为重要。强调"廉"、"耻"，立人之大节。不廉则无所不取，不耻则无所不为。人而如此，则祸败乱亡，亦无所不至。②

弘一法师因主体"根器"之高格，入释前已有底蕴深厚的儒家人文教养。入释后，取法乎上，所择法门之修为守持，突出体现在自律反省格外地严厉，以上演讲对自我"名闻利养"的反省自责，在庸常之人看来，近乎于自我严苛。而"知廉耻"，即在不隐瞒自己的错误、过失（或佛家之"罪过"），更在于"知"后的"改"（即佛家的"迁善"）。在弘法演讲中，他也特别肯定了改过"迁善"的积极意义：

改，省察以后，若知是过，即力改之。诸君应知改过事，乃是十分光明磊落，足以表示伟大之人格。故子贡："君子之过也，如日月之食焉；过也人皆见之，更也人皆仰之。"又古人云："过而能知，可以谓明。知而能改，可以即圣。"诸君可不勉乎！别示者，即是分别说明余五十年来改过迁善之事。但其事甚多，不可胜举……③

① 弘一法师：《最后之□□》，见《弘一大师全集》第7册，福建人民出版社1991年版，第388页。
② 春秋时代齐国的管仲将"礼、义、廉、耻"称为国之"四维"（《管子·牧民》）。顾炎武《日知录》卷十三《廉耻》载："《五代史·冯道传》论曰'礼义廉耻，国之四维；四维不张，国乃灭亡。善乎管生之能言也。礼义，治人之大法；廉耻，立人之大节。善不廉耻无所不取，不耻无所不为。人而如此，则祸败乱亡亦无所不至，况为大臣而无所不取，无所不为，则天下其有不乱，国家其有不亡乎？'然而四者之中，耻尤为要。……所以然者，人之不廉而至于悖礼犯义，其原皆生于无耻也。故士大夫之无耻，是谓国耻。"
③ 弘一法师：《改过实验谈》，见《弘一大师全集》第7册，福建人民出版社1991年版，第387页。

他既如是说,亦如是行。"……决定先将'老法师、法师、大师、律师'等诸尊号,一概取消。以后不敢作冒牌交易。且退而修德,闭门思过。"①

所举上述行持事例,正是弘一大师儒家人文教养"知廉耻"之道德敬畏,以及澈悟智者源于"本心"之坦荡精神,对自我"罪过"的彻底反省。

五、"知廉耻"、"存敬畏"的当代价值意义

我们回望先贤置身的时代、社会语境,正是近代中国艰难地进入现代社会的历史大背景;我们体察、领悟弘一大师所处时代的"历史心境",以及他们遗留下来的思想精神资源,无疑有益于我们对当下某些文化语境的检讨或反省。当下某些社会文化生态导致的某些文化人格精神异化、褪化现象,反衬出民族优秀传统人文教养的缺失,结合传统人文教养"知廉耻"、"存敬畏"之理念与文化人格的关系,于此作肤浅的探讨,或有些许教益。

(一) 传统人文教养与文化人格

"人文教养"与"文化人格"两者的概念及范畴界定,既有联系也有区别。人文教养作为社会人文精神,文化人格作为社会个体精神意识、秉赋,两者有紧密联系。人文教养,蕴含了一个民族传统人文教化的历史积淀。它往往反映了社会文明的价值标准以及社会文化发展的高度。社会个体的人文教养主要是后天形成的,以个体人文教养中所接受的社会教育看,更多的体现了社会的制度性培养。文化人格,有先天的个体性格(秉性)成分,它形成、存在于特定社会人文教养的制度价值标准和精神氛围中。文化人格的文化内涵构成,与文化人格本质相关。社会个体的性格以及后天接受的教育、人文教养、形成的文化艺术秉赋才能、精神气质等,构成了个体的文化人格。文化人格较多的显现出个体的文化内在涵养构成。

弘一法师的人文教养、文化人格,是一个时代士人(知识人)、杰出高僧的代表。其"知廉耻"、"存敬畏"的传统人文教养,那种彻底的自律与反省,于我们的当下文化语境而言,有着非常现实的启示价值意义:人有"廉耻",

---

① 林子青编:《弘一法师书信》,生活·读书·新知三联书店 2007 年版,第 450 页。

心存"敬畏",则立人之大节,如弘一法师,"一生清风亮节,会永远廉顽立懦"成为传统人文教养及民族精神文化的丰碑;以当下反腐中,无数令人深思的大小案例看:人无"廉耻",则无所不取,"不耻"则无所不为。其意指,主要是社会个体;再者,人之不廉,而至于违法犯罪,其根源仍在于"无耻"。"故士大夫之无耻,是谓国耻",其意指,是社会的上层。

(二) 优秀传统人文教养与社会价值

有学者指出:近百多年来的中国,经历了"三千年来未有之大变局","我们走过的悲喜剧,不亚于法国大革命,如果说法国的精神大家、优秀作品是以几何倍数增加,我们只是算术增长。"[①]何以如此? 笔者认为:一个民族的优秀传统文化和优秀传统人文教养,随社会发展而与时俱进地发展,有文化传承的历史逻辑发展规律。它与民族的成长共生共荣,并伴随、引导和促进民族的精神成长。至关重要者在于:这种优秀传统人文教养总是占据或成为社会的主流意识形态价值观! 中国几千年传统文化中积淀起来的传统人文教养,在"大变局"的震荡、断裂中,在现代文明(现代化)的冲击下,也不断地显露出它自身的"软肋"。这既有自身与时俱进,顺时演进的艰难,也有在许多特定历史时期被钳制,甚至被置于全面扫荡的境地。民族优秀传统人文价值观近百多年来的如此遭遇,导致其在当今社会普遍精神意识中缺失,也是一种必然。因此,重振与重建民族优秀传统人文教养、人文精神,使这一价值观体系成为社会道德精神文明的坚固基石,显得尤其紧迫与重要。

结语

弘一大师作为中国近现代历史上的文化名人展现的民族优秀传统人文教养与文化人格精神,无疑具有民族精神的精粹典范意义。"知廉耻"、"存敬畏",作为人生终极精神理念,在不同时代人们的精神追求中,其文化内涵的差异构成了"知廉耻"、"存敬畏"的本质差别。通过比较,可以窥见其泾渭之别或云泥之殊。传统人文教养精神的守持主体,要秉承"知廉耻"、"存敬

---

① 朱学勤:《致敬 2007》,载《南方周末》("南方周末年度盛典"年度特刊)2008 年 1 月 24 日。

畏"这一传统人文教养(教化),必具备文化自觉意识,于某些特定时期中或特定环境下,还必得具备一种人文精神之自为意志。笔者认为,这是弘一大师等先贤们留给后人的,具有启示价值意义的宝贵思想精神资源之一。有关民族优秀传统文化的当代传承与弘一大师的弘法与修为紧贴社会现实一样,应注重实践的可行、可接受性。民族传统人文教养与文化人格与时俱进的传承,还面临必须解决适合现代社会发展需要的创造性转化问题,从而才有可能成为大众接受的人文精神教化,才有可能契合当代社会发展变革的必然趋势。

【作者简介】

罗明,成都市社会科学院历史与文化研究所所长、研究员。

Human Behavior Must Accord with Buddhist Teachings
—A Study of Master Hongyi's Cultural Pursuit

Luo Ming

Summary

Master Hongyi's "fine words and lofty deeds" after his conversion to Buddhism represented his actual practice of cultural pursuit. He took on himself to disseminate Buddhist doctrines and made a point of conforming the Buddhist spirit to the prevailing spirit of the times and the social reality, demonstrating a consciousness of the national traditional cultural personality. His religious practices manifest the full cultural personality of the individual. In his efforts to spread Buddhism he laid emphasis on the fit between Famen (the initial approach to become a Buddhist believer) and human nature, that is, between traditional cultivation of sensibilities and natural endowment. His cultural pursuit highlights the relevance to the contemporary world of the "sense of shame" and the "sense of awe" in China's traditional culture.

从《护生画集》谈弘一大师佛教文化行持

吴元嘉

　　《护生画集》乃弘一大师和弟子丰子恺,为净化当时杀伐风气,传达仁爱思想的悲心大作。深体文艺效用的两人,以《华严经》:"心如工画师,能出一切象",知心犹画,乃般若智慧的呈现,因此以艺术作方便,"假善巧以寄恻怛,凭兹慈力以消彼犷心"①,培养读者戒杀护生的意识,大师并且亲书"我依画意,为白话诗。意在导俗,不尚文词。普愿众生,承斯功德;同发菩提,往生乐园"二偈而为回向。全套六册《护生画集》采图文对照方式呈现,以人道主义为宗趣,以画说法,希冀读是书、赏此图者能善护其心,宏扬护生思想。

一、文艺目标为弘法

　　《护生画集》虽以弟子丰子恺为弘一大师贺寿为创作缘起,但这样的创意构思早流露于大师日常言谈之中;大师以为佛法教义高深,非利根上智难解难行,曾提出"若我辈常人欲学习佛法者,未知有何法门,能使人人易解,人人易行,毫无困难,速获实益耶?"②的慈悲叩问,又以古代诸师判立人天、小乘、大乘法相、大乘破相、一乘显性五教以区别,其中人天教可普及于社会,对于辅助世法,挽救世道人心最为何宜,并认为"教训子女,宜在幼时;先

---

① 马一浮:《序言》,见《护生画集》第一集,上海译文出版社 2012 年版。
② 见《弘一大师讲演录·佛法学习初步》,(台中)佛教莲社 2001 年版,第 70 页。

入为主,终身不移。长养慈心,勿伤物命;充此一念,可为仁圣"①,不但理念简单明确,能挑起人皆有之的恻隐之心,同时也为钝根下智之辈开启修道法门,指引一条修行的方便路径。大师又于《改过实验谈》"学、省、改"自新三个次第里这样说道:

> 须先多读佛书、儒书,详知善恶之区别及改过迁善之法。倘因佛儒诸书浩如烟海,无力偏读,而亦难于了解者,可以先读格言联璧一部。余自儿时即读此书。归信佛法以后,亦常常翻阅,甚觉其亲切而有味也。此书佛学书局有排印本甚精。②

指出人要改过,前提当先详知善恶;善恶判别关键在学,而学不远求,一般人幼时朗朗上口的童蒙书籍如《格言联璧》中早有言及,并非仅能于高深难捉摸的佛典中寻觅踪迹。最后提出生而为人,此等亘古不变的立身处世之道,在年逾花甲、历经世事之人读来,倍感亲切隽永。

现实一切无处不是因缘果生,然因智慧条件不足,对由无明造业引发的重重因果法则,难以领会:

> 常人醉生梦死,谓富贵贫贱吉凶祸福皆由命定,不解因果报应。或有解因果报应者,亦唯知今生之现报而已。……三世业报,善恶因果,即是人天教也……吾人唯应力行善业,即使今生不获良好之果报,来生、再来生等必能得之。万勿因行善而反遇逆境,遂妄谓行善无果报也。③

大师指导编纂的《护生画集》便有劝人检点平时所为,培植善因、真诚改过忏悔,累积佛道资粮之菩提发心,例如在1929年弘一大师致丰子恺的第八通书信,谓《夫妇》:"人伦有夫妇,家禽有牝牡。双栖共和鸣,春风拂高柳。

---

① 马一浮:《序言》,见《护生画集》第一集,上海译文出版社2012年版,第12页。
② 见《弘一大师讲演录·佛法学习初步》,(台中)佛教莲社2001年版,第70页。
③ 见《弘一大师讲演录·佛法学习初步》,(台中)佛教莲社2001年版,第70—71页。

盛世乐太平,民康而物阜。万类咸喁喁,同浴仁恩厚。"诗虽不佳,而得温柔敦厚之旨,以之冠首,颇为合宜。① 又于《忏悔》:"人非圣贤,其孰无过。犹如素衣,偶着尘埃。改过自新,若衣拭尘。一念慈心,天下归仁。"后附文曰:"此诗虽无佛教色彩,而实能包括佛法一切之教义。仁者当能知之。"②广洽法师因此于《护生画集》序中说:"盖所谓护生者,即护心也;亦即维护人生之趋向和平安宁之大道,纠正其偏向于恶性之发展及暴力恣意之纵横也。是故护生画集以艺术而作提倡人道之方便,在今日时代,益觉其需要与迫切。虽曰爝火微光,然亦足以照千年之暗室,呼声绵邈,冀可唤回人类苏醒之觉性。"

弘一大师才华洋溢,举凡诗词歌赋、金石书法、音乐图画戏曲,全般皆能,无不精深。出家之后全副精神投入研究南山律,此时诸艺皆废,独留书法作为接引众生的方便,书写古德嘉言、警句或佛号、偈语赠予有情。曾有弟子问大师:"世人求字不求法,何必予之?"大师回答:"吾字即佛法,求吾字即求佛法。"以上在在可见大师艺术悲心的真诚流露,是道艺结合的典范。

二、《护生画集》的艺术兴感基础

国学大师马一浮于《护生画集》初集序言中引《华严》云:"心如工画师,能出一切象,此谓心犹画也。"提出"象"源于"心";有此"心",故现此"象",心象一如、依正不二。③《护生画集》艺术兴感的基础在此,正因为心、象一如,因此欲化人心,可善借外象以引导,《护生画集》善用佛教缘起思想,因此能有别于其他劝善之书,新人耳目,并举周身日常可见之物象,图、文并茂地引导有情,彰显护生宗旨。马一浮又说:"古佛偈云:身从无相中受生,犹如幻出诸形相。此谓生亦画也。"④更从一人之心、象不二,扩及人与所依之整体

---

① 谷流、彭飞编:《弘一大师谈艺录》,河南美术出版社1998年版,第95页。
② 谷流、彭飞编:《弘一大师谈艺录》,河南美术出版社1998年版,第96页。
③ 佛教讲因果,以为一切无不出业因果报。正报指众生所受生的五蕴之身(又名正果);依报则指世界、国土、房舍、器具等(又名依果)。依报随正报转,表达了佛教思想里"命自我造"的概念。
④ 马一浮:《序言》,见《护生画集》第一集,上海译文出版社2012年版,第Ⅴ页。本文引用《护生画集》资料以此版本为主,下文不再另注说明,仅标示集数、页码。

宇宙万有亦为一如,因此看似纷纭的复杂现象世界,也无不是由"心生法生,文采彰矣"①,变化关键即在有情刹那萌动的那一念;"各正性命,变化见矣",而持此"正念"正是《护生画集》编绘之主要缘由。兹以画集作品为例析之,如初集《儿戏》系列,其一以嬉游于花丛的两孩童作对照,一孩儿正安静地驻足欣赏翩翩舞蝶,另一个却是调皮持扇扑蝶,此幅大师配文,引唐人杜甫诗阐扬画面意旨,诗云:"干戈兵革斗未止,凤凰麒麟安在哉。吾徒胡为纵此乐,暴殄天物圣所哀。"一般人昏昧习不见察,甚至大力赞扬的童真无邪,在大师洞察的智慧眼光里却能见微知著,直接指出团扇扑蝶纵乐之举,实乃暴殄天物,这一念慈心的收与放,便形成日后大人世界里干戈争斗抑或盛世太平两种截然不同的境界。《儿戏》其二,画一孩童系蜻蜓放飞作乐自娱,大师又以简洁精要的"儿"、"戏"二字为标题,与配文相辉映,道出童蒙教育首要树立正确方向,扩充一念不忍人之慈心,则自可为仁圣。

依正果报既然悉由心作,则万有一切"其犹埏埴为器,和采在人。故品物流形,莫非生也。爱恶相攻,莫非惑也。蠕动飞沈,莫非己也。山川草木,莫非身也"。②万物皆从我心造作,有此认识则泯除了彼和我之间的界线,物我一体,所以说"圣人无己,靡所不己。情与无情,犹共一体。况同类之生乎?"③错综变化的世法,惟智者能如时观见,了然非物有别,乃人心有通蔽,故由心所现之象有胜劣,而忧喜仁暴之境像又各惟人所取,④因此如初集《我的腿》、《示众》、《修罗》、《喜庆的代价》等市场里习以为常,人视为吉庆欢乐之事,圣人尤能感受个中冤恨,惨不忍睹。弘一大师自己都说:"此次画集所选入者,以《母之羽》、《倘使羊识字》、《我的腿》、《农夫与乳母》、《残废的美》,为最有意味。《肉》甚为精彩。"⑤

文艺所以能感发、抚慰人心,主要取决于创作者采取了何种角度看待生命价值,心、物交感,艺术创作者顺随缘起,取象曰比,取义曰兴地将形诸于

---

① 马一浮:《序言》,见《护生画集》第一集,上海译文出版社 2012 年版,第 V 页。
② 马一浮:《序言》,见《护生画集》第一集,上海译文出版社 2012 年版,第 V 页。
③ 马一浮:《序言》,见《护生画集》第一集,上海译文出版社 2012 年版,第 V 页。
④ 马一浮《序言》原文为:"智者观世间,如观画然。心有通蔽,画有胜劣,忧喜仁暴,惟其所取。"见《护生画集》第一集,上海译文出版社 2012 年版,第 V 页。
⑤ 谷流、彭飞编:《弘一大师谈艺录》,河南美术出版社 1998 年版,第 77 页。

外的艺术表现形象和内心思维结合,传达"护生即护心"的理念,发挥艺术潜移默化之妙用。

三、画集编纂与慈心护生理念

《护生画集》兴感基础正如上言,因此全书从封页图画、纸质裱装,到内页选文、配图和架构安排等等,都带有编绘者"但为导俗,令人易解"①,由象导心的悲智思维和艺术形象寄寓其中。

(一) 版式装帧

首先对《护生画集》的版式装帧,弘一大师以为:

> 画集虽应用中国纸印,但表纸仍不妨用西洋风之图案画,以二色或三色印。至于用线穿订,拟用日本式。系用线索纽结者,与中国佛经之穿订法不同。②

又说:

> 此书须多注重于未信佛法之新学家一方面,推广赠送。③
> 《戒杀画集》出版之后,凡老辈旧派之人,皆可不送或少送为宜。因彼等未具新美术之知识,必嫌此画法不工,眉目未具,不成人形。又对于朽人之书法,亦斥其草率,不合殿试策之体格。(此书赠与新学家,最为逗机。如青年学生,犹为合宜。至寻常之寺院,及守旧之僧俗,皆宜斟酌送之。)④

因为编纂所期待的阅读对象有所不同,因此弘一大师说:

① 陈星:《功德圆满—护生画集创作史话》,(台北)业强出版社1994年版,第43页。
② 谷流、彭飞编:《弘一大师谈艺录》,河南美术出版社1998年版,第86页。
③ 谷流、彭飞编:《弘一大师谈艺录》,河南美术出版社1998年版,第86页。
④ 谷流、彭飞编:《弘一大师谈艺录》,河南美术出版社1998年版,第72页。

故表纸与装订,须极新颖警目,俾阅者一见表纸,即知其为新式之艺术品,非是陈旧式之劝善图画。①

特别指示当避免与寻常佛书相似,而使有成见的读者心生排拒,"倘能至极新颖,美观夺目,则为此书之内容增光不小,可以引起阅者满足欢喜之兴味"②,可见大师悲心如是。

画册封页也颇为讲究,以火焰化红莲图像切合当时"阎浮提大半沦入劫火"③的战乱特征;莲花出淤泥不染的构思,可以看出大师度众拔苦的悲心大愿。夏丏尊于第二册画集序前便这样记载:

> 续护生画集之出现,可谓契理、契机,因缘殊胜。封面作莲池沸腾状,扉画于莲华间画兵仗,沸汤长莲花,兵仗化红莲。呜呼!此足以象征和尚之悲愿矣。④

(二) 内容取材

弘一大师曾对画集编绘之原则和方向有明确指示,他说:

> 案此画集为通俗艺术品,应以优美柔和之情调,令阅者生起凄凉悲悯之感想,乃可不失艺术之价值。若纸上充满残酷之气,而标题更用开棺、悬梁、示众等粗暴之文字,则令阅者起厌恶不快之感,似有未可。更就感动人心而论,则优美之作品似较残酷之作品感人较深。残酷之作品,仅能令人受一时猛烈之刺激。若优美之作品,则能耐人寻味,如食橄榄然。⑤

对照大师躬身参与的第一、二册《护生画集》,内容选材的确呈现如是截然区

---

① 谷流、彭飞编:《弘一大师谈艺录》,河南美术出版社1998年版,第87页。
② 谷流、彭飞编:《弘一大师谈艺录》,河南美术出版社1998年版,第87页。
③ 夏丏尊:《序言》,见《护生画集》第二集,上海译文出版社2012年版,第Ⅶ页。
④ 夏丏尊:《序言》,见《护生画集》第二集,上海译文出版社2012年版,第Ⅷ页。
⑤ 谷流、彭飞:《弘一大师谈艺录》,河南美术出版社1998年版,第73页。

别。第一册画集 50 幅作品取镜，多有令人触目惊心不忍卒睹者，续集 60 幅则一扫凄惨罪过，而改以万物自得、物我同乐之和谐境界，夏丏尊评谓：

> 盖初集多着眼于斥妄即戒杀，续集多着眼于显正即护生。戒杀与护生，乃一善行之两面。戒杀是方便，护生始为究竟也。①

在佛教心象一如、依正不二的观念下，《护生画集》从外到内，内容围绕着戒杀、护生、破邪、显正地从一体的两个面向②，开衍出惜福爱物、素食布施、重视因果，劝人厚植善因等，自外象导心，"护生者，护心也"③的兴感教化。

（三）篇章次第安排

谈护生，画集收录篇章之前后次第安排也颇见大师用心，兹从大师与圆净、子恺书信云：

> 依以上所述之意见，朽人将此画集重为编订，共存 22 张。残酷之作品，虽亦选入三四幅，然为数不多，杂入中间，亦无大碍。就全体观之，似较旧编者稍近优美。至排列之次序，李居士旧订者固善。今朽人所排列者，稍有不同。然亦煞费苦心。尽三日之力，排列乃订。于种种方面，皆欲照顾周到。但因画稿不多，难于选定，故排列之次序，犹不无遗憾耳。④

更甚者用心贯串于画幅里，则图里人物、内含与全书旨趣呼应：

> 其二，题曰《平和之歌》。较以前之画幅加倍大（即以两页合并为一幅）。其虚线者，即是画幅之范围。其上方及两旁，画舞台帷幕之形。

---

① 夏丏尊：《序言》，见《护生画集》第二集，上海译文出版社 2012 年版，第Ⅶ页。
② 夏丏尊原文为："戒杀与护生，乃善行之两面。戒杀是方便，护生始为究竟。"《序言》，见《护生画集》第二集，上海译文出版社 2012 年版，第Ⅶ页。
③ 丰子恺：《序言》，见《护生画集》第三集，上海译文出版社 2012 年版，第Ⅹ页。
④ 谷流、彭飞编：《弘一大师谈艺录》，河南美术出版社 1998 年版，第 74 页。

其中间,画许多之人物,皆作携手跳舞、唱歌、欢笑之形状。凡此画集中,所有之男女人类及禽兽虫鱼等,皆须照其本来之相貌,一一以略笔画出。(其禽兽之已死者,亦令其复活。花已折残者,仍令其生长地上,复其美丽之姿。但所有人物之相貌衣饰,皆须与以前所画者毕肖。俾令阅者可以一一回想指出,增加欢喜之兴趣。)朽人所以欲增加此二幅者,因此书名曰《护生画集》,而集中所收者,大多数为杀生伤生之画,皆属反面之作品,颇有未安。今依朽人排定之次序,其第一页《夫妇》,为正面之作品。以下19张皆是反面之作品,悉为杀生伤生之画。由微而至显,复由显而至微。以后之三张,即是《平等》及新增加之《忏悔》《平和之歌》,乃是由反面而归于正面之作品。以《平和之歌》一张作为结束,可谓圆满护生之愿矣。①

第一册画集自《众生》开卷,而终于《杨枝净水》。《众生》配文云:

> 是亦众生,与我体同。应起悲心,怜彼昏蒙。普劝世人,放生戒杀。不食其肉,乃谓爱物。②

便是从物我平等,只因一念觉迷而有人、畜之别谈起,寄寓着大师度众拔苦,跳脱轮回的悲愿。画册第二集同样由众生开卷,但不从群伦觉、迷角度,而致力于呈现万有一体祥和之境界,引人兴感。第二册首篇《中秋同乐会》文云:

> 朗月光华,照临万物。山川草木,清凉纯洁。蠕动飞沈,团圞和悦。共浴灵辉,如登乐国。③

画卷图、文呼应,成双对称的诸多物象构图,表现中秋月圆人团圆,圆满和谐

---

① 谷流、彭飞编:《弘一大师谈艺录》,河南美术出版社1998年版,第74—75页。
② 《护生画集》第一集,上海译文出版社2012年版,第3页。
③ 《护生画集》第二集,上海译文出版社2012年版,第55页。

境界：两棵大树拔地耸立，一对白兔和两人并肩而坐于树荫下。鱼儿湖水悠游，举目即见明月依傍青山，雁阵人字朝南飞。一样由众生开篇的《护生画集》续集，却采取了与初集不同的角度，呈现万物和谐，其乐融融的景象。

由弘一大师指导的第一、二册护生画集都是以《杨枝净水》作结，但是同样篇名的前后两集诗、画均不相同。初集云：

> 杨枝净水，一滴清凉。远离众苦，归命觉王。①

后题小字：

> 放生仪轨，若放生时，应以杨枝净水，为物灌顶，令其消除业障，增长善根。②

第二集篇末的《杨枝净水》则取白居易偈语压卷，曰：

> 毛道凡夫，火宅众生。胎卵湿化，一切有情。善根苟种，佛果终成。我不轻汝，汝毋自轻。③

后序附云："此画为放生仪式，与护生画初集末页相同，宜参观之。"④可知这样的结构安排，不是偶然巧合，有弘一大师之用心寄寓期中，将护生宗旨推至究竟，其护生不仅止于爱护生灵，更有积极冀望能够超脱三界苦宅，摆脱轮回达至彼岸。

全套六册的《护生画集》，虽然大师躬身参与者仅初集和续集，但对于每十年出一册的画集，大师仍注意到各自之间应有区隔；1940 年阴历六月六日大师写予夏丏尊、圆晋居士的书信中，这样指示其后四集画册之规划事宜：

---

① 《护生画集》第一集，上海译文出版社 2012 年版，第 52 页。
② 《护生画集》第一集，上海译文出版社 2012 年版，第 52 页。
③ 《护生画集》第二集，上海译文出版社 2012 年版，第 114 页。
④ 《护生画集》第二集，上海译文出版社 2012 年版，第 114 页。

已刊布之初、二集，画风既有不同，以下三、四、五、六集亦应各异，俾全书六集各具特色，不相雷同。据鄙意，以下四集中，或有一集用连环画载体，或有一集纯用语体新文字题句，其画风亦力求新颖，或有一集纯用欧美事迹。……仍乞六居士妥为商定，亦期深契时机，至用切要。①

可见不仅一册之图文其前后次序弘一大师讲究，在预计画至大师百岁之六册套书中，大师一样关注从不同侧面接引众生之种种方便，宣扬仁爱护生思想，做众生不请之友。

（四）图、文、标题互为阐释

此指图面、题字和文字三者之间不但可以各自独立、各自表述，同时又因表述方向一致，产生互为阐释、补充的作用。《护生画集·第二集》《大树王》《随园诗话》附文："遥知此去栋梁材，无复清阴覆绿苔。只恐月明秋夜冷，误他千岁鹤归来。"②故事主角就是占据画面主要位置的参天大树，树下几个男人，其中一人手执利锯，他们正讨论着锯倒这棵大树后，将要做什么……好伤感啊！这棵经年大树，早已成为村子里的一景，是村里每个人的好朋友。每个小孩都爬过这棵树，小孩长大了，结婚了，他的小孩又来爬，一代代相传，这棵树上有着全村每个人的脚印。大树即将遭到砍伐的命运，虽然"遥知此去栋梁材"，最好的树，才能成为栋梁，全村的人本该为这棵树感到骄傲啊！但是……多么令人不舍啊！不去论树的价值，而从人文的角度来看，这棵树是村子的守护神，是倾听者，是见证者；大树王守护村子几百年了，它听了多少村民的悲喜，分享了多少孩童的哭笑，村中男婚女嫁，每一顶花轿都曾打从树下经过。它早已不是一棵普通的树，它是跟村民一起生活和呼吸的大树王啊！这棵大树，是该可以砍了。但是大树倒下后，生活在树上的虫蚁鸟雀都要搬新家，人们恋旧家、旧友，其他动物也一样啊！大树能成"王"，是岁月和智慧所累积的。在岁月的长河中，大树除了成就自己，也

---

① 谷流、彭飞编：《弘一大师谈艺录》，河南美术出版社 1998 年版，第 105 页。
② 《护生画集》第二集，上海译文出版社 2012 年版，第 88 页。

成就依附它的众生，包括自然界的动植物和鬼神。佛经上说树木是鬼神村，《梵网经菩萨戒略疏》云："一切草木为鬼神村，以诸鬼神皆依之居住，而为宫殿舍宅。"《婆沙论》中亦说："村者，聚也，一切鬼神，托树而住，犹若人村也。有福而灵曰神，无福而钝曰鬼。又有福者，依大树。无福者，依小树，乃至草药……神所以依住者，食其香故……"因树木为鬼神之居所，故佛陀制戒"不坏鬼神村"。佛的教导多么慈悲啊！因为砍倒一棵大树，将毁坏多少众生的家，会造多大的业啊！不过图中的大树，看样子是难逃恶运了！村民"无复清阴覆绿苔"，不能再享受那绿树摇风的美姿和阴凉；更让人担心的是，秋凉时节"只恐月明秋夜冷，误他千岁鹤归来"。想到那千岁仙鹤云游归来，找不到它的家，惊惶盘旋哀鸣的迷惘，怎不令人潸然泪下！① 又如《护生画集·第一集》《冬日的同乐》：隆冬时节，然而不但老少身暖心安，尚且还能泽被身旁禽畜；窗台盆栽亦于寒冬之中展现盎然生机，图旁佐文曰："盛事乐太平，民康而物阜。万类咸喁喁，同浴仁恩厚。昔日互残杀，而今共爱亲。何分物与我，大地一家春。"《修罗》篇，佐图之诗为："千百年来盘里羹，冤深如海恨难平。欲知世上刀兵劫，但听屠门夜半声。"丰子恺构图径以屠夫横眉衔刀，冷酷杀猪之景呈现修罗境界。

四、结语

弘一大师慈悲度众，善观缘起，凭借周身日常可见之物象人事，图文并茂地引导有情，从外象检查自心；一人之心与象既是息息相关、依正不二，扩及人类群体与所依之整体万有则同为一如，纷纭复杂之现象世界亦无不是"心生法生，文采彰矣"②，变化关键正在有情刹那萌动的那一心念，若能"各正性命，变化见矣"，欲求弭灾平祸，世界大同绝不是遥不可及，弘一大师编纂《护生画集》之悲心善巧，由此可见。

《护生画集》自发端即为大师悉力以赴之文字般若，其图、文并置的文本特征，让这本画集同时兼具了文字阅读和图像观赏的趣味；每一则护生故

---

① 林少雯：《护生画集图文赏析》第二集，台北香海文化事业 2013 年版，第 158—159 页。
② 马一浮：《序言》，见《护生画集》第一集，上海译文出版社 2012 年版，第 V 页。

事,至少使用了图、文两种不同的叙述方式完成。文学作品以语言文字表现情感,图画则由构图、视角等完成叙述策略;《护生画集》兼采图画和文字两种叙述符号于一处,各自同时又共同陈述一个护生事件,将护生情境逼真活现读者眼前。因此欲探求每一则护生图文的兴感模式,至少须先理解由图画、护生诗文及题于每一幅图面上之画题,三者共同暗示的三种故事:文字陈述的故事、图画暗示的故事,以及图、文结合后,由题目延伸联想的故事。《护生画集》艺术兴感的起点在此,读者看图、读文,不但要连缀、填充"图、文、题"三者之间未及言说之故事细节,更要从各自的叙述焦点中进行全方位的感知、探索、搜寻和组接,才能从中发现、创造故事,并从结合图、文之后共同叙述的故事中得到启发、暗示,达到艺术兴感的作用。

朱光潜先生曾评弘一大师:"以出世的精神做入世事业。入世事业在分工制度下可以有很多种,他是从文化思想这个根本着眼。他持律谨严,一生清风亮节,永远廉顽立懦,为精神文化树立了丰碑。"《护生画集》乃实践大师之菩提发心,致力于法施之入世精神,恺切之悲心溢于言表。

【作者简介】

吴元嘉,1973 年生,吴凤科技大学通识教育中心专任助理教授。

A Discussion of Master Hongyi's Practice of Buddhist Culture in Light of His *Life-Protection Album of Paintings*

Wu Yuanjia

Summary

The *Life -Protection Album of Paintings* were produced by Master Hongyi and his disciple Feng Zikai to purge society of the prevailing readiness to kill and disseminate benevolence. Inspired by *Hua-Yan Scripture* in which the heart is endowed with the power to paint all kinds of images, they used the medium of painting to protect life and quell the urge to kill. The master wrote in the *Album* that he had written poems in the vernacular based on the paintings to appeal to the masses to seek goodness. Composed of six volumes of paintings and text，it aims at humanitarian goals and illustrates Buddhist teachings with paintings in the hope that the readers of the Album will protect their hearts and propagate life-protecting ideas.

李叔同参加的浙江乡试

叶瑜荪

科举取士的制度退出历史舞台已 110 年,有关科考的具体情况,以及这套制度的周密、完备和严酷性已渐被时间所遗忘。今人多数只是通过古装戏剧和小说去认识科举考试,故与事实相去甚远。李叔同 1902 年参加浙江乡试,没有留下详尽史料。但有人凭借想象和推测,对李叔同的乡试落榜原因作了"罢考"①生动描述,让读者真假莫辨。本文拟以浙江乡试资料和当年《申报》报道作依据,为浙江 1902 年乡试详细情形做一梳理,以望对李叔同乡试研究者有所助益。

一、1902 年乡试的科名

明清两朝,乡试都由朝廷确定和主持,"每三年一次在各省省城(包括京城)举行。逢子、午、卯、酉年为正科,遇庆典加科为恩科"。② 每科都有一个规范的科名,如"同治癸酉正科""光绪己丑恩科"。

1902 年乡试的科名为"光绪壬寅补行庚子辛丑恩正并科"。1902 年是光绪壬寅年,也称光绪二十八年。1900 年是庚子年,按例为大比之年,应举行乡试。但因"八国联军"入侵,京都大乱,两宫西狩,各省乡试遂停顿。1901 年是辛丑年,这年十月又逢清德宗光绪帝三十岁万寿圣节,援例应加开恩科,

---

① 天津市李叔同—弘一大师研究会编:《天心月圆——纪念李叔同—弘一大师诞辰 130 周年学术研讨会论文集》,第 115 页。

② 《辞海·历史分册(中国古代史)》,上海辞书出版社 1981 年版,第 199 页。

但两宫尚未还都,仍无法举行。最终改在 1902 年补办这两科乡试。按清代惯例:"如恩科与正科考试年份相重,则合并举行,并按两科名额录取"。① 为了要点出他是"补行",又是"并科"的意思,于是出现了这个长而拗口的科名。

清代浙江乡试都在杭州的浙江贡院举行,地点即今凤起路杭州高级中学。贡院,"始建于明代成化年间,占地八十余亩,有号舍一万二千数百间",②仅次于南京江南贡院的二万零四百余间。

号舍,又称号房、考棚。号舍分列于贡院内龙门与明远楼东西两侧。每间不足二平方米,低矮狭窄,人居一间,无门,南向。以数十上百间自北向南排列,列与列之间形成巷道,依次以《千字文》编号,书其号于巷口。巷口置棚,考生进入号舍,即行封闭,并有号军看守。凡答卷、饮食、坐卧均在其中。

每间号舍有号板两块,"一块搁于墙间作写字桌,另一块搁于墙间作坐凳。夜间将写字板与坐板平铺以作睡眠之用"。③

1905 年科举停止,贡院废弃。1908 年在贡院址建浙江官立两级师范学堂(1913 年改省立第一师范)。1923 年改浙江省立第一中学校(1929 年改省立高级中学),延续至今为杭州高级中学。④

二、李叔同应试的史料

李叔同参加 1902 年浙江乡试之事,1944 年林子青所编《弘一大师年谱》就有记载:"是年各省补行庚子科乡试,师亦赴浙江应试,报罢后,仍回南洋公学。"⑤

李叔同这次应试因未中式,故留存史料极少。目前能见到者仅两种。

其一是上海交通大学校史编辑者,在西安交通大学所藏"南洋公学"旧档中发现的《光绪二十八年送乡试册底》。该名册中有:

"李广平,年二十三岁,浙江嘉兴府平湖县监生

① 翟国璋编:《中国科举辞典》,江西教育出版社 2006 年版,第 144 页。
② 顾国华辑录:《文坛杂忆》卷二十一,章国霖撰《贡院》条,2004 年,第 66—67 页。
③ 翟国璋编:《中国科举辞典》,江西教育出版社 2006 年版,第 42 页。
④ 高宁编著:《百年名校·杭州高级中学》,浙江教育出版社 2006 年版,第 72 页。
⑤ 林子青:《弘一大师年谱》,香港兴亚印刷公司 1986 年重印,第 20 页。

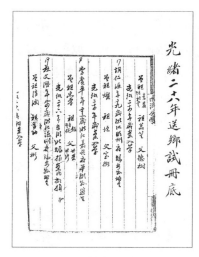

曾祖忠孝，祖锟/锐（本生），父世荣/世珍光绪二十六年在湖北赈捐案内报捐”①（见图一）

光緒二十八年送鄉試冊底

图一

上海交通大学党史校史研究室副研究员欧七斤，曾撰写《李叔同两次参加乡试史实新考》一文，披露这份史料。②

1901 年夏，清政府下诏开设经济特科，破格选拔适应革新政治的人才。对人才培养一直有着急迫意愿的盛宣怀，遂即决定在南洋公学筹设经济特班，以“应经济特科之选”。③ 经济特班于当年 9 月正式开学，共录取学生 40 多名。李叔同改名广平，考入特班。

1902 年 6 月，清廷下诏各省补行庚子辛丑恩正并科乡试。南洋公学学生中具有秀才身份者不少，尤其特班生中，有廪生、增生、附生、监生资格者达 29 人。于是南洋公学将愿意参加乡试的学生，统一造册报送各省参加科考。

这份史料让我们弄清了，李叔同参加 1902 年浙江乡试，是由南洋公学统一报送，而非平湖县学和嘉兴府学报送。

嘉興府平湖縣監生李廣平
東臣字肆拾貳號
第叁場
嘉興府平湖縣監生李廣平應光緒二十八年補行庚子辛丑恩正併科浙江鄉試今將本身年貌籍貫三代逐一開列於後
今開
一本身年二十三歲身中面白無鬚平湖縣本城民籍
曾祖忠孝 祖鋭 本生祖鋭 父世榮 本生父世珍

图二

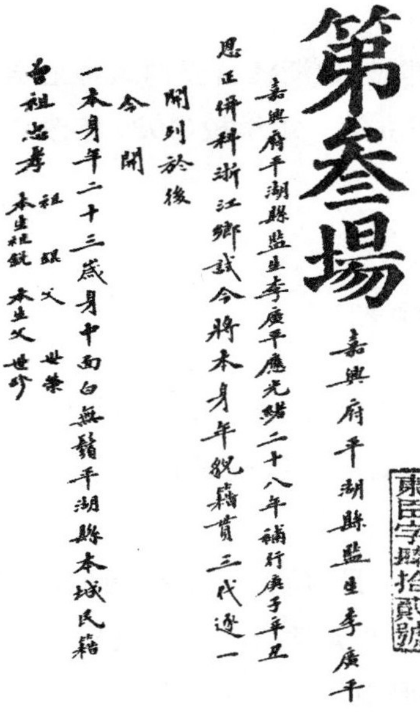

其二是李叔同参加 1902 年浙江乡试第三场的考凭（准考证）影印件。④（见图二）该考凭除“第三场”和编号“东臣字肆拾

① 《光绪二十八年送乡试册底》（光绪二十八年五月，1902 年 6 月），西安交通大学档案馆藏历史档案，档号 2315，卷名《南洋公学有关学生请免岁试及参加乡试、院试联系等文》，第 97 页。

② 《莲馆弘谭》第 7 期，平湖市李叔同纪念馆 2011 年 9 月，第 41—45 页。

③ 欧七斤编著：《上海交通大学史 · 第一卷南洋公学》，上海交通大学出版社 2011 年版，第 150 页。

④ 柯文辉：《旷世凡夫：弘一大传》，北京大学出版社 2010 年版，第 45 页。

贰号"为印刷外,其余姓名、籍贯等均为手写。它是李叔同参加乡试最直接的证明材料。可惜无法看到该考凭原件,也未能知道它的出处和流传次序,尺寸和纸质,由谁收藏,是否存世?现能见到的仅是互相转载的翻印件。

三、浙江壬寅科乡试的考官

主持和组织乡试的官员都非常设官,而是临时选派。1902 年负责和参与浙江乡试工作的官员,现根据《浙江乡试录·光绪二十八年补行庚子辛丑恩正并科》①所载,逐一录出并简介如下。

监临官二名:

任道镕,字筱园,江苏宜兴人,己西拔贡,时任浙江巡抚,兼管两浙盐政。

张亨嘉,字燮钧,福建侯官人,癸未进士,时任浙江提督学政。

监临官又称监试官、监考官,设一正一副,都由本省地方长官担任,负责委派监督除主考、同考官之外全体办事人员和考试事务,不参与评阅考卷。被称为"董理重臣"。②

提调官二名:

诚勋,字果泉,满州正红旗人,荫生,时任浙江布政使。

许贞干,字豫生,福建侯官人,壬辰进士,时署浙江按察使。

提调官也被称为"董理重臣",负责处理考场外的组织安排等事务。③

监试官二名:

湍多布,满州正蓝旗人,荫生,时任浙江按察使。

朱启凤,字小筦,江苏宜兴人,丙子恩科进士,时为二品衔候补道员。

内监试官一名:

熊起磻,字再青,河南光山人,丁丑进士,时任绍兴知府。

内监试官负责复查点检试卷官所定试卷等第。与主考、同考、内提调、内收掌等官员都称内帘官。

---

① 《浙江乡试录·光绪二十八年补行庚子辛丑恩正并科》,藏浙江图书馆古籍部,编号:"普藏 45934",第 6—12 页。

② 翟国璋编:《中国科举辞典》,江西教育出版社 2006 年版,第 143 页。

③ 翟国璋编:《中国科举辞典》,江西教育出版社 2006 年版,第 162 页。

考试官二名：

朱益藩，江西莲花厅人，庚寅恩科进士，时任翰林院侍读学士，南书房行走、起居注总办、咸安宫总裁教习等职。

李家驹，广州驻防正黄旗汉军人，甲午恩科进士，时任翰林院编修、国史馆协修、大学堂副总办等职。

考试官习称主考官，一正一副，由朝廷选派，都由翰林、进士出身京官出任。出任前须经考选，且有诸多禁忌、回避事项。主要职责是总阅各房考官所送之试卷，分别去取，核定名次，并将取中之举人及其试卷奏报皇帝。①

同考官十六名：

汪清麒，江苏丹徒人，庚寅恩科进士，时任嘉善知县。

陈潍，四川绵州直隶州人，戊戌进士，时为即用知县。

张茂镛，江苏吴县人，辛卯举人，时为试用知县。

郝毓椿，山东新城人，戊戌进士，即用知县。

王家骥，广西临桂人，壬辰进士，候补知县。

高向瀛，福建侯官人，戊子举人，记名截取同知。

丁良翰，山东潍县人，丙戌进士，嵊县知县。

陈永昌，江西靖安人，乙未进士，桐庐知县。

梁庭楷，直隶安州人，戊子举人，试用知县。

孙启泰，江苏上元人，乙酉举人，试用知县。

薛应枢，江苏常熟人，乙亥恩科举人，即补知县。

顾曾沐，江苏通州人，甲戌进士，截取知县。

孙鼎烈，江苏无锡人，己丑进士，候补知县。

李棻，云南昆明人，己丑进士，平湖知县。

唐继勋，湖南澧州直隶州人，戊子举人，试用知县。

林晟，福建侯官人，己卯举人，试用知县。

同考官即房考官，简称房官，统称十八房。为加强对科举考试之监管，分散权力，防止知贡举官独断，明清增设同考官多至十数人。同考官各领一房，按考试内容分房阅卷。由主考聘任科甲出身之中下级官吏或举人出身

---

① 翟国璋编：《中国科举辞典》，江西教育出版社 2006 年版，第 47 页。

之教官担任。雍正七年（1729）规定所聘用之官籍贯必须离考试地点三百里。其职是批阅本房试卷，择优向主考推荐。若所荐试卷与主考意见不一，可力陈己见，参与商讨。与应试者能否取中，关系甚大，故考生取中后亦上门拜谢，尊称为房师。[①]

此外，设内收掌官一名，属内帘官，负责试卷监收。

督理印卷官二名，负责试卷监印。

收掌试卷官三名，负责试卷的保管和发放。

受卷官八名，负责收取每场试卷之后，在每份卷面押印本人衔名之戳记，以每十卷为一封，汇集后送交弥封所。成员都从本省进士、举人出身之现任同知、通判中调用。[②]

弥封官五名，专司弥封卷首，工作场所称弥封所。试卷糊封后送誊录官誊录。成员从本省进士、举人出身之现任同知、通判中选用。[③]

巡绰官二十八名，亦作巡逴官，负责考场巡察和警戒。

搜检官十名，负责搜查监督考生，以防挟带作弊。

供给官十八名，负责后勤供给。都由杭州府、仁和、钱塘等县在任官员中选派。

以上所列，均是有职务之官员。各个机构根据工作任务之轻重，还配有许多工作人员及兵勇。如同考官，从第一房到第十六房各领一房，每房又有若干名助手，协助阅卷。

四、改革后的乡试试题

清承明制，尊儒学为官学，科考内容都集中到儒家经典之内，答卷用八股文，成为固定模式。如第一场试题，是从四书中选出三题，另加诗题一道，限词限韵。第二场从五经中各采一题。第三场是对策五题，才与实际有所结合。三场共十四题。

---

① 翟国璋编：《中国科举辞典》，江西教育出版社2006年版，第2页、第58页、第117页。

② 翟国璋编：《中国科举辞典》，江西教育出版社2006年版，第105页。

③ 翟国璋编：《中国科举辞典》，江西教育出版社2006年版，第118页。

时间一长,这种僵化的科考模式,遭到过不少有识之士的批评。"1898年维新变法开始,光绪帝颁布上谕,改革科举制度,废除八股考试,开设经济特科。"①只是变法失败,科举制度改革受挫停顿。

1901年,湖广总督张之洞提议,明年乡、会试首场改试中国政治史事论五篇,二场试各国政治艺学策五道,三场《四书》义二篇、《五经》义二篇。"七月,上命自明年为始,乡、会试均试策论,不准用八股文程式。"②

故1902年的乡试,是科举制度改革的第一科。浙江乡试的试题与以前有了很大的改变:第一场考论,共五题;第二场考策,共五题;第三场考经义,共三题。四书五经的内容由考两场降为考一场,试题由八道降为三道。

据《浙江乡试录》所载,三场试题如下:

第一场　论题(五道)

(一)汉宣帝信赏必罚综核名实论。

(二)张苍领主郡国上计论。

(三)唐太宗盟突厥于便桥、宋真宗盟契丹于澶州论。

(四)开元四年召新除县令试理人策论。

(五)元代分封诸王论。

第二场　策题(五道)

(一)西国学术导源希腊,其流派若何?学校废兴若何?教育名家孰为最著?宗旨孰优?方今博采良法厘定学制,试陈劝学之策。

(二)西国财政合于计学,达例若何?得失安在?今日度支奇绌,理财尤亟,富国之术虽多,而措施宜有次第,权衡缓急,孰为要策?

(三)西国法律原于罗马,沿革若何?今法律之学为科凡几?自治外法权行於通商口岸,受病甚深,规复主权宜有良策?

(四)地理之学首资测绘,何器最要?何法为简?今天下大洲者五,始夫地域形势之殊,爰有风俗政教之异,试原关系之理,兼筹固圉之策。

(五)格致之学通诸制器,名理迭出,成器日新,试举新制阐其理用。自

① 《上海交通大学史·第一卷南洋公学》(欧七斤编著),上海交通大学出版社2011年3月版,第150页。
② 翟国璋编:《中国科举辞典》,江西教育出版社2006年版,第1207页。

商约有内地制造之条,利权益将不振,欲图补救,宜操何策?

第三场　四书五经义题(三道)

(一) 生财有大道,生之者众,食之者寡,为之者疾,用之者舒,则财恒足矣。

(二) 惟仁者为能以大事小。

(三) 是月也,易关市,来商旅,纳货贿,以便民事。①

五、考期和科场

乡试的考试时间在明清两朝都是固定的。八月初九为初场,十二日为第二场,十五日为第三场。先一日(初八、十一、十四日)唱名,领取试卷入场,后一日(初十、十三、十六日)交卷出场。② 即是八月初八至初十为首场,考生在考场号舍中要过三天二夜。十一日至十三日为第二场,十四日至十六日为第三场,总共九天。

1902年浙江乡试三场考试的公历时间是:

第一场:9月9日(星期二)至9月11日(星期四)。

第二场:9月12日(星期五)至9月14日(星期日)。

第三场:9月15日(星期一)至9月17日(星期三)。

乡试是国家大事,受全社会关注。当年的《申报》开辟"浙围纪事"专栏,有访事人(记者)专门采访报道杭州的乡试进展情况。

据《申报》报道,八月初六日上午,各有关官员齐集巡抚衙门大堂举行盛大入帘仪式。"设香案望阙叩头,然后各就筵席,……酒至三巡各帘官次第乘舆,由提调、监试标封轿帘迤逦入贡院。"③宣布此次乡试正式启动,所有官员进入各自岗位。

八月初八日为首场考试进场日子,天未亮,各官已次第赴棘闱公所伺候。代办监临事务之浙江提督学政张蝾钧大宗师传谕升炮启门。考生陆续

① 《浙江乡试录·光绪二十八年补行庚子辛丑恩正并科》,藏浙江图书馆古籍部,编号:"普藏45934",第13—14页。
② 翟国璋编:《中国科举辞典》,江西教育出版社2006年版,第53页。
③ 《申报》影印版,上海书店出版社2008年版,72卷,第75页。

赶来,至天明乃按牌点入。点到五六起,已近中午,来者甚为踊跃。到下午四点许始竣事,乃于酉正封门。①

考生进入考场后情况,《申报》亦有报道:

"……八月初八日入闱后至酉正封门。薄暮各段巡绰官促令归号,随将栅门封闭。更鱼初跃,逐号查对,随于卷面加盖戳记。时交四鼓,题纸传下,诸生俱起身爇烛握管构思。初九日场中患病者甚众,官医分投诊治,颇有应接不暇之虞。初十日辰刻放牌,向例士子须提篮缴卷,至号门外方有人代携。本科提调,监试各员,格外体恤,逐段加派兵丁为之传送,俾士子不致有负担之劳。"②

"放牌"是明清科举规定之一。"乡试出场时,完卷的考生必须在至公堂将试卷交受卷官,由受卷官发一签,集有三十人时开放龙门一次,集有千人时开放贡院大门一次,验签放出,放出后再关上大门称放牌。放牌分午前、午后、黄昏三次,戌时清场。"③

考生经三场考试,前后共九天。但按规定第三场放牌提前一天。考生如才思敏捷,答卷已完成者,可缩短一天,提前于十五日放牌出场,赶得上中秋赏月。

常言考场似战场,这样的科举考试,不仅是考才思,同时也是考身体,考意志。有关考生在场中的艰难之状,《浙闱纪事三》有详细记述:"首场于本月初十日清晨九点钟时放头牌,诸生之抱病而出者多至百余人。至二鼓后始净场。次日黎明,受卷所呈贴违式之卷多至二百八十余本。其中因病曳白者十之四五,余或漏写、添注、涂改或论皆顶格,誊写或不知改章,就卷上起草,偶一疏忽,遂致贻误功名,良可慨哉。……以致二场点名时因被贴较多,须将各卷逐一扣除,迟至辰初方克开点。十二日午后闱中病斃考生四名,一温州人,一湖州人,余二人未详籍贯,俱由养病所用板扇从短垣上舁出。……闻场中尚有病危者十余人,须俟十三日放牌后方知底细也。"④

---

① 《申报》影印版,上海书店出版社 2008 年版,72 卷,第 89 页。

② 《申报》影印版,上海书店出版社 2008 年版,72 卷,第 107 页。

③ 翟国璋编:《中国科举辞典》,江西教育出版社 2006 年版,第 105 页。

④ 《申报》影印版,上海书店出版社 2008 年版,72 卷,第 121 页。

根据当时考场规定,一旦封门后,未到放牌时间不准开门。即使是考生死尸要出来也不得开门,只能从围墙上面抬出来。因而,考生如果以罢考来抗议经义试题,也不可能想走就走,只能等到放牌时间才能离开考场。

六、阅卷和录取

浙江是科举考试大省之一,每科乡试应试考生在一万人左右。完成三场答卷者,每人有十三份答卷,总数达十万份以上。

根据浙江图书馆古籍部所保存的光绪壬寅《浙江乡试卷》资料,得以了解 1902 年乡试的试卷,经糊名弥封后,没有誊录为硃卷,而是直接分送各房阅卷评选。

各房考官,从所阅试卷中筛选出优秀者,加上评语,推荐给主考官。评语用四言或八言,称荐批。

副主考在送荐的试卷中阅评,认为可录取的,加上评语,送主考官最后决定等次,称取批。

主考官最后所下的评语,称中批。

如刘焜的一篇《汉宣帝信赏必罚综核名实论》,由第二房陈潍阅荐,批语:"辞文旨远"。副主考李家驹取批:"气盛言宜"。主考朱益藩中批:"意精识卓"。① 最后刘焜为该科乡试中式第一名。

再如第一房汪清麒推荐的梁锡瓒一份对策卷。荐批:"议论剀切,策义淹通"。李家驹取批:"见解高超,策义精当"。朱益藩中批:"论史有识,策义详明"。② 梁锡瓒最后中式一百六十八名。

乡试的"取中名额视各省贡赋及人才情况而定,大省可百人,小省二三十人。"③浙江为科举大省,以往每科乡试,录取者都在百名以上。如 1873 年"同治癸酉正科",中式举人一百三十七名,副榜十八名,共取一百五十五名。1891 年"光绪辛卯正科"中式举人一百七名,副榜十八名,共取一百二十五名。

① 《浙江乡试录·光绪二十八年补行庚子辛丑恩正并科》,藏浙江图书馆古籍部,编号:"普藏45934",第 30 页。
② 《浙江乡试闱卷》(梁锡瓒卷),藏浙江图书馆古籍部,编号:"普藏 32540"。
③ 翟国璋编:《中国科举辞典》,江西教育出版社 2006 年版,第 18 页。

1902 年乡试,系恩正两科合并举行,故中式举人二百十四名,副榜三十六名,共取二百五十名。于九月十二日(公历 10 月 13 日)放榜揭晓。

本科中榜考生平均年龄为 29.97 岁。年龄最小者为诸暨陈闾,17 岁,中式第四名。最长者为余杭王毓岱,54 岁,中式第一百六十名。录取者中 23 岁至 36 岁有 190 人;17 岁至 22 岁有 24 人;37 岁至 54 岁 36 人。

从《浙江乡试同年齿录·光绪庚子辛丑恩正并科》中,可以查到南洋公学报送的特班 12 名考生中,有 5 名中榜:

胡仁源,19 岁,中式第十九名。

文　光,27 岁,中式第四十三名。

邵闻泰(即邵力子),21 岁,中式第六十七名。

陈锡民,22 岁,中式第七十名。

朱履和,26 岁,中式第一百八十五名。

南洋公学中榜另一考生是东文班学生贺绍章,24 岁,中式第一百五十三名。

同科中榜的还有:

茅盾表叔卢学溥,24 岁,中式第九名。

海宁张宗祥,19 岁,中式第三十名。

丰子恺父亲丰鐄,38 岁,中式第八十七名。[①]

该科乡试纳卷应试考生九千多人,录取 250 人,录取率不到 2.7%,虽比以往单科乡试增加了一倍,但仍有九千人落榜。因此,李叔同未能中榜也属正常之事。据黄炎培回忆,1901 年李叔同考入南洋公学特班时,以总分第 12 名被录取。[②] 乡试场中,强手如林。也许李叔同长于词赋艺文,对改革调整后的乡试试题,未能发挥其优势,不免落榜。

至于李叔同因不接受八股文经义试题,罢考而落第之说,笔者不敢苟同。如果真有抵制经义试题之意,为何第二年(1903)7 月,李叔同又叩请南洋公学代总办张美翊,为其开具去河南参加顺天乡试的咨文,[③] 又去开封参

---

① 《浙江乡试同年齿录·光绪庚子辛丑恩正并科》,藏浙江图书馆古籍部,编号:"普藏 45652"。
② 欧七斤:《上海交通大学史·第一卷南洋公学》,上海交通大学出版社 2011 年版,第 157 页。
③ 《莲馆弘谭》第 7 期,平湖市李叔同纪念馆 2011 年 9 月,第 41—45 页。

加乡试?

李叔同参加浙江乡试的资料未能保留下来,为我们研究这段历史增加了难度。现梳理再现当年乡试的详细情形,当有助于我们更加理智、客观地去分析李叔同的落榜原因,提高对各种臆断说法的辨识能力。

【作者简介】

叶瑜荪,1948 年生,桐乡丰子恺研究会会长,杭州师范大学弘一大师·丰子恺研究中心特约研究员。

Li Shutong's Taking of the Imperial Exam at
the Provincial Level in Zhejiang

Ye Yusun

Summary

The Imperial Exam, which started in Sui Dynasty and ended in Qing Dynasty, lasted about a thousand years as a basic social system of feudal China. Its soundness and thoroughness made it an established practice. In 1902, Zhejiang held its last imperial exam at the provincial level. Li Shutong, who was attending Nanyang College as an economics major, sat for it but was not matriculated. Now, apart from the original roll of the exam takers and Li Shutong's admission card for the third exam, no material or record exists for researchers concerning Li's taking of the exam. However, based on a perusal of materials such as *The Records of the Imperial Exam at the Provincial Level in Zhejiang in* 1902 and *The Shanghai Post*, the present author has ascertained the time, place, examiners, exam questions, grading of the exam papers, matriculation and releasing of the final list and thus succeeded in re-enacting that exam. It is his sincere hope that this can shed new light on Li Shutong's taking of the imperial exam.

再谈"前尘影事"

吴浩然

  2010 年 12 月 17 日至 19 日,浙江平湖市人民政府和杭州师范大学弘一大师·丰子恺研究中心在平湖联合主办了"纪念李叔同诞辰 130 周年——中国·平湖李叔同人格与艺术学术研讨会",笔者作为与会者之一,发表了题为《"前尘影事"忆前尘》的拙文,后收入《高山仰止——李叔同人格与艺术学术研讨会论文集》中,①文中提到:弘一法师临出家前,曾陆续将自己的"遗产"分赠给诸友人和学生。其中将朱慧百、李苹香二妓所赠书画扇面裱成卷轴,并自题了引首"前尘影事"四字赠给了老友夏丏尊;将有关绘画的书籍和所书诗词手卷赠给了丰子恺。其诗词手卷共 24 首,分诗、词、歌三部分。丰子恺得到老师墨宝,珍藏于缘缘堂。抗战爆发后,丰子恺举家仓促避难,手卷与缘缘堂一并毁于日军炮火。然而有幸的是,在缘缘堂被毁之前,手卷曾借与《小说世界》拍照制版,图像得以保存。1949 年丰子恺根据照片,重书了手卷内容,卷首题"前尘影事集 弘一法师在俗时作,丰子恺敬书"。并编写了《前尘影事——弘一法师遗著》一书,于 1949 年 7 月由康乐书店出版。丰子恺在序言中写道:"先生剃度前数日,曾将平生所作,手书一卷。入山前夕,以此手卷授余,曰:'此前尘影事,子姑存之,藉留遗念云尔。'"值得一提的是,此弘一所书诗词手卷中并未题写"前尘影事"四字,《前尘影事集》书名乃丰子恺根据老师所言而另题。

  拙文《"前尘影事"忆前尘》重点介绍了诗词手卷的转赠、发表和《前尘影

---

① 平湖李叔同纪念馆编:《高山仰止——李叔同人格与艺术学术研讨会论文集》,团结出版社 2011 年版,第 173 页。

事——弘一法师遗著》一书的出版过程,对夏丏尊所受赠的"前尘影事"卷轴着墨不多。两幅卷轴虽都名为"前尘影事",内容却迥然不同。以下所论均为夏丏尊所受赠的"前尘影事"卷轴。

"前尘影事"卷轴原为上海名妓朱慧百和李苹香的书画扇面,李叔同出家前将扇面装裱成了横轴,并在卷首题写"前尘影事"四字转赠给了夏丏尊,夏受赠后又分别请了陈师曾、王瀣、杨千里等七人题跋。

关于"前尘影事"卷轴在后人所著有关弘一大师传记中均有提及,多为轻描淡写,一笔带过。有些少有论述但误点较多。如金梅所著《悲欣交集:弘一法师传》中所写:"夏丏尊获得此集,当时或稍后,曾请李叔同友人、著名书画家陈师曾及另一位友人王瀣,分别为之题词。"其实,题跋者除此二人外,还有数人。再有书中所附题词内容也有误字。另柯文辉所著《旷世凡夫——弘一大传》中所录李苹香手书诗作六首扇面内容也有误字。

"前尘影事"卷轴全卷共有十部分,现作逐一介绍。

其一:李叔同题写"前尘影事",落款为:"息霜旧藏此卷子,今将入山修梵行,以贻丏尊。戊午仲夏并记。"钤白文印一枚,印文为"李婴居士之印。"此作曾载《弘一大师遗墨》一书,又载《弘一大师全集》第九册"书法卷"。①(图一)

受赠者夏丏尊为李叔同在浙一师的同事。1912年秋,留日归国的李叔同在浙江两级师范任图画、音乐教员,与夏一起共事七年,俩人相处甚笃,情同手足。夏丏尊,名铸,字勉旃,后改字丏尊,自号闷庵。浙江上虞人。1886年6月15日出生。光绪三十四年(1908年)夏丏尊任杭州浙江省两级师范学堂通译助教,后任国文教员。1913年该校改为浙江省立第一师范学校。关于和李叔同的感情及赠书画的情况,夏丏尊曾在《弘一法师出家》一文中这样写道:"在这七年中,我们晨夕一堂,相处的很好,他比我长六岁。……暑假到了,他把一切书籍字画衣服等等分赠朋友学生及校工们——我所得到的是历年写的字,他所有折扇及金表等。"弘一曾说:"我的出家,大半由于这位夏居士的助缘。此恩永不能忘!"夏丏尊自己也说:"弘一法师的出家可

---

① 夏宗禹编:《弘一大师遗墨》,华夏出版社1987年版,第5页;《弘一大师全集》第9册,福建人民出版社2010年第2版,第136页。

以说和我有关,没有我,也许不至于出家。"①柯文辉所著《旷世凡夫——弘一大传》把赠卷轴的情况写得较为详尽:"农历5月,叔同提前完成学生期考,把昔日装裱成卷轴的朱慧百、李苹香二妓所赠书画二件,题其引首为'前尘影事'"赠给夏丏尊。②

其二:朱慧百所绘山水扇面一幅。(图二)题诗曰:

水软潮平树色柔,新秋景物最清幽!小斋雅得吟哦乐,一任江河万古流。

斯人不出世嚣哗,谁慰苍生宿愿奢。遮莫东山高养望,怡情泉石度年华。

如君青眼几曾经,欲和佳章久未成。回首儿家身世感,不堪樽酒话平生!

落款为:漱筒先生,当湖名士。过谈累日,知其抱负非常。感世愤时,溢于言表。蒙贻佳什,并索画箑。勉依原韵,率成三绝,以答琼琚。敬乞方家均政。素馨吟馆主雁影女史朱慧百,设色于春申旅舍,时己亥十月小雪后,并识。钤白文"慧百"印一枚。文中提到"勉依原韵,率成三绝",但李叔同原诗未知。

"漱筒"为李叔同的号。己亥为1899年。"是年奉母移居城南草堂。时大师已文采斐然,于诗文词赋外,尤好书画。是时师慨国事蜩螗,偶游北里,以诗赠名妓雁影女史朱慧百,朱画箑为赠并和其原作。"③关于朱慧百的介绍,在相关李叔同的著作中提及甚少。柯文辉所著《旷世凡夫——弘一大传》中提到"叔同与在上海张艳帜的几位诗妓,有过诗酒之交。1899年10月,自号雁影女史的朱慧百为他画扇,并附三首小诗"④。三首小诗即此扇面题诗。金梅所著《悲欣交集弘一法师传》中提到:"他与沪上名妓李苹香、朱

① 夏丏尊:《弘一法师出家》,见《夏丏尊全集·平屋之辑》,浙江人民出版社1983年版,第244—245页。
② 柯文辉:《旷世凡夫——弘一大传》,北京大学出版社2010年版,第185页。
③ 林子青:《弘一大师年谱》,杂华精舍1945年再版,第11页。
④ 柯文辉:《旷世凡夫——弘一大传》,北京大学出版社2010年版,第32页。

慧百、谢秋云、语心楼主人,乃至老妓高翠蛾等辈多有交往酬唱。"但未附诗作。①

其三:李苹香手书诗作六首扇面。(图三)内容曰:

潮落江村客棹稀,红桃吹满钓鱼矶。不知青帝心何忍,任尔飘零到处飞。

风送残红浸碧溪,呢喃燕语画梁西。流莺也惜春归早,深坐浓荫不住啼。

春归花落渺难寻,万树浓荫对月吟。堪叹浮生如一梦,典衣沽酒卧深林。

满庭疑雨又疑烟,柳暗莺娇蝶欲眠。一枕黑甜鸡唱午,养花时节困人天。

绣丝竟与画图争,转讶天生画不成。何奈背人春又去,停针无语悄含情。

凌波微步绿杨堤,浅碧沙明路欲迷。吟遍美人芳草句,归来采取伴香闺。

落款为:辛丑秋日,为惜霜先生大人两政,苹香录旧作于天韵阁南窗下。其扇面中"任尔飘零到处飞"多写一"到"字。

"李苹香即黄碧漪,字鬓因、梅宝,出版有《天韵阁诗选》及尺牍选,原为徽州望族,父辈贫困迁嘉兴,拒嫁纨绔子弟,去沪观赛马,川资用尽,受潘姓小商骗失身为外室,沦入娼门,名大噪,名列三百长三妓前茅,称'传胪'。"②黄碧漪,名箴,1880年生于嘉兴,入乐籍后曾化名李金莲、李苹香、谢文漪,"尤以才女之誉称名艳炽于风流文人之中"③。1905年8月曾出版《天韵阁诗存》,由谢文漪书画室印行,文明书局发行。

李叔同与李苹香过往甚密,关系非同寻常。李叔同曾以"惜霜仙史"之

① 金梅:《悲欣交集:弘一法师传》,上海文艺出版社1997年版,第49页。
② 柯文辉:《旷世凡夫——弘一大传》,北京大学出版社2010年版,第41页。
③ 金梅:《悲欣交集:弘一法师传》,上海文艺出版社1997年版,第50页。

名赠李苹香七绝三首,曰:

　　沧海狂澜聒地流,新声怕听四弦秋。如何十里章台路,只有花枝不解愁。

　　最高楼上月初斜,惨绿愁红掩映遮。我欲当筵拼一哭,那堪重听《后庭花》?

　　残山剩水说南朝,黄浦东风夜卷潮。《河满》一声惊掩面,可怜肠断玉人箫。

远赴日本留学前,又以诗作别,写下了《和补园居士韵,又赠苹香》七绝四首,曰:

　　慢将别恨怨离居,一幅新愁和泪书。梦醒扬州狂杜牧,风尘辜负女相如!

　　马缨一树个侬家,窗外珠帘映碧纱。解道伤心有司马,不将幽怨诉琵琶。

　　伊谁情种说神仙,恨海茫茫本孽缘。笑我风怀半消却,年来参透断肠禅!

　　闲愁检点付新诗,岁月惊心鬓已丝。取次花丛懒回顾,休将薄幸怨微之。

1904年铄镂十一郎所著传记《李苹香》,蒙化编译社出版,李叔同还为之撰序,署名当湖惜霜。此李叔同诗作均刊于此书。

其四:陈师曾题跋曰:(图四)

绮　罗　香

　　象管留春,麝煤记月,犹觉幽香盈把。为忆当时江左风流游冶。凭剩稿齐擅才名,访歌馆首询声价,恰双双蛱蝶飞来,粉痕低映翠屏亚。

　　尘缘顿空,逝水谁识,春风半面,马缨花下。重展冰绡,絮影分明如画。怅今日,劳燕西东,更说甚紫娇红姹,好丹青付与知音,草席同样挂。

落款为:丐尊仁兄索题,戊午重九,衡恪寄稿。钤白文印"师曾"和朱文印"石鱼斋"各一枚。

陈师曾(1876—1923),又名衡恪,号朽道人、槐堂,江西义宁人(今江西省修水县),著名美术家、艺术教育家。出身书香门第,祖父是湖南巡抚陈宝箴,父亲是著名诗人陈三立。陈师曾善诗文、书法,尤长于绘画、篆刻。著有《陈师曾先生遗墨》《陈师曾先生遗诗》《中国绘画史》《中国美术小史》《中国文人画之研究》《染仓室印集》等。

夏满子在《〈小梅花屋图〉及其它》一文中解读了陈师曾、弘一和夏丐尊的关系。"陈师曾先生和李叔同先生都是我父亲留学日本时候的好朋友。"① 夏丐尊在浙江两级师范教书时,曾租住在城里弯里巷,窗前有一棵梅树,便取了"小梅花屋"的室名,后请陈师曾绘制了《小梅花屋图》。"陈先生在北京教书,不曾来过我家,当然无法写实,只好写意,这个办法本来是中国画的旧传统。"②《小梅花屋图》中有李叔同和夏丐尊所记载的年月为"甲寅",1914年。而此次陈为"前尘影事"的题跋则为"戊午",1918年。由此可以看出,夏丐尊索陈的书画之作均是通过写信的方式玉成,且两件的书写不是同一时期。

其五:无著题跋,(图五)内容为:

含香泄露曾题怨,展在花前,赠在离筵。斑管牙签一例捐。
艳歌莫是登伽咒,密意谁怜,直恁缠绵。参得沩山镜子禅。

落款为:题息霜影事卷子,为丐尊居士嘱。钤白文印"化人玄士"。
落款时间不详。无著此人待考。
其六:王濬题跋,(图六)内容为:

---

① 夏弘宁编:《夏丐尊纪念文集》,浙江省上虞市文学艺术界联合会 2001 年 10 月编印,第 149 页。
② 夏弘宁编:《夏丐尊纪念文集》,浙江省上虞市文学艺术界联合会 2001 年 10 月编印,第 149 页。

侧帽少年游,前尘泪已收。镇缠绵小字银钩。画里眉山青更远,山影外,有高楼。

莫莫与休休。花飞烟水流。剩吴笺犹管闲愁。弹指一声春在否,凭问取,老堂头。

落款:友人李息霜将入山为头陀,因以旧藏笺装成横轴,复自署'前尘影事'四字。丐尊先生嘱题,因成唐多令一首,即希政之。己未初秋,王瀣并志。"钤朱文印"王瀣"一枚。

王瀣(1871—1944),民国藏书家。字伯沆,一字沉一、伯谦,晚年自号冬饮,别署檗生、无想居士。江苏溧水人。清光绪十四年(1888年)中秀才。1914年供职于江南图书馆(今南京图书馆)善本部。1915年,任南京高等师范学校教员。同年李叔同也应该校校长江谦之聘,任图画音乐教师,两人即成同事。题跋落款"己未初秋",时为1919年。

其七:陈黻题跋,(图七)内容为:

弄墨然脂,豪素寄情,无限亲故。天涯诉与飘零,欲绾同心双结。十年梦觉,笑桃巷陌愔愔,东风犹记当时屧,珍重惜花心,付随身吟箧。

明澈。色空无碍分解,尘根水波双绝。莫怨恩疏,能耐几多炎热?蠕蛾旧契,倘教绮语划除,拈花便悟当歌唱。泥絮喻禅心,两相忘风月。

落款为:丐翁嘱题李息霜前尘旧影卷子,调寄石州慢。戊午秋季,苧萝山农,黻。钤朱文印"陈大"一枚。

陈黻,生卒年不详,字子韶,号伯瓠,诸暨店口人。为学冥心希古,诗文洁净精微。马一浮先生谓其词胜于诗,遂专心致力于词,传世《虑尊词百阕》,为其门人刊录。题跋时间为1918年。

其八:陈匪石题跋,(图八)内容为:

高 阳 台

闻息霜披剃如山,为之怅茫,适千里见示题朱慧百、李苹香画卷之作,卷为息霜所藏,今归丐尊,因题。

衰柳髡秋,严霜警夜,人生可耐凄凉。螺墨留痕,痴情还忏,空王风花漂泊,人间世间,漫天几度沧桑。镇无聊说与闲愁,销尽年芳。

嬉春。裙屐当时,侣又蘼芜,绿遍一片斜阳。笺瓶猩红,然脂未洗,余香。西湖千古销魂地,认落花水面文章,怕分题,泪满青衫,啼老红妆。

落款为:江宁陈匪石初稿。钤朱文印"陈※"。

陈匪石(1884年—1959年),本名世宣,字小树,号匪石,又号倦鹤。江苏江宁人。早年就读尊经书院,曾随张次珊学词。1901年于南京创办新学,任教于幼幼学堂国文老师。1906年赴日学习法律,加入同盟会。1908年返国,任法政学堂教员,并参加南社。李叔同于1912年也加入了南社,两人同为社员。

其九:杨千里题跋,(图九)内容为:

满 庭 芳

李息霜旧藏朱慧百、李苹香两校书画卷,因薙度入山,留遗其友丐尊,同师曾作

绿绮年时,粉妆楼阁,俊游曾赌清狂。调铅溅墨,银甲染丹黄。料得倚栏人去风流歇。怕睹缥缃拼留,做词林典故,锦瑹饮余香。

商量。尘劫换蛾眉,双影绢海盛将便,湘兰卞赛一样,芬芳输与西泠居士。微题偏留伴琴囊,须记取霜髦长物,割爱礼空王。

落款为:戊午九日蚕庐倚声。钤印两枚,白文"杨千里",朱文"蚕庐"。

杨千里即杨天骥(1882—1958),原名锡骥,改天骥,字骏公,号千里,别署茧庐、天马、东方、闻道等。1899年,入上海南洋公学读书,1904年任上海澄衷学堂国文教员,后参加同盟会和南社,一度任孙中山秘书。杨先后出任《申报》和《新闻报》主笔,著有《茧庐吟草》《茧庐长短句》《茧庐印痕》《茧庐长短句》《茧庐治印存稿》等。李叔同加入南社后,两人同为社员。落款时间为1918年。

其十:绥竺题跋,(图十)内容为:

才人宿业美人魂，一片通灵石（上）尚存①。此日斋心禅悦去，碧天如扫淡无痕。一丛花影悟瓶笙，撒手悬崖自在行。岂似司勋矜薄幸，梦醒到底不分明。

珍重殷勤付与时，故人前事漫相思。秋波会得临歧转，正是人间好导师。兰因絮果忆前尘，我亦风花劫返身，遥向霜髦勤合十，生天慧业此文人。

落款为：丐兄嘱题息霜前尘影事卷子，即席两政。绥竺。

时间不详，绥竺此人待考。

以上为"前尘影事"卷轴的全部内容。此内容曾与李叔同的部分照片和手书诗词一并连续刊载于《小说世界》杂志。因笔者资料有限，仅能作此简要介绍。

"前尘影事"卷轴书画合璧，尤其是数位与弘一法师同时代的名人跋语极为精彩，是研究大师绚烂人生的重要史料，值得进一步作深入探究。

【附图】

图一

---

① 按，此处"上"疑为误写。

图二

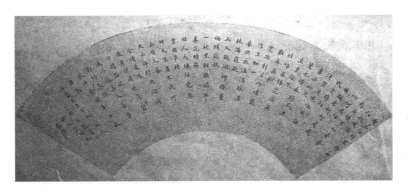

图三

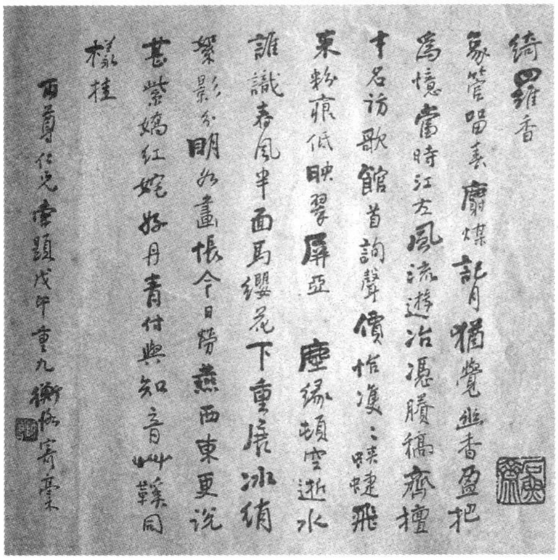

绮罗香

家管唱素廟娘　訢牆覺哇香盈把
昔憶當時左風流遊冶湛膓禰檀
十名訪歌館首詢辟償怙復二嘆雖飛
東教痕低映翠屏亞
座錫頓空逝水
誰識春風車面馬櫻花下重辰冰綃
繁影矞明妝畫帳今日賸燕西東更說
甚紫嫣紅姹好月付與知音姍鞋同
樣稜

西里任兄堂題戊午重九衡陽寄□□

图四

香香滙□露曾題窓展在花
萠贈右齡延□管車籤
一印整□莫□□伽□
家意誰□□怎□綿祭
渠□山鏡子□
□□□□事□□

西□居士屬　□□

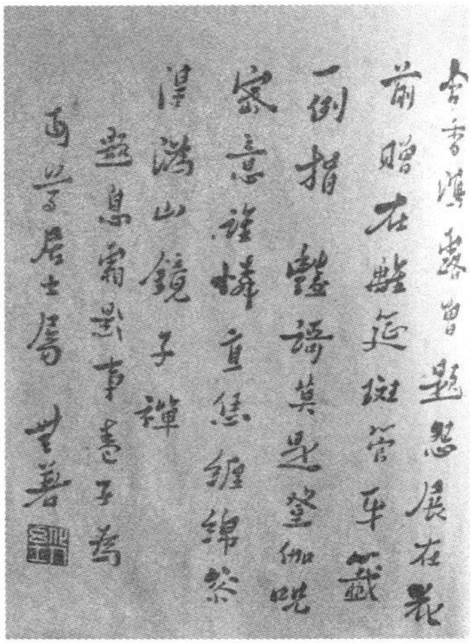

图五

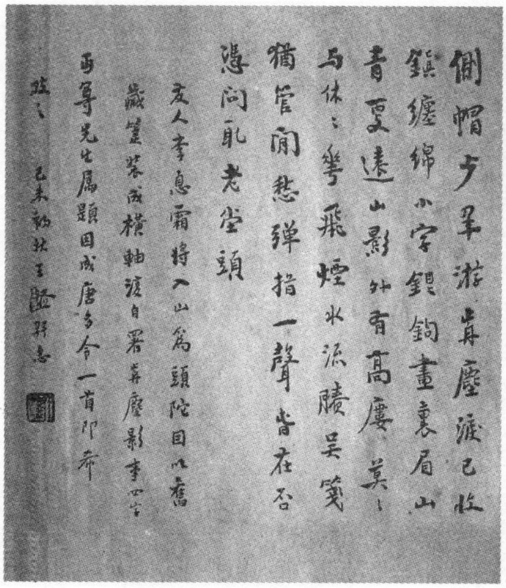

图六

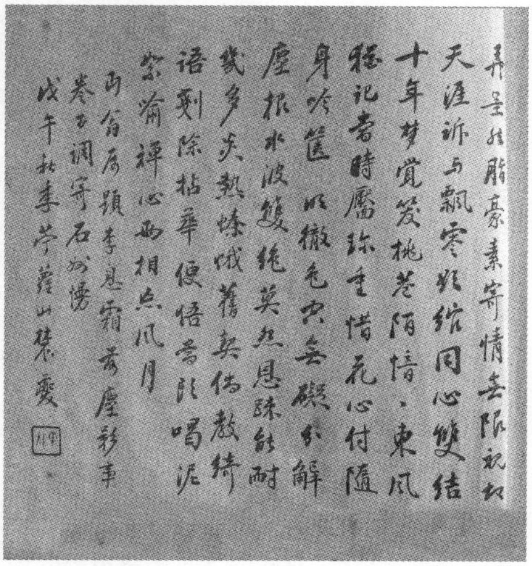

图七

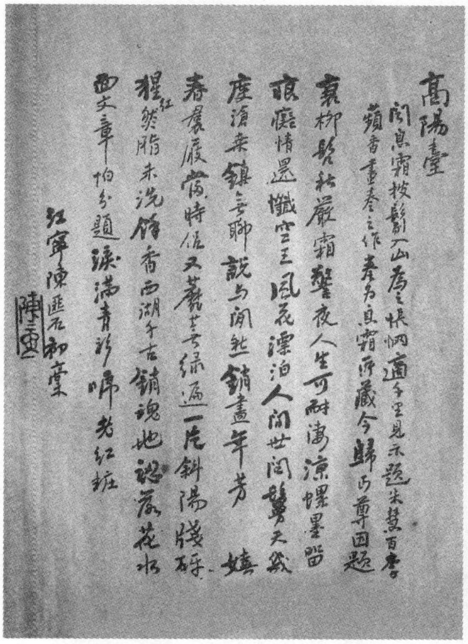

图八

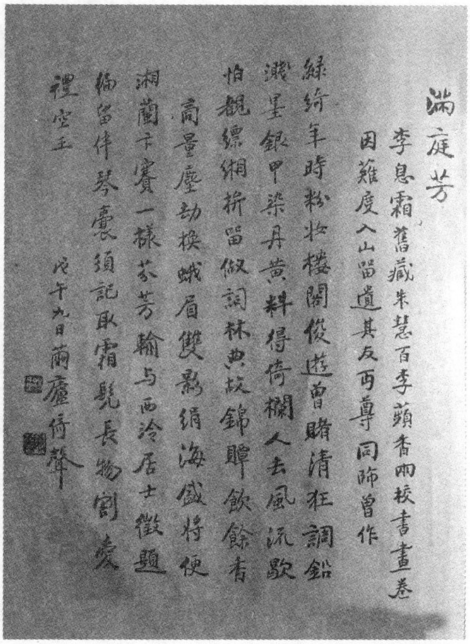

图九

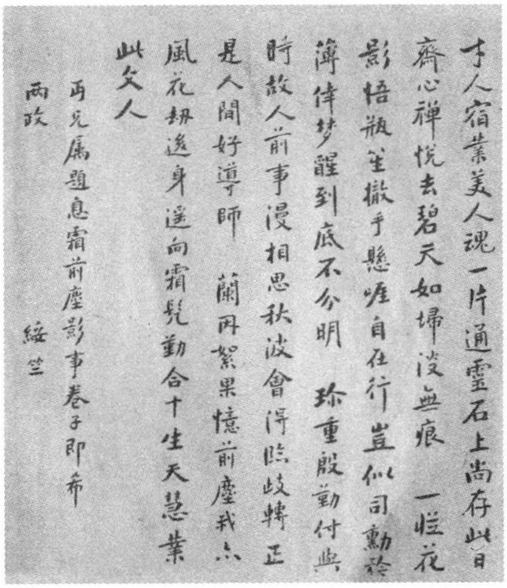

图十

【作者简介】

吴浩然,1974 年生,原桐乡市丰子恺纪念馆馆长、漫画家,杭州师范大学弘一大师·丰子恺研究中心特约研究员。

Some More Thoughts on *Remembrances of Things Past*

Wu Haoran

Summary

The scrolls of *Remembrances of Things Past* have been mentioned by various biographers of Master Hongyi but in passing. My article *About Remembrances of Things Past* mainly discussed how the manuscripts were given away as a present and later published and how *Remembrances of Things Past*, *Master hongyi's Posthumous Work* was published without mentioning the scroll of *Remembrances of Things Past* which Xia Mianzun received as a present. Although bearing the same name, these two scrolls differ in content. This article places emphasis on the scroll which Xia Mianzun received.

论李叔同吸收外来文化的倾向

——从出家之前李叔同的"金石之交"谈起

［日］木村泰枝

一、引言

本人目前在研究竹久梦二(1884—1934)与丰子恺之间的影响关系。研究角度是比较文化学,通过比较两人的作品特征、创作背景,包括两人的思想、社会文化状况等来突出两人之间的密切联系。其中,丰子恺如何吸收外来文化包括竹久梦二的作品也是本人关注的重要研究课题。李叔同(1880—1942)不仅是丰子恺(1898—1975)的老师,而且其师徒关系之深也非同寻常。丰子恺受李叔同的影响很大。要分析丰子恺如何接受国外文化的话,首先要看李叔同接受国外文化的状况。所以我趁着这次机会,整理一下李叔同出家之前的历程,思考他吸收外来文化的态度倾向。

首先,我们了解一下丰子恺和李叔同师生关系的深度。丰子恺于1914年考入浙江省立第一师范学校后,第二年开始师从李叔同学习图画音乐,之后的一生,都受到了李叔同的极大影响。他们师生之间的主要事件整理如下所示:

丰子恺进入浙江省立第一师范学校后,第二年开始师从李叔同,跟着他学习画画和日语。

1916年从12月24日到1917年1月11日弘一大师(李叔同)在虎跑寺断食。他去寺院之数日后,丰子恺去看望他。

1918年5月24日弘一大师(李叔同)正式受戒之前,与丰子恺、刘质平一起到照相馆合影留念。未出家的弘一大师(李叔同)带丰子恺访问马一浮。

1926 年暮春与夏丏尊一起去杭州招贤寺访弘一大师。夏天弘一大师到上海访江湾安乐里的丰子恺家。

1927 年秋,弘一大师(李叔同)到上海住在永义里丰子恺家。阴历 9 月 26 日丰子恺正式皈依弘一大师(李叔同),取法名"婴行"。弘一大师还给他的住宅起名为"缘缘堂"。

1928 年 10 月 4 日弘一大师致函丰子恺及画集策划者李圆净,对出版《护生画集》提出了具体的要求。以后,丰子恺陆续制作《护生画集》,总共出版六册。[①]

在研究过程当中,我意识到丰子恺对竹久梦二的作品的看法中,有佛教的"无常"这种观念。比如说,丰子恺在《绘画与文学》里介绍竹久梦二的作品《!?》的陈述中说:"这画中的雪地上的足迹所引起的慨感,(中略),都是人生的无名的悲哀。这种景象都能使人想起人生的根本与世间的究竟诸大问题,而兴'空幻'之悲。"[②]寻找这种看法的渊源,可能要追溯到李叔同(弘一大师)皈依佛门这一事情上。当然丰先生本人幼少时也曾有过跟着奶奶一起去寺庙烧香等经验,也许他早就有了接受佛教的心态。但他接近佛门还是受李叔同的影响较大。

因此,为了明确指出李叔同外来文化吸收态度的特色,我选定了以下三个问题进行思考:

(一)弘一大师(李叔同)出家的"近因"是在虎跑寺进行的断食修炼。而帮他联络去虎跑寺的人士都是西泠印社的早期成员。是不是李叔同出家之时所处的文化环境中弥漫着佛教的气氛?李叔同又从这种气氛中受到了什么影响?

(二)弘一大师(李叔同)与基督教的关系。

(三)弘一大师(李叔同)曾赴日留学,在当时被人们视为"先进人物"。

---

① 参考盛兴军主编《丰子恺年谱》,青岛出版社 2005 年版。丰子恺在学校的情况参见该书第 58 到 99 页。其他信息参考分别见第 82,154,157,170,171,180,182,183,189,190,195,207,212,215,285,286,313,317,384,418,430,440,441,443,448,449,453,477,481,482,483,484,486,487,492,493,499,503,506,509,511,515,518,519,520 页。

② 丰子恺:《绘画与文学》收入上海开明书店 1934 年 5 月出版的《绘画与文学》中。可参考丰一吟等编《丰子恺文集》第 1 卷,浙江文艺出版社、浙江教育出版社 1990 年版,第 490 页。

这位"先进人物"会何会选择传统的佛教？

我从李叔同出家前后、有关金石的同仁交往入手,梳理一下李叔同与西泠印社、乐石社等同仁的交往情况,由此概观出家之前的弘一大师的思想动向。①

我把着眼点放在西泠印社和乐石印社的原因是因为治印是对当时知识分子比较传统、高雅的爱好,可以说雅集或者参加西泠印社、乐石社的人士和学生们都是对治印这种体现传统中国文化的艺术深感兴趣,同时对中国传统文化也有着很高的评价。那么这些人之中有没有信佛的影响到李叔同了呢？

另外,竹久梦二选择了信仰基督教。当他面对爱情、经济方面的问题时,他依靠的主要是教会。② 当时李叔同曾赴日留学过,算一位新式知识分子。而基督教教会也进行了很多传播西方文化的教育活动。在这种环境下,他有没有接触过基督教的机会呢？ 这个疑问可能对中国学者来说是非常可笑的。李叔同出家后,专心研究律宗,成了被佛门弟子奉为中兴南山律宗第 11 代世祖的高僧。当初他选择佛教,是毫无疑问的。可是身为外国研究者的我,看到李叔同没有选择基督教,而是选择佛教,认为这其中是否有什么原因？

---

① 让我想到西泠印社的是一个展览会。2014 年 10 月 11 日到 12 月 14 日之间,在日本冈山县高梁市成羽美术馆举办了一场《儿岛虎次郎与吴昌硕——寻找文化交流之足迹》的展览会。在会场展示的作品中,让我耳目一新的是吴昌硕(1844—1927)的高徒王一亭(1867—1938)的作品和他的经历。王一亭是在日本跟吴昌硕一样被认可的中国一流画家、文化人。他是著名实业家、银行家,同时参加过中国同盟会。事业方面做日清汽船上海分店、日商大阪邮船的买办,当过三井洋行所有的上海制造绢丝社社长。他也是个佛教徒。1929 年他在上海跟太虚大师一起建立了中国佛教会。

在他的经历中,信仰佛教让我意识到一个问题,就是在当时的知识分子里,信仰佛教的人士多不多？ 特别是当时在李叔同的交往圈子里的一些信仰佛教人士,他们有没有对他产生了影响,让他倾心佛教？

儿岛虎次郎(こじまとらじろう,1881—1929)出生于冈山县高梁市。他在东京美术学校连跳两级,1907 年因一幅《幽美庭园》在劝业博览会上荣获一等奖,因被宫内府购买而一举成名,也因此受到家乡的企业家大原孙三郎(おおはらまごさぶろう,1880—1943)的认同,在大原孙三郎的援助下赴欧洲学习绘画。后来帮他在欧洲购买很多有价值的绘画带回来,奠定了大原美术馆收藏品的基础。儿岛虎次郎来过四次中国,特别佩服吴昌硕,购买他的作品,还托他帮忙刻印。

② 研究竹久梦二和基督教的关系的论文有:関谷定的《竹久夢二と反ナチス・キリスト教》,见《西南学院大学神学論集》1994 年 52 卷第 1 期;小嶋洋子《竹久夢二における感情の諸相——さらなる夢二理解の可能性に向けて》,関西学院大学文学研究科博士论文。

二、弘一大师(李叔同)与他的朋友们

(一) 李叔同出家的因缘人士——夏丏尊、叶铭和丁辅之

李叔同于 1916 年夏天在杭州虎跑大慈定慧禅寺实行断食。李叔同在《我在西湖出家的经过》里说"我因为看到日本杂志中,有说及关于断食方法的,谓断食可以治疗各种疾病"。其中"日本杂志"本来是夏丏尊(1886—1946)所有。夏丏尊在《弘一法师之出家》里说:"有一次,我从一本日本的杂志上见到一篇关于断食的文章,说断食是身心'更新'的修养方法,自古宗教上的伟人,如释迦,如耶稣,都曾断过食。断食能使人除旧换新,改去恶德,生出伟大的精神力量。并且还列举实行的方法及应注意的事项,又介绍了一本专讲断食的参考书。我对于这篇文章很有兴味,便和他谈及,他就好奇地向我要了杂志去看。"①

夏丏尊,本名夏铸,字勉旃,号闷庵,浙江上虞松厦人。夏丏尊祖上经商,父亲是个秀才。幼在家塾读书,能作八股文,1901 年考中秀才,1902 年考举人未中,进上海中西学院(东吴大学前身)读一学期后,1903 年入绍兴府学堂(浙江第五中学堂前身)读书半年后辍学回家。1905 年,夏丏尊向亲友借钱赴日留学,先入东京宏文学院学习日文,后考入东京高等工业学校,后因领不到官费,不得不中途辍学,于 1907 年归国。1908 年,夏丏尊应聘为浙江省两级师范学堂(1912 年更名为浙江省第一师范学校)通译助教,为日籍教员中桐确太郎(日本早稻田大学教授)做翻译,后来兼任舍监和国文教员。夏在该校任教期间,与鲁迅(1881—1936)、李叔同等人交往颇深,且非常热心于教学活动。五四运动中浙江学运的中心就是浙江省第一师范学校,校内的夏丏尊、刘大白(1880—1932)、陈望道(1891—1977)、李次九(1870—1953)等人积极支持新文化运动,被誉为"四大金刚"。

李叔同于 1912 年到浙江省第一师范学校任教。从此开始李叔同与夏

---

① 夏丏尊:《弘一法师之出家》,见《夏丏尊文集·平屋之辑》,浙江人民出版社 1983 年版,第 244 页。转引自陈星《李叔同西湖出家实证》,杭州出版社 2008 年版,第 79 页。

丏尊的交情日益深厚,已经到了"意气相投、情同手足"的程度。① 李叔同出家后,夏丏尊后悔从前他不想让李叔同离开浙江省第一师范学校,一直挽留他住在杭州。在《弘一法师之出家》里夏丏尊曾写过:"在这七年中,他想离开杭州一师有三四次之多,有时是因为对于学校当局有不快,有时是因为别处来请他,他几次要走,都是经我苦劝而作罢的,甚至于有一个时期,南京高师苦苦求他任课,他已接受了聘书了,因我恳留他,他不忍拂我之意,于是杭州南京两处跑,一个星期中要坐夜车奔波好几次。他的爱我,可谓已经超出寻常友谊之外,眼看这样的好友因信仰的变化要离我而去,而且信仰的事不必寻常名利关系可以迁就。料想这次恐已无法留得他住,深悔从前不该留他。他若早离开杭州,也许不会遇到这样复杂的因缘的。"②

李叔同对夏丏尊的爱惜之情也很深。《西泠印社百年史料长编》1921 年的栏目上记载:"弘一法师(李叔同)赠夏丏尊篆刻题跋。"据《西泠群星》记载(第 122 页):"十数年来,久疏雕技。今老矣,离俗披剃,勤修梵竹,宁复多暇,耽玩于斯。顷以幻缘,假立亚名,及以别字,手制数印,以志庆喜。后之学者,览兹残砾,将勿笑其结习未忘耶?"这里所说的手制数印,都是白文,印文是:"大慈"、"弘裔"、"胜月"、"大心凡夫"、"僧胤",共 5 方。③ 据笔者所见的史料,李叔同出家后,除了夏丏尊以外,并没有将篆刻作品送与他人的记录。那么夏丏尊是否有佛教信仰呢? 由弘一大师口述,高文显笔录的《我在西湖出家的经过》里提到"及至七月初的时候,夏丏尊居士来"这一句。④ "居士"指在俗信佛的人。根据上文夏丏尊所述,他跟佛教几乎没有关系。夏丏尊也曾想超脱一点,"尝刻一印曰'无闷居士'。他此时不足三十岁,本不该有多少愁闷,而欲自勉'无闷',多少说明他的心中早已是闷闷矣。"⑤夏丏尊性格很认真,对人生、社会的感受很敏感,而李叔同也很欣赏夏丏尊这样的

---

① 陈星:《李叔同西湖出家实证》,杭州出版社 2008 年版,第 69 页。
② 夏丏尊:《弘一法师之出家》,见《弘一大师永怀录》,大雄书局 1943 年版。亦可参考陈星《李叔同西湖出家实证》,杭州出版社 2008 年版,第 219 页。
③ 陈振濂主编:《西泠印社百年史料长编》,西泠印社 2003 年版,第 173 页。
④ 弘一大师口述高文显笔录:《我在西湖出家的经过》,转引自陈星《李叔同西湖出家实证》,杭州出版社 2008 年版,第 4 页。
⑤ 陈星:《李叔同西湖出家实证》,杭州出版社 2008 年版,第 71 页。

性格。李叔同用"居士",也许表示他尊重夏丏尊的心情。另外,夏丏尊也曾参加了乐石社,跟李叔同一样爱好篆刻。

与李叔同出家有很深的关系的人士中,还有一位就是西泠印社元老叶铭(1867—1948)。叶铭,又名叶为铭,字盘新,又字品三,号叶舟,徽州新安人,寄籍新州,居浙江钱塘(今杭州)。西泠印社创始人之一,光绪三十年(1904),与丁辅之(1879—1949)、王福盦(1880—1960)、吴石潜(1867—1922)创建西泠印社,以"保存金石,研究印学"为宗旨。擅金石书画,素有朕虔三绝之誉,善书,尤擅篆隶,淳雅古朴,结体谨严,用笔凝炼。

弘一大师在《我在西湖出家的经过》里提到他选定实行断食地点的时候跟叶铭商量过。他说:"当时我就和西泠印社的叶品三君来商量,结果他说西湖附近的地方,有一所虎跑寺可作为断食的地点。"在《李叔同西湖出家实证》一书里,陈星教授做过一个解释:"李叔同选择断食地点是经叶舟(引者注:叶铭)推荐的,所以李叔同后来的出家,多少与叶舟有一份特殊因缘,李叔同在后来的信中也多次表示了感激之情。"①陈星又在《关于弘一大师与叶舟史料的若干考证》中说:"由叶品三先生的推荐,请了虎跑寺的大护法,同为西泠印社的丁辅之先生介绍,李叔同终于去了虎跑寺实行断食实验。"②

丁辅之是近代篆刻家、书画家。原名仁友,后改名仁,字辅之,号鹤庐,又号守寒巢主,后以字行。浙江杭州人,系晚清著名藏书家"八千卷楼主人"丁松生从孙。其家以藏书之丰闻名于海内。幼承家学。一度同王褆供职于沪杭铁路局。业余时间,探讨金石书画。他是西泠印社的元老之一。1904年与王褆、吴隐、叶舟等于杭州孤山发起创办西泠印社,当时的社址即设于丁氏幼年读书处。寓居上海后,1916年前后他与其弟共创方形聚珍仿宋版字模,提供给上海中华书局用于排印诗文集。1921年其帮助该书局排印大型丛书《四部备要》,并经常与吴昌硕、王一亭、童大年(1874—1955)、黄葆戊(1880—1969)等相聚于海上题襟馆金石书画会,切磋探讨金石书画。他还

① 陈星:《李叔同西湖出家实证》,杭州出版社2008年版,第83页。
② 陈星:《弘一大师考论》,浙江人民出版社2002年版,第132页。

擅长于画花卉瓜果,尤其是梅花。

李叔同与叶铭之缘分可关注之处还有两处。一是李叔同出家前,把自己平时用的印玺托给西泠印社保存,并由同人封于石壁里。这时候叶铭为他题写碣石碑文,碑文上有阴文小篆"印藏"二字,还有跋文隶书六行:"同社李君叔同,将祝发入山,出其印章移储社中,同人用昔人诗冢书藏遗意,凿壁庋藏,庶与湖山并水运尔。戊午夏叶舟识。"《西泠印社志稿》里有记载:"七年戊午,凿壁为印藏。为李叔同保存印章也。叶舟题识。吴隐吴善庆就岩石勒文为其先世岁青公表德,遂名曰岁青岩。"①二是李叔同出家后为西泠印社写《阿弥陀经》。这也是他受到叶铭的请求而做的。后来西泠印社于1923年建造弥陀经石幢。该石幢题记写:"佛历二千九百五十年,岁次癸亥六月,西泠印社请弘一音师写,山阴吴熊舍资造,仁和叶为铭监造,俞庭辅、吴福生、王宗濂、赵永泉镌刻。"依据《西泠印社三十周年纪念刊》(民国22年,浙江图书馆古籍部藏)叶铭为该石幢图片所作的注释:"阿弥陀经石幢于孤山西泠印社。请大慈山弘一音师写经勒石以此功德回向亡父石潜居士,亡母王氏往生净土,早证菩提并愿法界众生同圆种智。《西泠印社志稿》里有记载:"幢高三尺四寸。分六面,面八行,行三十九字。弘一和尚书。"②"十二年癸亥,遯盦左侧建阿弥陀经石幢,释弘一写经,山阴吴熊舍资敬造。"③

另外,弘一大师还为西泠华严塔写经题过偈:"十大愿王,导归极乐。华严一经,是为关阃。大士写经,良工刻石。起窣堵坡,教法光辟。深心随喜,功德难思。回共众生,归命阿弥。"④《西泠印社志稿》里有记载:"即古四照阁遗址。岁甲子,迁阁于凉堂之上,就址建塔。塔凡十一级。上八级四周雕佛像,九十两级砌金农书《金刚经》,下一级砌《华严经》。石座边缘刻十八应真

① 秦康祥等:《西泠印社志稿》,浙江古籍出版社 2006 年第 2 版,第 28 页。转引自陈星《李叔同西湖出家实证》,杭州出版社 2008 年版,第 84 页。

② 秦康祥等:《西泠印社志稿》,浙江古籍出版社 2006 年第 2 版,第 113 页。转引自陈星《李叔同西湖出家实证》,杭州出版社 2008 年版,第 87 页。

③ 秦康祥等:《西泠印社志稿》,浙江古籍出版社 2006 年第 2 版,第 29 页。转引自陈星《李叔同西湖出家实证》,杭州出版社 2008 年版,第 87 页。

④ 秦康祥等:《西泠印社志稿》,浙江古籍出版社 2006 年第 2 版,第 86 页。转引自陈星《李叔同西湖出家实证》,杭州出版社 2008 年版,第 87 页。

像,下刻捐资姓名。"①"迁四照阁于凉堂之上,就其原址建华严经塔。经为周承德书。承德,海宁人也,是经未署款。末有弘一和尚偈。而以金农所书《金刚经》砌于《华严经》之上。"②

(二) 乐石社和西泠印社的同仁

《西泠印社百年史料长编》中有关李叔同的记载有33篇。其中李叔同出家之前的记载有11条。另外,《西泠印社史研究导论》中"七、关于西泠印社史研究"里还有"五、西泠印社与其他印社的关系问题"一文,谈到了关于乐石社的事情。

乐石社是1914年农历九月在浙江省立第一师范学校创立的课外文艺团体。学生邱志贞为发起人,在校长、教师支持下集学校同人而成立的研究篆刻的艺术团体。乐石社选出的第一届职员中,李叔同为主任,并由主任任命杨凤鸣为会计,邱志贞为书记,杜振瀛等4人为庶务。③ 该社成员有:教师经亨颐(校长)、夏丏尊、李叔同、堵申甫、周承德;学生楼秋宾、杨凤鸣、陈兼善、吴荐谊、周其鑣、朱毓魁、社振瀛、徐葆玚、邱志贞、关仁本、戚纯文、陈伟、翁镕生、毛自明、徐志行等。

通过《乐石社简章》我们可以了解到他们团体的结社目的和运营情况。④ 根据简章,他们计划每月发刊《乐石》。实际上,"自甲寅十一月至乙卯八月,先后共出版社刊《乐石》凡八集",还出版"在乙卯六月编印乐《乐石社社友小传》一册作为小结"。⑤《乐石》第一集出版于1914年农历十一月,李叔同给它写题签,刊载了经亨颐所制"乐石不朽"一印和夏丏尊的"乐石万

---

① 秦康祥等:《西泠印社志稿》,浙江古籍出版社2006年第2版,第5页。转引自陈星《李叔同西湖出家实证》,杭州出版社2008年版,第87页。

② 秦康祥等:《西泠印社志稿》,浙江古籍出版社2006年第2版,第29页。转引自陈星《李叔同西湖出家实证》,杭州出版社2008年版,第87页。

③ 方爱龙:《"乐石社"与〈乐石集〉》,见《永恒的风景——第二届弘一大师研究国际学术会议论文集》,(香港)中国文化艺术出版社2008年版,第105页。转引自陈星《乐石社记略》,见所著《智慧灯——弘一大师研究论稿》,中国社会科学出版社2013年版,第113页。

④《乐石社社友小传》,1915年农历六月编印。陈星《乐石社记略》中有转载该简章介绍其内容。

⑤ 方爱龙:《"乐石社"与〈乐石集〉》,见《永恒的风景——第二届弘一大师研究国际学术会议论文集》,(香港)中国文化艺术出版社2008年版,第105页。转引自陈星《乐石社记略》,见所著《智慧灯——弘一大师研究论稿》,中国社会科学出版社2013年版,第117页。

岁"一印。

《乐石社简章》当中有"赞成本社宗旨得社友介绍者即可入社"的一条。为此,非校友社员有胡宗成(生卒年未详)、王匊昆(生卒年未详)、费龙丁(1879—1937)、张金明(生卒年未详)、柳亚子(1887—1958)、张一鸣(生卒年未详)、姚石子(1891—1945)等人士。其中费龙丁、柳亚子、姚石子等人都是参与南社的。另外,西泠印社叶铭还为乐石社刻过"乐石社玺"印,而李叔同自己也对乐石社充满了热情。

乐石社至于1917年更名"寄社",当时的学生潘天寿(1897—1971),丰子恺皆参与其间。据《西泠印社百年史料长编》,乐石社成立的1914年也就是李叔同参加西泠印社的那一年。而乐石社创立之前李叔同已经加入了西泠印社。作为社员简介,李叔同写了一篇《哀公传》的文章:"当湖王布衣,旧姓李,入世三十四年,凡易其名字四十余,其最著者曰李叔同,曰息霜,曰塘庐老人。富于雅趣,工书,嗜篆刻。少为纨绔子,中年丧母病狂,居恒郁郁有所思,生谥哀公。"[1]李叔同入西泠印社,与吴昌硕时有来往。[2]

据《"乐石社"中的西泠诸子》里所记:《乐石社》中载有西泠印社早期社员的叶为铭、经亨颐、费龙丁、李叔同、王世(引者注:匊昆)等人的精彩印作……兹献列如下:经亨颐三方("志贞长乐"、"日本画人"、"乐石不朽")、叶为铭一方("乐石社玺")、王世二方("他山之石"、"吉金乐石")、费龙丁三方("宁海叶颂清字子布印"、"上马杀贼下马草露布"、"吉金乐石")、李叔同费龙丁合作一方("吴善仁之印")。[3]

这个记载与上述的乐石社的校外社员,作为西泠印社早期社员参与乐石社的成员有:经亨颐、费龙丁、李叔同、王世(匊昆)。作为西泠印社早期社员把印章作品寄来的有叶为铭。乐石社中的南社社员有:经亨颐、李叔同、费龙丁、柳亚子、姚石子。

另外,西泠印社与南社的部分社员还有过交流。1915年5月,南社、印社部分社员雅集于孤山时,李叔同被众人推荐书写柳亚子撰写的《冯晓青墓

① 《西泠艺报》144期。转引自陈振濂主编《西泠印社百年史料长编》,西泠印社2003年版,第97页。
② 陈振濂主编:《西泠印社百年史料长编》,西泠印社2003年版,第119页。
③ 茅大为文,见《西泠艺报》第184期,第4版。转引自陈振濂主编《西泠印社百年史料长编》,西泠印社2003年版,第119页。

碑散记》一文。① 这次雅集活动,李叔同应该是东道主成员之一,还留下了一张纪念这次活动的照片。

(三) 西泠印社早期社员马一浮

李叔同对佛教有兴趣是在虎跑寺断食以后。在《我在西湖出家的经过》中弘一大师(李叔同)说:"我以前虽然从五岁时,即常和出家人见面,时常看见出家人到我家念经及拜忏。而于十二三岁时,也曾学了放焰口,可是并没有和有道的出家人住在一起,同时也不知道寺院中的内容是怎样,以及出家人的生活又是如何。"从此能了解到李叔同小时候也有过接触佛教的经验。但是到虎跑寺实行断食之前,李叔同倒对佛教没有很大兴趣。接着上述的陈述,弘一大师(李叔同)说:"这回到虎跑寺去住,看到他们那种生活,却很欢喜而且羡慕起来了。"

在虎跑寺实行断食修炼后,让他学习佛教的是马一浮。马一浮(1883—1967)名浮,字一浮,号谌翁、被揭,晚号蠲叟、蠲戏老人,浙江会稽(今浙江绍兴)人。马一浮是现代国学大师、理学家、佛学家,与梁漱溟、熊十力合称为"现代三圣",现代新儒家的早期代表人物之一。同时还是一位杰出的诗人和书法大家。1898 年,十六岁时,应县试,名列会稽县案首(第一名)。他精通英、法、德、日、拉丁语。1903 年,二十岁时,赴美工作,1904 年转到日本,1905 年回国后,长期隐居杭州西湖,阅览文澜阁所藏四库全书,潜心研读传统学术。1912 年蔡元培出任民国教育总长,聘请马一浮任教育部秘书长。马一浮到职不久,辞去。抗日战争爆发后,于 1938 年赴江西泰和为西迁途中的浙大师生开设国学讲座。1939 年赴四川乐山创办复性书院,直至 1946 年回杭州。1949 年后,曾任浙江省文史馆馆长。1967 年去世,终年 84 岁。

马一浮也是西泠印社早期社员。李叔同与马一浮开始交往是在 1902 年至 1903 年之间。根据马一浮的侄辈的话:"马浮(引者注:马一浮)与李叔同早在 1902 年就认识,当时李进上海南洋公学,为蔡元培之高才生。马亦在上海自学外文,他们在那儿相遇相识,以后各奔东西,十余年未得见。直到

① 《西泠情愫》第 20 页。转引自陈振濂主编《西泠印社百年史料长编》,西泠印社 2003 年版,第 131 页。

民国初年,叔同到杭州第一师范学校任教,他俩又相遇,时接谈论。"①李叔同的学生吴梦非也说:"弘一法师初来杭州时,西装革履,服饰华丽。一年后便易布袍布鞋,好和西泠印社社长叶舟及马一浮等相往还。"②从吴梦非的陈述可以看出李叔同受到叶铭、马一浮的影响。

陈星教授引用李叔同致刘质平的信中的文字和丰子恺在《为青年说弘一法师》一文中的陈述指出李叔同受马一浮影响而对佛教更为亲近的事实。致刘质平的信中李叔同说:"自去腊受马一浮大士之熏陶,渐有所悟。"③丰子恺在《为青年说弘一法师》中说:"断食以后,不久他就学佛。他自己对我说:他的学佛是受马一浮先生指示的。"④陈星教授在《李叔同西湖出家实证》里也指出:"李叔同在杭州虎跑寺实行断食修炼后,转而对佛教有了兴趣。这转变,马一浮起了很大的作用。"⑤还说:"马一浮为弘一的学佛严佛起到了'指路人'的作用。"⑥

可是这两个人之间存在着很大差别。差别便是马一浮不出家留在俗世以居士的资格修行佛教,而李叔同放弃所有的东西,出家专心修行佛教。但是当初他对出家一事也还是犹豫不定的。夏丏尊在《弘一法师之出家》里介绍李叔同"有家眷在上海,平日每月回上海二次,年假暑假当然都回上海的",同时还介绍了李叔同告诉他修行佛教时的一句话:"他对我说明一切经过及未来志愿,说出家有种种难处,以后打算暂以居士资格修行。"⑦但最后他决定出家而实行了。由此可见李叔同虽然受到马一浮的影响对佛教发生兴趣,但他的出家完全是他个人的意愿所为。

---

① 马镜泉、赵士华:《马一浮评传》,百花洲文艺出版社1993年版,第46页。转引自陈星《李叔同西湖出家实证》,杭州出版社2008年版,第124页。
② 吴梦非:《弘一法师和浙江的艺术教育》,载1936年《浙江青年》第3卷第1期。文章中吴梦非把叶舟叫成西泠印社社长是错误的。转引自陈星《李叔同西湖出家实证》,杭州出版社2008年版,第124页。
③ 李叔同致刘质平信见《弘一大师全集》第8册,福建人民出版社1992年版,第94页。转引自陈星《李叔同西湖出家实证》,杭州出版社2008年版,第128页。
④ 丰子恺:《为青年说弘一法师》,载1943年《中学生》战时半月刊第63期。转引自陈星《李叔同西湖出家实证》,杭州出版社2008年版,第128页。
⑤ 陈星:《李叔同西湖出家实证》,杭州出版社2008年版,第125页。
⑥ 陈星:《李叔同西湖出家实证》,杭州出版社2008年版,第177页。
⑦ 夏丏尊:《弘一法师之出家》,见《夏丏尊文集》,浙江人民出版社1983年版,第244页。转引自陈星《李叔同西湖出家实证》,杭州出版社2008年版,第118、137页。

三、与基督教的关系

弘一大师(李叔同)在上海的时候,不是完全没有接触过基督教。以下举出他跟基督教接触的例子。

1903 年 6 月爱国学社解散后,他在圣约翰书院当过几个月国文教授。

1904 年弘一大师(李叔同)参加了"沪学会"。创立该会的成员中有马相伯。他是一位神学者,设立有关基督教的大学震旦学院。

1912 年弘一大师(李叔同)从天津回到上海,当了杨白民开办的城东女学的国文老师。杨白民是他圣约翰大学时的同事,是一位基督教徒。[①]

从这些事件中可以看出他并不避讳接触有关基督教的人士,可是又不能说他是积极地去理解基督教的,而且他对基督教本身有兴趣。

四、"先进人物"怎么变为了传统"佛教"僧人？

(一) 艺术活动的收敛

查看弘一大师(李叔同)从日本留学回国后的行动,1911 年 3 月回国后,他在艺术方面的活动越来越收敛了。下面,我整理了弘一大师(李叔同)从回到上海以后到出家的艺术活动。

1. 赴日本之前

1898 年加入城南文社,与许幻园、袁希濂、蔡小香、张小楼结为"天涯五友"。

1900 年创立"上海书画公会"。

1904 年加入教育团体"沪学会"担任为贫困家庭子弟开办的慈善学校的运营,设置"乐歌课",还有演出学生剧。李叔同曾演出了"文野婚姻"等四出新剧,剧本由他自己编写。

同年在上海参加京剧《虫八蜡庙》《白水滩》《黄天霸》的演出。

---

① 大野公贺:《中華民国期の豊子愷——芸術と宗教の融合を求めて》,汲古书院 2013 年版,第 55 页。

1905 年出版《国学唱歌集》。

2. 在日本

1906 年出版《音乐小杂志》。

1906 年加入汉诗结社"随鸥吟社"。

1906 年创立"春柳社"演了《茶花女》和《黑奴吁天录》（根据美国著名女作家斯陀夫人的小说《汤姆叔叔的小屋》改编的话剧）。

1909 年、1910 年白马会作品展出品四幅洋画。

3. 1911 年回国后

1912 年加入南社。

同年担任《太平洋报》的副刊编辑。

同年设计 5 月刊行的《南社通讯录》的封面和题字。

1914 年加入西泠印社。

同年创立"乐石社"。

留学之前以及在日本留学的时候，弘一大师（李叔同）尝试的艺术活动都是多种多样的。1906 年日本内山完造撰文评价李叔同，称"直至今日为止，（中国）油画的造诣，尚无人出他之右者"①。除了洋画以外，作诗、挥毫、唱戏等，留学之前在上海他尝试过的艺术还很多。可以说他不仅没有减少自己尝试的艺术种类，还集中展开追求自己艺术世界。但是，回国后弘一大师（李叔同）连一幅油画都没有正式发表过，却把方向聚焦到书法、刻印上。

（二）经济方面的剧变

弘一大师（李叔同）回国后的行动变化一定程度上与经济因素有关。解释他的当时经济情况的文章说：

> 弘一大师（李叔同）偏执于艺术，这首先归功于他富足的家底。他名下有三十万资产（当时，一百元就能支撑一个留学生在日本半年的生活），留学时，他衣食无忧，不必为生计奔波，请得起女仆和私人模特，故

---

① 日本内山完造撰文评价李叔同，《西泠艺丛》第 2 期，第 28 页。转引自陈振濂主编《西泠印社百年史料长编》，西泠印社 2003 年版，第 65 页。

有更多的闲情逸致,研习音乐、绘画、戏剧等。

　　1911 年,辛亥革命爆发,一些大的钱庄票号宣布破产,李家的财产"一倒于义善源票号五十余万元,继倒于源丰润票号亦数十万元,几破产,百万家资荡然无存"。另一种说法是,李家的财产是全部投到了盐田中的,因政府突然宣布将盐田收归国家,致使李家的所有投资均化为乌有。而李叔同名下的三十万以上的财产也付之东流。[①]

还有其他的文章里说明当时的具体经济情况:

　　1917 年,刘质平赴日本学习音乐,因经济拮据,他便向老师李叔同求援。当时李叔同的薪金为 105 元,这份薪水要负担上海家用 40 元,天津家用 25 元,他从自己的生活费中再挤出 20 元负担刘的生活费,直到刘完成学业。他在给刘质平的信与刘约定:这是基于师生情谊的馈赠,并非是借贷,将来不必偿还;不得将赠款之事告知第三者,即便家人也不可提及;赠款期限以刘质平毕业为准。[②]

　　当时他要维持天津和上海两个家庭,因此去学校工作挣钱。这种生活跟以前的一个富裕家庭的少爷的生活有巨大区别。这样的变化很有可能不能让他保持追求油画的心思。另外,他回到书法、篆刻等中国传统艺术的原因也可能跟他的出身和接受的教育、思想有关系。

(三) 生于传统书香世家的身份

　　弘一大师(李叔同)生于天津官宦富商之家,父亲李筱楼 53 岁中进士,曾在吏部任职,但很快便辞官,回家继承家业,经营盐业和银钱业。李筱楼与李鸿章为同年,李筱楼辞官后,他的继任者就是李鸿章,他去世后,在丧礼上为他"点主"的就是李鸿章。李叔同的生母王太夫人为李筱楼第三房妾室。

---

① 参见 http://www.fengshuimastery.com/chinese_gb/master_eu.html(2015 - 10 - 15)。
② 李叔同 1917 年致刘质平,见《弘一法师全集》第二卷,新世界出版社 2013 年版,第 18 页。参见 http://www.fengshuimastery.com/chinese_gb/master_eu.html(2015 - 10 - 15)。

李叔同出生时，李筱楼已六十八岁，长兄李文锦（李叔同出生时已去世多年）比他大五十岁，而他的母亲却只有二十虚岁。母亲王氏能诗文。李叔同5岁丧父，在母亲的扶养下成长。

（四）教育方面

从7岁开始学习参加科举的学问，1897年、1898年曾以童生资格应天津县儒学考试。一边跟着天津名士赵元礼、唐敬严等学习填词、篆刻，一边学习英文。

1901年夏天进入南洋公学特班，师从蔡元培。

1902年参加乡试。

1902年11月连坐"墨汁瓶案件"退学南洋公学，进入爱国学社。

1903年6月由于"苏报案件"爱国学社解散。

同年参加河南乡试。

1905年8月赴日本东京，次年9月进入东京美术学校西洋画科撰科。

1911年3月毕业于东京美术学校回国。

弘一大师（李叔同）年轻的时候，参加过两次科举，还上过南洋公学。他上南洋公学是因为毕业后能得到类似科举而能获得的身份，可以当官。还有清朝政府推动赴海外留学，而留过学的人视为通过科举的。所以弘一大师（李叔同）虽然选择学艺术，可是他很有可能意识到了留学日本的意义。从他的经历可以看出，他的意识的底流有旧时代的士大夫阶层的出路观念。

（五）思想方面

在天津的时候赞同康有为的思想。1989年戊戌政变发生，为了避难迁到上海。在上海跟资产阶级子弟交往，度过了一段纨绔子弟一样的生活。在南洋公学特班的时候，曾师从蔡元培。到日本后变成了一个认真学术的学生。回到天津、上海后的一段时间穿西装，到了杭州后把衣服改为中国式布衣，表示他从西方的观念里转回到了中国的观念里，开始重视属于中国传统的东西。他的思想历程中，值得注意的有两条：一是在天津的时候曾经赞同过康有为的思想；一是在南洋公学特班的时候接受过蔡元培的教诲。

五、结语

在此统括一下我对选定的三个问题的看法。

在李叔同与西泠印社、乐石社和南社同仁交友圈里,确实有很多跟佛教有关的人士。有西泠印社的叶铭、丁辅之;有跟李叔同交往很深、在他出家时给他很大影响的马一浮;有南社的社员,号佛耶居士,盖佛及耶稣无不兼信的费龙丁。还有王一亭。王一亭是吴昌硕的高足。王一亭和李叔同没有交往的证据,但是跟李叔同与吴昌硕的交往很深。他们都是当时在上海、杭州有名声的文人,有的是在家信佛的居士,有的不太清楚有没有佛教信仰,但对佛教很精通。可以说当时李叔同的周围有容易接近佛教的环境。

本文认为在李叔同选择进入佛门的背景中,存在着当时知识分子重视中国传统文化的心态。在西方文明和东方文明冲突下,中国知识分子要重新建立新的东西、寻找一种促使自己往上走的要素的时候,这种心态就让他们选择了从中国原来拥有的、传统的文化体系里寻求的态度。这种态度李叔同出家之前就已经有了。夏丏尊在《弘一法师之出家》里说:"据我知道,这时(李叔同断食后回到学校的一段时间。——引者注)他还只看宋元人的理学书和道家的书类。"从此看出,在找到佛教之前,李叔同也许想从宋元人的理学和道家的书里找到思想的根据。从在虎跑寺实行断食修炼为起首,到李叔同转到佛教,也可以说他是在回归传统文化内涵中寻求精神的依靠。

通过整理李叔同与西泠印社、乐石社等同仁交往关系,本人注意到,虽然李叔同的周围有跟佛教有关系的环境,而且他后来受到马一浮的很大影响开始学佛。但给他影响很大的马一浮也是一位在家修行的居士。他完全可以跟马一浮一样以居士的身份修行的。但他放弃事业、家庭而出家,肯定是基于他内心的强烈要求。

李叔同住在上海,一定会有与基督教接触的机会。当时基督教会是一个能把西方先进技术和思想传播到中国的机构,作为年轻人的李叔同对西方的技术和思想也可能会有兴趣,也要吸收这些。可是到目前为止,尚未发现他对基督教本身有兴趣的证据。

看李叔同出家之前的整个艺术活动,可以说出国之前,他靠富裕的士大夫阶层的经济条件尝试过作诗、书写、画画儿、唱戏、音乐等各种艺术活动。到了日本后,练钢琴,发表油画,尝试过新剧。可是回国后,因经济条件的变化,他没有完成过一幅油画。他的兴趣又回到中国传统文化里,尝试了书法、篆刻等艺术。

西槙伟在《中国文人の近代丰子恺の西洋美术受容と日本》中,解释李叔同回国后再也不追求油画的可能性说,一个原因是当时文化界还没有着重油画,还是着重书、诗、画一体的文人画。第二个原因是李叔同本人也拥有文人的思想思路,重视综合性艺术的文人画,不能重视只有画的油画。西槙伟把李叔同一代的接触油画的人称为"第一代",意思就是指他是中国文人开始接触西方文化的第一代人。而丰子恺则属于"第二代"。[①]

我在这里要重新定义"第一代",他们出身于能参加科举的士大夫阶层,这意味着他们经济条件比较富裕,曾经接受过作诗、书写等训练,而且是实际上参加过科举的一代人。他们在艺术价值观念上根深蒂固地重视书、诗、画一体的综合性。李叔同可以说是一个典型的"第一代"。可是要分析他个人吸收外来文化的方式,我想还要看年轻时候,梁启超等变法自强的思想和蔡元培的美育思想是否给他的吸收方式带来影响? 这些都是下一步值得探索的问题。

【作者简介】

木村泰枝,1964 年生,文学博士,日本冈山大学语言教育中心讲师。

The Influence of the World of Thoughts in Li Shutong's Seal-Engraving Club on His Becoming a Buddhist Minister.

Yasue Kimura

Summary

My study is concerned with Yumeji Takehisa's influence on Feng

---

① 西槙伟:《はじめに》《序章》,见《中国文人の近代丰子恺の西洋美术受容と日本》,思文阁出版2005 年版,第 1—5 页、第 13—34 页。

Zikai. During this study, I noticed that Feng Zikai viewed the works of Yumeji Takehisa as expressing the vanity of life. For example, he wrote in his introduction of Yumeji's work in *Picture and Literature*: "The footprints on the snow suggest sadness of life and make us ponder the essence of life and its serious problems. They are an echo of the lament that life is but an empty dream."

A point of view like this can be traced to Li Shutong's conversion to Buddhism. In this paper, I'll first focus on Li Shutong's relationship with his seal-engraving club members. Secondly, I will classify his relationships before his becoming a minister to see whether there were people of culture who showed any earnest interest in Buddhism, mainly those who valued Chinese traditional culture. Lastly, I will speculate on whether there were people who influenced Li Shutong's conversion to Buddism.

李叔同与《送别》

——兼谈李叔同出家的"治标"与"治本"说

［日］大桥茂　　大桥志华

一、引言

"长亭外,古道边,芳草碧连天……"一首怀旧抒情的歌曲,在中国唱了整整一百年。它曾作为插曲和主题歌出现在《早春二月》和《城南旧事》等知名影片和电视剧中,但知道原作出自何人之手的人并不多,它的来龙去脉更鲜为人知。今天,我们在这里纪念"五四"新文化运动的创始人之一,中国近代艺坛的杰出人物,一代高僧李叔同,研究他的文化行持和艺术思想。借此机会,我们发表一些从各方面收集到的资料,供与会者了解这首歌曲的来龙去脉和在中国问世前后各方面的背景,进而探索至今尚未有定论的李叔同皈依佛门的原因和动机。

二、原作

《送别》的原作出自美国人约翰·奥德威(John P. Ordway, 1824—1880),一个集医师、作曲家、音乐事业家和政治家于一身的奇才。他和 *Old Black Joe*(《老黑乔》)的作者斯蒂芬·福斯特、*Grandfather's Clock*(《爷爷的古老大钟》)的作者亨利·葛雷华克同属 19 世纪美国歌坛具有代表性的词曲作家。原作 *Dreaming of Home and Mother*(《梦见家和母亲》)的词曲由约翰·奥德威创作于 1851 年。在互联网上能搜索到一些老谱子(见附图

一),并能通过 YouTube 欣赏原汁原味的英文版演唱。① 曲调优雅动人,充满着浓浓的思乡情调。歌词如下:

> Dreaming of home, dear old home!
> Home of my childhood and mother;
> Oft when I wake 'tis sweet to find,
> I've been dreaming of home and mother;
> Home, dear home, childhood's happy home,
> When I played with sister and with brother,
> 'Twas the sweetest joy when we did roam,
> Over hill and through dale with mother.
> ※Chorus
> Dreaming of home, dear old home,
> Home of my childhood and mother;
> Oft when I wake tis sweet to find,
> I've been dreaming of home and mother.

三、翻版《旅愁》

后来,*Dreaming of Home and Mother* 流传到了日本。1907 年在新潟县一所女子学校任音乐教师的犬童球溪(1879—1943),基本沿用原作的曲调,填入了日文歌词,取名《旅愁》,同年 8 月发表在音乐教科书《中等教育唱歌集》(见附图二)上,2007 年被选为《日本歌曲百首》之一。歌词如下:

> 更け行く秋の夜　旅の空の　わびしき思いに　ひとりなやむ
> 恋しやふるさと　なつかし父母　夢路にたどるは　故郷の家路
> 更け行く秋の夜　旅の空の　わびしき思いに　ひとりなやむ
> 窓うつ嵐に　夢もやぶれ　遥けき彼方に　こころ迷う

---

① 见下列网站 https://www.youtube.com/watch? v＝yz2lPM8FClE(2015 年 11 月 5 日)。

恋しやふるさと　なつかし父母　思いに浮かぶは　杜のこずえ
窓うつ嵐に　夢もやぶれ　遥けき彼方に　こころ迷う

《旅愁》的歌词和原作 *Dreaming of Home and Mother* 在感情色彩上有相似之处,但不是原作歌词的翻译。在此我们权且把它叫做"翻版"。有人评价说,日文的翻版在诗歌的境界上大大超过了原作。通过 YouTube,我们可欣赏到优雅动听的日文版女声四重唱。[1]

四、李叔同的《送别》

李叔同(1880—1942)于 1905 年至 1910 年东渡日本留学,学习油画兼修音乐戏剧。此间他接触到了犬童球溪的《旅愁》,曾将歌词做了这样的翻译:

西风起,秋渐深,秋容动客心。独身惆怅叹飘零,寒光照孤影。
忆故土,思故人,高堂会双亲。乡路迢迢何处寻,觉来梦断心。

李叔同对西方的音乐颇有造诣,肯定知道这首歌的原作 *Dreaming of Home and Mother*,但从以上歌词中使用的词汇来判断,更多的是取材于犬童球溪的《旅愁》。"梦""故土""亲人"这些单词在 *Dreaming of Home and Mother* 和《旅愁》中均有出现,但"西风""深秋""乡路"等只出现于后者。

1915 年,李叔同在上海送别挚友许幻园时,对原曲作了少量的修改,又配上了新的歌词,取名《送别》。歌词为:

长亭外,古道边,芳草碧连天。晚风拂柳笛声残,夕阳山外山。
天之涯,地之角,知交半零落,一瓢浊酒尽余欢,今宵别梦寒。

1927 年,他的弟子、大画家丰子恺亲自抄录歌词,并绘画插图,将它收录在《中文名歌五十曲》(开明书店),1958 年又把它编入《李叔同歌曲集》(音乐

---

[1] 见下列网站 https://www.youtube.com/watch? v=_zdAKCWuKo4(2015 年 11 月 5 日)。

出版社)中(见附图三)。请聆听中国交响乐团少年合唱团的演唱。①

前面提到过"翻译"和"翻版",犬童球溪的《旅愁》是英文版原作的翻版。同样,李叔同的《送别》也是翻版。相对而言,翻译忠实原作;翻版则不受原作的束缚,可即兴发挥,还可重新填词。日本歌曲《北国之春》(井田博词,远藤实曲)的中文翻版《谢谢你》经邓丽君演唱曾在中国广为流行,但为数不少的中国人不知道它的原作是日本歌曲。从某种意义上来说,翻版更具有高于原作的创作空间。如今,*Dreaming of Home and Mother* 在美国几乎完全为人们所忘,但《旅愁》和《送别》在日本和中国传唱百年,经久不衰,这和犬童球溪、李叔同不拘泥原作,力求歌词符合本国语言的约定俗成是不无关系的。可能因为《送别》的歌词比较短小,歌曲流行后有人续填歌词,又出现了一些另外的版本。比较著名的有林海音和陈哲甫的版本。②

> 长亭外,古道边,芳草碧连天。问君此去几时来,来时莫徘徊。
> 天之涯,地之角,知交半零落。人生难得是欢聚,惟有别离多。(林版)
> 长亭外,古道边,芳草碧连天。孤云一片雁声酸,日暮塞烟寒。
> 伯劳东,飞燕西,与君常别离。把袂牵衣泪如雨,此情谁与语。(陈版)

最近,我们又在互联网上找到了未署名作者的,相对忠实原作 *Dreaming of Home and Mother* 的中文歌词翻译。与翻版相比,相对忠实原作的翻译歌词字数较多,稍显累赘,所以在曲调上不得不再作一些相应的修改。比如有几处原作为一个四分音符的,被分割成两个八分音符等等(见附图四)。

五、三位词作者和他们的共同点

奥德威,1824年出生在美国马萨诸塞州北部的塞勒姆市,是一位医生。他在从医的同时还从事歌曲创作,经营音乐出版业。

Dreaming of Home and Mother 是一首"艺人歌曲",这种歌曲19世纪

---

① 见下列网站 https://www.youtube.com/watch? v=3LDxcSLRAy8(2015年11月5日)。
② 见下列网站 http://pu.sinbam.com/score/2008/1031103.html(2015年11月6日)。

后期盛行于美国，由涂黑了脸扮演成黑人的白人演员领唱，音乐也仿照黑人歌曲的格调创作而成。奥德威是"奥德威艺人团"的领导人，曾写过不少艺人歌曲。*Dreaming of Home and Mother* 不仅曲调优美抒情，歌词富有浓厚的乡情，还成了南北战争及战后一段时期的流行歌曲。从某种意义上来说，这首歌顺应了当时的政治气候，起到了推动社会发展的积极作用。

他 1859 年毕业于哈佛医学院，是参加南北战争的第一位外科医生志愿者。他还曾经是波士顿教育委员会的成员，当选过马萨诸塞州议会议员，反对学校体罚学生。1880 年卒于波士顿。

犬童是日本的一位诗人、词作家、教育家，1879 年出生于熊本县的人吉市。一生中作词、作曲的作品多达 360 余首，其中译自西洋歌曲的多达 250 首。他翻译的歌词有个特点，就是超越直译境界，力求符合日语的约定俗成。他大半生从事教育工作，《旅愁》是他的代表作。

创作《旅愁》时，犬童正在兵库县的一所中学任教。他曾抱着极大的热情，力图推进西洋音乐的教育，原本以为会受到学生的拥戴，但适得其反。社会上掀起了一股以"软弱"为由抵制欧美音乐的风潮，最后甚至发展到了排斥犬童本人的运动。"西风起，觉来梦断心"（原歌词："窓打つ嵐に夢も破れ"直译为"风雨击窗梦破灭"）唱出了他当时的心境。伤透了心的犬童调动工作来到了新潟县，但他一辈子都没有走出这个阴影，最终他选择在生命的起点人吉市以自尽的方式结束生命，也许和这件事有关。

《旅愁》的通篇歌词中凝聚了"独身惆怅叹飘零"（原歌词：ひとりなやむ）的惆怅情感，"忆故土，思故人，高堂会双亲"（原歌词："恋しや故郷、懐かし父母"）表达了人生最后能够寄托的只有"故土"和"双亲"的情怀。

犬童对原作的曲调也作了微妙的改动，去掉了每四小节末尾出现的切分倚音。有人说，仅此细小改动使曲调的气氛大为不同，变得富有东方韵味了。后来，李叔同也沿用了这一改动。

李叔同，祖籍山西省洪洞县，1880 年出生于天津一官宦富商之家。1905 年秋赴日本留学，1906 年加入中国同盟会。李叔同是中国近代史上著名的艺术家、教育家、思想家、革新家，精通绘画、音乐、戏剧、书法、篆刻、诗词等。1918 年在杭州虎跑剃度出家，法号弘一，世称弘一法师。他专研戒律，振兴南山律宗，成为一代高僧。抗战期间提出"念佛不忘爱国，爱国必须念佛"。

当有人邀请他循当年鉴真之例东渡弘扬佛法时,他对来人说"当年鉴真法师去日本,海水是蓝的,现在被你们染红了,日本,我是万万不会去的!"1942年,弘一法师圆寂于泉洲。

我们认为,三位词作者除均具有超人的音乐、诗歌天赋之外,最大的共同点就是都具有改革创新的志向,和忧国忧民的善良之心。唯物主义不信轮回转世,但天才人物数十年乃至数百年出现一个却是个不争的事实。约翰·奥德威离开人世的 1880 年,正逢李叔同出生。但这也许纯属巧合。

六、但愿人长久,千里共婵娟

北宋大文豪苏轼的《水调歌头》,让后人传颂传唱了几百年。歌词后半提出了一个现实的问题,"人有悲欢离合,月有阴晴圆缺,此事古难全"。这是一个需要弥补的缺陷,或者说是一件遗憾的事情。要弥补这个缺陷,即要打通空间的阻隔,苏轼接下来提出了一个解决的方法,"但愿人长久,千里共婵娟"。

340 年前的苏格兰诞生了一首民谣,叫作 *The Water is Wide*(《一条大河》)①。描述了一个男孩对爱情的追求,歌词的第一段是这样的:

> The water is wide, I can't cross over,
> And neither have I wings to fly.
> Give me a boat, that can carry two,
> And both shall row, my love and I.

前两句提出了一个现实的问题,"宽阔的大河我无法渡过,我又无翱翔天空的翅膀"。接下来,一个解决问题的方法被提了出来,"给我一条可坐两人的船,让我和我爱人一起渡过"。

李叔同的《送别》,通篇歌词始终贯穿着叙景抒情和"知交半零落""今宵

---

① 见下列网站 http://video. search. yahoo. co. jp/search? p＝The＋Water＋is＋Wide&tid＝24caef6ecad522fe1ee173bd2b9a48f6&ei＝UTF-8&rkf＝2(2015 年 11 月 6 日)。

别梦寒"的忧伤,也可以说是件遗憾的事情,但歌词中没有解决问题的答案。当然,怀旧抒情的歌词并非一定都要有答案,这一倾向在相近时期创作的其他作品,如《忆儿时》《早秋》《山色》《采莲》《晚钟》《梦》《西湖》中也可看到。但若干年后李叔同用他的人生实践向世人拿出了一个圆满答案——皈依佛门,念佛修行。

七、治标与治本

有关李叔同的出家原因和动机,曾有过各种各样的假说,比如破产说、遁世说、幻灭说、政界失意说等等,但至今尚未有定说。本文拟提出一个"治标""治本"说,来推断当时李叔同皈依佛门的原因和动机。

当然,我们也注意到丰子恺 1948 年 11 月 28 日在厦门佛学会作《我与弘一法师》的讲演中提出的"三层楼说"。他说人的生活可以分为三层,"一是物质生活,二是精神生活,三是灵魂生活"。他还说,"还有一种人,人生欲很强,脚力大,对二层楼还不满足,就再走楼梯,爬上三层楼去,这就是宗教徒了"。近 70 年过去了,我们无法去向丰老进一步请教,也无法去向弘一法师探寻真意。但通过他出家前后的时代背景和所见所闻,还是能够这样加以推断的。

我们先来看一下,当年的李叔同究竟看到了什么。

清末民初的中国,甲午战败,八国联军进京,庚子赔款,辛亥革命,袁世凯称帝,二十一条丧权辱国,连年战乱,满目疮痍。

唐宋前后 600 年,元朝近 100 年,明清各 270 年,每个朝代都不可谓历时不长。但从历史观与宇宙观的高度来看,三五百年也只是一个短暂渺小的瞬间。改了一朝又一朝,换了一代又一代,类似文官爱钱,武官惜死,以暴制暴,以怨报怨,炫富仇富的劣性陋习未见丝毫改变,民不聊生的社会状况也未因改朝换代而彻底好转。

我们再来分析一下,处于这一历史时期的李叔同自身。他早年崇拜康有为,赞同变法,留学日本期间加入同盟会,但他并未追随国民党从政,三民主义救国。他留学回国后曾力图发挥他的艺术才华,通过教育来启迪民众,用教育手段来改变世界。他培养出了丰子恺、刘质平等一代卓有成就的文化名人,但教育救国的理想最终未能如愿以偿。他引进西方的美术教育,1914 年在浙江第一师范任图画教员时开设人体写生课,试用人体模特,却被前来视察教育的督学指责为"有伤风化"。虽然这和中国锁国多年,闭关自守造成的陈旧观念不无关系,但李叔同皈依佛门的原因和动机也许就在于他看到了教书育人、教育救国的局限性。俗世间的改朝换代只能治标;皈依佛门念佛修行,启发民众方能治本。要真正达到治本的目的,必须从心灵上感化民众,启发民众,劝人为善,唤醒"人之初性本善"的良知。

李叔同为探索人生的究竟,选择了佛教中持戒最严的律宗。他走遍许多中国的名寺古刹,弘扬佛法,并将失传多年的南山律宗拾起,清苦修行,继承了下来。赵朴初评价李叔同的一生,"无尽奇珍供世眼,一轮圆月耀天心"。

晚年的李叔同还和他的弟子丰子恺合作编纂了《护生画集》,从心灵上感化民众,唤醒民众爱惜生命,修心养性,改造劣习。也许他认为只有这样才能治本,这才是一个永恒不灭的真理。

八、从己做起,完全彻底

出家之前的李叔同是一位教育工作者,教书育人是他的本职。从客观的角度来看,他如继续从事教育工作教育学生启迪民众,也不失为一种选择。但就当年李叔同的主观意志而言,皈依佛门是他的必然选择,念佛修行是能够达到治本目的的唯一途径。

在李叔同看来,要教育启迪民众改变陋习,就要从小事做起,更要从己做起,而且还要完全彻底。有的学生随地吐痰,关门动作过重,上课时看与授课内容无关的图书。看似小事一桩,充其量叫作"不文明"或"不尊重老师"。但李叔同绝不姑息,而且教育方法非常独特,身传言教从己做起。[①]他不当场责备,而是等下课后,先把学生单独留下,用轻而严肃的声音郑重地对学生说,"下次不要把痰吐在地上"。或是说,"下次上课时不要看别的书","下次走出教室,轻轻关门"。然后自己微微鞠躬,把学生送出教室。

出家后的李叔同更是严以律己,布衣草履,过午不食,寒不逾三衣;看淡

① 丰子恺:《为青年说弘一法师》,见《丰子恺艺术随笔》,上海文艺出版社 1999 版,第 116 页。

浮名,不为人师,不开欢迎会,不登报吹名;严持戒律,一条旧席子,一床陈被褥,一块破面布,草根当牙刷;一生南来北去,一把黑色雨伞一直用至褪成暗灰色,补丁摞补丁。为弘扬律宗,勤学苦修,名符其实地从己做起。再来看看,他是如何完全彻底的。

浙一师时期,时为舍监的夏丏尊为学生宿舍失窃,苦于无计求教李叔同。李叔同建议夏丏尊出一个自杀的布告,以诚信感化学生。

李叔同出家的两年前,即1916年,他从日本杂志上看到一篇关于"断食"的文章,说断食为身心更新的修养方法,遂生入山断食之念,来到虎跑进行了为时三周的断食。据《断食日志》(见附图五)记载,断食后自感脱胎换骨。李叔同"为示新生之意,还根据老子'能婴儿乎'之意,改名为'李婴'"。实际上我们可将这次断食视为李叔同皈依佛门的一个周密而重要的准备步骤,或者说是对出家前人生的一次大盘点,同时也是一个彻底否定自身过去的毅然决断。须知勇于否定自身的过去,并非常人所能。

丰子恺评价李叔同一生最大的特点是"凡事认真。不做则已,要做就非做得彻底不可"。我们认为,这种近似极端的完全彻底均出自于他认真做人的性格,当然皈依佛门和他的这种性格有着必然的因果联系。

有关本文提出的,用来推断当年李叔同皈依佛门原因和动机的"治标""治本"说,最近我们还找到了一个支持这一推断的根据。弘一法师的《佛法十疑略释》之四"佛法非违背于科学"中,有这样一段论述:"如人患目病,不良于视,科学只知多方移置其物,以求一辨;佛法则努力医治其眼,以求复明。两者虽同为实验,但在治标治本上有不同耳。"这段话是从出家20年后的1938年11月27日弘一法师在福建安海金墩宗祠的讲谈记录[①]中找到的,通过这段话我们可以进一步证实李叔同出家并非偶然,他凡事认真、完全彻底的性格和佛法的真髓早就是一脉相承的了。

九、结语

前面曾提到340年前在苏格兰诞生的民谣 *The Water is Wide*,广为全

---

① 李叔同:《送别·我在西湖出家的经过》,复旦大学出版社2006年版,第194页。

世界的人们所爱,传唱至今,在日本还被用作电视剧的背景音乐。近年,有一位名叫八木伦明的音乐家将歌词翻译成了日文(见附图六),歌名为《広い河の岸辺》(中文直译:大河岸边)。八木伦明,现年57岁,是一位洞箫演奏家,日本音乐家联合会成员。他作为词作家的处女作,就是这首 The Water is Wide 的日文版。这首歌的日文版在日本各地,以及在慰问地震灾区时演唱,起到了鼓舞灾民重建家园的作用,在社会上受到广泛的好评。

假如有人像当年李叔同翻译 Dreaming of Home and Mother 时那样,用超俗的境界和感人的歌词把 The Water is Wide 译成中文,或重新填词推出中文的翻版,也不失为一件有意义的事情,也许还会重现传唱百年经久不衰的奇迹呢!

【附图】

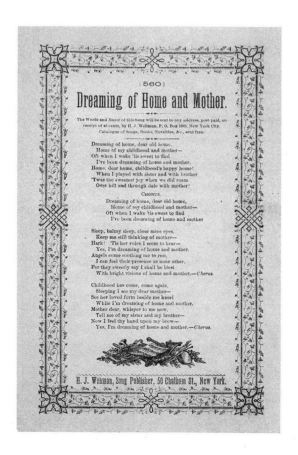

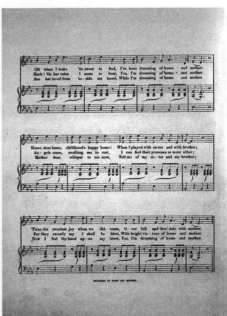

图一

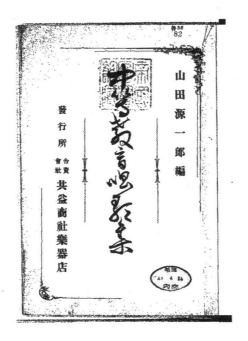

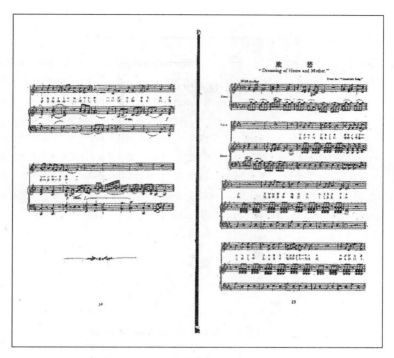

图二

序

我把平時諷詠而憧憬的歌曲纂集起來，就成這個册子。

這册子裏所收的曲，大半是西洋的 Most Popular 的名曲；曲上的歌，主要的是李叔同先生——即現在杭州大慈山僧弘一法師——所作或配的。我們選歌曲的標準，對於曲要求其旋律的正大與美麗；對於歌要求詩歌與音樂的融合。西洋名曲之傳徧於全世界者，都有那樣好的旋律；李先生有深大的心靈，又兼備文才與樂才，據我們所知，中國作曲作歌的只有李先生一人。可惜他早已屏除塵緣，所作的只這册子裏所收的幾首。

現在中國還沒有爲少年少女們備一册較好的唱歌書。這册子雖然很小，但是我們相信牠多少總能潤澤幾個青年的心靈，因爲我們自己的心靈曾被潤澤過，所以至今遠時時因了諷詠而受到深遠的憧憬的啓示。

一九二七年綠陰時節

子愷識於立達學園

目　次

图三

梦见家和母亲

曲：奥德威（美）

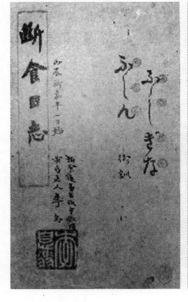

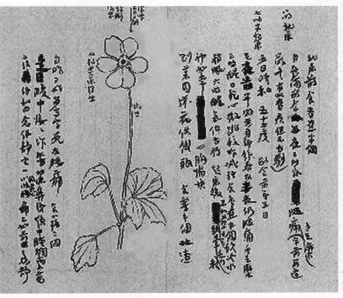

图四

图五

图六

【作者简介】

大桥茂,1953 年生,日本三菱电机美泰斯株式会社退休职员。

大桥志华,1951 年生,日本东京大东文化大学退休教师。

Li Shutong and His Song *Farewell* — Li Shutong's Becoming a Monk as a "Temporary Solution" and as a "Final Solution"

Ohashi Shigeru，Ohashi Shika

Summary

Farewell, a nostalgic song that came into being one hundred years ago，is widely popular in China. It is derived from *Dreaming of Home and Mother*, an American song written by J. P. Ordway in 1851. Later，it spread to Japan，where Kyūkei Indō re-wrote its lyrics and re-named it *Ryoshū*. It was during his study in Japan that Li Shutong came into contact with *Ryoshū*, wrote the Chinese lyrics for the same melody and named it *Farewell*. The three song writers were all exceptionally talented and shared a penchant for innovation and a concern for their country and their people. However，there have been myriad speculations about the causes for Li Shutong's becoming a monk and no final word has been said in this regard. This paper proposes an explanation of it as a "temporary solution" and as a "final solution".

从几首诗体作品看李叔同出家的思想转变

徐　承

李叔同之出家在文化史上具有特别的意义,显示了近世知识分子在中西冲突下对传统生活方式的执著追求。而作为一名诗人,李叔同的思想状况往往反映在他的诗体作品中。我们不妨通过对其诗体作品的解读,来追踪其出家前后的思想转变,并在与传统思潮的比较中,展示一代民国文化人的思想风貌。

一

李叔同出家以前是旧体诗的大家,其诗词创作享誉文坛,代表了中国古诗在向现代诗转变以前,所能达到的较高水平。赴杭任教之后,虽不再有规模性的诗社活动,但其诗歌创作依然保持了相当热情,名篇佳作层出不穷。我们在此仅选取思想内容较典型的几首加以解析。

1914年,时任浙江省立第一师范学校艺术教师的李叔同,应旧友许幻园之请,为其亡妻所绘花卉题写横幅,作有一首五言律诗,内容如下:

题梦仙花卉横幅

人生如梦耳,哀乐到心头。洒剩两行泪,吟成一夕秋。慈云渺天末,明月下南楼。寿世无长物,丹青片羽留。[1]

---

[1] 余涉编:《李叔同诗全编》,浙江文艺出版社1995年版,第46页。

此诗借哀悼许幻园亡妻宋贞之作意,表达对人生苦短的感叹。叹生命之短促易逝是中国诗的一大传统,如汉末曹操《短歌行》所言:"对酒当歌,人生几何?譬如朝露,去日苦多。"不过,把人生的转瞬即逝比喻成梦,却是一个佛教命题。弘一大师多年后手书的明代蕅益智旭"万古是非浑短梦"一偈,便把无限绵延的时间喻为短梦,以此说明法空。李叔同此时所写"人生如梦",虽没有直接的佛教寄寓,却已显示出佛教空观思想的某些影响。结尾一句"寿世无长物,丹青片羽留",多少流露出李叔同对生命借助艺术载体而留存后世之价值的肯认,这种"世俗"的人文主义价值观倒是与佛教空观颇有不同。弘一大师晚年诗曰:"扩大劫来,一时一刻皆梦中。破尽无明,大觉能仁,如是乃为梦醒汉,如是乃名无上尊。"[1]那是说,如梦人生一切都当勘破,连片羽都不必留存。可见,出家前后,李叔同的生命价值观经历了从"有"转向"空"(或"妙有")的变化,而此时尚处于将变而未变的那个点上。

再看下面三首作于浙一师的歌词:

悲 秋

西风乍起黄叶飘,日夕疏林杪。花事匆匆,梦影迢迢,零落凭谁吊?镜里朱颜,愁边白发,光阴暗催人老。纵有千金,纵有千金,千金难买年少![2]

落 花

纷纷,纷纷,纷纷,纷纷;纷纷,纷纷,纷纷,纷纷。惟落花委地无言兮,化作泥尘。寂寂,寂寂,寂寂,寂寂;寂寂,寂寂,寂寂,寂寂。何春光长逝不归兮,永绝消息。忆春风之日暄,芳菲菲以争妍。既垂荣以发秀,倏节易而时迁。春残。览落红之辞枝兮,伤花事其阑珊。已矣,春秋其代序以递嬗兮,俯念迟暮。荣枯不须臾,盛衰有常数。人生之浮华若朝露兮,泉壤兴衰。朱华易消歇,青春不再来。[3]

① 余涉编:《李叔同诗全编》,浙江文艺出版社1995年版,第86页。
② 余涉编:《李叔同诗全编》,浙江文艺出版社1995年版,第104页。
③ 余涉编:《李叔同诗全编》,浙江文艺出版社1995年版,第174页。

长 逝

看今朝树色青青,奈明朝落叶凋零。看今朝花开灼灼,奈明朝落红飘泊。惟春与秋其代序兮,感岁月之不居。老冉冉以将至,伤青春其长逝。①

三首歌词的体例虽大不相同,其基本诗思却是一致的,即感物叹逝以抒情。前两首的内容是典型的悲秋伤春,除句式上比同类型的古诗略为自由以外,创作的目的和方法都没有越出人文主义传统的美学套路。中国美学史上,抒情诗与儒家人文主义传统密切相关,而与重感知重体悟的佛禅传统分属不同的美学系统,后者往往是偏于自然主义乃至现象主义一路的。具体地说,抒情诗因感叹生命易逝而抒情,其根柢在于对今生今世个体性命的执着,所谓悲秋,所谓伤春,只是引起悲叹情绪的一种手段,这与佛禅境界中不以个体性命去留为挂碍的节情态度有很大区别。

悲秋传统可上溯自战国时代的《楚辞》,宋玉《九辩》中“悲哉秋之为气也! 萧瑟兮草木摇落而变衰”的语汇在历代诗文中被反复引用,李叔同的《悲秋》显然在有意接续这一传统。同样,在他的《落花》与《长逝》中,“春秋其代序以递嬗兮,俯念迟暮”和“惟春与秋其代序兮”这样的句子,也是有意模仿屈原《离骚》的名句“日月忽其不淹兮,春与秋其代序。惟草木之零落兮,恐美人之迟暮”,从而在对古典资源的援引中取得所抒情感的饱满与深厚。

为进一步明确此种诗思与佛教思想的区别,可举弘一大师晚年所写的歌词略作比较:

山 色

近观山色苍然青,其色如蓝。远观山色郁然翠,如蓝成靛。山色非变,山色如故,目力有长短。由近渐远,易青为翠;自远渐近,易翠为青。时常更换,是由缘会。幻相现前,非唯翠幻,而青亦幻。是幻,是幻,万

---

① 余涉编:《李叔同诗全编》,浙江文艺出版社 1995 年版,第 139 页。

法皆然。①

花　香

庭中百合花开。昼有香,香淡如;入夜来,香乃烈。鼻观是一,何以昼夜浓淡有殊别? 白昼众喧动,纷纷俗务萦。目视色,耳听声,鼻观之力,分于耳目丧其灵。心清闻妙香,用志不分,乃凝于神:古训好参详。②

　　这两首歌词同样以自然景物入诗,诗思却仅限于观想,全无抒情可言。前一首把山色看作因缘聚合而成的幻相,以此证悟万法皆幻的佛理;后一首同样视花香为现象,用以说明凝聚心识方可获取清净自性的古训。前述那种一去不复返的绵延时间意识和个我生命感喟在此已无迹可寻,唯余一片涤尽尘劳的静谧与空灵,这,才是佛的境界。

　　简言之,处于思想转变前夕的浙一师教师李叔同,在对待生命的基本态度上,是持守人文主义立场的。

二

　　1916 年年底,李叔同因身体原因赴虎跑大慈寺断食,近距离接触了出家人的真实生活,深受感化,遂坚定了向佛之心。1917 年下半年,李叔同开始发心吃素。1918 年正月,李叔同在杭州虎跑大慈寺皈依,并于当年夏天出家为僧。

　　这一时期李叔同的思想发生了天翻地覆的剧变。下面这首歌词,表现出与前引抒情诗大不相同的美学风味:

归　燕

几日东风过寒食,秋来花事已阑珊。疏林寂寂双燕飞,低回软语语

---

① 余涉编:《李叔同诗全编》,浙江文艺出版社 1995 年版,第 181 页。
② 余涉编:《李叔同诗全编》,浙江文艺出版社 1995 年版,第 183 页。

呢喃：呢喃，呢喃，呢喃，呢喃。雕梁春去梦如烟，绿芜庭院罢鼓弦，乌衣门巷捐秋扇，树杪斜阳淡欲眠。天涯芳草离亭晚，不如归去归故山，故山隐约苍漫漫。呢喃，呢喃，呢喃，呢喃，不如归去归故山。①

在这些诗句里，因感物叹逝而起的忧伤沉郁的情怀已经不存在了，前三句虽布满自然景象，却没有一个可以起兴的时间点（如"悲秋"时秋的固定节令），一切自然物都被置于春去秋来的循环时序之中，以证明世俗生命的空幻如烟。"雕梁春去梦如烟，绿芜庭院罢鼓弦，乌衣门巷捐秋扇"，接连调用古诗文中的意象典故来说明盛极而衰的轮回之无奈，又紧接一句"树杪斜阳淡欲眠"来看淡、看空这一切。随后，诗的主旨出场了："不如归去归故山，故山隐约苍漫漫。"此与东晋陶潜"因值孤生松，敛翮遥来归……托身已得所，千载不相违"、盛唐王维"春草明年绿，王孙归不归?"的山水田园诗意正一脉相承；而诗句的语气也与陶潜《归去来兮辞》的首句"归去来兮，田园将芜胡不归?"相仿佛。这表露出李叔同的思想意识正在向亲和自然的归隐传统靠拢。

再看同期的《天风》：

一

云瀜瀜，云瀜瀜，拥高峰。气葱葱，气葱葱，极巃嵸。苍耸耸，苍耸耸，凌绝顶，侧足缥缈乘天风。咳唾生明珠，吐气嘘长虹。俯视培塿之垒垒，烟斑黛影半昏蒙。仰观寥廓之明明，天风回碧空。

天风荡吾心魄兮，绝于尘埃之外，游神太虚。天风振吾衣袂兮，超于万物之表，与世长遗。

二

莽洋洋，莽洋洋，浮巨溟。纷矇矇，纷矇矇，接苍穹。浪汹汹，浪汹汹，攒芒锋，扬泄汗漫乘天风。散发粲云霞，长啸惊蛟龙。俯视积流之

① 余涉编：《李叔同诗全编》，浙江文艺出版社1995年版，第156页。

茫茫,百川回渎齐朝宗。仰观寥廓之明明,天风回碧空。

　　天风荡吾心魄兮,绝于尘埃之外,游神太虚。天风振吾衣袂兮,超于万物之表,与世长遗。①

　　这是一首典型道教传统的游仙诗,想象雄伟瑰奇,尽是"咳唾生明珠,吐气嘘长虹""散发粲云霞,长啸惊蛟龙"的仙趣。丰子恺和夏丏尊曾各自在回忆文章中提到李叔同喜读道家书的事实。② 不过,并无直接证据表明李叔同对羽化成仙的神仙方术产生过大的兴趣,与其说他是在向往神通无碍的仙客生活,不如说只是借穷极的想象抒隐逸之怀。"绝尘于尘埃之外……超于万物之表,与世长遗"云云,与《归燕》的旨趣大致相同。

　　下面两首歌词亦带来类似的消息:

幽　居

　　唯空谷寂寂,有幽人抱贞独。时逍遥以徜徉,在山之麓。抚磐石以为床,翳长林以为屋。眇万物而达观,可以养足。

　　唯清溪沉沉,有幽人怀灵芬。时逍遥以徜徉,在水之滨。扬素波以濯足,临清流以低吟。睇天宇之廓寥,可以养真。③

幽　人

　　深山之麓,三椽老茅屋,中有幽人抱贞独。当风且振衣,临流可濯足。放高歌震空谷:呜,呜,呜,呜,呜,呜! 浊世泥途污,浊世泥途污。道孤,道孤;行殊,行殊。吾与天为徒,吾与天为徒。④

　　两首诗的语言和内容都非常接近。其"振衣""濯足"的语典,出自西晋

---

① 余涉编:《李叔同诗全编》,浙江文艺出版社1995年版,第168页。
② 丰子恺:《为青年说弘一法师》,见《丰子恺文集》第6卷,浙江文艺出版社、浙江教育出版社1992年版,第149—150页。夏丏尊:《弘一法师之出家》,见《夏丏尊文集·平屋之辑》,浙江人民出版社1983年版,第246—247页。
③ 余涉编:《李叔同诗全编》,浙江文艺出版社1995年版,第164页。
④ 余涉编:《李叔同诗全编》,浙江文艺出版社1995年版,第166页。

左思的名句"振衣千仞冈，濯足万里流"，其内容也同样表达了欲出尘离世、独自归隐山林的方外之志。所谓"吾以天为徒"，便是尊"天道"为师，向自然回归。但注意，这里的自然主义内涵并不十分纯粹，"抱贞独""怀灵芬""浊世泥途污"等表述，在思想上属于屈原式的道德主义。换言之，李叔同的山林之志并非只是对天地大美的钟情，在此之外，尚伴有一定程度的道德层面的追求。

在1916年秋入虎跑断食以前，李叔同还写有一首颇具佛趣的四言小诗：

题陈师曾荷花小幅

师曾画荷花，昔藏余家，癸丑之秋，以贻听泉先生同学。今再展玩，为缀小词。时余将入山坐禅，"慧业"云云，以美荷花，亦以是自劲也。丙辰寒露。

一花一叶，孤芳自洁。昏波不染，成就慧业。[①]

从"余将入山坐禅"的题记看，他"断食"的目的显然并不仅仅是休养生息，更带有宗教目的。诗中"一花一叶""染""慧业"等词，均已显出浓郁的佛教旨趣，尽管"孤芳自洁"的寓意仍属儒家比德传统。可以断言，李叔同之寻求归隐，并不似庄周、陶渊明般仅以归向山水田园为单纯目标，他的理想有自然主义的成分，甚至不乏道德内涵，但究其根底，却是对终极的彼岸世界的渴慕。且看这首饱含宗教情感的歌诗：

朝 阳

观朝阳耀灵东方兮，灿庄严伟大之荣光。彼长眠之空暗暗兮，流绛彩以辉煌。

观朝阳耀灵东方兮，灿庄严伟大之荣光。彼瞑想之海沉沉兮，荡金波以飞扬。

惟神，惟神，惟神！创造世界，创造万物，锡予光明，锡予幸福无疆。

---

① 余涉编：《李叔同诗全编》，浙江文艺出版社1995年版，第47页。

观朝阳耀灵东方兮,感神恩之久长。①

前半是对朝阳东升之辉煌景象的描绘,后半笔锋一转,联想到大自然的存在根据——神明,并进而对其展开赞叹与感恩。注意,此处李叔同所尊崇的,并非佛陀或菩萨,而是一个"创造世界,创造万物"的"神"。佛教并未吸纳印度教的创世神话,佛仅是世间的觉者,即便佛的法身也只是超越于物质世界的智慧的本体,不涉及创世说。诗中创世的观念,以及对神"感恩"的提法,倒是更接近于西方基督教。

据李叔同《断食日志》记载,他的断食活动伴有日本天理教的仪文祝颂活动:

十一月廿二日,决定断食。祷诸大神之前,神诏断食,故决定之。

是晚感谢神恩,誓必皈依。

暗记诵《神乐歌序章》。②

虽然李叔同在佛教寺院中断食,其间也常诵读佛经、临摹佛像、观览《释迦如来应化事迹图》,但其进行断食的每一个具体步骤,却都是在天理教的仪文指导下进行的。其中尤以这句话至关重要:"是晚感谢神恩,誓必皈依。"③李叔同皈依的是佛教,感谢的却是"神恩",这告诉我们,在李叔同深入学佛以前,他的思想是神佛合一的,他把佛就当成了其他宗教所尊崇的神。林子青指出:"大师在入佛之前,曾一度信过日本天理教,似系受其日籍夫人之影响,此为以前所未知。据日本学者滨一卫考证,她归日后成为天理教信徒云。"④天理教是日本近现代最有影响的宗教之一,其"创造主""天理""启示""拯救""真神降临世间"等核心观念,都与基督教教理极其相似,而与佛教教旨大异其趣。《朝阳》中那个"创造世界,创造万物"的"神",很可能是一个被泛化地理解成佛菩萨的天理教"真神"。

---

① 余涉编:《李叔同诗全编》,浙江文艺出版社 1995 年版,第 171 页。

② 《弘一大师全集》第 8 册,福建人民出版社 1992 年版,第 13—16 页。

③ 《弘一大师全集》第 8 册,福建人民出版社 1992 年版,第 15 页。

④ 夏丏尊等:《弘一大师永怀录》,(台北)龙树菩萨赠经会 1991 年版,第 94 页。

循着这一思路,李叔同下列诗歌中的神秘主义取向就可以得到解释了:

月

仰碧空明明,朗月悬太清。瞰下界扰扰,尘欲迷中道!惟愿灵光普万方,荡涤垢滓扬芬芳。虚渺无极,圣洁神秘,灵光常仰望!

仰碧空明明,朗月悬太清。瞰下界暗暗,世路多愁叹!惟愿灵光普万方,披除痛苦散清凉。虚渺无极,圣洁神秘,灵光常仰望!①

晚 钟

大地沉沉落日眠,平墟漠漠晚烟残。幽鸟不鸣暮色起,万籁俱寂丛林寒。浩荡飘风起天杪,摇曳钟声出尘表。绵绵灵响彻心弦,眇眇幽思凝冥杳。众生病苦谁扶持?尘网颠倒泥涂污。惟神悯恤敷大德,拯吾罪过成正觉。誓心稽首永皈依,瞑瞑入定陈虔祈。倏忽光明烛太虚,云端彷佛天门破。庄严七宝迷氤氲,瑶华翠羽垂缤纷。浴灵光兮朝圣真,拜手承神恩!仰天衢兮瞻慈云,忽现忽若隐。钟声沉暮天,神恩永存在。神之恩,大无外。②

这两首诗将神秘宗教体验和佛教观念糅合一处,在思想表达上极为混沌复杂。"清凉""众生""病苦""罪过""正觉""皈依""入定""七宝""慈云"等等,皆是佛教语汇,然两诗的整体风貌,却是一派沉郁幽玄,全无佛教的清凉空明之感。尤其《晚钟》中"惟神悯恤敷大德""拜手承神恩""神恩永存在。神之恩,大无外"等句,满怀感承神恩的虔敬之心,带有强烈的异教气息。可与此同时,作者又把此"神"附会成可以"拯吾罪过成正觉"、可以被人"仰天衢"而"瞻"的"慈云"亦即佛。这样的思想状态,充分反映了李叔同初涉佛法时兼采各家、相融互用的信仰策略。

这便是李叔同出家前夕的思想面貌,源自道家传统的隐逸情怀有之,承

---

① 余涉编:《李叔同诗全编》,浙江文艺出版社1995年版,第175页。
② 余涉编:《李叔同诗全编》,浙江文艺出版社1995年版,第177页。

自屈子与儒家传统的道德追求有之,出于异教教义的神恩观念有之,成就无上正觉的佛家愿想更有之。若说出家后的弘一法师是一位专心致力于佛法传习的大德高僧,那么此时的李叔同,正是最后破茧之前,假借他途以迂回至佛地的一名艰辛的摸索者。

三

1918年旧历正月十五,李叔同在杭州虎跑大慈寺皈依三宝,并于当年旧历五月下旬入山修行,旧历七月十三日落发出家。

范古农居士说:"师初出家在虎跑寺,见其忏地藏课甚严,瓣香灵峰蕅益,奉宗论为圭臬,又知法门唯净土为最方便,教义唯华严为最完备,而华严普贤十大愿王又有导归极乐之功,与净土法门有密切之关系,其弘律宗南山,南山之于教亦依贤首,故综师之佛学,于律于教于净,一以贯之。"①这段话很好地描述了弘一大师佛学思想的体系结构,同时也告知我们,大师出家后,很快就形成了以净土信仰为根基,华严义理为上层展开,戒律行持为日用实践的修习态势。前一时期混杂进其思想的道家自然主义和异教神秘主义成分,都已经完成了助缘的任务,逐渐被转化成纯粹的佛教思想内容了。

身居佛门的弘一大师几乎不再写抒情诗,但仍以弘扬佛法的名义,为各种佛教歌曲填词。另外,他所作的许多佛偈,风格雅致、韵律优美,可以看作是一种特别的四言诗体。请看弘一大师1924年为杭州西泠印社华严经塔所题偈:

> 十大愿王,导归极乐。华严一经,是为关阃。
>
> 大士写经,良工刻石。起窣堵坡,教法光辟。
>
> 深心随喜,功德难思。回共众生,归命阿弥。②

前两句是说《四十华严》最后一卷《普贤行愿品》所记普贤菩萨十大行

---

① 夏丏尊等:《弘一大师永怀录》,(台北)龙树菩萨赠经会1991年版,第148—149页。

② 《弘一大师全集》第8册,福建人民出版社1992年版,第28页。

愿,具有导归极乐之功,乃是整部《华严经》的关阖所在;最后一句重述普贤的第十种行愿——回向众生,并把回向的内容归结为往生弥陀净土。从这首佛偈可以看出,弘一大师对《华严经》的理解,是以净土信仰为前提的。我们知道,无论是传统华严宗僧人,还是对弘一大师有重要影响的一代儒宗马一浮,对《华严经》的理解都是偏于唯心论一路的,并不把它当作净土信仰的指导性纲领。换言之,他们把《华严经》"顿入法界"的解脱方案理解为证悟本心,而不是往生外在实有的西方弥陀净土。佛教心性论盛行于唐代,唐末佛教衰歇以后,持心性论的华严、天台诸宗都名存实亡了,①作为易行道的净土宗以前所未有的规模侵吞了民间佛教,而华严、天台、禅宗的义理则被儒家知识分子吸收,与中国传统思想互相发明,开出了宋明新儒学,马一浮的心性论佛学思想就是源自这一上层思想路线。弘一大师对《华严经》的净土式理解,正与近世佛教诸宗归于净土的大趋势相符。

所以说,净土信愿,实是弘一大师信仰的根基所在。请再读一偈:

> 甲戌初夏大病有欲延医者说偈谢之
> 阿弥陀佛,无上医王。舍此不求,是谓痴狂。
> 一句弥陀,阿伽陀药。舍此不服,是谓大错。②

阿伽陀药即长生不死药。弘一这几句佛偈表意非常浅白,是说他的大病不必就医,只需称念佛号、借佛愿力,便可获终极解脱。可见,弘一大师的基本信念,是典型民间宗教式的,但这并不妨碍大师在佛学义理上有高超的见解:

> 竹园居士幼年书法题偈
> 文字之相,本不可得。以分别心,云何测度。
> 若风画空,无有能所。如是了知,乃为智者。

---

① 禅宗比较特殊,因其"以心传心""不立文字",对经文典籍没有过多依赖,故而在毁佛运动中没有受到致命打击,但后来亦在"禅净双修"的大趋势下渐被净土宗同化。
② 《弘一大师全集》第8册,福建人民出版社1992年版,第30页。

竹园居士，善解般若。余谓书法亦然。今以幼年所作见示，叹为玄妙。即依是义，而说二偈。癸酉正月，无碍。①

这是极高明的空观义理。真理实相本来是离于文字的，但为了表诠实相，又不得不假借文字。在这种情况下，就需要不起分别心，把文字表诠实相看作是风在空中舞动，不执著于孰为风动之主体，孰为风动之客体，或者说不深究能诠之文字与所诠之实相的分别，而仅仅是观相，如此才能了知真理实相。弘一大师此说其实是把禅宗空观与华严宗的圆融无碍之法贯通起来了，一方面，如禅宗所说，文字乃是名相，不必执著于斯，另一方面，又强调不辨能所，实际上是援引了华严宗的理事无碍说，认为事即理，理即事，等无差别，当一体观之。

弘一大师晚年述而不作，其佛学思想只是零星散落在他的艺文作品中。但无论哪一种体类的艺术创作，都反映了他圆融诸宗、兼采各家的包容态度。正如他自己所说：

佛法本来平等无二，无有可说，即佛法之名称亦不可得。于不可得之中而建立种种差别佛法者，乃是随顺世间众生以方便建立。因众生习染有深浅，觉悟有先后。而佛法亦依之有种种差别，以适应之。②

我平时对于佛教是不愿意去分别那一宗、那一派的，因为我觉得各宗各派，都各有各的长处。③

此是弘一大师所达到的思想境界，也是其佛教艺术创作，包括书法、绘画、音乐等，能成为佛门至宝的关窍之所在。

【作者简介】

徐承，1980 年生，文学博士，杭州师范大学弘一大师·丰子恺研究中心

---

① 《弘一大师全集》第 8 册，福建人民出版社 1992 年版，第 26 页。
② 《弘一大师全集》第 7 册，福建人民出版社 1992 年版，第 375 页。
③ 《弘一大师全集》第 8 册，福建人民出版社 1992 年版，第 20 页。

研究员。

Li Shutong's Ideological Transformation at the Time of His Becoming a Monk as Reflected in His Poems

Xu Cheng

Summary

As a poet，Li Shutong's thoughts also find expression in his poems. By analyzing his poems，we can discover that before and after entering into religion，Li's thoughts went through three stages— humanism, a mixture of several heathenish components，and thorough Buddhism.

魅力学堂乐歌

——李叔同音乐校本课程的有效开展

刘 恬 吴颖玮

一、引言

李叔同,学堂乐歌作者,音乐、美术教育家,书法家,戏剧家。少时即擅长吟诗作画,写字刻印,多才多艺。李叔同不仅是中国学堂乐歌最为杰出的作者,而且较早注意将民族传统文化遗产作为学堂乐歌的题材。

我们叔同实验小学虽然是一所年轻的学校,但在各方面都有着鲜明的办学特色。李叔同先生的艺术成就与人格魅力不仅是我们艺术教育的源泉,更是我们的精神成长摇篮。我们不追求每个孩子成为艺术家,但艺术能让孩子生活更加丰盈、美满。每年学校都将举行叔同人文艺术节,声乐、舞蹈、课本剧、英语诵读等等,让校园更加充满活力,也给了学生一个自我展示的舞台,为他们带来了无限的乐趣。随着新课程发展需要,更需要有本土、本校的音乐校本课程去补充,既弘扬了地方文化特色,又为学生尽情的表现音乐、创造音乐、感悟音乐,构建了平台。

二、精选内容,构建李叔同音乐校本课程

《基础教育课程改革纲要》鼓励学校在执行国家课程和地方课程的同时,从当地社会、经济发展的具体情况,结合本校的传统和优势、学生的兴趣和需要,开发或选用适合本校的课程。校本课程作为整个课程大系统中的一个分支,它不只是学科教学的补充、延伸和拓宽,还具有相对独立性、稳定

性和灵活性。

由于平时学生很少接触李叔同先生的学堂乐歌,因此选择与编写一系列相关教学内容直接关系到校本课程教学是否成功,起着举足轻重的作用。我们认为,教材的选择与编写既要考虑到小学生的年龄特点,接受能力,兴趣爱好,又要考虑难易程度和审美价值,使学生产生浓厚的学习兴趣。

1. 广泛收集学堂乐歌

通过多种渠道收集李叔同先生的乐歌作品,他一生迄今留存的乐歌作品有 70 余首。他创作的歌曲内容广泛,形式多样,主要分三类:一是爱国歌曲,如《祖国歌》、《我的国》、《大中华》等;二是抒情歌曲,如《春游》、《早秋》、《西湖》、《送别》等;三是哲理歌曲,如《落花》、《悲秋》、《月》等。将这些作品进行整理,挑选出适合小学生演唱的乐歌。比如表达李叔同爱国、忧国的情怀与强国心愿的《利州南渡》、《祖国歌》等,抒情歌曲是李叔同学堂乐歌作品的精华,其中的《忆儿时》、《春游》、《送别》至今被人们传唱。

2. 编辑学堂乐歌教材

我们将收集整理好的学堂乐歌编辑成《李叔同学堂乐歌集》校本教材,在各年级开展教学活动,将学唱歌曲、赏析歌曲、音乐创作实践等有机地整合。教材根据作品旋律和所包含的情感进行难易分类,确定出各年段的课程内容。

《李叔同学堂乐歌集》校本教材各年级学习目标			
学堂乐歌曲目	适用年段	学生音乐能力发展关注点	学生音乐能力拓展点
《送别》	全校	◆ 李叔同的代表作,传唱至今。 ◆ 选曲填词,西方音乐文化和中国诗词的结合。 ◆ 借景抒情,感受旋律的优美,歌词的情真意挚。	◆ 中高年级写写歌曲的体会。 ◆ 高年级开展合唱教学。
《春郊赛跑》	低年级	◆ 旋律简单,节奏明快。	◆ 随音乐做简单律动。
《采莲》	低年级	◆ 情绪活泼欢快。 ◆ 感受池塘美景。	◆ 制作道具,装扮教室。 ◆ 小组合作进行歌表演。

（续表）

\<李叔同学堂乐歌集\>校本教材各年级学习目标			
学堂乐歌曲目	适用年段	学生音乐能力发展关注点	学生音乐能力拓展点
《忆儿时》	中年级	◆ 体会歌词无限留恋儿时欢乐的情绪。 ◆ 感受歌曲表达的意境。 ◆ 附点节奏的准确演唱。	◆ 寻找儿时的游戏。 ◆ 将游戏结合进歌曲进行表演。
《落花》	中年级	◆ 旋律稳促精进。 ◆ 感叹青春易逝的情绪。	◆ 找找关于珍惜时间的名言。
《春游》	中年级	◆ 了解是李叔同创作词曲的学堂乐歌。是我国最早的一首三部合唱作品。 ◆ 节奏明快、富有朝气。 ◆ 借景抒情，体会歌词所表达的"人在画中游"的意境。 ◆ 注意♯4的音准。	◆ 回忆一下以前学过关于春天的歌曲。 ◆ 进行合唱教学。 ◆ 采用多种形式进行歌表演。
《早秋》	中年级	◆ 李叔同创作词曲的学堂乐歌。 ◆ 体会歌词意境。 ◆ 一字多音要唱的圆润，柔和。 ◆ 注意♯4的音准。	◆ 用竖笛吹奏曲调。
《祖国歌》	高年级	◆ 了解歌曲创作的背景。 ◆ 感受民间《老六板》曲调。 ◆ 体会歌曲所表达的爱国精神。	◆ 请学生用古筝演奏民间音乐《老六板》。 ◆ 课后收集李叔同爱国诗词作品。
《梦》	高年级	◆ 旋律起伏较大，关注演唱技巧。	◆ 用竖笛吹奏曲调。 ◆ 采用多种形式进行歌表演。
《利州南渡》	高年级	◆ 了解歌曲创作背景。 ◆ 体会爱国、忧国的情感。	◆ 班级举行李叔同学堂乐歌的小型音乐会。 ◆ 制作《音乐家——李叔同》电脑小报。
《西湖》	高年级	◆ 了解歌曲的创作背景。 ◆ 感受对西湖的赞美之情。 ◆ 注意一字多音的演唱。	◆ 用竖笛吹奏曲调。 ◆ 欣赏《西湖》合唱。

3. 设置李叔同音乐校本课程

李叔同音乐校本课程和学科课程一样,必须有严格规定的科学知识范围,体现知识的逻辑结构和明确的训练标准,既有课时保证,又要有专业教师,这样才能做到活动内容有序有度,教学有章可循,有本可依,使李叔同音乐校本课程有目的、有计划、有系统地开展。

首先,在每个月的音乐课中,抽取两课时展开李叔同音乐校本课程活动,以保证校本课程的开展。还可以利用午休课全校集体开展李叔同歌曲大家唱活动,让学生能在除课堂以外更多地接触李叔同的学堂乐歌。再次,利用学校合唱队每周定时活动一次,教唱一些具有较高艺术水准的歌曲,如由李叔同先生自己写词谱曲的《春游》,则是我国目前可见的最早的一首三部合唱歌曲,全曲色彩干净和谐而又明亮。通过演出、比赛等活动不断丰富和完善校本课程的内涵。几种方式,各有所长,普及与提高兼容。

如:与音乐教学整合

李叔同先生编作的学堂乐歌继承了中国古典诗词的优良传统,他的作品大多为借景抒情之作,填配的文辞依永秀丽,声辙抑扬顿挫有致,意境深远而富于韵味。加上他具有较为全面的中西音乐文化修养,选用的多为欧美各国的通俗名曲,曲调优美动人,清新流畅,词曲的结合贴切顺达,相得益彰,达到了很高的艺术水平。因此,李叔同先生的学堂乐歌作品广为青年学生和知识分子所喜爱。

唱一唱

在音乐课堂上组织学生一起学唱李叔同先生的歌曲。教师有选择性的挑一些比较熟悉,朗朗上口的作品进行教唱。比如,常常伴随学生就寝时的音乐《送别》,这首歌自1914年问世以来,被传唱了将近一个世纪!旋律优美,歌词清新淡雅,情真意挚,学生非常喜欢。还有《春郊赛跑》、《春游》、《忆儿时》等等,这些都是李叔同先生代表性的作品。

演一演

李叔同先生还参与过几部歌剧的演出,在音乐课堂上除了让学生学唱歌曲外,还可以让学生以小品的形式表演歌曲,以小品的形式来演一演李叔同先生音乐、戏剧的故事片断,以此来加深对作品的理解。

比一比

在学生学唱了李叔同先生的学堂乐歌后,还可以以班级为单位,组织学生开展"歌咏会",通过比赛,一方面可以增强班级的凝聚力和同学间的合作意识,另一方面还可以丰富学生的课余生活。

三、课堂实践,完善李叔同音乐校本课程

作为校本课程的实施者,需要不断改进和探索教学方法和手段,使教育科研工作与课堂教学过程在基本思想与操作程序上达到一致。把教学现象作为研究对象,强调科研过程的规范性与日常教学过程优化的紧密结合。因此,我们立足课堂,逐步探索出适合学生的教学形式。

1. 赏析——感悟学堂乐歌的创作美

通过欣赏教学,培养学生对音乐的兴趣、爱好和欣赏的习惯,发展音乐听觉能力、记忆能力和想象力,使他们具有初步的音乐感受能力,并以此促进音乐表现能力。[①] 音乐课堂中,让学生初步了解李叔同的乐歌作品,为歌曲的学唱及表演作铺垫。通过赏析,叔同学子对李叔同先生的学堂乐歌有了更深的了解,心中升腾起一种责任感——要唱好李叔同先生的歌,让大师的精神得到传承。

在欣赏《春游》一曲时,让学生了解到这是由李叔同先生创作词曲的学堂乐歌,也是作为中国人自己写作的第一首合唱曲。歌词是一首优美的七言诗,抒写了人们春日郊游踏青的情景,配上节奏明快,富有朝气的旋律,真正做到了词曲的完美结合,生动地表现了"人在画中游"的盎然诗意,使歌曲富有情趣与美感。通过赏析,让学生充分感受作者歌唱自然,借景抒情的诗人气质。[②]

《西湖》是李叔同先生选曲填词的音乐作品,歌曲的艺术水平高。抒情的旋律,优美的歌词,由衷地赞美了西湖的美景。欣赏前让学生了解歌曲的创作背景,是李叔同先生当年在学校教唱的歌曲。初次欣赏后,出示《西湖》

---

① 艾品:《小学音乐教材分析与教法研究》,云南教育出版社 2000 年版,第 83 页。
② 陈净野:《李叔同学堂乐歌研究》,中华书局 2007 年版,第 69、71 页。

的歌词,让学生随着音乐来朗诵歌词,体会所表达的含义并在小组内交流讨论。通过教师对作品的分析,学生感受到乐曲充满了赞美情绪。多次欣赏后,让学生用竖笛吹奏曲调,再次感受旋律的优美流畅,及其具有的独特艺术魅力。

2. 学唱——体验学堂乐歌的意境美

学堂乐歌有一个共同特点就是大多是选曲填词,通过填词李叔同用"本国语言"向人们诉说他最深沉的感情,这也是他的有些歌能传唱至今的一个重要的原因。李叔同一生创编的学堂乐歌数量虽然不多,但艺术水准之高、传播之广、影响之大,在当时是屈指可数的。通过音乐课堂上学唱李叔同的音乐作品,激发学生学习的兴趣,以及了解李叔同音乐作品所表现的意境和包含的爱国精神。

在执教《音乐家——李叔同》的一课中,重点学唱了李叔同广为传唱的代表作《送别》,这是一首人们最熟悉的李叔同作词的学堂乐歌,至今还在很多场合吟唱,潜移默化中已成为叔同学子的代表曲。李叔同十分景仰具有现代性的西洋音乐文化,《送别》就是西方音乐文化和中国传统文化的完美结合。歌曲的曲作者是美国的 J. P. 奥德威,此曲旋律优美并带有忧伤的情调。[1] 课后602班的一位同学写下了这样的感受:今天的音乐课给我的感触很深,我最喜欢李叔同先生的《送别》优美的旋律,耐人寻味的歌词,听来让人百感交集。老师的课也很精彩,让我们在学唱后明白了许多做人的道理,珍惜现在的幸福生活。生活在以李叔同先生名字命名的学校里,我感觉无比自豪。

3. 演绎——传承学堂乐歌的生命力

在学生学习了学堂乐歌,对其形式、意境、构思等知识有了一定的了解后,教师再引导学生即兴为歌曲配以舞蹈、律动、绘画等以音乐为主的综合实践活动表现音乐作品,加深对作品的理解,同时也培养了学生对音乐的创新能力。

被称为《送别》姊妹篇的《忆儿时》是一首写景抒情的歌曲。歌词隽永清新,富有韵味,像一幅幅美丽的,充满童趣的画面。[2] 学唱后,我让学生找到

---

[1] 陈净野:《李叔同学堂乐歌研究》,中华书局 2007 年版,第 71 页。
[2] 陈净野:《李叔同学堂乐歌研究》,中华书局 2007 年版,第 76 页。

自己的合作伙伴,用自己喜欢的形式来表现音乐。随着音乐响起孩子们玩起了小游戏,跳皮筋、丢手绢,天真、活泼、好动的天性一下子被激发了。一开始的担心撒手学生,会出现乱堂,不好管理,此刻发现是多余的,看到的只是学生充分发挥思维,相互激励,启迪智慧,开阔思路的一条通道。对于学生的表演,我没有苛求要达到怎样的艺术水平,只要他们在表演中充分利用小组的力量,发挥表演潜能,使在表演中有所体验、有所理解、有所提高。

四、结语

李叔同音乐校本课程实施前,学生对李叔同先生的了解仅仅停留在李叔同是一位多才多艺的文化名人的直观印象层面,对于李叔同先生的了解、感悟、学习的途径比较单一。通过李叔同音乐校本课程的实施,学生对李叔同学堂乐歌的了解,扩展到对李叔同先生人格精神、爱国精神、教育精神等更多了解、认识与感悟。学生对李叔同先生的音乐学习兴趣与日俱增,音乐的感受力、想象力、创造力、表演能力也得到了明显提高。世界上最有生命力的是野草,我们就要让孩子像野草一样,扎根于学校的沃土中,萌发、成长、开花。

【作者简介】

刘恬,平湖市叔同实验小学教师。

吴颖玮,平湖市叔同实验小学教师。

The Eternal Appeal of School Songs
—The Effective Development of Li Shutong's
School-based Music Curriculum

Liu Tian   Wu Yingwei

Summary

Through the implementation of Li Shutong's school-based music curriculum, students are enabled to understand not only his music but also his personality, patriotism and educational ideas. Their interest in studying his music grows from day to day and their musical perception, imagination and performance are visibly enhanced. This paper explains our following undertakings: first, we meticulously selected our teaching contents and reconstructed Master Hongyi's school-based music curriculum. After collecting and sorting out his school songs, we compiled *A Selection of Li Shutong's School Songs* and used it in music instruction across all the grades. Every month, we set aside two class hours to implement Li Shutong's school-based music curriculum to assure its development. Second, we improved and perfected this curriculum in the classroom. Through appreciation the students feel the beauty of the school songs, by singing them they are able to imagine the world the songs call up and by performing them they inherit and add to their eternal vitality.

春柳社第二次公演《黑奴吁天录》场地选择初探

沈 超

　　春柳社作为中国第一个戏剧艺术团体,在中国戏剧史上的地位毋庸置疑。尤其是中国新剧史上的地位,在许多著作和论述中都有所涉及。例如:署名为春柳旧主的《春柳社之过去谭》、欧阳予倩的《自我演戏以来》、神瑛的《春柳社新剧志略》、剑啸的《中国的话剧》、徐慕云的《中国戏剧史》以及黄爱华的《中国早期话剧与日本》等。这些著作一方面对春柳社的活动及演出给予很高的评价,另一方面针对每个著述中的一些问题也给予了详细的考证。近年来,关于春柳社演出资料和考证在不断地充实。读者一方面可以从各个角度全方位地去了解春柳社,另一方面围绕着春柳社的中国早期戏剧社会大环境也在逐渐还原于大众。在上述众多关于春柳社的研究中,笔者对春柳社重大公演的场地选择有着自己的兴趣。演出场所作为一个艺术团体展示的舞台,在演出中占据着很重要的位置。笔者重点以春柳社第二次公演暨中国话剧史上第一部作品《黑奴吁天录》为考察对象,对其公演的场地选择给出自己的建议和思考。

　　在说明第二次公演的问题之前,我们先简单了解一下第一次公演的情况。1907 年 2 月,春柳社进行了建社以来的第一次公演,演出的剧目是小仲马的《茶花女》选幕,也被翻译成《匏止坪诀别之场》。这次演出普遍被认为是中国戏剧史上作为新兴话剧出现的第一次公演。而演出的契机现在看来是两方面:一是 1906 年冬,中国长江、淮河流域发生大水灾,留日的中国学生通过日本国内的各种报道,了解到了这一情况,出于对祖国的担忧,故而进行各种形式的募捐活动。而赈灾演出作为一项具体的措施就在此时展开,刚刚成立的春柳社文艺研究会决定初试锋芒,为祖国献出自己的爱心。

二是春柳社骨干人员李叔同和曾孝谷等人一直醉心于日本新派剧,且各自都有演出的经历和经验,所以他们决定演出一场像日本新剧那样的舞台剧。从演出背景我们可以了解到,春柳社的第一次公演是具有赈灾性质的,虽然春柳社的社员内心有着对于戏剧的热爱,但在这样一个非常时刻,赈灾被列为了首要目的。演出的地点是在中华基督教青年会馆,位于东京神田土代町。事实上这个机构并不是完全的中华基督教青年会,而是一个叫"日本基督教青年会"的场所,"中国青年会"只是在其内部设立的一部分。目的是通过基督教的教育提高留学生的情操,并希望通过该会,在履行青年会中枢机构机能的同时,白天讲授日语及音乐,夜间讲授英语。而且为增长高尚的娱乐情趣,还额外设置了游戏室。上述的这些目的都是为了使留学生的品性和修养得到提高。青年会馆为留日学生的集中提供了一个场所,而李叔同当时就率先加入了该会,这为他认识其他春柳社的骨干人员提供了一个见面的机会。但是由于之前的场地比较狭小,特别是中日青年会两个机构同时设立,所以为扩大场地,新的会馆就被建立起来了。新建筑为73.3坪,是一座三层楼的会堂,供中国青年以及日本军人使用。其中中国青年会租借会堂二楼、三楼三年,根据当时的记载,建筑一楼有理发室、浴室,二楼有事务室、教室以及娱乐室,三楼为大厅,设有镜框式的西式舞台,可以容纳二千多人。[1] 关于这点,我们可以从一些资料得到佐证,根据《时报》中关于《茶花女》演出的报道:

> 是日观者约二千人,欧、米及日本男女亦接踵而至。[2]

报道中说到了演出当日的大约人数,根据场馆资料和报纸报道数据,我们也基本确认演出《茶花女》的中华基督教青年会馆的三楼西式会堂的容量为二千人左右。演出的结果如何?我们根据当时国内外的各大报道和若干著述,春柳社的第一次公演是非常成功的,特别在当时《时报》上甚至说"台下拍掌之声雷动",由此可见演出的反响是非常热烈的。以这次演出为契

---

① 黄爱华:《第一次公演茶花女》,见《中国早期话剧与日本》,岳麓书社2001年版,第38页。
② 载《时报》1907年3月20日。

机,春柳社随即成立了专门的演艺部,并努力去尝试更大规模的公演。

通过上文的叙述,我们可以大致了解春柳社第一次公演的时间、地点、演出契机以及演出效果等情况。第一次公演选择在青年会馆不管是出于什么原因,对于春柳社的这一次"处女秀"来说,这次的演出必定被载入史册。

《茶花女》演出的巨大成功,以及春柳社的不断壮大,这些都不断刺激着春柳社的骨干人员,也就是李叔同、曾孝谷他们努力地投身到第二次公演的准备上面。而第二次公演也就是大家非常熟悉的《黑奴吁天录》的演出。关于这次演出,很多著述中都有所涉及,本文不再赘述,只就关心的选址问题进行探究。

李涛痕的描述:

> 自三月由曾李二君编出《黑奴吁天录》五幕脚本,集合社员,以分任角色,读剧本百余日,会演十余次。然后定期公演,卜地本乡座。本乡座者,东京大戏院也,演二日,预演一日。一切器具皆与该国执事人商洽,而租费极昂,出人意料,欲舍不能,若努力为之,又非留学生少数人所能筹办。幸有某公允借五百元,乃敢定议。[①]

根据上述文字,我们知道《黑奴吁天录》的演出从剧本的选择、排练到最后的公演是三个月的时间。对于一个业余的学生团队,能够有这样的成绩值得称赞。另外重要的一点,演出场地已经发生了改变,由之前青年学生会馆转变到了东京的大戏院,也就是本乡座。这个转变其实非常值得我们去思考。首先为什么选址会发生改变? 第一次演出的青年会馆为什么会弃之不用? 本乡座作为一个戏院,是以演出歌舞伎为主要目的的,作为一幕新剧为何选在此演出? 诚然,演出西洋式新剧,沿用青年会馆三楼镜框式的舞台更加方便,歌舞伎的舞台,它的配置和西式舞台是不一样的(西式舞台是镜框式舞台,而歌舞伎舞台基本配置是一个圆形的舞台外加有歌舞伎演员用的花道等,而观众也是在舞台下面,呈现一种凹陷式布局),春柳社的成员在选择本乡座之后,演出的剧务、舞台舞美等工作量势必增加。此外今后的演

---

① 春柳旧主:《春柳社之过去谭》,载 1919 年《春柳》第 1 卷第 2 期。

出还是继续选择在本乡座么？这些都是第二次公演场所的改变带给我们的疑问。

在说明上述问题之前,我们先来了解一下本乡座这个东京大戏院。根据黄爱华的表述:

> 1 000多人的大剧场(本乡座——笔者注)座无虚席,盛况空前……由于宣传工作到位,公演那两天,出现了空前的盛况。本乡座这样一个1 500多个客席的大剧场,竟至座无虚席。①

又根据日本著名喜剧评论家伊原青青园在看完戏的第二天,《都新闻》上发表的观后感来看:

> 二日的演出虽预定来客3 000,但是实际上超过3 000,甚至走廊里也站得人山人海。②

上述资料中涉及三组数字的报道,前后出入较大,但笔者倾向于黄爱华的观点,本乡座大约是1 000人到1 500人的剧场容量,伊原青青园所说的人数中明显是算入了那些没有座位的人数,即观众的数量,"来者无立锥之地"的表述可以证明当时的情形。本乡座1 000到1 500人的这个数字跟之前青年会馆三楼大厅容纳的2 000人相比,差距还是比较大的。这个数字之间的差异产生出了问题,第一次公演《茶花女》的时候,观众人数为2 000人,基本把三楼大厅的位置坐满。按剧社正常发展方向,第一次演出获得巨大成功,第二次公演扩大规模和加大投入时理应去考虑容量更大的场所才是。为什么会选择容量比之前的会馆还小的本乡座呢？这点在情理上是说不通的。另外根据李涛痕的描述,租借本乡座费用是非常昂贵的,甚至到了让春柳社犯难的地步。根据中村忠行的记录:

---

① 黄爱华:《第二次公演黑奴吁天录》,见《中国早期话剧与日本》,岳麓书社2001年版,第61页。
② 载《都新闻》(日本)第6923号,明治四十年六月三日。

由于第一次演出取得了出人意外的成功,第二次公演春柳社从开始就订立了一个很庞大的计划。但是随着事情的进展,出现了一千多日元的经费缺口,计划一时遇挫。不过令人高兴的是,通过藤泽的斡旋,本乡座以 500 元的价格包揽了一切费用,最后出现了愿意贷款五百日元的热心人。①

上述的资料,我们知道作为业余的留日学生演艺团体,遇到具体的演出事务时,还是经历了一番苦恼的。最实际的就是经费和场地问题。可是为什么春柳社最终还是选择了资费不菲且场地稍小的本乡座呢? 先说租借场地的费用问题,最终春柳社得到了时价 500 日元的贷款资助,费用问题最终得到了解决。500 日元根据当时日本以及中国国内物价水平可以有个直观的了解(当时日元与中国国内的汇率基本是 1∶1,也就是基本上一块大洋对应一日元。1917 年 1 月,蔡元培出任北大校长,月薪为 600 大洋)。可见 500 日元是一笔数额庞大的开支。另一方面,春柳社第二次公演结束后,也就是 1909 年在第五次公演时,我们也知道了一些关于演出费用的情况:

新春伊始,谢抗白、陆镜若、欧阳予倩三个就开始着手《杜司克》的改编工作……资金筹措由陆镜若负责,并成功以低价租用"东京座",公演终于有望举行。②

又根据欧阳予倩的回忆:

一切备办齐全,租定了东京座,地方比春柳社演《黑奴吁天录》的本乡座还要大些。③

首先"东京座"和"本乡座"都为当时东京地区同一级别的大剧院,所以

---

① 中村忠行:《春柳社逸史稿》,见《新艺术的发轫》,西泠印社出版社 2000 年版,第 37—38 页。
② 中村忠行:《春柳社逸史稿》,见《新艺术的发轫》,西泠印社出版社,2000 年版,第 64 页。
③ 欧阳予倩:《自我演戏以来》,见《欧阳予倩全集》第 6 卷,上海文艺出版社 1990 年版,第 16 页。

地位上不分悬殊,且东京座场地比本乡座大;另外春柳社后期骨干人员陆镜若以"低价"租用了场地,这里虽然只说了"低价",而之前说到了具体500日元,两段材料都出自同一篇文章,可见这个"低价"是低于500日元的。春柳社在第二次公演的时候选用本乡座绝不仅仅会因为资金方面的问题而退缩,至少说资金方面的问题不是成为约束春柳社选择其他场所作为第二次公演场所的理由,也可以说春柳社的社员没有试图去寻找租金更加便宜且地方更大的其他场所。春柳社由于第一次在青年会馆演出《茶花女》非常成功,具有了一定的知名度,青年会馆势必也会被许多人知晓。退一步讲,假设春柳社继续选在青年会馆进行第二次公演,一来场地要比本乡座大,二来作为专门租借给学生用的会馆方面在价格上也会有一定的优惠,至少说不至于遇到像上述那样在资金方面存在问题的状况了。这显然不是一个合乎常理的选择。

根据春柳社史料记载,春柳社的几次公演得到过日本友人的赞助,最典型也是最直接的就是藤泽浅二郎等的资助。这点也是被很多学者和当事者证实的。特别是《黑奴吁天录》的演出,他们在其中的作用是无论如何也绕不开的。先说藤泽浅二郎,许多著述说其正是利用自己在日本演剧界的名望与本乡座的特殊关系,为春柳社在日本的顺利公演竭尽心力。诚然藤泽浅二郎在这次公演中给予的帮助很大,但是笔者通过比较春柳社之后的几次演出依然发现了一些疑问。春柳社第二次公演获得成功是前所未有的,不仅在参与人数还是观众数量上以及影响力上都不是后面几次公演可以比的。其中关于第三次公演,欧阳予倩在其自传《自我演戏以来》中有这样的记述:

> 在演《吁天录》那年的冬天,又借常磐馆演过一次。一个戏叫《生相怜》,内容我忘了……息霜本来就瘦,就有人评论他的扮相,说了些应肥应什么的话,这可把他气坏了……如今还有相片,可是戏名记不起来了。①

---

① 欧阳予倩:《自我演戏以来》,见《欧阳予倩全集》第6卷,上海文艺出版社1990年版,第12页。

当时的《时报》也有关于春柳社第三次公演的消息报道：

> 假日本桥万町八番地常磐木俱乐部开恳亲会，并演《生相怜》，计三幕。①

根据这段描述我们知道在《黑奴吁天录》演出结束之后，在常磐馆进行了第三次公演，演出效果不是太好，而且作为骨干的李叔同受到了观众的一些批评，这似乎给李叔同带来不小的烦恼。诚然，第二次公演由于太成功，之后由于各种原因，比如人员的流失以及公使馆的限制等，春柳社的演出热情渐渐变淡了。但是笔者找寻春柳社第三次公演的信息时，没有资料明确显示这次是受到日本友人等赞助的。只说这次是一个小规模的演出，观众也只有约300人，由于事先没做什么宣传，剧情也让观众感觉陌生，所以收获并不是很大。

但是这一次演出中出现了春柳社后期的一位骨干人员，那就是陆镜若。陆镜若加入春柳社之后，很快形成了新的格局，因为李叔同等的离开，春柳社可以说是造成了很大的损失。但是陆镜若曾在藤泽浅二郎的演员学校里学习过，所以可以说陆镜若演剧实力还是很强的。

春柳社在日本的第四次公演，应该算是陆镜若加盟之后，1909年初以"申酒会"的名义在锦辉馆演出的《鸣不平》等几个独幕剧。欧阳予倩在《回忆春柳》里也有说过：

> 演出地点是锦辉馆，一个借给人开会的地方。这一次也推销了一点戏票，因为《鸣不平》演出得相当好，演出还是比较成功的，这就鼓舞了我们大干一次的兴致。②

根据当时的记载，李叔同没有参加这一次的公演，曾孝谷担任了编剧，经费是从陆镜若姑妈那里借来的。因为一些原因，这次没有使用春柳社的

① 载《时报》1908年5月5日。
② 欧阳予倩：《回忆春柳》，见《欧阳予倩全集》第6卷，上海文艺出版社1990年版，第156—160页。

名号,而是使用了"申酉会"的名义演出。而这次也没有资料明确显示得到了日本友人的帮助。

而春柳社的第五次演出是 1909 年在东京座演出的,剧目是《热泪》,在这次公演中,由于陆镜若的筹措,以低价租借到了东京座。欧阳予倩在谈到《热泪》时这样记载过:

> 一切备办齐全,租定了东京座,地方比春柳社演《黑奴吁天录》的本乡座还要大些。租戏院的事当然又是藤泽先生帮忙。镜若在日本戏班里是混得熟透了的,布景衣装,办得格外妥当。[①]

根据这段记载,我们很明显可以看出这一次公演暨春柳社第五次公演明显受到了藤泽浅二郎的帮忙。

我们综合上文说到的五次公演,如果以日本人藤泽浅二郎为引线,我们可以发现,第二次和第五次是很明显受到了日本友人的帮助,但是这种帮忙似乎是没有持续性的,我们也找不出资料显示藤泽浅二郎等日本友人在第二次公演之后的第三次和第四次公演是多么劳心劳力帮助春柳社。

可以简单总结一下前文说的内容,以便使我们把关系理得更加清楚:

1. 春柳社第二次演出选址舍弃了第一次青年学生会馆的便利条件,选择了租金昂贵、座位数相对不是太多、舞美剧务工作量大的本乡座。

2. 日本友人藤泽浅二郎等的不持续赞助,特别是第二次和第五次的大力赞助。

3. 春柳社五次公演的地点以及场所的规模和大小都不一样。根据文献和著述,可知每次演出场所的决定都是根据具体情况来决定的。

上面的三点只是我们的推测,我们还得选择其他的一些证据去解释我们文章开头的那些疑问。

前面说到春柳社得到日本友人的帮助,似乎只说到了藤泽浅二郎一人,但是根据资料远不止藤泽浅二郎一人。还有松居松叶和川上音二郎等,他们在春柳社公演中起到的作用也是不可忽视的。松居松叶(1870—1933),

---

① 欧阳予倩:《自我演戏以来》,见《欧阳予倩全集》第 6 卷,上海文艺出版社 1990 年版,第 16 页。

日本明治大正时期的剧作家、戏剧评论家。1891 年（明治 24 年），坪内逍遥主持的《早稲田文学》创刊，松居松叶任编辑，从此走上了文学道路。曾为初代市川左团次写作《恶源太》、《源三位赖政》等剧本，且和二代市川左团次①结下了友谊。1906 年（明治 39 年）赴欧洲考察欧美戏剧。在其怂恿下二代市川左团次也在 1906 年 12 月赴欧洲考察戏剧。1907 年春柳社演出《茶花女》的时候松居松叶也来看了。而且对李叔同的演出给予了高度的评价。笔者仔细研究了松居松叶的剧本初次公演的记录，（截止到 1911 年，因为这一年是川上音二郎去世的年份）地点选择在东京。笔者列出来的目的也是想要找出他们三人之间的联系。这里另需补充一点，因为本文的重点是关注演出的场地，故演出剧目等信息尽量保留日文原文。

《恶源太》初代市川左团次、明治座（1899.1）

《山贼芸者》伊井蓉峰、河合武雄等、真砂座（1902.1）

《後藤又兵衛》初代市川左团次、明治座（1904.1）

《敵国降伏》初代市川左团次、明治座（1904.5）

《粗忽の使者》第二代市川左团次、明治座（1904.9）［初代左团次死后］

《江戸気性》初代市川左团次、明治座（1904.9）

ダンテ《フランチエスカの悲哀》、高田実等、本郷座（1904.9）

ウィリアム・ル・キュー（William Le Queux）《虚無党奇談》、伊井蓉峰、河合武雄等、真砂座 h904.9）

ユーゴー《エルナニ》、初代市川左团次、明治座（1905.1）

《袈裟和盛遠》、初代市川左团次、明治座（1908.1）

ホール・ケン（HallCaine）《术ンドマン》（Bond man）、川上音二郎、本乡座（1909.1）

《見合い》高田実・河合武雄等、本乡座（1909.4）

オーガスタ・グレゴリー《旷噂のひろまり》（The spreading the news）、文芸協会生、文芸協会演劇研究所（1910.1）

T. W, Roeston《デヴィッド・ガーリック》（David Garrick）、文芸協会生、文芸協会演劇研究所（1910.3）

---

① 日本歌舞伎人名，歌舞伎在日本实行世袭制，故用初代、二代、三代等名称（笔者注）。

《女》河合·伊井·藤泽浅二郎等、本乡座(1910.7)

《孤岛的兄弟》文芸協会生、文芸協会演劇研究所(1910.7)

《最爱的妻》河合武雄、新富座(1911.7)

小仲马《茶花女》河合、伊井、藤泽等、帝国劇場(1911.4)

《結婚反对倶楽部》(Meaman)、帝劇女優等、帝国劇場(1911.1)

《胡蝶之舞》柴田環等、帝国劇場(1911.1)

我们通过观察松居松叶创作的剧本初次演出的信息,可以发现以下几个情况。

首先,演出地点以明治座居多,而且基本都是为初代市川左团次和二代市川左团次写的。

其次,我们发现跟川上音二郎和藤泽浅二郎相关的剧目演出都是在本乡座。

而明治座这个场地在 1893 年被初代市川左团次所收购,故按照松居松叶和市川左团次之间的关系,他们多次选择在明治座演出也是很正常的。

所以我们虽然不可以很肯定地说以松居松叶、藤泽浅二郎和川上音二郎三者的交集来看,三者一定会选择本乡座作为演出的首选地,但是我们至少可以从松居松叶这里看到他们对本乡座的偏好和喜爱。

而川上音二郎本人对本乡座的因缘就更加明显了。川上音二郎早前以壮士剧和战争剧出名,转折点在其 1902 年从欧美考察戏剧回国。回国后,他的戏剧也以通俗剧为主。

1903 年(明治 36 年)川上的《奥赛罗》在东京座演出,后来,同为莎士比亚的《哈姆雷特》在本乡座演出,获得了成功。1909 年(明治 42 年)川上音二郎的戏剧《演奏者(バンドマン)》也在本乡座演出,取得成功。

本乡座在后来也发生了一些变故。1923 年(大正 12 年)毁于关东大地震,第二年建成临时剧场,第二代市川左团次以这里为据点进行演出,因为市川左团次要复建同样被毁坏的明治座,本乡座也逐渐被废弃了,1930 年(昭和 5 年)变成松竹电影院,第二次世界大战中也毁于东京大空袭。之后就再也没有复建过。

根据资料,我们一方面知道了川上音二郎与本乡座之间的因缘,作为其风格转向的作品,特别是回国之后以一种新面貌创作的戏剧,重大戏剧都选择在本乡座,其次,本乡座与明治座之间也有着千丝万缕的联系,特别是与之前提到的松居松叶的挚友市川左团次之间又有许多的联系,所以我们基本也可以猜测上述人员选择本乡座的缘由。

回到本文的论题。春柳社第二次演出选址舍弃了已经有的便利条件,而最终选择了租金昂贵、座位相对不是太多、舞美工作量大的本乡座。

在背后一直支持春柳社公演的日本友人,以藤泽浅二郎、川上音二郎、松居松叶为主的三人,以及顺带提到的市川左团次,诸多线索表明他们在选址上都倾向本乡座。

至此,我们基本可以确认,春柳社第二次公演选择在本乡座很可能是被一些人引导的。而"这些人"在这次公演中一定也担任着比较重要的职位,至少说对于春柳社来说是非常重要的人物。以笔者的推断,极有可能是三位日本友人,也许是一位,也有可能是三人都参与其中。结果最终导致了春柳社选择本乡座作为演出的场所。但具体是谁,因为笔者没有找到更加详尽的资料去精确到具体人物身上,外加从选择场所本身这件事情来看,是一个非常主观的选择,所以笔者也只是做一个推测,尽量找寻一些具体的材料去佐证上述笔者的想法。更多细节也有待于新的资料发现。

本乡座作为一个非常重要的演出场所,特别是在日本近代戏剧史上,有一个由伊井蓉峰、河合武雄以及藤泽浅二郎等人开创的所谓的"本乡座时代"。基于本乡座是一个非常重要的场所这个事实,许多人都会考虑选择本乡座作为演出地点,但是笔者认为,这点不足以最终导致一个有着自身完整纲领和计划的演艺团体去选择它,所谓的"时代"也不是"垄断"和"唯一",至少选择这件事本身来看还是非常自由的。文中发现的问题,希望各位同人给予指正,也希望更多关于春柳社的史实可以展现给我们大众。

【作者简介】

沈超,1989 年生,杭州师范大学弘一大师·丰子恺研究中心研究生。

A Tentative Study of Why Hongoza Was Chosen by the Spring Willows Association as the Site of Its Second Performance of *Uncle Tom's Cabin*

Shen Chao

Summary

In view of the fact that the choice of the site for Spring Willows Association's second performance of *Uncle Tom's Cabin* has received scant attention from researchers, this paper attempts to fill the gap by studying site-related factors like accessories, expenses and aid workers in the hope that research into the Spring Willows Association will present the public with authentic history.

"遮莫说男尊女卑,同是一般国民"

——谈李叔同的女性观

杨 铭

随着国内学术界兴起一波又一波"弘一大师李叔同热",围绕李叔同所做的学术研究已经进行了很多,但是针对李叔同提出的先进社会理念与价值观等方面却少有人进行探究。本文将通过梳理李叔同本人以及与其广泛交游的朋友与弟子亲笔撰写的文字等材料来对李叔同的女性观进行探讨,力求真实地还原出李叔同女性观的形成过程,并对其进行分析。探究李叔同的女性观将有助于我们深入理解其艺术思想,亦可以帮助我们进一步地体悟李叔同的人生理念并感受其人格魅力。

在翻阅李叔同的艺术作品时,可以看到这句话:"遮莫说男尊女卑,同是一般国民。"这句语义鲜明的赞颂男女平等的话语最早收录在李叔同的《国学唱歌集》中,原文是:

《婚姻祝辞》

《诗》三百,《关雎》第一,伦理重婚姻。夫妇制定家族成,进化首人群。天演界,雌雄淘汰,权力要平分。遮莫说男尊女卑,同是一般国民。[①]

《国学唱歌集》是李叔同一生中十分重要的一部作品,其作于恰逢内忧

---

① 《弘一大师全集》第8册,福建人民出版社2010年版,第130页。

外患的 1905 年。在戊戌变法失败后,康梁的一系列主张逐渐被清廷抛弃。可以说,针对当时混乱的社会形态与旧规重抬的社会风气,李叔同此时喊出"权力要平分"是一个十分"大胆"的行为。因为在这个时期,作为国内倡导女性解放的先驱人物如康有为、梁启超等也只是多围绕于"戒缠足""倡女学""禁早婚"等条目进行社会呼吁,李叔同此时倡导的男女平权,绝对可以算得上是"女权主义思想"的先锋人物了。那么,究竟是什么原因造就了此时李叔同开明的女性观,这种观念又是如何继续发展的呢?

在李叔同的学生曹聚仁所作的《李叔同先生》[①]一文中,李叔同的一生被划分为了三层境界,并分别用李叔同所写的三首歌曲《落花》、《月》、《晚钟》来阐释其人生理念。在曹聚仁看来,李叔同的第一个境界是"纷寂"的《落花》,而他继而在青年时逐渐感触到了生命中的无常,静悟到了《月》的境界。而步入中年后的李叔同很快又将心灵寄托于了彼岸,进入到《晚钟》的境界。林子青深谙曹聚仁的理解,并且在编订《弘一法师年谱》时特意用这篇文章做了注。为了详细剖析李叔同女性观的形成过程,我们可以尝试借用对李叔同人生历程的"三分法",以李叔同的人生轨迹来对其女性观的形成及其发展历程进行逐步的探究。

一、怜惜与尊重——李叔同女性观的初步形成
(1880 年出生至 1905 年母去世)

(一)"犹如梦中事"——李叔同童年成长的积淀

自 19 世纪六七十年代早期维新派运动开始后,中国女性解放运动的萌芽也已经出现并逐渐发展汇成涓流。这既有西方人在这片古老土地上用传教等方式造成的直接影响,也有在郑观应等"西学东渐"思潮下社会所对应产生的潜移默化。中国早期的女性解放运动有康有为于 1883 年发起的"不缠足会",在太平天国时期也有宣传"妇女解放"的思潮出现。

李叔同就出生于这西学之风盛行的时代之中,关于他的家庭背景有与

---

① 陈星:《我看弘一大师》,浙江古籍出版社 2003 年版,第 108 页。

洋务大臣相熟的记载。① 而关于李叔同童年生活的文字记述不多,只有李叔同几位弟子的文字间接地展现了他的童年生活。在丰子恺的《法味》中有这样一段:"他自己说有许多母亲,父亲生他时,年纪已经六十八岁。五岁上父亲就死了。家住新故,门户又复杂,家庭中大概很不安。故他关于母亲,曾一皱眉,摇着头说,'我的母亲——生母很苦!'"②在李叔同口述,胡宅梵记录的文字中还有这样一段记述:"师至六七岁,其兄教督甚严,不得少越礼貌,并时以《玉历钞传》、《百孝图》、《反性篇》、《格言联璧》等嘱师浏览。"③吕伯攸也写有一篇《再记李叔同先生》,其中有关于李叔同童年的记述:"他五岁死了父亲,他们的大家庭便不能相安;他的生母——或者是因为侧室的缘故——曾受尽种种的苦楚。最后,在他二十岁时才伴着她,搬到上海来住。"④

从这三段记述中,不难看出李叔同童年生活的灰色印记。他的母亲为妾,父亲又早亡,大家庭的复杂让他很早就体会到了人间冷暖。他5岁起就没有了父亲的疼爱,兄长督教甚严,而"生母很苦"则成了他回顾这一段生活时最重要的一部分回忆。

另外在桐达李家后代所留下的一些资料中,还有一些文字也可以说明在李叔同所在的家族中女性的生活情况。比如在李孟娟⑤所著的文字中有这样的一段记述:"大伯父又婚后早亡,只留下我居孀的大伯母和我的伯祖母同住。后我的伯祖母故去,我大伯母也吞金尽孝而死。"⑥这里的大伯父当指李叔同大哥李文锦的儿子,伯祖母即李文锦之妻,大伯母为李文锦的儿媳。李孟娟的文章中还有关于李叔同的另一位母亲郭氏的记载:"郭氏老姨太太是我曾祖父的第一个侧室,她一生没有生儿育女,故不为我曾祖父看重,常年靠诵经念佛打发日月。"⑦即使在后来,在李叔同的儿子李端的文字

---

① 林子青《弘一大师新谱》云:"李叔同父亲筱楼先生去世时,有李鸿章出席并'点主'。"(台北)东大图书公司1994年版,第11页。

② 夏丏尊、蔡冠洛等:《弘一法师永怀录》,时代文艺出版社2009年版,第81页。

③ 《弘一大师全集》第10册,福建人民出版社2010年版,第178页。

④ 《弘一大师全集》第10册,福建人民出版社2010年版,第178页。

⑤ 李孟娟的祖父为李叔同的哥哥李文熙。

⑥ 陈星编:《我看弘一大师》,浙江古籍出版社2003年版,第310页。

⑦ 陈星编:《我看弘一大师》,浙江古籍出版社2003年版,第323页。

中仍可以感受到因受限于旧时代纲常伦理,其母亲(即俞氏)的凄凉生活:
"我母亲活了不到五十岁,在我二十二岁那一年的正月初三故去的。在故去以前,曾请水阁医院的大夫来看过,不记得大夫说她是什么病,只记得大夫说这间房子很冷,不适于病人养病。那时,我们住在后院南房,是一明两暗的三间房子,我母亲的屋中只生一个炭火盆。限于当时大家庭的规矩,虽然市上已有煤球炉或有烟筒的铁炉子,但我们家中在冬天还是生炭火盆。"①由此可以看出,不论是在李叔同本人的童年回忆里,还是在桐达李家后人的记述中,生活在桐达李家的妇女们是饱受当时旧习的束缚和折磨的。她们中有的因为信奉旧习而牺牲了自己的生命,有的则就连生了重病也不可以越级使用好一点的取暖工具调养身体。

母亲是人一生中最重要的女性,这不仅是因为自然中的人类是在母亲体内中诞生,更多是因为母亲的关爱无时不刻都在影响着人心理与生理的成长。可以看出,少时敏感的李叔同是将父亲故去后仅有卑微地位的母亲所受到的苦感同身受的积淀在了心底,他一直想要诉求母亲能拥有在家庭中平等的地位,甚至想要去改变社会中男尊女卑的局面。由此,李叔同在成长的过程中才会一直关注、关爱女性。

此外,在研究李叔同的成长轨迹时,一枚"南海康君是吾师"的印章一直是学者考究的热点。因此问题还未下定论,故在研究李叔同的女性观时,我们不能够忽略康有为对李叔同的影响。康有为11岁父亲去世,母亲一人承担着家庭的重担。萧公权指出,康有为一直对自己的母亲充满敬意,"他长久感恩与她,特别是他幼年多病而得到她的照顾,以及她对他的支持和严格的管教,即使他成年后亦如此。"②另外,康有为两位姐妹的人生悲剧对其也颇有影响。其中,康有为的妹妹康琼琚在出嫁后饱受夫家宗族的勒索与侮辱,因丈夫早逝,康琼琚艰苦守寡而去世。康有为的姐姐康逸红1871年出嫁,丈夫结婚时就已重病在身,康逸红只做了19天的新娘便开始了长达43年的守寡生活。康有为一直对母亲与姐妹的遭遇感到不公,因此萧公权认为正是康有为母亲以及姊妹的遭遇让他相信,女人的人格和智慧本不下于

---

① 陈星编:《我看弘一大师》,浙江古籍出版社2003年版,第297页。
② 萧公权:《康有为思想研究》,新星出版社2005年版,第5页。

男人,而"传统对女人的看法必须改正。"①我们可以发现,康有为女性观的形成也与其家庭生活及女性家人的遭遇有着密不可分的联系。结合时代背景来看,自西学东渐起,中国似乎已经形成了一场在西方思想影响下的人文思潮——人们终于可以直视身旁伟大女性的艰苦付出,并期许她们可以获得社会的认同与尊重了。

综上所述,在讨论李叔同女性观的形成时,无论是因其具有时代环境下西方思想潜移默化的影响,还是有其"康师"教化的直接影响,李叔同女性观的形成都与他从小在旧制度家庭中所成长的环境是分不开的。李叔同在旧社会下的家庭生活环境中成长,并且他至亲至爱的母亲也同样在这种压抑的状态下生活,导致李叔同在童年时就体会到了旧社会女性在家庭中的卑微地位。源于此,才有了李叔同日后进步的女性观。

(二)"故向百花头上开"——少年成长后开始的抗争期

人在青春期因着生理逐渐发育成熟而影响在心理上时总会让人感觉是有些叛逆的,李叔同也不例外。但是荷尔蒙的迸发终归只能是李叔同开始抗争旧时代家庭生活的生理诱因,李叔同童年时所受的压抑才是其开始抗争的主要因素。对逐渐成为"狂士"②的李叔同而言,这一次开始的抗争只有年轻时稚嫩的开始,却直至他一生终了也未有结束。

1. 李叔同与母亲

应该说在李叔同女性观的演变过程中,与康有为的单亲背景相似,其母亲的影响似乎构成了一条特别的主线。

李叔同于1898年戊戌变法失败后由天津迁往了上海,在后人的评述中很多人认为李叔同南迁原因与其可能刻过一枚"南海康君是吾师"的印章有关,在林子青的《弘一法师年谱》之中就可见到对此说法的引用。但是在李叔同后人李端的《家事琐记》中,这个说法又得到了否认。李端在文中这样写道:"先父在婚后的第二年,于康有为、梁启超变法失败后,即奉母携眷,南

---

① 萧公权:《康有为思想研究》,新星出版社2005年版,第5页。
② 胡宅梵在《弘一大师之童年》中言:"纵观大师之生平,十龄全学圣贤;十二岁至二十,颇类放荡不羁之狂士。"《弘一大师全集》第10册,福建人民出版社2010年版,第179页。

下到上海。据说，因当时先父曾刻过'南海康君是吾师'的闲章，此行有躲嫌避祸的意图。而实际上，据我家的老保姆王妈妈说，我父亲当时的南下，是想从此脱离开天津这个大家庭，去南方扎根立业。"①

李端所描述的李叔同南下扎根立业的想法其实是可以从李叔同的心理上进行把握的。笔者认为前文所描述过的李叔同及其母亲在家族生活所受到的不公平待遇其实就是他举家南迁的重要原因，而在这一点上，李叔同的自述的心态变化就是最好的证明。李叔同曾写道"我从二十岁至二十六岁之间的五六年，是平生最幸福的时候"②，这种描绘与他自己对朋友讲述童年生活时的口吻大不相同。在李叔同的弟子丰子恺的《法味》一文中是用这样的文字进行记述的："他非常爱慕他的母亲。二十岁时陪了母亲南迁上海，住在大南门金洞桥畔一所许宅的房子——即所谓城南草堂，肄业于南洋公学，读书奉母。"③丰子恺所用的"陪母亲南迁上海"就对这件事情有了很清晰的解释。此外，在吕伯攸的《再记李叔同先生》一文中也有李叔同"伴母南迁"的描述。④ 李叔同因母愿而南下千里，真谓当时"至孝"的美誉了。

关于早年丧父后的李叔同与其母亲的关系前文已做过叙述，在1905年的二月初五李叔同的母亲去世，李叔同携眷扶柩乘轮船回到天津后，李叔同的女性观开始发生了显著的变化。在李孟娟的记述中，此时的李叔同"办了一件奇事"⑤，而天津《大公报》竟对此事进行了连续的报道。根据当时天津《大公报》的连载，先是有农历七月廿三日《大公报》以《文明丧礼》为题进行的预告："河东李叔同广平，新世界之杰士也。其母王太夫人月前病故，李君特定于本月二十九日开追悼会，尽除一切繁文缛节，别定仪式。"紧接着，次日《大公报》又以《天津追悼会之仪式及哀歌》为题公布新仪式内容，称备有西餐，以飨来宾，有《哀启》曰：

启者：我国丧仪，繁文缛节，俚俗已甚。李叔同君广平，愿力祛其

① 陈星编：《我看弘一大师》，浙江古籍出版社2003年版，第295页。
② 夏丏尊、蔡冠洛等：《弘一法师永怀录》，时代文艺出版社2009年版，第81页。
③ 夏丏尊、蔡冠洛等：《弘一法师永怀录》，时代文艺出版社2009年版，第81页。
④ 《弘一大师全集》第10册，福建人民出版社2010年版，第173页。
⑤ 陈星编：《我看弘一大师》，浙江古籍出版社2003年版，第314页。

旧,爱与同人商酌,据东西各国追悼会之例,略为变通,定新丧仪如下:

一、凡我同人,倘愿致敬,或撰诗文,或书联句,或送花圈花牌,请勿馈以呢缎轴幛、纸箱礼彩。银钱洋圆等物。

二、诸君光临,概免吊唁旧仪,倘须致敬,请于开会时行鞠躬礼。

三、追悼会仪式:甲、开会。乙、家人致辞。丙、家人献花。丁、家人行鞠躬礼。戊、来宾行鞠躬礼。庚、散会。同人谨白。

文章又附哀歌:

《追悼李节母之哀辞》

松柏兮翠姿,凉风生德闱。母胡弃儿辈,长逝竟不归! 儿寒复谁恤,儿饥复谁思? 哀哀复哀哀,魂兮归乎来!

李叔同藉由母亲的葬礼打破了旧时的陈规旧礼,轰动了当时的社会。而且,李叔同的变革还远不止此。根据旧习的禁忌,是有"外丧不进宅"的旧例的(又一说为"冷骨不进宅")。从目前的史料来看虽没有李叔同与其家人讨论其母亲王氏葬礼过程的直接记载,但是在桐达李家后人李孟娟寥寥数字的记述中,可以体会到李叔同为母亲获得一个名分而付出的艰辛。"叔祖父事其母至孝,1905 年王氏曾祖母在上海故去,叔祖父一家运灵回津,打破外丧不进宅的旧例,停灵在前院五间大客厅的正中(由门房老张爷张顺吊线找正),按礼仪开吊出殡。"[1]

由此,人们可以知道李叔同是有多么地深爱自己的母亲。而这样一位母亲恰是旧时代女性的一个缩影:吃苦耐劳,一切都是为着自己的孩子而活;生下来就几乎没有自主选择的权利,哪怕是吃饭这样简单的事情都会有繁琐的规矩来束缚;贤良淑德,却一直照料别人,牺牲着自己;感受不到家庭中应有的尊重,除了爱自己的孩子与丈夫,似乎没有别的牵挂。人世间再也不会有人比儿女更能懂母亲了,这样一位伟大的母亲恰是一个在旧时代

---

[1] 陈星编:《我看弘一大师》,浙江古籍出版社 2003 年版,第 314 页。

社会中深受旧习毒害与束缚的典型女性形象。童年的遭遇让李叔同知道母亲谨小慎微的活着,于是在他成家后就立刻陪母南迁;他眼看着自己的母亲在旧时代大家庭下生活下付出良多,所以无论如何也要为死去的母亲争下一个名分——进宅停灵;他懂母亲在旧礼陈规下伤害颇深,所以为母亲做西式的丧礼。李叔同因着懂自己母亲,所以深深地理解和怜惜那些在旧制度旧礼教下苦苦生活的广大女性;因着爱自己的母亲,所以他希望在这广袤的土地上,伟大的母亲们都能够拥有在家庭生活下应得的平等尊严,不再由旧俗旧习下受人欺凌。

2. 李叔同与俞氏

李叔同与俞氏是在 1897 年李叔同十八岁时在母亲做主之下结为夫妻的。① 回看李叔同与俞氏的羁绊,这既包含有李叔同对现实的屈服,又体现了李叔同追求婚姻自由的态度,还有李叔同对俞氏的丝丝牵挂。

在李叔同后代李端的文字中可以看到这样一段话:"先父幼从家学,及长,又和津门一些名士来往。十八岁时和俞氏结婚。俞氏比我父亲长两岁,属虎。因我父亲属龙,故我的保姆王妈妈说他们夫妻是'龙虎斗'的命相,一辈子合不来。"②李端并没有直接说自己的父母感情不好,却借用了自己保姆王妈妈的一句话"龙虎斗"来概括了父母的夫妻生活。李端知道自己父亲离家的念头是决绝的,毕竟是"一去三十年,至死也未归来"③。但是他亦知道父亲对俞氏是挂念的,他指出:"我父亲离津后,曾托嘱李绍莲照顾我们,并对我母亲也讲了,有什么困难事就去找李三大爷。"④

那俞氏是如何看待李叔同的呢?李端也有文字记述自己母亲在得知父亲出家后的反应:"先父的出家为僧,给我母亲的刺激很大。她为了打发无聊的日月,就到北马路龙亭后孙姓办的刺绣学校里学绣花解闷,约有两年左右的时间……家居闲闷,母亲有时也带我们去串亲戚,除我的姥姥家以外,常去的就是我父亲的盟兄李绍莲三大爷家……我的母亲和李邵莲的夫人要

---

① 林子青:《弘一大师传》,见《弘一大师全集》第 10 册,福建人民出版社 2010 年版,第 7 页。
② 陈星编:《我看弘一大师》,浙江古籍出版社 2003 年版,第 294 页。
③ 陈星编:《我看弘一大师》,浙江古籍出版社 2003 年版,第 296 页。
④ 陈星编:《我看弘一大师》,浙江古籍出版社 2003 年版,第 297 页。

好,她有两个孩子和我们也能玩在一起。"①在李孟娟的《弘一法师的俗家》一文中也有类似的描述:"据我祖父桐冈公讲,当时家中确曾商量过请俞氏叔祖母去南方劝叔祖父还俗回家的打算,但叔祖母伤心已极,推说'您不用管了'而作罢。"通过这两则记述再结合俞氏为李叔同一直至死守节的史实来看,俞氏无疑是对李叔同怀有深切感情的,直至李叔同宣告正式出家后,俞氏都遵守着丈夫早些年的叮嘱,常去找"李三大爷"。这或许是每次在见到少时丈夫的"盟友"时,在她的心中都会有些许告慰吧。

据《弘一大师新谱》记载,俞氏是在 1922 年去世的②。当李叔同得知俞氏去世的消息后,他给恩师寂山长老写了一封信。信的内容如下:

> 恩师大人慈座:
>
> 　　前命写之字帖,今已写就,奉上,乞收入。前数日得天津俗家兄函,谓在家之妻室已于正月初旬谢世,嘱弟子返津一行。但现在变乱未宁,弟子师拟缓数月,再定行期,一时未能动身也。再者吴璧华居士不久即返温,弟子拟请彼授神咒一种,或往生咒或他种之咒,便中乞恩师与彼言之。弟子现在虽禁语之时,不能多言;但为传授佛法一事,亦拟变通与吴居士晤谈一次,俾便面授也。顺叩。③

此时的李叔同虽已经出家,但是他得知俞氏去世的消息后依然有着无奈与牵挂。李叔同虽然没有再回到天津凭吊俞氏,但是此时的他虽在"禁语"之时却"拟变通"乞求寂山长老传授神咒一种,以祭念超度俞氏的亡灵。自此,在李叔同默默地诵念之中,他与俞氏结束了这一世的尘缘。

历史上的李叔同是国内倡导婚姻自由理念的先锋人物之一,他在 1905 年在其所参与创办的"沪学会"中就曾写过《文野婚姻新戏》,并有诗四绝记之:

---

① 陈星编:《我看弘一大师》,浙江古籍出版社 2003 年版,第 297 页。
② 另有一说,俞氏于 1926 年正月初三去世。
③ 《弘一大师全集》第 8 册,福建人民出版社 2010 年版,第 443 页。

床笫之私健者耻,为气任侠有奇女。鼠子胆裂国魂号,断头台上血花紫。

东邻有儿背佝偻,西邻有女犹含羞。蟪蛄宁识春与秋,金莲鞋子玉搔头。

河南河北间桃李,点点落红已盈咫。自由花开八千春,是真自由能不死。

誓度众生成佛果,为现歌台说法身。孟旃不作吾道绝,中原滚地皆胡尘。[1]

《文野婚姻新戏》的剧本已经丢失,但是从这四首诗中是可以看出此戏剧的大概内容的:李叔同根据当时的社会风气创作了一"文"一"野"两种婚姻故事。他首先肯定了羞为贪图"床笫之私"的健者和敢于"为气任侠有担当"的奇女的结合,赞扬了"奇女"像男性一样敢于承担责任做大事的行为,歌颂了如此英雄夫妻为了民族的自由勇于牺牲自己的精神。然后李叔同又批判了"东邻儿"与"西邻女"的"门当户对"的旧观念式结合,讽刺他们像蝉虫一样"春生秋死",只知道"金莲鞋子玉搔头"碌碌无为地度过一生。他告诉人们现在"自由之花"已经开遍了世间,并且自由精神不会消亡,而李叔同自己也要效仿古代的优孟、优旃两位贤士,用戏剧来唤醒国人,让人们团结起来抗击侵略者,直到侵略者化作烟粉消散。

通过这四绝诗可以很清晰地呈现李叔同进步的婚姻观与女性观。李叔同讽刺女子缠足的行为,欣赏有担当的"奇女",倡导自由婚恋、夫妻平等,渴望夫妻能"仗剑闯天涯"为民族国家做一番大事,反对"门当户对"的旧婚姻观并鄙视碌碌一生"床间灶台"不识世间潮流的庸俗夫妻生活。在他同年出版的《国学唱歌集》中也有一首《婚姻祝辞》与此四绝互为呼应,可见李叔同坚定地倡导着新婚姻观与女性观。由此人们也可以得出,这些理念的确立才是李叔同与俞氏"不完美"婚姻的根本原因所在。

3. 李叔同与名妓

在李叔同的朋友、弟子回忆李叔同的文章中,经常可以看到这样的描

---

[1]《弘一大师全集》第 8 册,福建人民出版社 2010 年版,第 34 页。

述："上人年少翩翩，浪迹燕市……尽寄托于风情潇洒间；亦曾走马章台，厮磨金粉，与坤伶杨翠喜、歌郎金娃娃、名妓谢秋云辈以艺事相往还。"[1]"法师少年时，也曾走马章台，与坤伶杨翠喜、名妓谢秋云、歌郎金娃娃往还很密，但这不过是无可奈何中，想要'愁万斛，来收起……休怒骂，且游戏'而已。"[2]

从史料上来看，李叔同的确是与许多名妓有过交往的，这尤其体现在李叔同携母携妻离开天津后在上海的七年间。在林子青的《弘一大师年谱》中，林子青考究出了李叔同与名妓来往的一系列记录：1899 年李叔同以诗赠名妓雁影女史朱慧百，朱画扇为赠，并和其原作。[3] 1901 年秋，李叔同与上海有名诗妓李萍香有来往，以诗书扇请正。[4] 1902 年七月七夕，李叔同过名妓谢秋云妆阁有感，诗以谢之。[5] 1903 年二月，李叔同于歌筵赋一律寄慨，又作二绝句赠语心楼主人。[6] 1905 年，李叔同于春时填《菩萨蛮》二首怀杨翠喜又写一绝《为老妓高翠娥所作》。[7]

在中国古代，青楼文化一直是一个独特的存在。青楼不止需要承担男性的欲望，更是一直以来广大文人墨客理想中"红颜知己"的所在。古有诗人杜牧、柳永的"十年一觉扬州梦"与"奉旨填词"，近代郭沫若、吴虞、郁达夫等风流才子也都曾是青楼的常客。他们寄情于此，放浪形骸于红粉花柳间以此来麻醉自己理想与现实差距的痛苦。但是无论文人墨客如何钟意于青楼之上的红袖添香，娼妓的社会地位依然卑微，其作为社会娱乐对象的属性也一直没有得到根本性的改变。堕入青楼的女性在生活中往往是十分悲苦的，从少时的笞打学艺到成长后沦为男性玩物，无一处是发自于内心的本真自由。我国针对于娼妓这一弱势群体所开展的救扶工作发展的很晚，上海至 1901 年才始有由中西传教士创办的上海济良所，以工部局为后盾来接受

---

① 姜丹书：《释演音传》，见《弘一大师全集》第 10 册，福建人民出版社 2010 年版，第 3 页。
② 李鸿梁：《我的老师弘一法师李叔同》，见《弘一大师全集》第 10 册，福建人民出版社 2010 年版，第 276 页。
③ 林子青：《弘一法师年谱》，宗教文化出版社 1995 年版，第 14 页。
④ 林子青：《弘一法师年谱》，宗教文化出版社 1995 年版，第 20 页。
⑤ 林子青：《弘一法师年谱》，宗教文化出版社 1995 年版，第 25 页。
⑥ 林子青：《弘一法师年谱》，宗教文化出版社 1995 年版，第 32 页。
⑦ 林子青：《弘一法师年谱》，宗教文化出版社 1995 年版，第 35 页。

遭鸨母虐待的妓女上诉。① 但是，这种社会救济方式也一直未有改变娼妓的生存现状，到民国时期曾有过"废娼运动"，但终归是昙花一现，娼妓问题是在新中国成立后才得到了根本性的解决。

阅读李叔同存留下来的文稿，"杨翠喜"应该是李叔同最早交往的名妓。在林子青的《弘一法师年谱》中于 1905 年的条目记载："是年春，填《菩萨蛮》二首，怀杨翠喜。"②这两首词是这样写的：

> 燕支山上花如雪，燕支山下人如月。额发翠云铺，眉弯淡欲无。夕阳微雨后，叶底秋痕瘦。生怕小言愁，言愁不耐羞。
>
> 晚风无力垂杨懒，情长忘却游丝短。酒醒月痕底，江南杜宇啼。痴魂销一捻，愿化穿花蝶。帘外隔花阴，朝朝香梦沉。③

1905 年距李叔同搬离天津往上海已有六年之久了，在这两首词中可以读出李叔同无法忘怀杨翠喜"额发翠云埔，眉弯淡欲无"的姣好容颜，他更是用"酒醒月痕低，江南杜宇啼。痴魂销一捻，愿化穿花蝶"来表现自己对杨翠喜的思念。只可惜杨翠喜在 1906 年被卷入了"丁未政潮"，陷入了发生在清末的一场轰轰烈烈的"杨翠喜案"④，而在此案后，杨翠喜彻底沦为商人一妾，

---

① 刘慧英：《遭遇解放 1890—1930 年代的女性》，中央编译出版社 2005 年版，第 115 页。

② 林子青：《弘一法师年谱》，宗教文化出版社 1995 年版，第 35 页。

③ 《弘一大师全集》第 8 册，福建人民出版社 2010 年版，第 37 页。

④ "杨翠喜案"发生于 1906 年，也就是李叔同写上述两首词的一年后。1906 年 10 月 24 日，庆亲王奕劻的儿子贝子载振和巡警部尚书徐世昌奉旨至东三省督查事务，并拟定经天津乘专车抵奉。25 日，直隶总督袁世凯派南段巡警总办段芝贵等由津乘车晋京迎接。当晚，袁世凯宴请载振与徐世昌，段芝贵陪席。酒足饭饱后，贝子仍未尽兴，段芝贵便邀请载振到大观园戏馆看戏。时逢名噪当时的杨翠喜正在台上演出，让载振看了后十分欢喜，而载振将杨翠喜看在眼里的事情被段芝贵记在了心上。于是第二日段芝贵为载振设宴践行时便将杨翠喜带至宴上，眼看着载振十分满意，便待载振离开后就将杨翠喜通过盐商王益孙买下，于庆亲王做寿时连带将十万寿礼并杨翠喜送入了庆亲王宅中。此举不久段芝贵就破格荣升为黑龙江巡抚加布政使衔，一时成为官场红人。但随后风波到来，汪康年的京报发表《特别贿赂之骇闻》一文披露了此事，引来御史赵启霖的弹劾，立刻满朝风雨，慈禧令载沣与孙家鼐彻查此事，却被袁世凯等人用计将杨翠喜转移成王益孙名下一妾。由此孙家鼐面对北洋派压力回复慈禧查无此事，而慈禧将赵启霖革职。但是赵启霖的罢官让"杨翠喜案"站在了社会舆论的风口浪尖上，一时社会反响热烈。于是载振只能辞去官位，庆亲王也向慈禧引咎自责，以此息事宁人。但是由此开始，袁世凯得以与庆亲王联盟，增添了向政敌攻击的巨大筹码，一时政坛风起云涌。

从此淡出了人们的视线消失在了红尘世间中。

迁居在上海后的李叔同与当时的名妓朱慧百、李萍香、谢秋云等都产生过交集,在这段"前尘往事"①中唯有与李萍香的交往最为深刻。

从现有资料的进行考据来看,李叔同与李萍香至少于1901年时就已相识。李叔同有作于1901年农历六月十六日的《书赠萍香三首》:

> 沧海狂澜聒地流,新声怕听四弦秋。如何十里章台路,只有花枝不解愁。
>
> 最高楼上月初斜,惨绿愁红掩映遮。我欲当筵拼一笑,那堪重听《后庭花》?
>
> 残山剩水说南朝,黄浦东风夜卷潮。《河满》一声惊掩面,可怜肠断玉人箫。②

在当年秋季下,风华绝世的李萍香以诗书扇请正于"二十文章惊海内"的李叔同,才子佳人以诗相和:

> 潮落江村客棹稀,红桃吹满钓鱼矶。不知青帝心何忍,任尔飘零到处飞。
>
> 风送残红浸碧溪,呢喃燕语画梁西。流莺也惜春归早,深坐浓阴不住啼!
>
> 春归花落渺难寻,万树浓阴对月吟。堪叹浮生如一梦,典衣沽酒卧深林。
>
> 满庭疑雨又轻烟,柳暗莺娇蝶欲眠。一枕黑甜鸡唱午,养花时节困人天!
>
> 绣丝竟与画图争,转讶天生画不成。何奈背人春又去,停针无语悄含情。

---

① 1918年李叔同于杭州虎跑寺出家前,将当年朱慧百与李萍香所赠诗画扇页各一装成卷轴赠夏丏尊,自题其端《前尘往事》。见林子青著《弘一大师新谱》,(台北)东大图书公司1994年版,第154页。

② 《弘一大师全集》第8册,福建人民出版社2010年版,第32页。

凌波微步绿杨堤，浅碧沙明路欲迷。吟偏美人芳草句，归来探取伴香闺。

（辛丑秋日，为惜霜先生大人两政。萍香录旧作于天韵阁南窗下①）

从李叔同给李萍香所作诗的内容可以看出，李叔同是将对时局的一腔愤恨都寄情在了这风花雪月之中。此时的李叔同既未写情也未描景，而是言志，可见李叔同是将李萍香引为了知己。另外从李萍香向李叔同请正的这几首绝句来看，李叔同也将李萍香引为了知交，这几首绝句充满了女人的闺情，情感细腻非常。

从现存史料看，李叔同和李萍香应该还有很多诗词相和，如：

口占赠李萍香

子女平分二十周，哪堪更作狭邪游。只因第一伤心事，红粉英雄不自由。②

这是一首充分表达李叔同女性观的一首诗——20世纪的女性应该是男女平等的，李叔同将此诗赠给李萍香既表现了对李萍香的尊重，也是对李萍香"红粉英雄"身不由己，无法像男子一样做一番大事的遗憾和感叹。

除了两人的诗词相和，李叔同还为《李萍香传》作了序。可惜李叔同的母亲去世后，李叔同的整个人生观都发生了变化，自李叔同东渡日本后，就再也找不到二人的交集了。

对于与李萍香的交往，李叔同似乎是用四首诗来做了告别：

慢将别恨怨离居，一幅新愁和泪书。梦醒扬州狂杜牧，风尘辜负女相如。

马缨一树个侬家，窗外珠帘映碧纱。解道伤心有司马，不将幽怨诉琵琶。

---

① 林子青：《弘一大师新谱》，（台北）东大图书公司1994年版，第46页。
② 《弘一大师全集》第8册，福建人民出版社2010年版，第34页。

伊谁情种说神仙,恨海茫茫本孽缘。笑我风怀半消却,年来参透断肠禅。
闲愁检点付新诗,岁月惊心鬓已丝。取次花丛懒回顾,休将薄幸怨微之。①

　　无可否认,早年的李叔同是具有公子哥习气的风流名士。他忘怀于这
花间柳巷有其自私的一面,因为他像其他风流名士一样寄情于此来满足灵
魂上的诉求与对自由爱恋的追逐。但是李叔同绝对是深谙这些可怜女子的
愁苦的,这种发自于心的怜惜从他的童年就已萌发,他将她们以平等的态度
来看待,不然他断不会细致体悟到她们"眼界大干皆泪海,为谁惆怅为谁
颦"②中对自由的向往,也绝不会体会到她们"残山剩水可怜宵,慢把琴樽慰
寂寥"③的晚年孤苦了。

　　综上所述,我们可以发现李叔同在 1880 年出生至 1905 年母亲去世的这
段时间中,通过丰富的人生经历逐渐形成了自己的女性观。李叔同是一位
伟大的时代先锋,他同情在旧习压制下的广大女性,怜惜在不同社会阶层的
女性。他倡导婚姻平权与婚姻自由,宣扬男女平权,鼓励女性同男性一样做
一番大事。李叔同所提倡的女性观比五四运动中对女性独立与平权理念的
倡导要早了十几年,其意义虽然没有五四运动的伟大,也没有因其带动形成
巨大的改革风潮,但是从历史发展的角度来看,他当时的行为依然对抨击腐
朽的陈规旧礼,促进社会的文明进步形成了巨大影响力与冲击力。

二、自由与平等——李叔同女性观的完善与践行
(1905 年东渡至 1917 年供佛)

(一) 李叔同女性观在日本的发展

　　李叔同在母亲的丧礼结束后便离开了天津,东渡日本求学。从 1905 年
农历八月份起赴日本至 1911 年 3 月自东京美术学校油画科毕业,李叔同在
日本共生活了近六年的时间。在这段时间李叔同除能够广泛接触西方的先

① 《弘一大师全集》第 8 册,福建人民出版社 2010 年版,第 33 页。
② 《弘一大师全集》第 8 册,福建人民出版社 2010 年版,第 33 页。
③ 《弘一大师全集》第 8 册,福建人民出版社 2010 年版,第 34 页。

进社会理念外，还有两个方面促进了李叔同女性观的进步与发展。

1. 从艺术中探究女性

首先是李叔同在接触表演艺术后所受到的影响。1906 年冬，李叔同与同学曾孝谷等创立春柳演艺部。1907 年 2 月因国内徐淮告灾，春柳社以演出"茶花女遗事"募款，由李叔同出演茶花女一角。至同年 6 月，春柳社开丁未演艺大会，上演"黑奴吁天录"，李叔同出演爱美柳夫人一角并饰一男角。在欧阳予倩后来的回忆中曾写出这样一段话："息霜除爱美柳夫人外，另饰一个男角，都说不错。可是他专喜欢演女角，他为爱美柳夫人做了百余元的女西装……他往往在画里找材料，很注重动作的姿势。他有好些头套和衣服，一个人在房里打扮起来照镜子，自己当模特儿供自己的研究。得了结果，就根据这结果，设法到台上去演。"①

李叔同曾是一位资深的京剧票友，从留存的史料来看，李叔同早有京剧扮相的照片存于世，但多为男性角色如黄天霸、褚彪等。就目前所掌握的史料来看，在日本演出的这两部戏是李叔同仅有的扮作女相的两出戏。与观赏相比，表演更需要深入角色的内心世界才能够将人物表现好。李叔同作为一个极为"认真"②的人，从这两部戏剧表演的大获成功就可以看出在这两出戏剧的准备过程中，李叔同是专门研究过女性的心理状态的。

另外，从李叔同的画作中也可以证明李叔同仔细探究过女性的心理，如在 1920 年 7 月《美育》第 4 期上刊登的作品《朝》，以及《半裸女像》③等。苏格拉底曾指出："绘画的任务是表现活生生的人的精神与他们最内在的东西。"李叔同在《中西绘画比较》中也都有类似的提法，如"西画从形似到形神一致"④等，这些都可证明李叔同从艺术维度对女性心理进行过探究。

2. 从日妻看新女性

在与日妻接触后，李叔同的女性观亦受到的了很大的影响。首先从时代背景上，日本在明治维新后便开始向西方学习先进思想理念与制度建设，在这其中，对女子教育的重视更是十分重要的一个方面。明治政府在 1872

---

① 《弘一大师全集》第 10 册，福建人民出版社 2010 年版，第 179 页。
② 关于李叔同的"认真"，丰子恺曾专门作《为青年说弘一法师》来记述。
③ 详参陈星著《李叔同半裸女油画像真实性考论》，载《美育学刊》2013 年第 4 期。
④ 《弘一大师全集》第 8 册，福建人民出版社 2010 年版，第 6 页。

年 8 月 3 日颁布了《学制》,开启了日本近代教育的大门。在《学制》序文的《被仰出书》中有这样的记述:"人人各立其身,各置其产,各兴其业",要做到"邑无不学之户,家无不学之人"的教育目标。在这其中有明治政府明确的大力鼓励发展女子教育的条例"令一般女子与男子平等受教育"。虽然日式的女子教育还是以培养"贤母"为最终目标,但是如此倡导之下,据不完全统计到 1900 年日本女孩小学的就学率就达到了 71.73%。[①]

目前虽然没有明确证据表明李叔同的日妻接受过新式教育,但是就上述的就学率数据以及其能够作为模特来让李叔同作画的开放行为来看,日妻应该是接受过新式教育的。不然以李叔同的"为气任侠"的"奇女"择偶观是不会如此深爱日妻的,毕竟据李叔同老友夏丏尊的回忆,李叔同在杭州任教的那段时间是无论多忙也要"平日每月回上海两次"[②],更何况有日后分别时难舍的"包赠胡须"之举了[③]。此外,在李叔同好友杨白民之女杨雪玖叙述的李叔同出家后与日妻告别的场景中,李叔同曾对日妻说:"你有技术,回日本去不会失业"[④]。以此可以判断,李叔同的日妻是有接受过教育的"新女性"的风范了。

李叔同了解日妻,更是会在与日妻长久的生活中感受到新女性应具有的风尚和魅力。而这种逐渐加深的体会也无疑会让他在另一方面更加怜惜与同情仍被封闭在旧习下的广大国内女性,由此会促使李叔同开始有进一步的行为来实践自身先进的女性观。

(二) 李叔同与兴女学

清代一直被誉为是女教集大成的时代,除王相编印的《女四书》和陈弘谋的《教女遗规》盛行外,清政府还复兴了一度被明朝终止的教化政策,如对"节妇"的劝诫与大规模倡导。在《清会典》和《礼部则例》中甚至清晰阐明了政府颁发旌表和建造节妇牌坊的详细过程。可以说,旧时代女性的社会地位与行为的禁锢与这种自上而下的系统教化是分不开的。所以要解放女性,必须要从其自身开始进行理念上的开放与进步。因此,清末民初的时代

---

① 方艳蕊:《浅谈日本女子教育的发展原因》,载《教育教学论坛》2013 年 12 月第 51 期。
② 夏丏尊、蔡冠洛等:《弘一法师永怀录》,时代文艺出版社 2009 年版,第 47 页。
③ 夏丏尊、蔡冠洛等:《弘一法师永怀录》,时代文艺出版社 2009 年版,第 148 页。
④ 陈星:《说不尽的李叔同》,中华书局 2005 年版,第 61 页。

有很多爱国志士开始倡导兴办女学，期望广大女性要从自身精神上首先得到解放。早期维新派人士郑观应、梁启超等最先对此专门拟文进行呼吁，直到 1898 年 5 月 31 日第一所由中国人创办女学堂"经正女学"正式开学，才打开了由中国人自主兴办女学的风气。在这之后严复、吴怀疚、蔡元培等先进人士都开始进行了认真的实践。1904 年，清政府颁布了《癸卯学制》，在法理上解决了女学的合法地位问题，于是促成了创办新式女学堂的热潮。据不完全统计，至 1907 年时中国各地的女子学堂已达到 428 所。[①]

杨白民是李叔同的挚友，李叔同曾以"二十年来老友，当以尊翁最为亲厚"[②]来形容自己与杨白民的珍贵情谊。杨白民是我国近代的艺术教育家，他最主要的成就是于 1903 年在上海的家中开办了城东女学，并在学校课程中设立了艺术专修科，这在中国艺术教育的历史上具有伟大的前瞻性意义。

从目前的史料中发现，赴日之前的李叔同是没有参与过与兴办女学有直接关系的事宜的。李叔同是在赴日后与杨白民的三封通信中才表达了他对兴女学的积极态度：

一九〇五年，日本，致杨白民[③]

白民先生：

两奉手毕，并承惠笺，感谢！感谢！足下如愿到天津调查学务，弟即当作书介绍。

彼邑学界程度，实在上海之上。去年设专门音乐研究所，生徒已逾二百，盛矣。附呈一函，乞便交少屏朱先生。

祗叩，学安！

弟哀顿首
十月七日

又有：

---

① 陈星：《游艺——杨白民、城东女学及李叔同》，上海三联书店 2013 年版，第 5 页。
② 《弘一大师全集》第 8 册，福建人民出版社 2010 年版，第 358 页。
③ 《弘一大师全集》第 8 册，福建人民出版社 2010 年版，第 269 页

一九〇六年，日本，至杨白民[①]

白民先生：

前奉惠书，祗悉一一。学课匆忙，久未裁答，甚罪！尊悉如何？致念致念！兹附上绍介书一纸，足下如到天津，可持此书往谒。渠与仆金石交，必能为足下竭力周旋也。匆匆祗叩。

年安！

弟哀顿首
阳历十二月五日

附：致天津周啸麟，一九〇六年，日本[②]

啸林老哥左右：

兹有上海城东女学校长杨白民先生，到天津参观学务，乞足下为绍介一切（凡学校、工场、陈列所，以及他种有关于教育者）。如足下有暇，能陪渠一往尤佳。渠人地生疏，且言语不通，良多未便。务乞足下推爱照拂，感同身受。此请大安！

弟哀顿首

林子青的《弘一法师年谱》中，有记载1907年，"旧友杨白民旅游日本，欢聚浃旬"[③]，并在后面附上了一封李叔同随后寄出的信函：

至杨白民先生书：

白民先生足下：东都重逢，欢聚浃旬。行李匆匆，倏忽言别，良用惘然！别来近状何似，学制粗具规模否？金工教师如准延用，当为代谋。束金之数，以五七十金为限否？请即示复。

······

哀再拜

近日东都酷热，温度在八十以上。

---

① 《弘一大师全集》第 8 册，福建人民出版社 2010 年版，第 269 页。
② 《弘一大师全集》第 8 册，福建人民出版社 2010 年版，第 275 页。
③ 林子青：《弘一法师年谱》，宗教文化出版社 1995 年，第 51 页。

通过这几封信件可以看出,此时的李叔同是非常热心于女学事业的,他为即将去天津考察的杨白民出具介绍信,又为学校建设提供意见。李叔同为何有了对女学的如此关注,其具体的缘由我们目前不得而知。但可以肯定的是,在日本的李叔同一定有了与在国内不一样的收获与见解才会有如此的变化。另外需要补充的是,在李叔同留日期间的 1910 年 4 月份的城东女学校刊《女学生》的创刊号上就有刊登了李叔同的文章《艺术谈一》,1911年 4 月在《女学生》上又有发表《艺术谈二》。1911 年 7 月又继续在《女学生》上发表了《艺术谈三》,并同时刊登了一篇题目为《释美术》的文章。[1] 如此可以发现,在日期间的李叔同就已经为祖国女学的发展做出了自己力所能及的帮助。

1911 年,李叔同于东京美术学校毕业。他先是在天津的直隶模范工业学堂任教,但时间不满一年,于 1912 年的春季便赴城东女校任教。同年李叔同还任职于上海陈英士的《太平洋报》,并被聘请为该报文艺编辑,主编《太平洋报画报》。[2] 李叔同除在学校上课外,更是利用自己主编的报纸开始对城东女学进行了不遗余力的宣传。

1912 年 4 月 1 日《太平洋报》创刊的第一天,李叔同就在"文艺消息"栏发表了《城东女学制作品》一文:

> 南市竹行弄城东女学,杨白民先生独力创办。其学科成绩卓然,占上海女学第一位置。即所作各种美术品,亦精妙古雅,冠绝侪辈。如刺绣之琴联、屏条等,尤为学界同人所称许。又,城东讲戏会会员诸女士,工书法者极多。所书之对联匾额,悬列四壁,每为专门家所赞赏云。[3]

李叔同将城东女学称为"上海女学第一位置",利用报纸的广泛宣传作用,可谓是为了学校的发展做足了宣传。

1912 年 4 月 16 日,李叔同又在《太平洋报》上刊出文章《孟俊女士书

---

[1] 张悦:《李叔同与太平洋报》,载《炎黄春秋》2009 年第 6 期。
[2] 林子青:《弘一法师年谱》,宗教文化出版社 1995 年版,第 63 页。
[3] 陈星:《游艺——杨白民、城东女学及李叔同》,上海三联书店 2013 年版,第 93 页。

法》,李叔同作为"二十文章惊海内"的文坛俊杰,评价孟俊女士书法"篆书似吴仓石摹石鼓,隶书似杨岘山临张迁,楷书古拙苍茂,胎息汉魏,尤为记者叫绝",甚至寄语"今后再多苑求名石精拓,研究而参考之,不数年,必可享第一盛名于祖国,此故敢为预言者也。"如此高的评价充分体现了李叔同对女学学生的鼓励与关爱,更是表现了他对祖国新女性形象的憧憬与肯定。

1912 年 4 月 8 日至 5 月 17 日,李叔同借着给学生上文学课的机会将学生们的作文选刊在了报纸上,并列注了自己的评语:

> 《论女子欲求平权须先求平等教育》,作者:孟俊
> 李叔同评语:"议论痛刻,足为吾国女界吐气。"
> 《女子参政小言》,作者:陆坚毅
> 李叔同评语:"气焰万丈,有旁若无人之概。"
> 《论女子欲平权须先求平等教育》,作者:程耀
> 李叔同评语:"说理精细,自是通人之论。"①

这些留存的题目与李叔同的评语间接展现了李叔同在城东女学的授课内容,如"女性参政""女子平权"等。李叔同在评论中更是使用了"吾国女界"这样的词语来鲜明而坚定的表现了自己的立场。"女子参政"是当时女性解放运动一个重大议题。在当时,有许多人赞成"解放女权",但是却将"女权"与"民权"相割裂。这些人的"女权"观念受日本影响颇深,并且很快掌握了话语权。如 1907 年颁布的《女子小学堂章程》和《女子师范学堂章程》具体列举的女子教育科目是以修身、国文、女红、家务、缝纫、手艺、音乐、体操等为主。② 辛亥革命后,"女性参政权"的问题一跃而成为了当时的一个焦点,由于女子革命军日益成为了革命浪潮中不可忽视的力量,孙中山继而也对此作出了肯定。但是,当袁世凯于 1912 年 3 月 10 日就任大总统后,女性参政权并未出现在《临时约法》之中,这一情况虽然引发了国内维权人士成立"神州女界共和协剂社"进行抗议,但是由于袁世凯的日益独裁,对女性参

---

① 陈星:《游艺——杨白民、城东女学及李叔同》,上海三联书店 2013 年版,第 94 页。
② 多贺秋五郎编:《近代中国教育史资料——清末编》,文海出版社 1976 年版,第 461—467 页。

政的呼吁最终还是化为了泡影,直到五四运动时才被再次大规模的提出。从报纸上的时间进行判断,此时李叔同在课堂上的呼吁与在报纸上的刊登恰好是此事的正在进行时,此时李叔同鼓励女子参政的表现当是其"奇女"概念的继承和发展,而后李叔同更是刊出城东女学学生所作的《为秋瑾烈士建风雨亭捐募启》来表达了自己对自立之女士的欣赏与钦佩。① 据统计,在李叔同任职《太平洋报》的四个多月里,共在报上刊登城东女学的消息计 22篇②,平均每周就有一篇文章出现。足可见李叔同为城东女学的发展而付出的努力。

在李叔同斩断尘缘出家后,也依然挂念着城东女学的发展。如 1920 年,李叔同寄给杨白民的信中在先否定杨白民给寺庙香金后又提议"不如送学生成绩画,裱好者一幅,与庵中主持,当甚喜悦也。"又有林子青在《弘一法师年谱》中记载,1921 年的李叔同四月因事返沪,居城东女学,为女弟子朱贤英开示念佛法门。③

当李叔同得知杨白民去世的消息后,在寄给杨雪玖的致哀信件中依然不忘关注城东女学今后的发展之路,他写道:"尊翁故后,校事如何? 甚以为念。"④短短数字,尽显其关切之心。

综上所述,在李叔同 1905 年东渡日本至 1917 年的这段时间中,通过自己在日本的生活经历,进一步认识了新时代女性应具有的风貌。李叔同在完善了自己女性观的同时,也为祖国的妇女启蒙解放之路做出了自己新的贡献,以切实的"兴女学"来实践自己的新女性观。自 1917 年起,俗家的李叔同开始迈进了释门,他的女性观也跟随之有了更进一步的升华。

三、释门弘一——李叔同女性观的升华
(1917 年供佛至 1942 年圆寂)

1917 年,在经历过虎跑断食的李叔同已经开始茹素、供佛,并准备将自

---

① 陈星:《游艺——杨白民、城东女学及李叔同》,上海三联书店 2013 年版,第 94 页。
② 陈星:《游艺——杨白民、城东女学及李叔同》,上海三联书店 2013 年版,第 99 页。
③ 林子青:《弘一法师年谱》,宗教文化出版社 1995 年版,第 118 页。
④《弘一大师全集》第 8 册,福建人民出版社 2010 年版,第 358 页。

己的一切交给信仰了。就像他自己在《晚钟》中写的："浴灵光兮朝圣真,拜手承神恩! 仰天衢兮瞻慈云,若现忽若隐! 钟声沉暮天,神恩永存在,神之恩,大无外!"[1]他坚定自己的信仰,于 1918 年七月十三日,披剃于杭州虎跑寺,皈依了悟上人为师,法名演音,号弘一。出家后的弘一法师静修律宗,一心苦修,从此心向莲台。

然而针对当时的社会环境,仍有一些不利于女性信众修行的因素存在。弘一法师本着教义中的慈悲之心,一如既往以开明的女性观来劝导矛盾,为弘扬佛法并佛教界的改革贡献了自己的力量。在林子青的《弘一法师年谱》中有这样的记载。[2] 1955 年法师岁晚至月台随喜佛七法会,受请拟泉州《梵行清信女讲习会规则并序》。原文如下:

> 闽南无比丘尼,常人谓为憾事,宁知固非佛意耶。律谓女人出家,佛本不许,以若度者,正法减半。其后便自剃发,阿难尊者三请,佛令依"八敬法",乃许出家。像季以还,尼行"八敬法"者,殆所罕闻,乖违佛制,摧坏大法。闽南无比丘尼,非憾事也。
>
> 闽南女众习佛法者,恒受三皈五戒,为清信女。亦有并断正淫者,别居精舍,有如僧舍,俗云菜堂,称女众曰菜姑。其贞节苦行,精勤课诵,视比丘尼殆有过之。所缺憾者,佛法大纲罕能洞解,文字知识犹有未足耳。
>
> 昔年性愿老人深鉴于是,颇欲集诸女众,施以诲导,乃助缘不具,卒未成就。癸酉(1933)岁晚,余来月台随喜佛七法会,复为大众商榷斯事。承会泉、转尘二长老欢喜赞叹,乐为倡助,并嘱不慧为出规则,以资率循。爰据所见,粗陈其概,未能详尽耳。[3]

由这段文字可以看出,弘一法师行文流畅,对答清晰,充分解答了佛法并无轻视女众之意的问题。由于是律宗大德依律制解答,所谓闽南带发修

---

[1]《弘一大师全集》第 8 册,福建人民出版社 2010 年版,第 114 页。
[2] 林子青:《弘一法师年谱》,宗教文化出版社 1995 年版,第 204 页。
[3]《弘一大师全集》第 7 册,福建人民出版社 2010 年版,第 626 页。

持之"梵行清信女"种种问题，在当时便得迎刃而解了。①

关于佛教修行中的"轻女"问题，弘一法师还做过一篇文字，据林子青《弘一法师年谱》记载，1941年澳门佛教界有大小乘经典中轻视女性的说法之讨论，函询大师请决。②

弘一法师在复信中指出："大小乘佛典中，虽有似轻女性之说。此乃佛指其时印度之女性而言，现代之女众不应于此介怀。又佛之所以出此等语者，实于大慈悲心，以诚诲劝励，冀其改过迁善，决无丝毫轻贱之心也。大小乘佛典中，记述女人之胜行圣迹甚多，如证初二三四果，发无上道心，乃至法华龙女成佛，华严善财所参善知识中，亦有示现女身者，惟冀仁者眼对，遍采《大藏经》中此等事迹，汇辑一编，以被当代上流女众之机，则阅者必生大欢喜心，欣欣向荣，宁复轻生疑谤乎？佛典中常有互相歧异之处，人每疑其佛意何以自相矛盾？宁知此乃各被一机，不须合会，无足疑也。"③

弘一法师的这封回信观点鲜明，举例简单而又深刻，寥寥几句就把轻慢女性的错误性表现了出来。就解答这个问题来说，弘一法师的这封回信实际上已经为澳门佛教界的这场讨论，画上了一个圆满的句号。它既标志着40年代初澳门佛教文化界关于佛学女性问题的讨论圆满结束，也标志着民国初年以来佛教革新理论中的女性观念正走向成熟。④

分析李叔同的女性观，它既没有日式女教"贤妻良母"观与秋瑾"自立于男性"女性观的分裂，也没有梁启超早期由"上可相夫，下可教子，尽可宜家，远可善种"的贤妻良母观向《人权与女权》的阶段性转变过程。李叔同在其青年时形成新女性观后就如一以贯之，他没有因为在日本留学的体会日式"贤妻良母"女教的经历改变对"奇女"的赞扬，而是一如既往的将"奇女"观继承与发展并带到课堂，亲自教授新一代女性男女平等与积极参政的重要性。

由此，李叔同虽不似五四运动中的文化斗士那般掀起了妇女解放热潮，但李叔同终其一生都在用怜惜、同情、关爱的态度来对待深受旧习压制与禁

---

① 陈珍珍：《谈福建的"梵行清信女"》，载《法音》2000年第1期。
② 林子青：《弘一法师年谱》，宗教文化出版社1995年版，第293页。
③ 林子青：《弘一法师年谱》，宗教文化出版社1995年版，第301页。
④ 何建明：《弘一法师与近代澳门佛教》，载《闽南佛学》网络版2002年栏目文章。

锢的广大中国女性。尤其是他先于五四运动十几年进行婚姻平权与婚恋自由的倡导,并且身体力行的为兴建女学、鼓励女子参政等贡献了自己的力量。李叔同虽不似康梁讲演"新女性"游说过万千门庭,也没有擎起如金天翮的《女界钟》般的巨著丰碑,但是他将自己同情、怜惜、关爱女性,倡导男女平权的女性观如一地贯彻了一生,直至涅槃静寂。研究李叔同的女性观不仅可以帮助我们更加深刻的理解其人格魅力,更是为研究中国的女性解放史留下一笔宝贵的财富!

【作者简介】

杨铭,1989 年生,杭州师范大学弘一大师·丰子恺研究中心研究生。

Gender Inequality Is Incompatible with Republican Values
—On Li Shutong's Views about Women

Yang Ming

Summary

It is true that unlike the ideological fighters of the May Fourth Movement Li Shutong did not launch a wave of women's liberation, yet, throughout his life, he never ceased to advocate gender equality and treat with sympathy and love the great masses of Chinese women oppressed by die-hard practices. About a decade before the aforesaid movement, he added his voice to the campaign for women's representation in politics, equality between marriage partners and freedom in love and made personal efforts towards women's education. He upheld his enlightened views about women through to the end of his life.

既雕既琢，复归于朴

——"弘一体"的书风与美学研究

江蓝天

一、引言

李叔同（弘一法师）在住世的六十三年中，其在诗、词、书、画、篆刻、音乐、戏剧、文学等方面造诣不凡，而对教育、哲学、法学、汉字学、社会学、广告学、出版学等更有创造性的贡献，并培养出了美术家丰子恺、音乐家刘质平等文化名人。其中，书法作为他毕生不辍的爱好，从早年遍临碑版的阳刚壮美发展到"弘一体"的恬静超逸，体现了传统书法的一个新的高峰。

二、弘一体书风产生的原因

在弘一体出现之前，李叔同的书法就已经形成了一定的风格并且得到了广泛的认可。

夏丏尊"酷嗜其书"，收藏了许多李叔同临写碑帖的习作，辑印了《李息翁临古法书》，并在书跋中写道："右为弘一和尚出家前抚古习作……，胎息六朝，别具一格。虽片纸，人亦视如瑰宝。居常鸡鸣而起，执笔临池。碑板过眼便能神似。所窥涉者甚广，尤致力于《天发神谶》《张猛龙》及魏齐诸造像，摹写皆不下百余通焉。"连平时的习作都收藏盈尺，并一藏就是十数年，可见夏丏尊对于李叔同早期书法的推崇。

一个书法风格渐渐走向成熟并已经为社会所接受并推崇的书家，却中途改变方向，走向了与早先完全不同的风格，这不但前无古人，恐怕也难有来者。

弘一体产生的原因,据我研究有如下原因:

(一) 身份变化后书法应用需求的改变

早年的李叔同是一位翩翩公子,以"二十文章惊海内"的才子身份驰名于当时的上海,他的早期书法正如柯文辉先生评价的那样"……篆隶楷书具有阳刚美,中宫紧抱,章法匀停错落,开阖有序,外现才华。行草恣肆流妍,无意间汉韵唐神秀出,格清调响"[1]。书法对于他的实用意义来说更多是酬唱应和,宣显才华。

当后期李叔同出家成为弘一法师后,书法不再是纯粹的艺术作品,而是开始发挥最早的本职工作"虽书契之作,适以记言",简单来说就是记录文字,传播思想。

在皈依佛门时,弘一法师曾将平生的书画、书籍、用具等分赠友生和有关学校。关于此事,曾经与法师共事过的夏丏尊描述道:"暑假到了,他把一切书籍字画衣服等等分赠朋友学生及校工们——我得到的是他历年所写的字,他所有折扇及金表等——自己带到虎跑寺去的只是些布衣及几件日常用品。"[2]而另一位同事姜丹书则说:"及入山时,将艺术书物举赠北京新办之国立美术专门学校,印章举赠杭州西泠印社,后庋入石壁内,镌题其穴曰'印藏',笔砚碑帖举赠杭州书家周承德,其余零缣残素,分归友好夏丏尊、堵申甫及贤弟子吴梦非、金咨甫、李鸿梁、丰子恺、刘质平、李增庸等为纪念品。"[3]法师自己也在致李圣章的信件中说道:"任杭州教职六年,兼任南京高师顾问者二年,及门数千,遍及江浙。英才蔚出,足以承绍家业者,指不胜屈,私心大慰……凡油画、美术、图籍,寄赠北京美术学校(尔欲阅者可往探询之),音乐书赠刘子质平,一切杂书零物赠丰子子恺。"[4]可见当时的李叔同是下定决心不再从事任何艺术的,包括笔砚碑帖举赠杭州书家周承德,大有从此与

---

[1] 柯文辉:《灵机内敛 清风外流》,见方爱龙编《弘一大师书法传论》,西泠印社出版社 2001 年版,第 9 页。

[2] 夏丏尊:《弘一法师之出家》,见陈星编《我看弘一大师》,浙江古籍出版社第 2003 年版,第 63 页。

[3] 姜丹书:《姜丹书艺术教育杂著》,浙江教育出版社 1991 年版,第 260 页。

[4] 弘一法师:《致李圣章》,见《弘一大师全集》第 8 册,福建人民出版社第 2010 年版,第 333 页。

书法作别,潜心念佛的意味。幸有范寄东的开导:"若能以佛语书写,令人喜见,以种净因,亦佛事也,庸何伤!"法师才继续作书,才有了后来的弘一体。可见在出家后,书法之于弘一法师,更多是与众结缘,宣扬佛法的作用。

同时,写经的独特要求也造成了弘一法师书风改变的一大原因。印光大师曾在看了弘一书作后,复曰:"写经不同写字屏,取其神趣,不必工整。若写经,宜如进士写策,一笔不容苟简,其体须依正式体,若座下书札体格,断不可用。古今人多有以行草体写经者,光绝不赞成。"①弘一法师深以为然,此后写经"则聚精会神,落笔迟迟,一点一划,均以全力出之,五尺整幅,须二时左右"②,终于受到印光大师的认可:"接手书。见其字体工整,可依此书经。夫书经乃欲以凡夫心识,转为如来智慧。比新进士下殿试场,尚须严恭寅畏,无稍怠忽。能如是者,必能即业识心,成如来藏。于选佛场中,可得状元。"③

(二) 审美趣味的变化

古人说字如其人,是因为艺术家的作品往往会反映他的精神面貌、理想抱负、品格脾性、兴趣爱好等等方面。从李叔同过渡时期的书、印、诗词可看出他在这一期间的审美趣味的变化。

1. 书法

自从清代阮元倡导"北碑南帖"之说,认为南宗长于尺牍,乃江左文风,疏放妍妙;北宗长于碑版,乃中原古法,严谨古拙。南帖隶法尽失,北碑尚存遗意,力保之。经过包世臣康有为提倡,习书者无不从北碑入手。李叔同生于清末碑学书风的鼎盛时期,自然受此影响。李叔同早年好临篆书,尤好石鼓文,居常鸡鸣而起,执笔临池。他的学生丰子恺说:"他的字,功夫尤深,早年学黄山谷,中年专研北碑,得力于《张猛龙碑》尤多。"康有为在《广艺舟双楫》中写到魏碑有十美:

---

① 印光大师:《增广印光大师文钞》,九州出版社 2012 年版,第 103 页。
② 刘质平:《弘一上人史略》,见陈星编《我看弘一大师》,浙江古籍出版社 1997 年版,第 105 页。
③ 印光大师:《增广印光大师文钞》,九州出版社 2012 年版,第 103 页。

一曰魄力雄强，二曰气象浑穆，三曰笔法跳跃，四曰点画峻厚，五曰意态奇逸，六曰精神飞动，七曰兴趣酣足，八曰骨法洞达，九曰结构天成，十曰血肉丰美。

而李叔同无疑得其精髓，《李息翁临古法书》中的习作充分继承了魏碑笔画如利刃刀切的方笔与撇捺大开大阖的特点。从李叔同选择阳刚气势的魏碑书风，可以看出当时李叔同的书风审美趣味是偏向阳刚壮美、雄浑朴厚的。

丰子恺说弘一法师出家是因不满足于物质生活与精神生活而要追求灵魂生活，与此相对的，长期"聚精会神"、"全力出之"写经使得弘一法师渐渐抛却了形式上的要求，不再拘泥于用笔与结体等外在形式，转而追求书法内在的灵魂。从作品上来看，这时期的作品"笔笔气舒，笔笔锋藏，笔笔神敛"，他的审美趣味已由阳刚壮美而转为平淡、恬静、冲逸了。

2. 诗词

李叔同早期的诗词如《戏赠蔡小香四绝》《金缕曲赠歌郎金娃娃》《高阳台忆金娃娃》，用词绮丽浓艳，仿佛让人眼前现出一位风流倜傥的佳公子。如《满江红民国肇造志感》《金缕曲留别祖国并呈同学诸子》里则是激情澎湃，满腔热血。如《老少年曲》《悲秋》等却是感慨光阴易逝，韶华难留。

试看诗词中的句子：

奔走天涯无一事，问何如声色将情寄。休怒骂，且游戏。（《金缕曲赠歌郎金娃娃》）

魂魄化成精卫鸟，血华溅作红心草。看从今，一担好山河，英雄造。（《满江红民国肇造志感》）

长夜凄风眠不得，度群生那惜心肝剖？是祖国，忍孤负！（《金缕曲留别祖国并呈同学诸子》）①

以上句子都是直抒胸臆，青年时期的李叔同情感外露，才华横溢，嬉笑

① 李叔同：《悲欣交集》，北京大学出版社2010年版，第11—28页。

怒骂皆成文章，正像他的书法一样，锋芒毕露。这时期他的审美情趣是偏向慷慨豪放、雄浑劲健、纤秾绮丽的。

而出家后，他的诗作唯余二首《净峰种菊临别口占》《为红菊花说偈》。

试看《净峰种菊临别口占》：

> 我到为种植，我行花未开。岂无佳色在，留待后人来。①

可以清楚地看到，弘一法师的诗风冲淡平和，情感含蓄内敛，正如后来的弘一体一样"轻描淡写，毫无烟火气"。可见出家后他的审美趣味逐渐从豪放绮丽、雄浑劲健过渡到了自然含蓄、冲淡平和。

3. 绘画

李叔同少年时即有绘画基础，留学日本时期正是进入东京上野美术学校（今东京艺术大学）学习油画。回国后在《太平洋报画报》担任主编以及在南京高等师范与浙江一师教图画课，绘画水平是毫无疑问的。

李叔同早期画作很多，国画、油画、水彩画、木炭画、漫画、写生素描等等形式多样，内容丰富。下图一为李叔同 1906 年的《少女》（木炭画），图二为 1911 年所作静物（油画），图三与图四为出家后所作佛像。

　　图一　　　　　　　　图二　　　　　　图三　　　图四

由于李叔同早期的国画资料较少，只能退而求其次以早年的西画与晚年的佛像画对比。尽管中西画由于载体与表现手法不同，给审美趣味的比

---

① 李叔同：《悲欣交集》，北京大学出版社 2010 年版，第 11—28 页。

较造成了一定的难度,但从法师选择了以简笔勾线而不是油画或其他方式来绘佛像,看出了他在审美趣味上的回归。

从以上分析可得知,书法、诗词、绘画作品的变化其实是审美趣味变化的某方面的体现。在这种平和冲淡、追求内在的审美趣味的引导下,弘一体的诞生是必然的。

三、弘一体的形成过程

在论述弘一体形成过程前,首先我们需要确定何为弘一体。是以李叔同出家为标志,出家之前是李叔同风格的书法,出家后即"弘一体",还是其出家后经过若干书风变化,最终形成了"弘一体"? 事实上,任何艺术风格的诞生都需要一定时间的孕育,所谓"弘一体"应为其出家后经过一段时间的探索变化后形成的书体书风,而不能简单地将其出家后的书法一概定论为"弘一体"。

为简明地说明问题,大致将弘一法师的书法分为三个时期,第一期即1918 年至 30 年代初。这个时期,为弘一体的蕴藉时期。弘一法师因沉潜佛道、严净戒律而对其出家前的书法作了风格上的转变,但仍有较多过往的印迹。如以下数图:

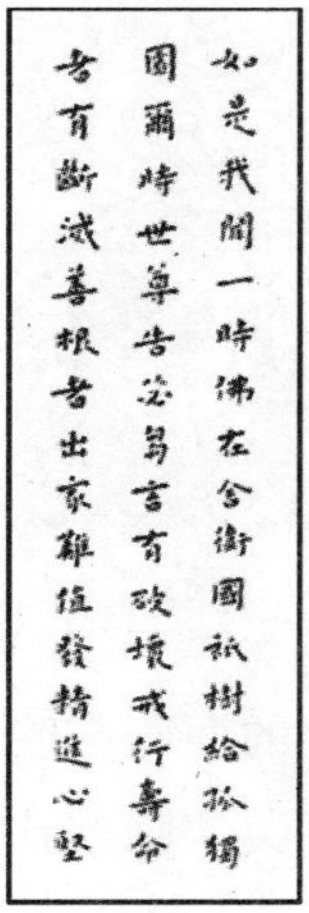

图五 　　　　　图六 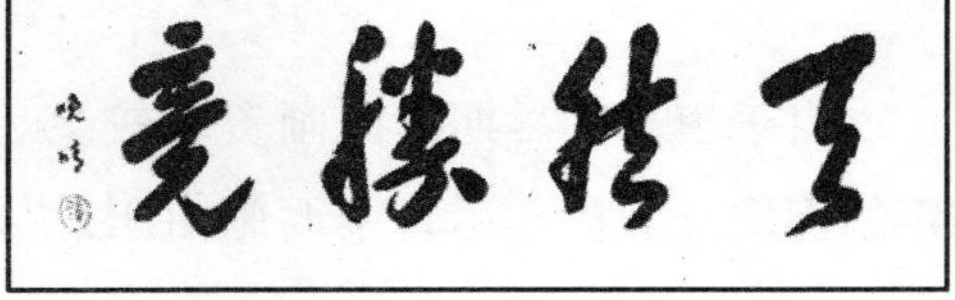　　　　　　　　　图七

图五中的书法作品写于 1920 年，为弘一法师 41 岁在浙江衢州莲花寺所书的《大乘戒经》的首页，小楷，字形扁方，有钟王遗韵，但其用笔已有"蚕头"的面貌，点画之间的接笔由实转虚。图六中的作品写于 1922 年，乃弘一法师 43 岁在温州庆福寺所书，此行书兼受《张猛龙碑碑阴》与北宋黄庭坚《松风阁诗卷》的部分影响，字势左低右高，布白因撇捺外张而形成中紧外疏的空间感觉。用笔多为侧锋，强调转折，运笔缓和而使笔画趋圆。图七写于 1927 年，是弘一法师应堵申甫之请，为浙江新昌大佛寺新社所书之匾额"天然胜竟"，全然是绝佳的行草，蚕头圆笔，给人以圆润之感。可见，弘一法师此时期的书法，虽然有意变化自己的书风，却仍保留着李叔同时期的余味。

20 世纪 30 年代初，弘一法师的书法进入第二个时期。为弘一体的形成时期。这一时期，弘一法师的书法面目一新，令人叹服，真正达到了丰子恺所谓的"脱胎换骨，自成一家，轻描淡写，毫无烟火气"的境界。研究者几乎很难找出恰当的用词来形容这一阶段弘一法师的书法，叶圣陶说他的笔画像"蚕宝宝"[1]，研究者杜忠诰认为是"晚年所开发成熟的那种酥绵洁净，细致剔透的'绵酥体'（此为笔者试拟名称）……"[2]正是这一难以命名的书体，恰恰成了"弘一体"的标准范式。

"弘一体"书法作品众多，其中最具有代表性的当属弘一法师在那个时期所书的《佛说阿弥陀经》（图八）、《五大施经》和《华严集联三百》及大量立轴等。试举图八《佛说阿弥陀经》来讨论。图中的前十一个字与上文中提到的小楷《大乘戒经》首页内容相同，然而风格却发生了很大的变化。首先字形从扁方变为方而略长，用笔上纯用中锋，以缓慢的运笔速度而使线条浑圆饱满。另外早年追求的笔锋、提按、节奏、牵丝、结构等常规书法要求都被舍去，而进行字与纸面的调配。用法师自己的话来说，就是：

朽人于写字时，皆依西洋画图按（案）之原则，竭力配置调和全纸面之形状。于常人所注意之字画、笔法、笔力、结构、神韵，乃至某碑、某帖

---

[1] 转引自李璧苑的《送别无别》一诗，见陈星著《智慧灯——弘一大师研究论稿》，中国社会科学出版社 2013 年版，第 341 页。

[2] 杜忠诰：《弘一大师书艺管窥》，载《中国书法》1999 年第 12 期。

之派,皆一致屏除,决不用心揣摩。故朽人所写之字,应作一张图按(案)画观之斯可矣……朽人之字所示者,平淡、恬静、冲逸之致也。①

到了这个阶段,弘一法师的书法走向充满禅意,难以言说的纯粹境界,恰如雨后初晴,迎风而立的荷叶上浑圆清透的露珠,透彻得毫无杂质,却又在阳光的照射下闪出耀眼的光辉,既是从天而降轻灵逸致,却又随处可见,在不经意间撞入眼帘,让人为之驻足,显示出落花无言的美。

图八   图九

这一时期同时也是弘一法师书法创作十分活跃的阶段。刘质平在《弘一大师遗墨的保存及其生活回忆》一文中写道:

---

① 弘一法师1938年旧历十月廿八给王拯邦的信,见《弘一大师全集》第8册,福建人民出版社第2010年版,第431页。

　　壬申,在镇海龙山伏龙寺。先师曾对余言:"每次写对都是被动,应酬作品,似少兴趣。此次写佛说阿弥陀经功德圆满以后,还有余兴,愿自动计划写一批字对送给你与弥陀经一起保存。"命余预作草稿,以便照样书写,共一百副。写毕又言:"为写对而写对,对字常难写好;有兴时而写对,那作者的精神、艺术、品格,自会流露在字里行间。此次写对,不知为何,愈写愈有兴趣,想是与这批对联有缘,故有如此情境。从来艺术家有名的作品,每于兴趣横溢时,在无意中作成。凡文词、诗歌、字画、乐曲、剧本,都是如此。"

　　到了30年代中至1942年弘一法师圆寂,这是弘一法师书法第三时期,成熟期或称返璞归真期。这一类书法(如图九)数量众多,且伴随着弘一法师的晚年,以所谓的"绵稣体"为基调而发生变化,以"瘦硬"的面目出现,似有脱胎换骨、炉火纯青之感,仿佛让人走入空山灵谷、了无人间烟火之境地。这种风格与范式,不事修饰不求意趣,镇定从容,因其前无古人,难有来者,而很难用某种理论去界定。陈祥耀先生有一段对弘一体的描述具有形象性:"其初由碑学脱化而来,体势较矮,肉较多;其后肉渐减,气渐收,力渐凝,变成较方较楷的一派;数年来乃由方楷而变为修长,骨肉由饱满而变为瘦硬,气韵由沉雄而变为清拔,冶成其戛戛独造的整个人格的表现的归真返朴、超尘入妙的书境。其不可及处,乃在笔笔气舒,笔笔锋藏,笔笔神敛。"[①]

四、弘一体书风的美学研究

　　目前对于书法美学的研究是比较少的,对于弘一体的美学论述,更是大部分夹带在弘一体书风研究与评价中,散落而不成体系。

　　本文试以"逸品"为关键词进行讨论。

　　国学大师马一浮先生称弘一法师的书法为"逸品"。那"弘一体"何以能称得上逸品呢? 首先我们需要理解"逸品"之"逸",了解逸品的评判标准。

---

① 陈祥耀:《弘一法师在闽南》,见陈海量编《弘一大师永怀录》,上海大雄书局1943年版,第47页。

　　"逸品"这个词早年是用来评判绘画的。苏辙在《汝州龙兴寺修吴画殿记》中写道:"画格有四,曰能、妙、神、逸。盖能不及妙,妙不及神,神不及逸。"后逐渐发展成为各文艺作品的评判标准,逸品可谓是极高的评价了。逸品之所以能凌驾于神品,在于它追求的是"神韵说"创立以来中国各文艺领域最高的艺术境界和审美理想:淡,或冲淡、淡远。

　　其次我们应该结合法师的人生经历来谈这个问题。

　　法师自幼丧父,生母出身贫寒,是父亲为了子嗣而取的侧室。他在与丰子恺的谈话中说到过他的生母很苦,这个苦说的是在家中的地位。所以他19岁时即"奉母携眷,南下上海"。而他非常敬慕的母亲又在他26岁时去世了。"我从二十岁至二十六岁之间的五六年,是平生最幸福的时候。此后就是不断的悲哀与忧愁,一直到出家。"[1]

　　而他对在天津的大家庭应是没有什么感情的,早年离家,且在1911年"李家遭变,百万资产,一倒于'义善源票号',损失五十余万元,再倒于'源丰润票号',也有数十万元。从此家道中落,叔同对此不甚在意"[2]。

　　父亲早丧,对大家庭没有感情,而亲爱的母亲也已去世,这时的李叔同飘荡无根,对于他这是"家"的悲剧。而当时20世纪初至20年代间的时代背景下,国内动荡不安,战火连绵,于他又是"国"的悲剧。

　　但我们不能仅就此简单地下结论,他的出家只是因为家国悲剧找不到出路的一种寄托。中国自古以来儒道思想盛行,进则儒,退则道。李叔同在学佛之前也是学过道的,丰子恺在《怀李叔同先生》一文中提到过:"……但他'学道'的时间是很短的。"而夏丏尊也在《弘一法师之出家》中提到:"……从此以后,他茹素了,有念珠了,看佛经,室中供佛像了。宋元理学书'偶然'仍看,道家书似已疏远……"何以弃道学佛,恐怕是因为道家尊崇清静无为,而李叔同在短暂的学道期间发现佛教普度众生的理想更合于自己的追求。于是他在出家期间,广书"念佛不忘救国,救国必须念佛",并在1937年应邀撰写《厦门第一届运动会会歌》。

---

[1] 丰子恺:《法味》,见陈星编《我看弘一大师》,浙江古籍出版社2003年版,第120页。
[2] 朱经畲:《弘一法师年谱》,见天津市政协文史资料研究委员会、天津市宗教志编纂委员会编《李叔同——弘一法师》,天津古籍出版社1988年版,第15页。

法师自己也曾说过佛法并不离于世间，佛教的本旨只是要洞悉宇宙人生的本来面目，教人求真求智，以断除生命中的愚痴与烦恼。

所以法师既是希望在"是非成败转头空"的空幻人生中寻找一方精神寄托之地（在给学生刘质平的信中说："宜信宗教，求精神上安乐。"）又希望能解决众生的"疾苦愚迷"（书法作品"不为自己求安乐，但愿众生得离苦"、"饶益众生"等多不胜数）。

以此可想见，法师的冲淡是淡看虚名利禄，是"有宇宙人生之悲及其承担"，是追寻宇宙人生的真谛。正是这样的人生观，引导他写出毫无烟火气、圆润冲淡的弘一体。法师的出家，受马一浮先生的影响颇深，所以正由于马一浮先生是真正地理解了弘一法师，才能对其书法"弘一体"作出这样恰如其分的评价——逸品。

然而只从创作者的人生经历、社会影响地方面对作品下定论，难逃主观唯心主义的局限。下面将从"弘一体"作品本身进行分析。叶圣陶说：

> 我不懂书法，然而极喜欢他的字。若问他的字为什么使我喜欢，我只能直觉地回答，因为他蕴藉有味。就全幅看，好比一堂温良谦恭的君子人，不卑不亢，和颜悦色，在那里从容论道。就一个字看，疏处不嫌其疏，密处不嫌其密，只觉得每一笔都落在最适当的位置上，不容移动一丝一毫。再就一笔一画看，无不使人起充实之感，立体之感。有时候有点儿像小孩子所写的那样天真，但是一面是原始的，一面是成熟的，那分别又显然可见。总括以上的话，就是所谓蕴藉，毫不矜才使气，功夫在笔墨之外，所以越看越有味。①

叶圣陶说自己这段话说得浅薄，实在是过于谦虚了。也许他确实对书法涉猎不深，但是他本身的美学素养让他说出的这段话不仅比喻形象简单易懂又抓住了弘一体的精髓。

短短一段话里提到了五个重点，一是线条质感（充实、立体之感），二是弘一体的结构（每一笔都落在最恰当的位置），三是弘一体的布局章法（疏处

———

① 叶圣陶：《弘一法师的书法》，载《星洲日报》1937 年 11 月 7 日。

不嫌其疏,密处不嫌其密),四是书风(像孩子写的那样天真而又是成熟的),五是意境神韵(蕴藉,功夫在笔墨外)。其中第五点已在上文中谈到,下文将结合实际作品详细讨论前四点。

(一) 线条质感

一般来说,书法的载体是平面的纸,线条只能给人以二维的平面感。但事实上,书法有"厚度"——书法笔画、线条的视觉浑圆感。"厚度是一种'纵深'语言,……但视知觉对平面的点画的感觉还可以开拓。一个成功的书法的点,它是三维的,既有长度、宽度,还有深度——这里所谓的'深',是一种虚幻的艺术感觉;它也是一种艺术语言,书法线条的'力感'很大程度上蕴藏于此。"[①]

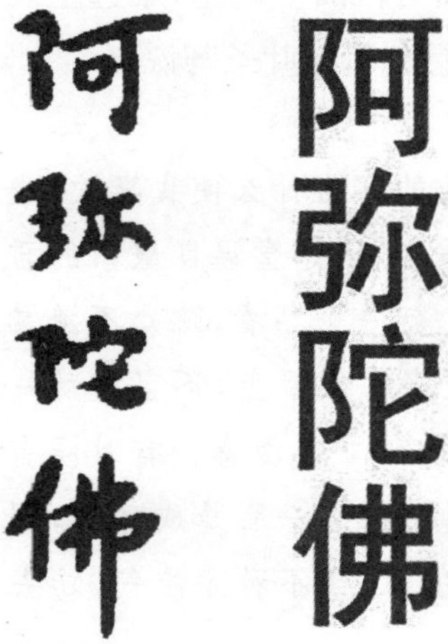

图十

弘一体的线条正是有厚度的三维点画。以图十中的"阿弥陀佛"为例,左为弘一法师原文,右为电脑黑体字。经过比较,可以清楚的发现,电脑黑体字如薄片般紧紧贴在纸上,让注视的人只能停留在字的二维表面,因为它毫无可深入的空间。而弘一法师所书的字一看就让人轻易懂得了上文所说的"厚度",它是立体的,笔画仿若圆柱般的线条突出在纸面上,所以叶圣陶说一笔一画无不使人起充实之感,立体之感,弘一体的圆润、"蚕宝宝"的称号应得益于此。

(二) 结构

美的笔画与线条是书法的基础,而点、线的组合——将一定数量的笔画线条在一定空间内按照一定的规则摆放而形成的一种笔画线条动态张力的关系,也就是结构,才是书法更强有力的倾诉语言。

为说明结构对书法美与表现的影响,图十一截选了上文提到过得弘一

---

① 郑晓华:《翰逸神飞——中国书法艺术的历史与审美》,中国人民大学出版社 2000 年版,第 48 页。

法师后期作品图九中的"法"字进行
了结构上的变动。缩减上下或左右
的距离,字形变得紧凑但失去了原字
舒朗飘逸的风格,而加大上下与左右
的距离则使字形看起来松散,笔画间
失去了张力。无规则随意错位的字
显得东倒西歪,完全失去了原字的书
法境界。弘一法师说他摒除了结构,
严谨一些来说应该是摒除了早年李

图十一

叔同时期亦或说是传统观念中大众所认同的结构,他按照"西洋图画法"建
构出来的书法仍然有自己的规则,即他创造出的新的弘一体结构。证据就
是,他的作品看去风格统一而整体和谐。假使他真的摒除一切结构,那么他
的字就会如上图错位的字一样,且字字不同,更不会有人将他晚年的书法概
括统称为弘一体了。

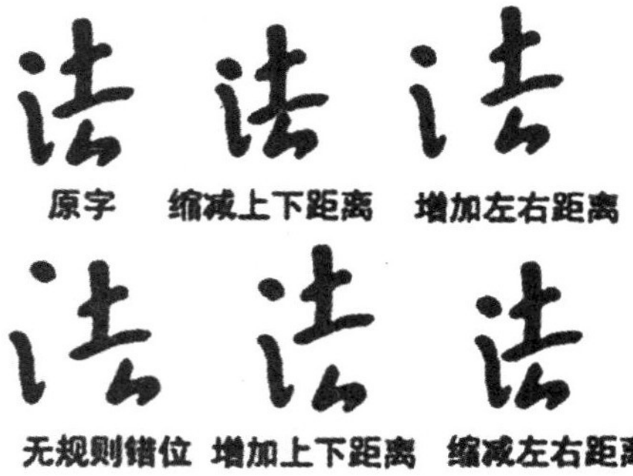

(三)布局章法

笔画语言是形状面积语言(纵深上还有质感),结构语言是局部空间语
言,墨韵是色彩语言,章法是整体空间语言。章法即"通过各具形态的不同
汉字书法形象的排列,营造一种书法作品的整体格局的'语汇',协助或强化
单个艺术形象对艺术家审美理想和内在情感的表现"①。书法中有个很重要
的概念叫计白当黑。清代邓石如说:"字画疏处可使走马,密处不使透风,
常计白以当黑,奇趣乃出。"这话说的是结构布局的疏密虚实关系,字的笔
画是实处,固然需要注意安排,笔画与行列间的空白处是虚处,也需布置
得宜。

试举弘一法师写的《华严经》句来作说明。

图十二为弘一法师所写原图,图十三为将原图中字等比例放大使字撑
满空间的对比图。当原先不被注意的白,也就是虚的空间被挤占后,原作品

---

① 郑晓华、骆红:《颜筋柳骨》,上海书画出版社2004年版,第58页。

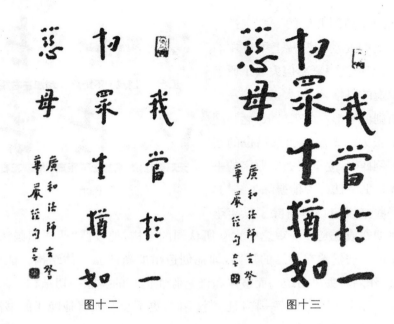

图十二　　　　　　　　　图十三

疏淡清拔的境界被弱化乃至于被破坏殆尽，而力感得到了增强。如果原作品是这样处理白的空间，那恐怕这"慈母"也过于雄强了些吧！可知弘一法师在章法布局上的安排是恰当的，舒阔的排布让弘一体作品气脉一贯，且使法师的审美理想和内在情感得到了强化。

（四）书风

说弘一法师的书法原始，是因为他的字没有笔锋与刻意的技巧追求，不计工拙，似乎像是原始的钟鼎文那样有一股天然的趣味。但是他的书法（图十四）与文字初始时期的钟鼎文（图十五）又有很大的不同，弘一体是在已经吸收了传统书法与西方图画画面调配技法等为养料锻造出新的审美趣味后产生的，所以又说它是成熟的。这种原始而成熟的书风，看似随手写成，而篇章结构无不经过用心调配，正像庄子所讲的"既雕既琢，复归于朴"。

经过以上分析，发现无论是法师的人生经历促成的人生观、法师的追求，还是从作品本身的特点与显示出的书风，都是协调一致的。"弘一体"之逸，体现的是法师对于人生宇宙的理解——华枝春满，天心月圆。

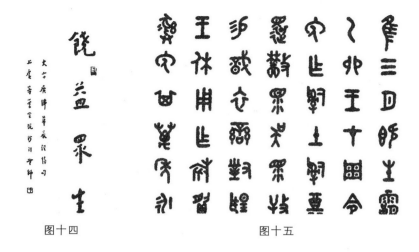

图十四　　　　　　　　　　图十五

五、结语

综上所述，我认为"弘一体"产生的原因一是李叔同出家后从士人至僧人的身份的转变，而导致对书法应用需求的改变，书法作品从酬唱应和的工具而成为了与众结缘、宣扬佛法的载体。二是从李叔同到成为弘一法师这一阶段的作品风格变化体现了他的审美趣味从阳刚壮美、雄浑劲健、豪放绮丽而转向了自然含蓄、冲淡平和，在这种审美的引导下，弘一体的出现是必然的。

而弘一体的书风发展则可概括为三个阶段：蕴藉期、形成期、成熟期。从初期有较多过往印迹发展到形成令人耳目一新、毫无烟火气的弘一体，再到后期变得修长瘦硬，达到"笔笔气舒，笔笔锋藏，笔笔神敛"的境界，体现了归真返朴、超尘入妙的书境。

在审美研究上，对创作者和作品结合具体史实与真迹分别进行分析，得出的结果是一致的，弘一体是当之无愧的逸品，它追求的是冲淡的艺术境界和审美理想，淡是看淡虚名利禄，是"有宇宙人生之悲及其承担"，是追寻宇宙人生的真谛，体现了法师对于人生宇宙的理解——华枝春满，天心月圆。

法师的一生绚烂而多彩，在各个文艺领域皆成就不凡。有人认为法师的出家使他的艺术生涯中断了，为他不值、惋惜。然而，我认为正是出家的选择使法师的艺术、人格、追求都得到了升华,从而达成了"无尽珍奇供世眼,一轮圆月耀天心"。

【作者简介】

江蓝天,中国人民大学 2015 级艺术学研究生。

Simplicity after Elaborateness
——A Study of Master Hongyi's Calligraphic Style and its Implications for Aesthetic Education

Jiang Lantian

Summary

The "Hongyi style" was created first out of Li Shutong's transformation from scholar to monk, which caused changes in his conception of calligraphy. From then on, calligraphic works were no longer used as a means of social intercourse but as a way of befriending believers and a vessel for propagating Buddhist doctrines. Second, stylistic changes in the works produced in the phase when Li Shutong became Master Hongyi reflected a transition in his aesthetic tastes from sublimity, grandeur and vigor to implicitness, naturalness and restraint, which made the emergence of the "Hongyi style" inevitable.

谁言寸草心,报得三春晖

——从孝道论弘一大师的儒家情怀

刘继汉

在纪念弘一大师逝世时,由夏丏尊编辑的"弘一大师永怀录"中,有亦幻法师所写"弘一大师在白湖"一文,记叙了弘一大师在听静权法师演讲"地藏经"时,当众"哽咽泣涕如雨,全体听众无不愕然惊懼,座上讲师弄得目瞪口呆,不敢讲下去"①的情景,这在当时直至今日,在佛教界和学术界仍是一件非常重要和值得研究的事情,这不仅对弘一大师的研究非常重要,而对中国的伦理(儒学)和佛教思想在中国的传播和发展有着深刻和广泛的意义。历史告诉人们,对佛教思想的研究,不能没有儒家和道家思想的契入。

一

在两千多年前的春秋战国时代,诸侯纷争,天下大乱,民不聊生。为济世救民,很多有识之士各自提出不同的治国理念和学说;遂出现了百花齐放、百家争鸣的局面;其中包括儒家、道家、法家……等等。直至西汉武帝登基以后,为了鸿图大业,他亲自提出策问,与贤良文学之士,进行对策,由他亲自审阅,从中遴选,加以重用。董仲舒根据"春秋"备述天人之道,并请专尊孔子,罢黜百家的主张;并被采纳。所以自汉代以后,儒家成为独尊地位。

---

① 林子青:《弘一大师新谱》,(台北)东大图书股份有限公司1982年版,第27页。

儒家由孔子创立,他主张以仁义治天下,改善世道人心。他一生整理传统文化,集大成而创新意,遂形成了以"君为臣纲,父为子纲,夫为妻纲(三纲)";"仁、义、理、智、信"(五常)和"忠、孝、诚、信、礼、义、廉、耻"(八德)为核心的儒家思想。其中"仁义"是儒家思想的精髓和根本。而以"中庸"之道处世,待人接物为最终目的。两千多年来,不管朝代更替,世事变幻,没有人能改变这根本。直至今日,他已成为中国文化的核心,世界文化的瑰宝。由此我们不能不感念历代先贤为传播这伟大的学说所做出的贡献。自孔子之后,孟子、荀子、朱熹、王阳明、康有为等,无不为儒学的传承和发展作出了巨大贡献!而弘一大师却迥异于历代大儒的著书立说,以期达到传承儒家学说的做法,而他却以其光辉夺目的一生行止,直观的展现了儒家学说的精髓。最后以一代高僧的形象展现于世,成为佛门第十一代律宗祖师。他的一言一行,无不在教导世人如何做人,如何待人接物,而后在此基础上来弘传佛教的精微大义。从某种意义上来说,弘一大师的感化之功和影响范围似乎更广泛,更深入人心。

从历史的发展来看,在独尊儒学之后,在儒者看来,儒家文化是汉民族传统文化中的巅峰,是任何其他文化所不能替代的。而在过去很长时期内,在中国古代哲学史和思想史中,也往往局限于儒家和道家思想方面的论述,而对于佛教思想或内容则往往是轻描淡写或一笔带过,很少论及佛学对儒道思想的影响,也从不辨析佛学与儒道思想的内在联系和相互影响。也很少论及佛教的传播和发展,也同样不能没有儒道思想的契入和融合。若仅依据佛经及其论著作为传播佛教的唯一的契入,亦很难使佛教深入人心和广泛弘传!

在汉明帝时,由摄摩腾将佛教传入中土之初,汉地人士对佛教无所认识,也无所信仰。正如慧皎在《高僧传·卷一》中所说:(摄摩腾)在"大法初传,未有归信,无所宣述,后少时卒于洛阳"。与摄摩腾同时来华的竺法兰,虽"自言诵经论数万章,为天竺学者之师"。慧皎说:"憎于西域获经,(法兰)即为翻译《十地断结》、《佛本生》、《法海藏》、《佛本行》、《四十二章经》等五部。移都寇乱,四部失本,不传江左,唯《四十二章经》今见在,可二千余言。汉地见存诸经,唯此为始也"。所以佛教界将《四十二章经》认为是汉地现存最早的汉文经典。为何在《四十二章经》译出之前,"大法初传,未有归信"

呢？也就是说,在佛教初传之时,佛教很少有人信奉。这正是中国的传统文化理念使然也。而孝道乃其主要原因也。佛教要求沙门必须剃去须发,不能结婚生子;这都是违背中国孝道的。所以必然引起儒家的强烈责难和反对。《孝经·开宗明义章》说:"身体发肤受之父母,不敢毁伤,孝之始也。"《孟子·离娄上》说:"不孝有三,无后为大"。所以自《四十二章经》译传之后,汉地佛教才渐次弘传流布。因为《四十二章经》已包含了儒家孝亲理念,经中说:"凡人事天地鬼神,不如孝其亲矣,二亲最神也。"又强调儒家的伦理原则:"吾为沙门,处于浊世。当如莲花,不为泥所污。老者以为母,长者以为姊,少者为妹,幼者子,敬之以礼。"但《四十二章经》是否是传入中国的第一部佛经？抑或是否是译经？或者是否是中国人改写……。多有异论！学者对此亦多有不同的看法。如梁启超说该经:"摹仿此土《孝经》、《老子》,别撰成篇。"而汤用彤认为《四十二章经》既不是一部独立的经典,也不是汉人的撰述,而是从小乘佛教经典中辑录佛教基本教义的"外国经抄",他说:"按长房所引《旧录》,不知为何人之书。但其言经系'外国经抄',自非中土编撰,实可了然。① 但正由此也就更说明了,若没有儒道两家思想的文化底蕴,脱离传统文化中最重要的思想元素,佛教教义若单向在中国传播是难以企及的。直至东汉末年有牟子所作《牟子理惑论》,他以儒家经典证成佛教学说,驳斥那些反对佛教的各种诘难,其中包括"佛教乃夷狄之术";出家为僧"不合孝道";佛法"妄说生死鬼神"等三个关键问题。他站在更高的高度指出:对佛教"尊而学之",并不等于"舍尧舜周礼之道"、"金玉不相伤,精魄不相妨"等高屋见瓴的见解,为佛教以在中国的发展起到了促进之用,使儒、释、道三教融合一体,成为一个完整的中华传统文化体系,为世人瞩目。

魏晋以来,时局混乱,遂使儒学衰微;为避世求安,当时儒家名士多有趋附老庄之无为思想而使玄学盛行。与此同时,佛教的经典源源不断地传播汉地,其中佛教的"般若性空"之学,甚契老庄的"贵无"思想。而于此时,佛教中的孝道思想的经典亦不断地被译出,如:西晋竺法护所译"佛说盂兰盆经",姚秦鸠摩罗什译"父母恩重难报经",唐于阗国实叉难陀译"地藏菩萨本愿经"等广为传播,使佛教的影响在广大老百姓中越来越大。在漫长的历史

① 汤用彤:《汉魏两晋南北朝佛教史》,中华书局1983年版,第23页。

进程中,其间虽有如韩愈、柳宗元、刘禹锡等一些儒家的反对和攻击,但佛教的教义已牢牢地深入人心,难以改变,佛教几乎成为中国的国教。在此期间又涌现出一大批杰出的高僧,他们为佛教的广泛传播作出了巨大贡献。他们不仅为当时佛教的发展和传播起了巨大的推波助澜的作用,而且为中国传统文化的内容增添了无数光辉灿烂的篇章,因不属本文主题,恕不赘述。在漫长的岁月中,佛教思想和中国传统的儒道思想经过不断地撞击磨合,迸发出灿烂光辉的火花,最终深深植根于中国人民的心中,融汇成中国传统文化中重要的一支。同样,中国的儒家文化也源源不断地传播到世界各国,尤其近几年,世界很多国家纷纷建立了"孔子学院",宣扬儒家文化。这就充分说明,只要各国优秀文化相互融汇,世界将充满祥和,人民将永远安康!

二

历代高僧多由儒家而入佛门者,如东晋十六国时期被誉为佛学巨子的道安,出身儒学世家;道安弟子,被尊为净土宗初祖的慧远,"博综六经,尤善老庄";直至近代被誉为"民初四大高僧"的印光、虚云、太虚、弘一;以及来果、圆瑛诸大师,无不深受儒学的熏习而入佛门。正由于有这些高僧的影响,佛教的教化更深入人心。因为儒家遵行的"五行"(仁、义、礼、智、信)与佛教严持的"五戒"(杀、盗、妄、淫、酒)正不谋而合;尤其是佛教有关"因果"的教化,使人们渐生敬畏之心。人们深信"善有善报,恶有恶报"的因果之理,这为改善世道人心起到了不可估量的教育之功,直至今日的各种慈善事业,涌现出的好人好事,也多缘于受到"因果学"的教育。除了佛教教义的教育之外,诸多高僧以其自身的言谈行为,为弘扬佛法起了直观的、难以估量的作用。弘一大师正是这样一位以其自身的人格魅力,影响和教化了几代人的高僧,直至今日,这种影响还在继续着。如现为台湾"西莲净苑"住持的惠敏法师,他为"东京大学文学博士,法鼓佛教学院校长,国立台北艺术大学教授";当他读完由陈慧剑先生所著的"弘一大师传"之后,于1999年毅然出家……。还有诸多深受弘一大师影响而出家或改变自己人生的僧尼和各方人士不胜枚举,恕不一一赘述。弘一大师之所以能如此感化各界人士,除了他煌煌业绩外，正是他的人格魅力。他的一言一行无不彰显出他那种"不为自身求安乐，但愿众生得离苦"的佛陀境界；他以出世的精神，恒做入世的事情。他的一言一行无不在教导人们如何做人，做一个怎么样的人，这正是儒家学说的宗旨。我们从弘一大师的一生行止中可以看出他自小就受到很好的儒家教育，尤其来自母亲王太夫人的教育，使他刻骨铭心，终身不忘，即使是细微末节的小事，也是一丝不苟，贯穿其一生。今先从传贯1936年所写的《随侍音公日记》说起："（腊月）初八日，胜进居士为编《韩偓传记》毕。师写韩偓牌位一纸，设备供斋以祀。见桌有未正，欲更正之。谓贯曰：'我儿童时，桌不正欲就食，母辄止曰：孔子云，食不正不食'，即将桌改移命正，然后许食。自后则一切所有安排，须观端正而后已"。[1] 这应是弘公最早从母亲处受到的儒家的礼仪教育，其年弘公五十七岁。由此可见，弘公之一生无不按儒家之教处世行事，一丝不苟。今略述如下：

（甲）

1907年，弘公于日本，时年28岁，当时由他和曾延年诸人于1906年创办的春柳社，为祖国徐淮告灾，春柳社首演巴黎"茶花女遗事"，集资赈之，日人惊为创举，[2]时欧阳予倩亦参与其间，他在日后所写的回忆录中说："自从他演过'茶花女'以后，有许多人以为他是个很风流蕴藉的人，谁知他的脾气，却是异常的孤僻。有一次他约我早晨八点钟去看他——我住在牛込区，他住在上野不忍池畔，相隔很远，总不免赶电车有些耽误，及至我到了他那里，名片递进去，不多时，他开开楼窗，对我说：'我和您约的是八点钟，可是您已经过了五分钟，我现在没有功夫了。我们改天再约罢'。说完他便一点头，关起窗门进去了，我知道他的脾气，只好回头走。"[3]此事看似有悖人情，但由此也可看到弘公的可贵之处，他坚守他的为人之道，处世原则，绝不苟且，这正是儒家的风范。信矣哉，弘公！

（乙）

1917年，弘公为刘质平请求官费留学之事前往校长经亨颐处，未果。写

---

① 林子青：《弘一大师新谱》，（台北）东大图书股份有限公司1982年版，第366页。

② 林子青：《弘一大师新谱》，（台北）东大图书股份有限公司1982年版，第86页。

③ 林子青：《弘一大师新谱》，（台北）东大图书股份有限公司1982年版，第95页。

信告诉刘质平,信云:"质平仁弟:前日寄一函,计达览……经先生将尊函阅一过……据云:此函无意思,因会长(浙江省教育会会长)不能管此事也(此事不必与他人道)。总之,经先生对此事颇冷淡……鄙人不待辞毕,即别去,不欢而散,殊出人意外也。但平心思之,经先生事务多忙,本校毕业生甚多,经先生倘一一为之筹画,殊做不到。故以此事责备经先生,大非恕道,经先生人甚直爽,故能随意畅谈。若深沈之士,则当面以极圆滑之言敷衍恭维,其结果则一也。故经先生尚不失为直士……总之官费事,以后鄙人不愿再向经先生询问,鄙人于数年之内,决不自己辞职。如无他变,前定之约,必实践也。望安心求学,毋再以是为念! 此信阅毕,望焚去。言人是非,君子不为。今述其详,愿君知此事始末"。仁矣哉,弘公!

(丙)

1928 年(农历戊辰)时年弘公 49 岁。为纪念母亲王太夫人逝世 28 周年,他用鲜血书写"庄敬"两字,并于"庄敬"下墨书:"戊辰二月五日母亡二十八周年",另起一行"十目所视,十手所指,如临深渊",再另起一行:"如履薄冰。演音敬书"。并在每字旁,用血圈圈,以示惕励。这在研究弘一大师一生是极为重要的一幅法书。他彻底改变了弘一大师年谱中记述王太夫人于 1905 年逝世的时间,亦彻底改变了弘一大师在母亲逝世的当年就出国留学的时间。而王太夫人真正的逝世日期应在光绪二十六年庚子(1900)年二月初五日。但弘一大师为何一直声称王太夫人于 1905 年逝世? 究其原因实为维护母亲的尊严。因其兄李桐冈借口其母乃外丧,不能进祖宅而使弘一大师震怒,发生了一场鲜为人知的争斗,但最后以弘公争得了母亲的尊严而告终。但从此对外却改变了王太夫人的丧期,而弘公也一直保持缄默,默认其母于 1905 年去世,而他也在当年就出国留学。(参阅"天津文史"总第二十二期拙文"再论弘一大师生母五太夫人的忌辰")他宁可自己背上一个未按古制来处理母亲的丧礼之名,而不愿透漏其中原因。不难想像他内心是多么痛苦!《孝经·丧亲章》中说:"子曰:孝子之丧亲也,哭不偯,礼无容,言不文,服美不安,闻乐不乐,食之不甘,此哀戚之情……丧不过三年,示民有终也……生事爱敬,死事哀戚,生民之本尽矣,死生之义备矣,孝子之事亲终矣。"他所以对母亲的丧期的更变而沉默不言,其真正的用意是以儒家的仁义忠恕之心来包容其兄。因仁义是儒家的根本,以中庸之道来达到"和"的目的，这就是所说的"仁义中和"之旨，这也正是儒家学说的思想精华。再其内容看，"庄敬"两字出于"礼记·乐记"，乃"致礼以治躬则庄敬，庄敬则严威"。孔颖达疏："若能庄严而恭敬，则严肃威重也。"而"十目所视，十手所指，其严乎"。意谓许多人的眼睛都注视着你，许多人的手都指点着你，监督着你，这是多么严厉，敬畏啊！弘公所以要在母亲的逝世纪念日用鲜血来书写和圈点这些文字，这不仅是对母亲的供养，也是对母亲的誓言，决不辜负母亲的养育之恩，牢记母亲的教诲，做一个宽宏大量的人！做一个真正的人！孝矣哉，弘公！

（丁）

1937 年（农历丁丑），弘公 58 岁。是年四月，应青岛湛山寺倓虚法师之请，前往安居讲律。"七月十三日为师出家首末二十年，时倭寇大举侵华，师居湛山，手书'殉教'横幅以明志"。[1] "殉教"横幅题记："曩居南闽净峰，不避乡匪之难；今居东齐湛山，复值倭寇之惊。为护佛门而舍身命，大义所在，何可辞耶？于时次丁丑七月十三日，出家首末二十载。沙门演音，年五十有八"。[2] "九月二十七日安返厦门，驻锡万石岩。时厦门战局紧张，各方劝师内避，师题其室曰"殉教堂"，以明其志。师决心居住厦门，为诸寺院护法，誓与厦寺共存亡。并致李芳远，谓吾人一生之中，晚节为重要，愿与仁者共勉之。……，倘值变乱，愿以身殉。"[3] 每读到此，总使人热泪盈眶！谁能再说弘公的出家是消极的人生，谁再妄言弘公的为僧是厌世的选择！弘公正是以他的一生行止来弘扬儒家的精义，用他一生的苦行来诠释佛教"不为自身求安乐，但愿众生得离苦"的菩萨行愿！忠义者，弘公！

今年是世界反法西斯斗争胜利 70 周年纪念，也是中华民族抗日战争胜利 70 周年的纪念，在这样一个特殊的时候来纪念和追忆弘公的伟大的爱国主义精神，和维护世界和平的崇高目标，更显得有特殊的意义！其重大意义在于要以弘一大师为榜样，来改变世道人心，使世界充满祥和，人民永远幸福安康！

---

[1] 林子青：《弘一大师新谱》，（台北）东大图书股份有限公司 1982 年版，第 371 页。

[2] 林子青：《弘一大师新谱》，（台北）东大图书股份有限公司 1982 年版，第 384 页。

[3] 林子青：《弘一大师新谱》，（台北）东大图书股份有限公司 1982 年版，第 384 页。

余绪

弘一大师以其戒律精严,一丝不苟,在佛教界被尊为十一代律宗祖师,也因此,返照了他在俗时的高贵人品和煌煌业绩;人们都在深深地怀念他,追思他的一生行迹。多少年来,大家都在研究他,研究范围之广,前人很少企及。但笔者认为,我们应从他高尚的人品中思考如何学习他的为人之道,如何做人,这是根本! 除此之外,都是舍本求末。因为前人也都有著书立说,教导人们应该如何做人,留下很多教人如何做人的名言名句,如"吃得苦中苦,方为人上人","量小非君子,无毒不丈夫"……等等,但这是否是根本之道? 不! 决不是! 我们所要追求的是"和谐社会"、"人人平等"! 这正是弘公常以自勉和勉人的名言:"不为自身求安乐,但愿众生得离苦。"这是佛的境界,也是圣贤的胸怀。这就是古人所说的:"以儒治身,以释治心"的名言。只要我们的身心调整好,世界就平安祥和,人民就幸福安康! 所以我们要认真做人,做一个好人! 多为他人做好事,多为社会做贡献! 正如太虚大师所说:"仰止唯佛陀,完成在人格,人成即佛成,是名真现实!"诚矣哉! 仅以此文供养弘一大师诞辰 135 周年!

南无阿弥托佛!

【作者简介】

刘继汉,1943 年生,退休工程师,杭州师范大学弘一大师·丰子恺研究中心特约研究员。

How Can I Ever Return One Thousandth of Your Love,Dear Mum?
—Expounding Master Hongyi's Confucian Sentiments from the Angle of Filial Piety

Liu Jihan

Summary

Master Hongyi exemplified and propagated Buddhist doctrines with his life and illustrated Buddha's commitment "not to seek comfort for oneself but for all flesh" with his own trials and tribulations. It is of great significance to the dissemination and development of Confucian and Buddhist thought in China to study Master Hongyi's ideas in light of the Confucian conception of filial piety.

净峰·净缘·净行

——对弘一大师在惠安修行生活的追寻与思考

王维义

距今八十年前,啊,刚好已经八十年,那时56岁的弘一大师,连同广洽与传贯两名亲随弟子,飞锡来到闽南惠安县东三十华里的净峰山净峰寺。在这里,大师度过了差不多七个月的仿佛世外桃源、幽居一般的修行生活。由于交通与邮路的十分不便,在那个时间段里,大师几乎与外界诸多友人中断了音讯。……

一、净峰

题　赞

此山何由名净峰?或谓昔贤号净峰。李拐吕岩古无考,钱井仙洞今有景。更现弘公广长舌,曾以一音觉群生。智慧光明德无量,精神不朽代代承。

(一) 时节因缘

经云:欲知佛性义,当观时节因缘。

1935年,弘一大师虽在中年,但却因为长久不惜身命地研习佛道、注释经典、精勤修行,早已经体力衰微,病痛常侵。在应邀奔赴惠安以前,弟子和友人苦苦相劝,唯恐旅途艰辛,而且是到远山古刹,偏僻乡间,条件艰苦,大师难以消受。但是,大师坚定自己的人生旅程和修行使命,不管等待自己的是顺境还是逆境,无所顾盼、只管前行。在惠安,在净峰,大师做了许多极为重要的事情。

其一,按照既定计划,编校、订正、注释选定的佛教经典。如考虑对《南山律在家备览》的编辑流通计划;完成了对《菩萨戒受随纲要表》辑录和题记的编写;完成了对《行事钞》和《戒疏记》的点校和书写,等等。

其二,应惠安僧俗道侣邀请到一些地方讲经弘法。他到过崇武的普莲堂、静霞寺,到过许山头的瑞集岩,到过科山寺,到过灵瑞山的瑞山寺,等等。讲演的内容,除了向部分学戒弟子讲授戒律以外,更多是适合僧俗四众的佛法内容。如《观音菩萨灵感》、《普贤行愿品》、《地藏九华示迹》、《法华经普门品》等等。

其三,应约撰写有关碑文、传记、题跋等文章。

其四,以书法弘道,广泛联系和服务于僧俗大众。

其五,也是最为要紧的,大师除了为大众做的事情以外,是他自己日益精进的修持功课,不间断,不放逸,不知疲倦,不虚度光阴。做什么呢? 即:净律合一,止观并用,制心一处,性净明心。偈云:随时皆得大自在,不能言其所以然。

(二) 终老之意

弘一大师对惠安对净峰的自然与人文环境想必是中意的。因而,他在对弟子、在给友人的信函中流露过有"终老之意"的心情。他看中这里自然环境的优雅清净。他曾经这样描绘道:净峰居半岛之中,与陆地相连仅十之一二,"小山之石玲珑重叠,如书斋之上所供之珍品,世所罕见"。他尤其中意这里的气候条件,说这里"夏季甚为凉爽,冬季北风为山所障,亦不寒也。"多年前一位当地人士曾回忆弘一大师说的话:"我到过许多名山,都不如此山的风景美,终年不见云雾遮盖,山石玲珑,林木苍郁,境界明晰旷达,使我产生了终老于此之愿。"①他赞美这里民胞物与的淳朴与自给。他说,这里"男业木土石工,女任耕田挑担。男四十岁以上多有辫发者;女子装束更古,

---

① 陈锡山口述,陈兴炎、陈作二整理:《淡泊清虚,恬静寡欲》,见惠安县文化馆、净峰乡文化站、净峰寺弘一法师纪念室编《弘一大师在惠安》,无出版项,第13页。

岂唯清初,或是千数百年来之遗风耳"。"种植者以地瓜、花生、大麦为主。""近来惠邑多风,地瓜稍有损失;无有水灾。""夏季山中不热,蚊蚁亦少","余居此有如世外桃源,深自庆幸。"①

他欣赏这里有深远的文化积淀。可以说,儒释道三教文化在这里都有不同程度的记载、痕迹或传说。尤其当他看到清末庄贻华《咏净峰寺》诗,多有嘉言与共鸣,并且乘兴书写此诗并作题记。庄氏诗为:净峰峰高高更曲,半天云气芙蓉削。昙呗重重覆翠微,眼中沧海盈一掬。怪石苍松别有天,啸傲烟霞看未足。传灯此地几何年?净土依然古天竺。我来恰值海国秋,蹑履梯云骋游瞩。莲花座上体空王,一炷炉香薰宝篆。最爱夕阳山更幽,酣卧林岚无拘束。人生即此见蓬莱,安得乌巾占丛竹。弘一大师所以看重这首诗,笔者以为,或许基于这样几点理由:一是,净峰寺地处胜境,占尽风水,全在佛天云护之中,是借以修行的绝佳道场。二是,古刹虽然经历了千载沿革,但依然为信众拥护,香火绵延,经声梵呗亲切,天竺遗风犹存。大师尤其称赞净峰寺严正的修行风气。他在给友人信中言道:净峰寺道风日隆,住出家人五人,皆持不非时食戒。午后,厨灶不再举火。炊饭之事,亦出家人自任之。三是,庄氏尤其喜爱夕阳满山的净峰景色,连同那种丛竹乌巾、林岚酣卧、超然物外的既隐逸又豪迈的气概与情怀,怎么能不令弘一大师产生联想、与之共鸣呢。他——曾经的他,也是锦绣满腹的风流名士啊!

大师还不失时机地运用他那早已充盈艺术灵气的毛笔,撰文、书联、题写门楣匾额,弘体书法与传统文化相映成趣,装点美化这方清幽的佛道文化圣地。其中,有的是大师在净峰撰写的自励联句,如:誓作地藏真子,愿为南山孤臣。为净峰寺客堂题写联句:自净其心,有若光风霁月;他山之石,厥为益友明师。为净峰寺书写大字书法:南无阿弥陀佛;慧水胜境。为当地净西小学题写"孝悌"做校训内容。为李仙祠书写:是真仙灵,为佛门做大护法;殊胜境界,集众僧建新道场。等等。这些事情,看似微细,却具有以艺术语汇承载文化信息、庄严道场的重要作用。

---

① 萧枫编:《弘一大师文集》第1卷,内蒙古人民出版社1996年版,第151页。

(三) 鸢飞鱼跃

"鸢飞鱼跃"几个字,常见于古人文章,也常见于书法绘画作品。对这几个字曾有多种解释。笔者欣赏宋代朱熹朱夫子的认识。他认为,天地间有一种看不见的东西作用于万物,川流不息,运用不穷。"鸢飞月窟地,鱼跃海中天"。隐和显都跟它有关,却又道不出其所以然。笔者更赞赏佛学著述中对这种现象所作的揭示与描绘。那就是:言语道断,心行处灭。或者概括为:"真如","一真法界","心一境性"。如果用现在人们熟悉的语言怎么表示呢?笔者以为,那就是"精神","精神境界"。你也可以对应到老子说的"无极"、孔门说的"父母未生前"等等,反正都差不多。大概在民国早期,有个笑话,说在一个大会进行中主持人带领大众呼喊口号,其中有一句是"总理精神不死",领头儿的人误喊成"总理不死!"人们自然跟着喊"总理不死",他马上下意识地说了一句"还有精神啦",底下也跟着喊道"还有精神啦!"自然引得一场哄笑。这是笑谈。但是,"精神不死",如果旧时代这只是人们的一个美好祈愿的话,那么,在科学高度昌明的现代世界里,我们的科学,我们的科学家,如果不停留在登蟾宫、赴荧惑、游系外的话,如果不满足于让生香蕉生西红柿一夜变熟、转天上市的话,那就真的应该认真研究研究精神世界到底是怎么回事这个问题了。我们不能任由或者诱导我们的大众无止境地去追求、占有、迷恋于物质的奢华与享受。在一个一流飞机场外边矗立着的巨大广告牌上,几个巨大的红字豁然写着"吃喝玩乐,最高的享受",这难道没有足够的吸引、诱惑作用吗?我们应该告诉大众,一切物态财富都是有限度的,一定是此长彼消、你有他无的。我们是否应该用现代科学已经证明的,包括数学的、理性的、实证的信息情况以及善巧方便语言,恭敬而真诚地告诉大众:精神境界绝不能完全等同于虚无,精神的和非精神的;物象的和非物象的某种状态,它们之间相互存在、相互作用、相得益彰。毛主席说的"精神变物质,物质变精神",在今天,是否可以用科学语言来作进一步演绎呢?

我们再看弘一大师。他在那个特定的因缘时节中,在净峰及惠安县内,先后度过了总计不过两百余天的修行生活。除了演讲、著述、待客等各种有形迹的事情以外,更多的是语言表达不尽的,是他给乡民、僧团、信众、门徒乃至寺院所留下的高尚的精神和美好的记忆。大师的精神在诸多方面被其门生后学所继承,并没有因为其行迹的隐去而湮灭。大师的精神生命早已经并入真如法界、永恒不失。

二、净缘

题 赞

何时有情曾下种? 多生因缘净峰现。传法四众播道脉,真如一体养心田。三皈课徒菩提路,六度圆融大乘观。愿做群生不请友,誓证般若到彼岸。

(一) 法缘应机

继承法脉,绍隆佛种,这是佛教的传统,也是修行者自觉荷担的责任与义务。佛教常言:弘法是家务,利生是事业。对于传承佛法,当然也引申为传承传统文化,弘一大师把它当做自己的责任,无论到哪里,这都是乐此不疲、必定要做的事情。在这当中,应机施教,应病与药,这是大师十分重视的事情。明末高僧紫柏尊者在开示"四悉檀"时有句话叫做:对治悉檀,见病进药也。

比如,大师初到净峰寺时,应广洽师请求代其拟定修持日课。笔者以为,这件事对于我们很多人来说,至今仍有重要意义。大师所拟日课主要内容大意是:午前,读《法华经》一卷。午后,温习《戒本羯磨》,并读《普贤行愿品》一卷。其余时间默持佛菩萨名号。在每月两次的"布萨日"即集中传授学习戒法时间里,读《梵网经·戒本》一卷。[①] 笔者之见,在这段简约的文字中,包含了三个要点:一是,研读《华严经》和《法华经》。这两部经是佛学中带有根本性的大经大法。《华严经》所阐述和揭示的是宇宙缘起、一真法界和众生为本的佛教义理。《法华经》则指示了大乘佛法修行纲要,是指导修行归宿的重要宝典。二是,指导广洽师每天温习基本戒律准则,尤其指出要与《行愿品》捆绑一起诵读研习,这就明确指出了严持戒律与众生为本两者

---

① 林子青:《弘一大师新谱》,(台北)东大图书有限公司 1982 年版,第 344、346 页。

的高度一致性。三是,默持佛菩萨名号。这是佛教中一种形式简易却又极为圆融的修行方式。佛教常言:一句圣号,暗合道妙。弘一大师早些时候也曾说过,念佛是学习佛道的一种方法,没有什么可怀疑的,念佛达到"至善"和"专一"的境界,才能亲证智慧之境。

再比如,大师在净峰寺及其他地方为大众讲演时,都是有求即应,随缘开示。他讲《观世音菩萨灵感录》,讲《三皈五戒》,讲《九华示迹》、《普门品》等,都是视不同需要而有着内容上的不同侧重。

(二) 众缘和合

在惠安期间,弘一大师给当地大众留了美好的印象。会晤过大师,听过他演讲、开示的人,有农夫、工匠、教师、道士、商贾、学生等等,可谓众缘殊胜啊。他以万法归一、众生一体的大乘佛教思想为根据,不持偏见,不立派系,用佛教智慧团结和感化一方,随缘度众。据回忆,曾经有几位基督教信众慕名上山去拜会大师,但是被徒弟以异教为由挡驾门外。大师知道后,即命徒弟下山去登门谢罪,诚恳忏悔道歉。这件事令他们十分感动,无不敬仰大师的宽厚与仁德。而后,每逢大师讲演,他们都联络同修同事前去听讲。他们亲见大师严整、谦恭、诚敬的行者风范,聆听大师学识渊博、融会贯通的讲述。课间大师与众人交流互动,和蔼亲切地回答人们提出的各种问题。这些,使得接触过大师的人对大师对佛法由衷升起恭敬之心和向道之心。

据回忆,有次,大师在当地东岭乡瑞集岩小寺讲经的时候,联系到当时那里发生的乡间异姓村民因矛盾纠纷而相互械斗的事情。他站起身念诵经偈,并带领在场百余民众念诵观世音菩萨圣号,继而婆心劝诫众人制止械斗事态的发展。大师说,今天不讲别的经文,只讲械斗事件。我们同胞乡亲,均当为善,忍让为怀。滋事械斗,伤害乡民,损毁财物,都是罪孽深渊,要为善为戒。大师的话,规劝了乡民,械斗的事便没有人再提起了。这是一种善巧方便。佛学本来也不是照本宣科的教条嘛。

大师后来再度去惠安讲法,是他在俗时学生石有纪(时任县长)邀请的。那时,大师照例要会见很多人。后来,石有纪曾回忆说:大师劝过他茹素念佛,评改过他的诗文,指导过他的书法。他觉得大师多才多艺,和蔼、慈悲、克己、谦恭,庄严肃穆,宁静而整洁。他赞美说:大师是人间的才子,在世的弥陀,虽然避世绝俗,却无处不近人情。他还写过赞美大师的诗:更从何处觅禅宗,风景依稀感不同。稽首灵山千古拜,寺门常对夕阳红。

大师在净峰,还曾经与当地一位小男孩儿结下善缘。他名为邱文珍,当时十一岁,家境贫寒,早已辍学。他时常上山到净峰寺去玩,也随着众人听大师讲经。大师见他聪明伶俐,人也老实,常教他识字写字,有时他也帮助大师到山下一个杂货铺去取送邮件,可谓大师在净峰的一位忘年之交。

佛法的法缘凝聚在大众当中,凝聚在利益大众、服务于大众当中。南传禅宗六组惠能大师,他的著名偈句是:佛法在世间,不离世间觉。离世觅菩提,恰如求兔角。前不久圆寂的柏林禅寺净慧长老,他有一个著名的"两个落实、两个融入"的说法儿,即:把信仰落实到生活,把修行落实到当下;把佛法融合于社会,把个人融合于大众。很精辟,是现在人修行的引航灯塔。当年,我们的弘一大师就是这样实行的啊。

(三)墨缘济济

中国的书法——当然是真正意义上的书法,是传递了正知正念正定能量信息的书法,而不是徒有虚名的所谓书法,它具有穿越时空的力量与作用。可以说弘一大师当年的任何一件书法作品,如果能够被珍藏到现在的话,肯定会有高端的艺术市场价值。以书法为缘,弘扬三教,觉悟大众,可以说这是弘一大师胜他人一筹的善巧妙用。大师的书法,审美意境超逸旷远,神清意宁,令人赏心悦目;尤其他在作品中所承载的国学思想、佛道法要,令人受教益,长智慧。大师两度惠安弘法,以书法结缘的事情很多。有慕名去请求的,也有大师主动赠予的。譬如,某日,当地县立中学(现为惠安一中)一位老师带几个人上山拜访大师并请求墨宝,大师慈祥地接待他们,吩咐侍僧为他们泡茶,与他们亲切谈话。见他们提出请求墨宝的意思,就说,"哦,你们都是教师,我写。请把上款和姓名留下,一星期来取",果然,一星期后这七八个人都得到了大师的墨宝,有条幅,也有对联。

大师当时为惠安人留下的墨宝及其他艺术作品,被珍藏至今的是极少数,更多的都在漫长而变幻的时空中散落了。现在能够见到或有记载的,如,送给邱志华居士的若干件。其中有大师早年临摹的书法作品,有护生画集,有描绘律宗胜地僧俗朝山情景的七色版油画册。还有大师手书古诗书法作品一幅,诗为:"一池荷叶衣无尽,数枝松华食有余。刚被世人知住处,又移茅舍入深居。"如,题写给净峰陋室斋居士的一件小中堂,行楷书,内容为:慧眼见一切,妙音满十方。如,题写给净峰邱黎荣居士的中堂和对联一套作品,行楷书,中堂内容为《华严经》偈颂句:不为自己求安乐,但愿众生得离苦。对联内容为:无上慧坚固,功德华庄严。如,题赠守青居士一幅斗方书法作品,行楷书,内容为"无上清凉"四个字。如,写给净峰铁华居士的对联,行楷书,内容为:发心求正觉,忘己济群生。等等。

面对大师送给众人的一幅幅书法作品墨迹与图片,欣赏、审视之余,笔者有这样一种思考:对于书法的功能与作用,到底应该怎么对待?纯粹的观感审美价值与所承载的文化信息价值,怎样完美结合才能视为好的书法作品呢?我们观摩弘一大师的书法作品,玩味思索包含在作品中的文字语词意义,仿佛看到的是,他在讲演台上做演讲,这时候,所演讲的内容是主体,是主要"构件";而演讲者的神态、动作、音容謦欬,尽管不可分剥,而且有时会大大增强会场效果,但那无疑是次要"构件"。因此,书法作品所承载的思想文化信息至为重要。笔者临摹古法帖多年,因而相信,能够被千百年沙汰后留下来的书法作品,其中必定承载着重要的思想文化信息,哪怕只是其中的几个字或几句话。从某种意义上来说,美好的艺术形式往往只是对其中美好思想内容的一种"包装"而已。

三、净行

题 赞

挂单净峰数月中,律宗修学有传承。八尺兰若居无碍,一念湛然事有恒。自净其意诸佛教,净念相继是修行。世尊遗训戒为师,谁人悟彻最上乘?

(一) 清净兰若

唐代韩偓有这样一个诗句:有个高僧入图画,把经吟立水塘西。我们很容易想象到,一位出尘高僧,手持经卷,怡然立于水塘边上的的美妙图景。

在净峰山净峰寺上方不远处,有座面积不大、地面平缓的小山峰,站在那里,大半惠安尽收眼底;早年时候,极目远眺,可以看到大海、海岸、海滩和船帆。如今早已经被林立的建筑挡住了视线。当年,弘一大师时常在黄昏时分,登临峰顶,久久伫立,极目寰宇。夕阳霞辉映衬着大师瘦削的身影,微风拂动着他那早已褪色的长衫,尽管身躯柔弱,但他依然那样坚毅无比,一派仙风道骨的神情意态。啊!这分明也是一幅高僧屹立的图画嘛!请允许拙笔代补一下哦:

> 余霞满山映松石,湛寂寰宇心意宁。有个高僧入图画,屹立夕阳净峰中。

这是大师极少的一点闲暇。很快地,他便回到寮房,也有称为禅房的,都差不多。房间很小,是寺院方丈专供弘一大师使用的讲经会客以外的私人空间。日用家具极为简单,一个很小的书桌,一张木椅,一个木制脸盆架,一张单人床。这床是方丈请来当地一位木匠邱师傅用衫木制做的。大师自己设计的样子,原木本色,不加修饰,虽然简朴,却不失审美和多用途的意义。如床的三面栏杆中,每一面中间都嵌一块木纹各异的小板块,宛如三面图画,既美观又增强支撑作用。床尾栏杆中间,设计了一个可以推拉开合的手柄,用时挂衣物,不用则合上,整饬和谐,妙心可见。寮房有个小侧门,门外是个很小的空间,算不上院落。而就是这样一个有限的空间里,大师也照例把它装点得富有情趣,他的那首著名的净峰咏菊诗,种菊花的小圃就设置在这里,我们北方人叫做小花池或许更恰当一些。也是大师出的样子,花池边沿和外壁成蜿蜒的荷叶形曲线形状,淳朴而且美观。这就是大师的寮房,简约,清净,淡雅,别无长物。

(二) 微细净行

弘一大师在惠安的生活与其他地方一样,也是极为简朴的。他的内衣,有多处补丁。他的被单、蚊帐都是用了多年,补丁摞补丁。他只有两双鞋,一双芒鞋,一双罗汉鞋。他经常的斋饭是一碗稀饭,一小碗豆腐,再配些新鲜蔬菜。他还常常提到的是"炒盐佐膳"。他绝不是没有条件改善生活。他一贯态度是谢绝僧俗弟子和信众的供养。有时友人寄给他的香菇木耳之类东西他总是原路寄还。他常说，僧人一衣一食都是俗家供养，务必以简为本。他原是富室子弟。他原有一份中等职员阶层的收入。他起码曾经有过衣食无忧的生活。但是，他都放弃了。而对于日复一日、年复一年的苦行生活，他却安然自得。他在净峰撰写的自励联句"誓作地藏真子，愿为南山孤臣"，是他修行志向的真实意志表达。他身处净峰，联想到韩偓的诗句，书写了对联"自净其意有若光风霁月；他山之石厥惟益友明师"，这是大师对这个"净"字里面所包含的更多含义的一种独自感怀。

至于严持净戒，大师早已经是向着至细至微的方向和目标迈进了。比如戒杀生一项，严格到什么程度呢？人们见到大师有个装有白沙的过滤袋，他食用的水，上灶前先要滤过，尽量不让微小的生命误遭伤害。他使用的牙刷是自己拿杨树枝做的，因为当时买的牙刷一般都用马尾制作，他认为不宜。甚至他将要坐上一个竹制小凳小椅的时候，往往要先在地上掂一掂，为的是惊动一下隐藏着的小生命，让它有躲避的机会。佛教常言：佛观一钵水，八万四千虫。大德有言：百千年来碗中羹，冤深似海恨难平。语云：一沙一世界，一花一天国。可见微细中间仍有"大千"呢。我们或许要问，恪守禁戒恪守到这样的地步，有这个必要吗？是不是故意要这样做给谁看呢？当然不是！大师乃至自古以来真的向往大乘佛法的修行之人都是这样做的。在佛典中我们可以看到这样细微的戒行意思表达：隔着墙壁，听闻到旁边房间女人的钗钏首饰声音，视为犯戒。不可思议吧！有位与弘一同时期的大师在任"库头"职务的时候，为人提取食用糖以后，每每下意识地、神经质一样赶紧去擦手，生怕甜味沾染到手上，仿佛是侵占了"常住物"。不可思议吧！其他宗教也有类似微细的禁戒表示，如："凡注视妇女，有意贪恋她的，他已经在内心里奸淫了她。"也是不可思议吧！再如，对孔门中"视听言动"的"四勿"之诫，我们很长时间里也是不能悟彻玄机的。那么，这样的对细微戒行的意思表示是否有具有实际意义呢？是否有典可循呢？诚然，是的，是有实际意义而且有据可查的。在佛教经、律、论中可以查寻到很多这方面的内容，理性的、思辨的、规定的有很多很多。佛教经典中，对戒律法则有一个带有根本性的概括，笔者简括为三个基本点。一是，根本之戒在于"制心"。即，控制自己的心念，克制妄念，净念相继。禅宗南传六祖惠能大师有句名言：心平何劳持戒。内心平静，一念不生，起码贪嗔妄念不生，"念头"这个惹是生非的总闸门被关死了，那么，也就没有什么可以触犯的戒规律条了。诚然，这也是最难明白最难做到的事情。所谓"无生法忍"，那是修行到家的境界诶！二是，设立并且把定防守底线。任何戒律规定，都不可能穷尽所要对治的客体对象。因此，持戒人只有把防守底线设置的越低越有可能获得成功。这也是佛教里常说"三千威仪，八万细行"的原委。三是，净戒净行所要利益的客体对象是广大众生。或者说，持戒的主体是持戒人自身，而净戒净行与救护众生、利益众生的这个大宗旨、大目标是融为一体、高度一致的。如果离开了众生，修行人的净戒净行就失去了存在的依据，失去了成就戒行的必要环境。这也是佛教义理相对于其他教门理念的最本质的区别。这里，我们仅举一个《华严经》的例子。《华严经》有一个章节叫做"净行品"。当我们读诵到这一章节的时候，没有人不被其中的"众生为本"观念，及其所提出的既崇高又细微的行为要求所震撼所感化。它针对修行大乘佛法的人，从"身、口、意"三个方面，列举出141个具体事物或环境状态，指示出要如何对待，如何用心，如何去做。在此，我们有必要摘录一个片段与同仁分享。

经云：正身端坐，当愿众生，坐菩提座，心无所著；结跏趺坐，当愿众生，善根坚固，得不动地；修行于定，当愿众生，以定伏心，究竟无余；若修于观，当愿众生，见如实理，永无乖诤；舍跏趺坐，当愿众生，观诸行法，悉归散灭；下足住时，当愿众生，心得解脱，安住不动；若举于足，当愿众生，出生死海，具众善法；著下裙时，当愿众生，服诸善根，具足惭愧；整衣束带，当愿众生，检束善根，不令散失；若著上衣，当愿众生，获胜善根，至法彼岸；著僧伽黎，当愿众生，入第一位，得不动法；手执杨枝，当愿众生，皆得妙法，究竟清净；嚼杨枝时，当愿众生，其心调净，噬诸烦恼；大小便时，当愿众生，弃贪嗔痴，蠲除罪法；事讫就水，当愿众生，出世法中，速疾而往；洗涤形秽，当愿众生，清净调柔，毕竟无垢；以水盥掌，当愿众生，得清净手，受持佛法；以水洗面，当愿众生，得净法门，永无垢染；手执锡杖，当愿众生，设大施会，示如实道；执持应器，当愿众生，成就法器，受天人供；发趾向道，当愿众生，趣佛所行，入无依处；若在于道，当愿众生，能行佛道，向无余法；涉路而去，当愿众生，履净法界，心无障碍；见升高路，当愿众生，永出三界，心无怯弱；见趣下路，当愿众生，舍不正道，永除恶见；若见直路，当愿众生，其心正直，无谄无诳；见路多尘，当愿众生，远离尘坌，获清净法；见路无尘，当愿众生，常行大悲，其心润泽；若见险道，当愿众生，住正法界，离诸罪难；若见众会，当愿众生，说甚深法，一切和合；若见大柱，当愿众生，离我诤心，无忧愤恨；若见丛林，当愿众生，诸天及人，所应敬礼；若见高山，当愿众生，善根超出，无能至顶；见荆棘树，当愿众生，疾得翦除，三毒之刺；见树叶茂，当愿众生，以定解脱，而为荫映；若见华开，当愿众生，神通等法，如华开敷；若见树华，当愿众生，众相如华，具三十二；若见果实，当愿众生，获最胜法，证菩提道；若见大河，当愿众生，得预法流，入佛智海；若见陂泽，当愿众生，疾悟诸佛，一味之法；若见池沼，当愿众生，语业满足，巧能演说；若见汲井，当愿众生，具足辩才，演一切法；若见涌泉，当愿众生，方便增长，善根无尽；若见桥道，当愿众生，广度一切，犹如桥梁；若见流水，当愿众生，得善意欲，洗除惑垢；见修园圃，当愿众生，五欲圃中，耘除爱草；见无忧林，当愿众生，永离贪爱，不生忧怖；若见园苑，当愿众生，勤修诸行，趣佛菩提；见严饰人，当愿众生，三十二相，以为严好；见无严饰，当愿众生，舍诸饰好，具头陀行；见乐著人，当愿众生，以法自娱，欢爱不舍；见无乐著，当愿众生，有为事中，心无所乐；见欢乐人，当愿众生，常得安乐，乐供养佛；见苦恼人，当愿众生，获根本智，灭除众苦；见无病人，当愿众生，入真实慧，永无病恼；见疾病人，当愿众生，知身空寂，离乖诤法；见端正人，当愿众生，于佛菩萨，长生净信；见丑陋人，当愿众生，于不善事，不生乐著；见报恩人，当愿众生，于佛菩萨，能知恩德；见背恩人，当愿众生，于有恶人，不加其报。①

紧接着，经文再次重申：若诸菩萨如是用心，则获一切胜妙功德。

由此，我们可以进一步了解到，佛教的理念与理想，思维与思辨，聚戒与

① 唐译《华严经·净行品》卷十四，上海佛学书局1997年版，第365—369页。

净戒,实践与实证,都有经典作依据,都有实证作范例。弘一大师初入佛门,便在徐蔚如居士指导下研习《华严经》,而且涉猎了常用的三种译本。尤其对"净行品"中"念念不舍众生"的精神和做法,倍感亲切,奉行不悖。由此,我们原先看不懂,大师为什么要力求做到细微之极呢?此时可能豁然明白了。

(三)出世入世

弘一大师的修行生活,包括在惠安暂短的一段时光,给我们的社会,特别是给向往修行道路的人,留下了宝贵的精神财富。我们研究大师,除了考证他的具有史料意义的行踪、学养以外,更为重要的是研究他的思想变化、宗教渊源、佛学因缘、修行道路等一些更深一些的问题。在这里,笔者提出一些线索,希望与同仁思考和讨论。

其一,出世与入世。弘一大师曾经引用先贤大德的说法,即:以出世的精神,做入世的事业。我们一般都学过辩证法,都知道事物普遍联系的哲学观念。但现实中,人们往往忽略了事物间的普遍联系,往往习惯于仅从外表和标签上判断和区分事物。比如,谈到研究弘一大师,很多人不以为然。如果说学习弘一大师,那就更加不能理解了。"这不是宣传佛教思想吗?"古时高僧大德曾经在悟道诗里面所描绘的"虽着方袍未是僧"和"混俗心源亦不昏"这两种情况,在现实中是不是并不少见呢?

其二,执著与放舍。佛教佛法千经万论,其宗旨之一,是教人们放下妄想与执著。经云,众生本有智慧德相,"只因妄想执著而不能证得"。我们相信弘一大师证到了"实相"与"德相"。那么,他是不是放下了我们寻常之人追逐不舍、难以放下的东西呢?

其三,个人与众生。弘一大师一心践行"不为自己求安乐,但愿众生得离苦"的大乘佛法方向与目标。可以说,这跟我们一贯倡导的"天下为公"、"全心全意为人民服务"的思想是高度一致的。然而,当我们看到一辆擦拭得锃亮的轿车,忽然间从车窗抛出一堆污物,烟头儿、果皮、饮料瓶散落在整洁的公路上,这分明告诉人们:车是他自己的,当然要洁净;公路不是自己的,当然无所谓。或者说,我不等于众生,众生也不等于我,难道不是这样吗?我们要反问:难道是这样吗?佛教理念"心、佛、众生三无差别"及其深刻内涵,是不是有必要纳入我们的大众教育范畴呢?

其四,随缘与攀缘。弘一大师以弘法利生为务,随缘四方。缘聚则会,缘散则去。他在净峰,原本是打算有个较为理想一点的终老的去处,但因方丈离去,便随缘转往泉州。古往今来,历代高僧在讲法中都强调"随缘"二字。我们或许不能明白,大师们为什么把随缘处事看得那么重要。现实中,随缘之心日益淡薄,而攀缘之心日益浓厚。甚至有不少人已经到了随波逐流、追名逐利、攀附权贵的境地了。长此下去,这种心理意识取向是不是隐患极大、危害极大呢?

其五,自性与共性。弘一大师赞美"自净其意,有若光风霁月"的境界。经云:自性清净,名本觉性。佛教义理认为,吾人自性与宇宙万有同为一性,同是"一真法界"、"自性真如"的表象。全部修行的意义在于:回归自性,从"必然王国"超越到"自由王国"。佛教叫做从"六道轮回"中解脱出来。这难道不是我们很多人都要考虑和探究的事情吗?

其六,有为与无为。经云:一切圣贤皆以无为法而有差别。但对于无为,绝不能误解为无所作为。这方面,我们追寻弘一大师的修行生活,审视他的所做所为,看看他辛勤耕耘所获得的实实在在的种种成果,是不是对于我们每个人都能够有所启迪呢?

其七,实践与实证。佛教的义理与信仰,是能够通过修行实践得到证明的。弘一大师无疑是真诚践履佛教义理的有大智慧的修行者,佛教所倡导的信解行证他都做到了。那么,他证到了什么呢?"悲欣交集","天心月圆"等等,难道不是他所证境界的含蓄的意思表示吗?

其八,制心与放心。弘一大师在净峰的一切日用云为,可以说都是在做"制心一处"的功夫。早些时候,他的《清凉歌词》"观心"一首中,有一个源于佛经的句子,叫做"现前一念心性应寻觅"。清清楚楚,历历明明知晓自己的"现前一念",这是"观心"的有效途径与方法。经云:"制心一处,无事不办。"由知悉"现前一念",进而到把握"现前一念",修行便步入了正轨。与其相反的,是"放心";既不能"制心",也不能"定心",而是任由心念无拘无束漫游驰骋。所以,古贤常常警示学人要"求放心"。孟子说过:学问之道无他,求其放心而已矣。明儒薛文清曾写过以"观心"为题的书法作品,学生不解,就问先生:心怎么能观呢? 先生说:因为它常常不在,时时观而时时在啊! 还有老子说的"抱一"、"得一",也应该与"制心一处"是相一致的。只是圣贤人的语言太含蓄了,不容易一下子看懂,所以,古往今来奉行观心法门,能够制心一处,能够时时审辨"现前一念心性"的人愈来愈少了。就像一首禅诗所描绘的那样:千峰顶上一间屋,老僧半间云半间。昨夜云随风雨去,到头不似老僧闲。古人尚且不易做到,今人是不是更觉得难上加难了呢?

但愿有个适合于自己的办法看住这个"一念心性",不许它跑得远了,即使稍有放纵,也能及时收拢回来。这也叫做"道不远复"。

【作者简介】

王维义,1952年生,中国教育学会书法教育专业委员会副秘书长,天津李叔同・弘一大师研究会理事。

Jingfeng Mountain, Jingyuan Temple and Irreproachable Behavior ——Reviewing and Reflecting on Master Hongyi's Austere Life in Huian County

Summary

Based on relevant sources, Buddhist scriptures and Master Hongyi's exemplary behavior in self-denial and altruism, *Jingfeng Mountain, Jingyuan Temple and Irreproachable Behavior—Reviewing and Reflecting on Master Hongyi's Austere Life in Huian County* is an article which praises his noble, restrained and pragmatic practice of an austere life during his stay in 1935 in Jingyuan Temple, Jingfeng Mountain in Huian County of southern Fujian Province. At the same time, it calls on believers to emulate the master's credo and methods in earnestly practicing Buddhist teachings and serving others so as to rid ourselves of impure thoughts and keep at heart the well-being of our fellow believers.

弘一大师与《楞严经》

［韩］李铢憙

能够参加第五届弘一大师研究国际学术会议我感到非常地荣幸,首先在这里感谢为了准备这次会议辛劳的陈星教授和杭州师范大学的有关工作人员。也对所有撰写并发表精彩论文的在座的各位善知识们,表示衷心地感谢。我来之前本来并未准备论文,来之后才知道有特邀发言。本来只想简单地做两三分钟的发言向大家道谢,但昨天陈星教授说期待我精彩的发言,所以在昨晚临时匆忙地做了准备。可能会有很多不足之处,也请大家给予理解。

我是从第三届弘一大师研究国际学术会议开始参加的,这已经是第三次了。刚开始来参加的时候还有很多不足之处,所以也未能很好地理解。然而每次来参加会议,我都能得到弘一大师智慧地指引,并对弘一大师僧俗会通的功德感到无比地敬仰。

我是从 1999 年任韩国佛教电视台台长的时候开始深入研究佛学的。在这十多年间,我完成了硕士论文《慧谌真觉国师的看话一门研究》和博士论文《佛教修行中发生的魔障和与它的对峙研究》。我的这篇博士论文就是以《楞严经》为中心,同时与戒律有着很深的关系。而南山律第十一代祖师,也是重新奠定近代中国律藏的弘一大师的教诲和身体力行,也给了我很多的启发和很深地感化。

在完成论文的过程当中,我看到了《楞严经》上的"悲欣交集"四个字。这四个字表现了阿难尊者听到25位菩萨的圆通过程后,所得悟的心境。实质也是一种"自度度人,自利利他"的思想。而弘一大师临终前所写"悲欣交集"四个字时的心境,应该和阿难尊者的心境是一样的。

弘一大师"早生极乐,见佛证果,去去就来,回入娑婆,广度众生"的发愿和阿难尊者的"我虽未度,愿度末劫一切众生"的发愿是相同的。这与他"自度度人,自利利他"的思想也非常相通。看到这些相通,也让我不尽地感慨。

下面我引用了《楞严经》的部分加以阐述:

> 阿难整衣服,于大众中合掌顶礼。
> 心迹圆明,悲欣交集。
> 欲益未来诸众生故,稽首白佛。
> 大悲世尊。
> 我今已悟成佛法门,是中修行得无疑惑。
> 常闻如来说如是言。
> 自未得度先度人者,菩萨发心。
> 自觉已圆能觉他者,如来应世。
> 我虽未度,愿度末劫一切众生。

我拜读过弘一大师有名的《华严集联三百》。感觉到弘一大师不仅仅是研读了《华严经》,更是深入精髓与《华严经》已融为一体,也只有这样才能完成《华严集联三百》。《华严集联三百》中的每一联都是我们后生精进修道的指南和非常宝贵的教诲。

并且我有一个设想,如果把《华严集联三百》和在中国唐朝学习《华严经》的韩国古代新罗国的义湘大师的《法性偈》相结合的话,就能成为涵盖《见道分,修道分,证道分》的卓越的作品。因为《法性偈》是把《华严经》的要义以210字扼要地从各个角度来说明佛性或宇宙法界的偈诵,而《华严集联三百》则是发显佛性的方便。

下面请参考韩国义湘大师的《法性偈》内容:

法性圆融无二相　　诸法不动本来寂
无名无相绝一切　　证智所知非余境
真性甚深极微妙　　不守自性随缘成
一中一切多中一　　一即一切多即一
一微尘中含十方　　一切尘中亦如是
无量远劫即一念　　一念即是无量劫
九世十世互相即　　仍不杂乱隔别成
初发心时便正觉　　生死涅槃相共和
理事冥然无分别　　十佛普贤大人境
能仁海印三昧中　　繁出如意不思议
雨宝益生满虚空　　众生随器得利益
是故行者还本际　　叵息妄想必不得
无缘善巧捉如意　　归家随分得资粮
以陀罗尼无尽宝　　庄严法界实宝殿
穷坐实际中道床　　旧来不动名为佛

以上就是我的发言,非常感谢大家的静听,也希望给予更多的指正和交流。

【作者简介】

李铢憓,1948 年生,韩国佛学研究者。

图书在版编目(CIP)数据

　一月千潭：第五届弘一大师研究国际学术会议论文集/杭州
师范大学弘一大师·丰子恺研究中心编.
—上海：上海三联书店,2016.8
　ISBN 978－7－5426－5658－2

　Ⅰ.①一… 　Ⅱ.①杭… 　Ⅲ.①李叔同(1880—1942)－人物
研究－国际学术会议－文集 　Ⅳ.①B949.92－53

　中国版本图书馆 CIP 数据核字(2016)第 175930 号

一月千潭——第五届弘一大师研究国际学术会议论文集

编　　　者 / 杭州师范大学弘一大师·丰子恺研究中心

责任编辑 / 冯　　征
装帧设计 / 徐　　徐
监　　制 / 李　　敏
责任校对 / 张大伟

出版发行 / 上海三联书店
　　　　　(201199)中国上海市都市路 4855 号 2 座 10 楼
网　　址 / www.sjpc1932.com
邮购电话 / 021－22895557
印　　刷 / 上海肖华印务有限公司

版　　次 / 2016 年 8 月第 1 版
印　　次 / 2016 年 8 月第 1 次印刷
开　　本 / 710×1000　1/16
字　　数 / 500 千字
印　　张 / 31
书　　号 / ISBN 978－7－5426－5658－2/B·488
定　　价 / 88.00 元

敬启读者,如发现本书有印装质量问题,请与印刷厂联系 021－56475597